《中国农村全面建设小康监测报告－2006》

顾问、专家指导委员会及编委会人员名单

2006 农村小康蓝皮书

中国农村全面建设小康监测报告

国家统计局农村社会经济调查司　编

Department of Rural Surveys, National Bureau of Statistics

中国统计出版社
China Statistics Press

（京）新登字041号
图书在版编目（CIP）数据
中国农村全面建设小康监测报告.2006/国家统计局农村社会经济调查司编.－北京：中国统计出版社，2006.9
ISBN 7-5037-5055-3
Ⅰ.中...
Ⅱ.国...
Ⅲ.农村－小康－建设－调查报告－中国－2006
Ⅳ.F323.8
中国版本图书馆CIP数据核字（2006）第103662号

中国农村全面建设小康监测报告－2006
作　　者/国家统计局农村社会经济调查司编
责任编辑/佘竞雄
装帧设计/智道工作室/黄俊杰
出版发行/中国统计出版社
通信地址/北京市西城区月坛南街57号　邮政编码/100826
办公地址/北京市丰台区西三环南路甲6号
电　　话/邮购（010）63376907　书店68783172
印　　刷/科伦克三莱印务（北京）有限公司
经　　销/新华书店
开　　本/880×1230mm　1/16
字　　数/500千字
印　　张/21
印　　数/1～3500册
版　　别/2006年9月第1版
版　　次/2006年9月北京第1次印刷
书　　号/ISBN 7-5037-5055-3/F·2378
定　　价/140.00元

建设新农村，快速奔小康

国家统计局党组书记、局长 邱晓华

党的十六大提出了全面建设小康社会的宏伟目标。全面建设小康社会的重点和难点在农村。"十五"期间，为推动农村全面建设小康社会，党中央、国务院坚持统筹城乡发展方针，改革、完善农村经济运行机制，出台了一系列支农惠农政策，有力地推动了农村经济、社会、科技和文化事业快速发展，农村全面建设小康进程日益加快。监测结果显示，"十五"期间，农村全面建设小康社会进程已经走完了四分之一多的路程，实现程度年均提高4.8个百分点，而且在"十五"的后三年农村全面建设小康实现程度增幅分别为4.4%、4.7%和6.6%，呈现不断加速发展的趋势，为全国实现全面建设小康社会的宏伟目标创造了有利条件。

一、"十五"期间，农村全面建设小康社会取得显著成效，突出表现为"四新"

（一）农村经济取得新发展，为农村全面建设小康社会奠定了坚实的基础

"十五"期间，党中央、国务院着力加强农业的基础地位，加快推进结构调整，粮食生产和农民增收在"十五"后两年出现重要转机。2004年和2005年粮食共计增产500亿公斤，粮食亩产连续两年超过300公斤，历史上前所未有。2005年农民人均纯收入为3255元，比2000年增加1002元，年均增加200元。农村居民人均纯收入增速由2001年的4.2%，提高到2004年的6.8%和2005年的6.2%，2004年和2005年农民增收连续两年超过300元，打破了"十五"前三年收入增长缓慢格局，进入新的较快增长期。"十五"期间统筹城乡发展和结构调整取得新进展，2005年第一产业劳动力比重为45%，比2000年下降5个百分点；农村小城镇人口比重为20.1%，比2000年提高4.1个百分点。农村经济较快发展有力地推进了农村全面建设小康进程，2005年农村经济发展方面的全面建设小康实现程度为20.8%，"十五"期间年均提高4.2个百分点。

（二）农村社会事业迈出新步伐，为农村全面建设小康社会提供了有力的保障

"十五"期间，农村社会事业发展成为全面建设小康社会的重要内容，党和国家对农村社会事业发展的重视不断升温。尤其是农村新型合作医疗发展加快，养老保险开始启动、农业科技不断进步，各项社会事业取得新成就。2005年末农村参加新型合作医疗的人数达到1.79亿人，农村合作医疗覆盖率比2000年提高了14个百分点；农村养老保险事业开始起步，覆盖率为8.2%，比2000年提高了6.4个百分点；2005年每万个农村居民拥有的农业科研人员数为1.7人，比2000年提高了0.7人。经济社会统筹发展的局面加速形成，有力地推动了农村全面建设小康社会进程，2005年农村社会发展全面建设小康实现程度为29.9%，"十五"期间年均提高5.2个百分点。

（三）农民生活质量得到新改善，是农村全面建设小康成效的直接体现

生活宽裕是农村全面建设小康社会的重要内容。"十五"期间，随着农村社会经济发展，农村居民生活质量有了新改善。一是居住质量提高。2005年农村居民人均居住面积29.7平方米，比2000年增加4.9平方米。从居住条件来看，住房有水冲式卫生厕所的农户占13.1%，比2000年提高6.1个百分点；使用

清洁燃料液化气和电的农户占13.6%，比2000年提高6.2个百分点；饮用自来水的农户占37.6%，比2000年提高9.9个百分点。二是农村信息化建设取得新进展，2005年农村居民的信息化程度为44%，比2000年提高16个百分点。三是消费结构进一步改善。农村居民恩格尔系数为45.5%，比2000年下降3.5个百分点。农村居民生活质量持续改善是农村全面建设小康社会取得进展的直接体现。2005年，农村生活质量方面的全面建设小康实现程度为38.5%，"十五"期间年均提高7.7个百分点。

（四）农村民主法制建设取得新进步，是农村全面建设小康社会的制度保障

"十五"期间，农村民主政治建设和精神文明建设深入开展，各地积极推进基层民主建设，进一步健全村务公开和村民自治制度，干群关系明显改善。2005年农民对村政务公开的满意度为77%，比2000年提高22个百分点。农民对社会安全的满意度为78%，比2000年提高18个百分点。2005年，农村民主法制满意度方面的全面建设小康实现程度达到72.7%。

二、农村全面建设小康社会任重道远，四大差距依然突出

（一）中西部地区与东部地区农村全面建设小康实现程度差距进一步拉大，统筹地区间协调发展进展艰难

统筹区域发展，不仅是一个重大的经济问题，而且是一个重大的政治问题。"十五"期间，党中央提出了一系列统筹发展区域经济的政策，极大促进了各区域经济的均衡发展。但从农村全面建设小康实现程度来看，由于中、西部农村社会发展、人口素质、民主法制建设发展速度相对落后，导致中、西部农村全面建设小康实现程度与东部地区的差距不断拉大。2005年东、中、西部地区农村全面建设小康实现程度分别为47.6%、24.6%和1.3%。与2003年相比，虽然西部与中部地区之间的差距略有缩小，但东部与中、西部地区农村全面建设小康实现程度差距进一步拉大，其中，中部与东部地区农村全面建设小康实现程度的差距从2003年的21.8%扩大到2005年的23.0%，西部与东部地区的差距从2003年的45.3%扩大到2005年的46.3%。从2005年农村全面建设小康的实现程度看，东部与中部相差5年以上，东部与西部相差10年以上。全面建设小康社会的主要目的之一就是解决总体小康不平衡发展的状况，中西部地区农村全面建设小康实现程度与东部地区差距进一步加大，显然不符合全面建设小康社会的基本要求，因此也成为农村全面建设小康社会的重点问题之一。尤其值得注意的是，西部地区是农村全面建设小康社会的最大难点。2005年，虽然西部地区小康实现程度达到了1.3%，但与东部地区相比差距巨大，与全国平均水平相比差距也很大，特别是西部地区在农民收入、城镇化水平、受教育程度、居住质量、信息化水平等方面发展与东部地区差距在十年以上。按照目前的发展进程，到2020年西部地区可能实现不了全面建设小康社会的宏伟目标，将直接影响全国农村全面建设小康的进程。

（二）城乡居民收入和消费差距十分明显，统筹城乡经济发展进展艰难

一是城乡居民收入差距不断扩大，农村居民名义收入水平落后于城镇10年，实际收入水平落后于城镇近20年。2005年农村居民人均纯收入3255元，名义值低于城镇居民1994年的水平，扣除价格因素后，实际值只略高于城镇居民1986年的水平。城乡收入差距从2000年的2.79扩大到2005年的3.22，"十五"期间，城乡居民收入差距扩大0.43，其中，全国有28个省区城乡居民收入差距呈扩大状态、10个省区城乡居民收入差距扩大的程度高于全国平均水平。二是农民增收难不利于城乡居民收入差距的缩小。2005年因农产品价格涨幅回落，农民来自第一产业家庭经营收入的增幅回落15个百分点。2006年上半年，农产品生产价格指数下降了一个百分点，农民来自出售农产品现金收入增幅又比上年同期下降了11.6个百分

点。农民靠出售农产品而增加收入的难度明显加大。而2006年上半年，因价格下降，小麦亩均收益减少了15元，同时由于柴油价格上涨，又使小麦亩均生产投入增加了14元。农产品与农业生产资料的价格剪刀差造成小麦亩均收益减少了29元，直接吃掉了农民从"四补贴"中得到的收入。所有这些现象都表明，农民继续增收难度加大，缩小城乡居民收入差距面临挑战，农民收入实现全面建设小康目标面临挑战。三是城乡消费水平差距大。2005年农村居民人均生活消费2555元，不到城市人均生活消费的1/3，只相当于城镇居民90年代初的水平，与城镇相比，农村居民消费水平落后10年以上。四是农村消费结构落后城镇10年。2005年农村居民恩格尔系数为45.5%，相当于城镇居民10年前的水平。全国还有西藏等八个省（自治区、直辖市）农民的恩格尔系数在50%以上，按照联合国粮农组织对居民生活水平和质量高低所确定的标准，这八个地区尚处在温饱或贫穷水平上，离农村全面建设小康标准还有更大的距离。

（三）农村社会事业发展差距大，统筹城乡社会发展进展艰难

一是农民文化素质低，农村仍存在大量的文盲半文盲。2005年我国6岁及6岁以上农村人口平均受教育年限落后城镇2年；乡村劳动力文盲率为6.9%，高中以上文化程度的只占13.8%。二是农村医疗卫生条件差，城乡差距大。2005年，平均每千农村人口拥有的卫生院床位数只有0.9张，不足全国平均水平的40%，只是城镇水平的20%。2005年农民医疗保健支出人均168元，仅相当于城镇居民的28%。2005年，城镇居民中有99%的家庭用上了安全饮用水，而同期农村居民使用安全饮用水的普及率仅为71.5%，其中，饮用自来水的农户只有37.6%，不足城镇居民的一半。2005年，没有卫生设备的城镇居民家庭约占7%，而同期使用水冲式厕所的农户仅有13%，没有厕所的农户还有9.4%。三是农村居民社会保障刚刚起步，城乡差距大。2005年农村低收入人口还有4000多万人，但是2005年农村享受最低生活保障的人数只有800多万人，占城镇享受最低生活保障人数比重不足40%。医疗卫生条件差以及社会保障不健全必然影响农村居民的生活质量，影响农村居民的预期寿命，最终影响农村全面建设小康社会的进程。

（四）资源与环境差距巨大，统筹人与自然和谐发展进展艰难

与国际比较，我国农业资源严重不足，现代化水平低，粮食综合生产能力提高难度大。我国人均耕地资源只有世界平均水平的40%和发达国家的1/9。其中有效灌溉面积占耕地比重不足1/2。我国不但耕地资源少，水资源也十分紧缺。目前，我国人均水资源仅相当世界平均水平的1/4，是全球13个人均水资源最贫乏的国家之一。我国农业现代装备条件差：单位耕地拥有拖拉机台数只有世界平均水平的1/2，发达国家的1/3；科技进步率比发达国家低22个百分点，但单位面积施肥量是世界平均水平的4倍多，农地污染严重。值得注意的是，无论是在发达地区，还是在落后地区，农村环境污染都很严重，污水和垃圾处理设施严重不足。目前城市污水处理率已经达到48.4%，城市生活垃圾无害化处理率为54.1%，而平均每县拥有的污水处理厂只有0.4个，垃圾处理厂仅为1.4个。2005年，农村资源环境方面的全面建设小康实现程度为-0.7%，表明农业资源短缺和生态环境脆弱的矛盾突出。相当长时间内我国耕地缩减、淡水短缺、人口增加的趋势不可逆转，这是实现农村全面建设小康社会宏伟目标的最大制约因素之一。

三、以推动社会主义新农村建设为契机，加快农村全面建设小康步伐

作为一个农业大国，农业丰则基础强，农民富则国家盛，农村稳则社会安。党的十六大以后，全党和全国人民共同努力全面建设小康社会，农村作为全面建设小康社会的重点区域，党和政府一直将农业和农村的发展作为重中之重来抓，农村全面建设小康社会取得了显著成就。但是，由于目前制约农业和农村发展的深层次矛盾尚未消除，促进农民持续增收的长效机制尚未形成，目前农村全面建设小康的成效也只是阶段性成就，农村经济发展水平低、农村社会事业发展落后、城乡差距继续扩大等问题仍然存在。尽快解

决这些问题仍然是全面建设小康社会最艰巨、最繁重的任务。党的十六届五中全会提出了建设社会主义新农村的重大历史任务，就是要通过加强"三农"工作的重要战略部署，进一步繁荣农村经济、增加农民收入、改善农村环境、缩小城乡差距，确保全面建设小康社会目标如期实现。因此，建设社会主义新农村正当其时，是全面建设小康社会的重点任务。我们要深刻理解这一内涵，抓住机遇，以推动社会主义新农村建设为契机，加快农村全面建设小康步伐。

（一）加强对新农村建设的领导

建设社会主义新农村，是以胡锦涛同志为总书记的党中央，在深刻分析当前国际国内形势、在全面把握我国经济社会发展阶段性特征的基础上、从党和国家事业发展的全局出发而确定的一项重大历史任务。各级党政领导应充分认识我党提出新农村建设的背景，深刻认识我国在国际上面临的机遇和挑战，充分认识新农村建设是我国全面建设小康社会的重点任务。加强领导，真正将解决"三农"问题摆在重要议事日程上，从人、财、物各方面全力支持"三农"。通过推进社会主义新农村建设，加快农村全面建设小康的进程。

（二）加大对农村社会经济的投入力度

2005年，我国第一产业增加值占国内生产总值比重为12.5%，人均GDP达到了1700美元以上，城市化率也已经达到了43%。我们已经初步具备了建立以工促农、以城带乡的长效机制的能力，初步具备了扩大公共财政覆盖农村范围的能力，初步具备了重点解决"三农"问题的经济条件。从某种意义上讲，我国的农村问题事实上就是公共财政问题，是公共产品的分配问题。长期以来，我国一直实施"城市财政"，农村公共品极度缺乏，农村社会经济发展因此受到不同程度的限制，形成了全面建设小康社会的重点和难点问题，直接制约了全面建设小康社会的进程。因此，各级政府必须坚持城乡统筹发展的方针，不断调整本地的财政支出政策，加大对"三农"的投入力度，做到公共服务供给方式多样化，公共服务的范围广泛化，公共服务的政策措施系统化、法制化。积极解决"三农"重点问题，促进社会主义新农村建设，力保全面建设小康社会如期实现。

（三）把发展生产、增加农民收入摆在更加重要议事日程上

生产发展是新农村建设的首要任务。一是我国当前的农业生产尚未摆脱传统农业的局面，增强农业的发展能力，建设现代农业仍然是我们工作的重点之一。二是虽然"十五"期间，农民来自于家庭经营的收入占农民人均纯收入总量的比重不断下降，但农民收入依赖于生产发展尤其是农业生产发展的局面没有改变。因此，各地一定要在毫不放松抓好粮食生产的情况下，坚持用现代物质装备武装农业、用现代科学技术改造农业、用现代经营形式发展农业、用现代发展理念指导农业，以发展生产带动农民增收。同时，要大力发展农村二、三产业，加快农村劳动力流动和转移，推动农村经济不断发展，增加农民收入，确保农民收入在预期时间内达到农村全面建设小康水平。

（四）加快农村合作医疗的发展

从城乡统筹发展出发，建立政府对农民基本医疗保障资金投入的动态增长机制。通过新型农村合作医疗与农村社区卫生服务相结合，打造坚实的农村卫生服务网络。通过加强农村卫生和疾病的预防控制，减轻合作医疗的压力。加强对贫困地区的医疗扶贫。对财政状况较差的地区尤其是贫困地区，应加强医疗扶贫，因地制宜，适合开展合作医疗的地区尽量开展合作医疗，不适合开展合作医疗的地区，各级政府及组织应建立和完善公共医疗服务，定期为农民体检、防疫，从根本上提高农民的身体健康。制定适用于农民收入水平的最低价位的单病种诊疗常规和规范用药原则，把效果好、农村常用、价格低廉的药物和部分急救药物固定下来，建立农村基本用药目录，发挥中草药在农村卫生服务中的优势和作用，降

低农民看病成本。

（五）建立健全农村养老保险制度

新的农村社会养老保险原则：一是要因地制宜，有条件的地方可以先行开始；二是城市与小城镇、农村保障水平要有不同的标准；三是各级政府要制定规划，引导各种资金进入农村保险事业，稳步提高农村参加养老保险的人数；四是国家、集体和个人三方共担责任，政府要提供政策扶持，如利息补偿，免税等；五是允许农民用土地换取养老金；六是养老保险与家庭养老相结合。

（六）大力发展农村教育事业和文化事业

一是在对国家贫困县中小学生实施"两免一补"的基础上，鼓励有条件的地区对本地区内的贫困家庭的中小学生给予一定补贴。二是普及义务教育，坚决杜绝新一代文盲。三是逐步普及高中教育，扩大高学历继续教育，进一步提升农村人口素质。四是建立农村社区终身学习体系，加强职业教育和成人正规后续教育，提高现有劳动力的文化教育程度。五是调整政府财政支出，继续加大财政对农村教育的支持力度。六是鼓励发展农村各种形式文化产业，加大县乡村图书馆、文化站的投入，积极引导农民开展健康有益的文化活动，树立乡风民俗新风尚。

（七）积极促进区域协调发展

目前，西部地区面临的自然障碍、经济障碍、产业障碍、文化障碍、发展障碍无疑会严重影响其新农村建设步伐，最终影响全面建设小康社会的进程。因此，今后一段时期内，西部地区仍然是新农村建设的重点。针对这种情况，中央应加大西部开发的支持力度，尤其是对存在外部经济的产业，中央应要求东部地区给予西部大力支持。

最后，在本书付梓之际，我代表国家统计局向所有关心和支持农村全面建设小康监测工作的有关部门领导以及参与编辑本报告的同志表示衷心感谢！也期待读者对本书提出宝贵意见。

目录 Contents

第三部分　地区报告

第四部分 社会主义新农村建设经验与案例

第五部分 统计资料

专栏

第一部分　2005 年农村全面建设小康社会进程

党的十六大提出了全面建设小康社会的宏伟目标。全面建设小康社会最艰巨、最繁重的任务在农村。为了科学地反映农村全面建设小康社会的现状，推动农村全面建设小康社会步伐，国家统计局每年对农村全面建设小康社会进程进行监测和评价。监测结果显示，2005 年农村全面建设小康社会进程加快。

一、2005 年农村全面建设小康社会监测结果

（一）全国农村全面建设小康社会进程

2005 年是实施“十五”计划的最后一年，党中央、国务院进一步强化对“三农”的扶持政策，各地全面贯彻落实中央关于农业和农村工作的一系列方针政策，农村各项改革稳步推进，农村全面建设小康事业发展加快。监测结果显示，2005 年全国农村全面建设小康实现程度达到 28.2%，比上年提高 6.6 个百分点，是 2000 年以来提高最快的一年。

图 1　农村全面建设小康综合实现程度及增长

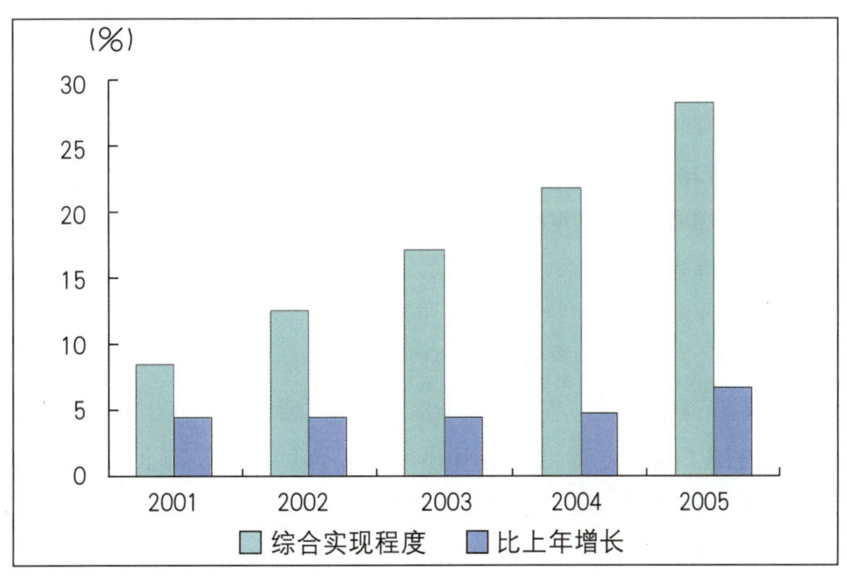

1、在农村经济发展方面，全面建设小康实现程度为20.8%，比上年提升8.7个百分点。在反映农村经济发展的三项指标中，2005年农民人均纯收入为3255元，比上年实际增长6.2%，保持了较高的增长速度。农民可支配收入为3131元，扣除价格因素后为2866元（2000年不变价）。根据全面建设小康收入标准，农民可支配收入全面建设小康实现程度为17.5%，比上年增加6.2个百分点。2005年第一产业劳动力比重为45%，全面建设小康实现程度为33.3%，比上年有较大幅度提高。农村小城镇人口比重为20.1%，全面建设小康实现程度为21.6%，比上年提高3.2个百分点。

图2　农村居民可支配收入及全面建设小康实现程度

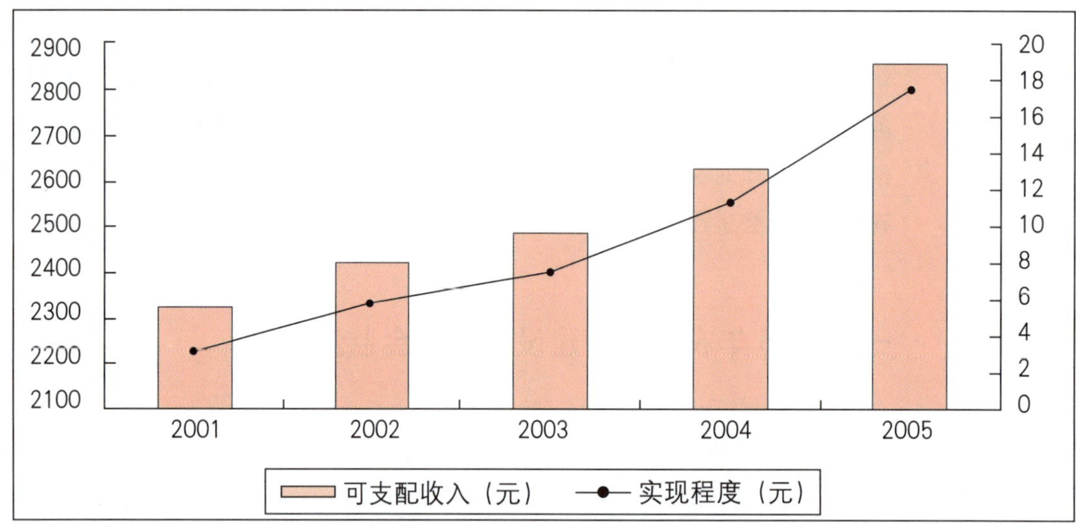

2、在农村社会发展方面，全面建设小康实现程度为33.9%，比上年提升0.8个百分点。从社会发展的四项指标看：农村新型合作医疗发展相对较快，2005年末农村参加新型合作医疗的人数达到1.79亿人，2005年农村合作医疗覆盖率为24%，全面建设小康实现程度为17.5%，比上年提高1.9个百分点。农村养老保险事业发展相对滞后，覆盖率为8.2%，全面建设小康实现程度为11.0%，只比上年微增0.2个百分点。2005年每万个农村居民拥有的农业科研人员数为1.7人，全面建设小康实现程度为23.3%，与上年持平。农村居民收入分配的公平程度仍处在0.3–0.4的合理区间内，农村居民基尼系数为0.38，该指标的全面建设小康实现程度为100%。

3、在农民生活质量方面，全面建设小康实现程度为38.5%，比上年提升9.8个百分点。从反映生活质量的四个方面看，2005年农村居民居住质量指数为37.5%，全面建设小康实现程度为34.2%，比上年提高6.1个百分点。农村居民文化娱乐消费支出比重为4%，全面建设小康实现程度为33.3%，与上年持平。农村居民恩格尔系数为45.5%，全面建设小康实现程度为38.9%，比上年提高18.9个百分点。农村信息化建设取得新进展，2005年农村居民的信息化程度为44.2%，全面建设小康实现程度为50.6%，比上年提高16.3个百分点。

4、在农村人口素质方面，全面建设小康实现程度为15%，与上年持平。提高我国农村人均受教育水平是一个长期而艰巨的任务，2005年全国农村劳动力文盲率为6.9%，小学和初中文化程度的农村从业人员占79.5%，高中以上文化程度所占比重仅为13.7%。从反映人口素质的监

测指标看，农村人口平均受教育年限为7.7年，仅相当于初中二年级的水平，平均受教育年限指标的全面建设小康实现程度为18.8%。

5、在农村民主法制方面，全面建设小康实现程度为72.7%，比上年提升3.7个百分点。由于各地积极推进基层民主建设，进一步健全村务公开和村民自治制度，提高了农民对村务公开的满意度。从反映民主法制的两项指标看，2005年农民对村政务公开的满意度为77%，全面建设小康实现程度为73.3%，比上年提高3.3个百分点。农民对社会安全的满意度为78%，全面建设小康实现程度为72%，比上年提高4个百分点。

图3　居住质量指数及全面建设小康实现程度

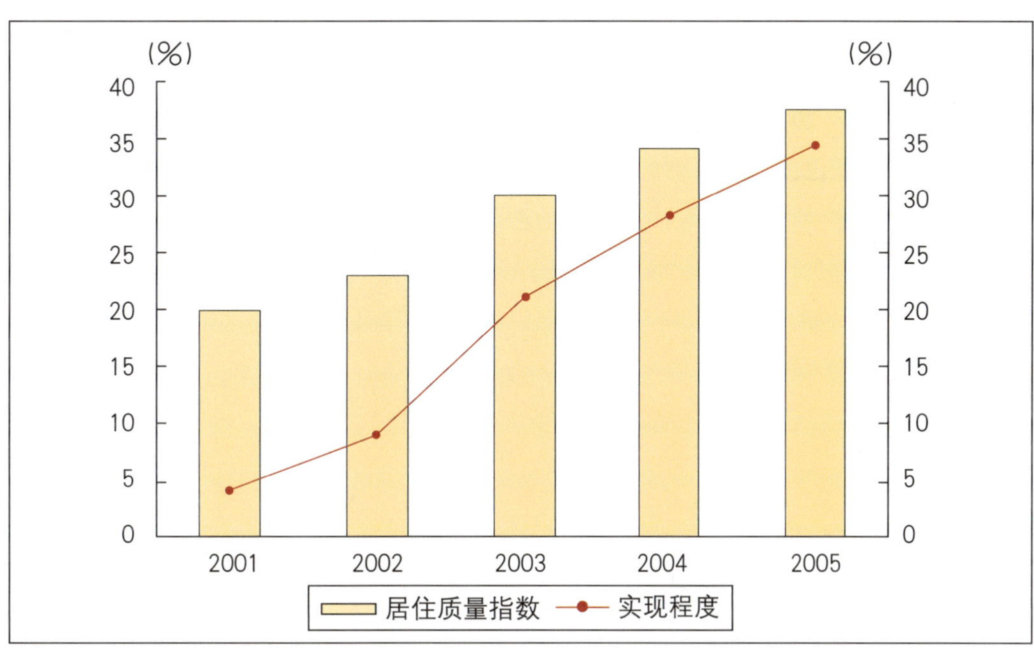

图4　恩格尔系数及全面建设小康实现程度

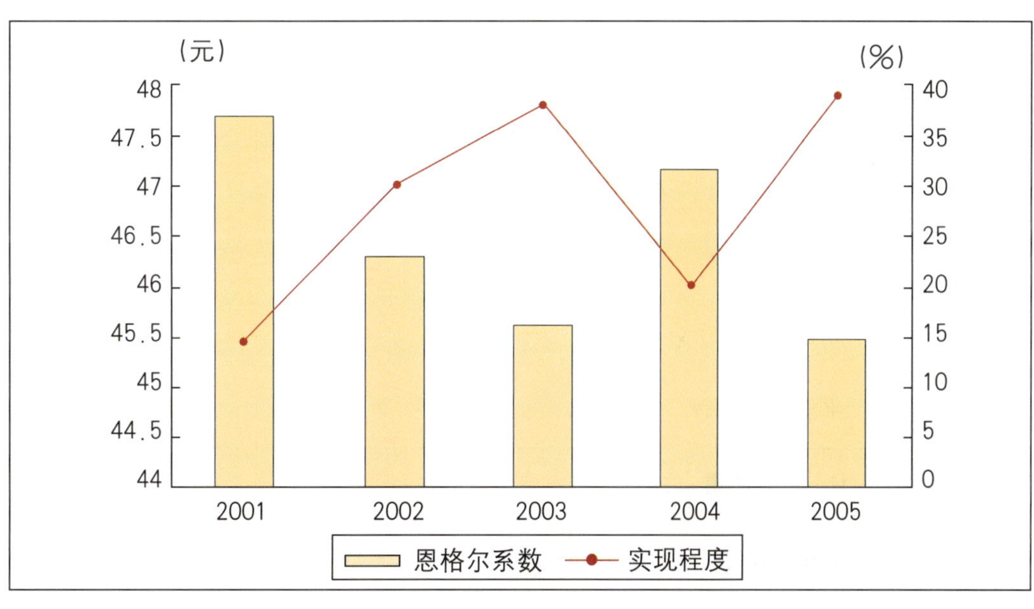

6、在资源环境方面，全面建设小康的实现程度为 -0.7%，比上年有较大改进。从反映资源环境的三项指标来看，2005年森林覆盖率为18.2%，全面建设小康实现程度为26.2%。万元农业GDP用水量为2090立方米，全面建设小康实现程度为46.4%，比上年提高0.9个百分点。2005年耕地面积净减少543万亩，常用耕地面积变动幅度全面建设小康实现程度仍为负值，但耕地面积减少幅度下降。

综上所述，2005年农村全面建设小康进程的总体特点是：在反映农村全面建设小康的六个方面中，农村经济、农民生活质量方面的全面小康实现程度提升加快，农村人口素质和社会发展等方面全面建设小康进程相对缓慢。从农村全面建设小康的18项指标来看，第一产业劳动力比重、农民信息化程度全面建设小康进程加速；农村养老覆盖率、农民人均可支配收入、小城镇人口比重、农村人口平均受教育年限等指标的全面建设小康实现程度较低。

表1　2005农村全面建设小康实现程度

指　标	单位	全面小康值	实际值	实现程度（%）
			2005	2005
A、经济发展				20.8
人均可支配收入	元／人	≥6000	2866	17.5
第一产业劳动力比重	%	≤35	45	33.3
小城镇人口比重	%	≥35	20.1	21.6
B、社会发展				33.9
农村合作医疗覆盖率	%	≥90	24	17.5
农村养老覆盖率	%	≥60	8.2	11.0
万人农业科研人员数	人	≥4	1.7	23.3
农村居民基尼系数	—	0.3–0.4	0.38	100
C、人口素质				15.0
平均受教育年限	年	≥9	7.7	18.8
平均预期寿命	年	≥75	69.5	0.0
D、生活质量				38.5
恩格尔系数	%	≤40	45.5	38.9

居住质量指数	%	≥75	37.5	34.2
农民文化娱乐支出比重	%	≥7	4.0	33.3
农民信息化程度	%	≥60	44.2	50.6
E、民主法制				72.7
对村政务公开满意度	%	≥85	77	73.3
农民社会安全满意度	%	≥85	78	72.0
F、资源环境				−0.7
常用耕地面积变动幅度	%	≥0	−0.3	−50
森林覆盖率	%	≥23	18.2	26.2
万元农业GDP用水量	立方米	≥1500	2090	46.4
综合实现程度				28.2

注：平均预期寿命为2000年人口普查数，这个指标的数据在有最新数据公布的年份进行更新。森林覆盖率为第六次全国森林资源清查数。农村合作医疗覆盖率和农村养老覆盖率根据重点调查推算。

（二）分地区全面建设小康进程

1、总体上看，东部地区全面建设小康进程快于中、西部地区，西部地区略快于中部地区。东部与中、西部地区农村全面建设小康实现程度差距进一步拉大，西部与中部地区差距略有缩小。2005年东、中、西部地区农村全面建设小康实现程度分别为47.6%、24.6%和1.3%，分别比上年提升7.1、6.3和6.4个百分点，中、西部地区农村全面建设小康实现程度提升速度分别比东部地区低0.8和0.7个百分点。但西部地区农村全面建设小康实现程度提升速度比中部地区高0.1个百分点。东部与中、西部地区农村全面建设小康实现程度差距进一步拉大，其中，中部与东部地区农村全面建设小康实现程度的差距比2004年扩大0.8个百分点，西部与东部地区的差距扩大0.7个百分点；西部与中部地区的差距缩小0.1个百分点。

2、从结构上看，东、中、西部地区经济发展、人口素质和生活质量方面差距较大。东、中、西部农村全面建设小康实现程度差距较大的是经济发展、人口素质和生活质量等方面。在经济发展方面，东部和中、西部农村全面建设小康实现程度的差距分别为39.5%和59.0%，发展差距在8年以上；在人口素质方面，东部和西部农村全面建设小康实现程度的差距为80.3%，中部和西部差距为66.9%，发展水平差距10年以上；在生活质量方面，东部和中、西部农村全面建设小康实现程度的差距分别为28.6%和46.4%，发展差距在5年以上。

分指标看，东、中、西部农村全面建设小康实现程度差距最大的是平均受教育年限、人均可支配收入、第一产业劳动力比重、居住质量指数和农民信息化程度等指标，这些方面是缩小东、中、西部差距，实现农村全面建设小康社会的重点。

3、西部地区农村全面建设小康迈出坚实的一步，实现程度首次为正值。从总体上看，西部地区补完了2000年以前小康建设没有完成的旧帐，全面建设小康社会开始了新的篇章。近年来，中央政府实施西部大开发战略，西部地区农业发展步伐加快，农民收入、合作医疗、信息化建设、资源环境保护取得了明显进步。2005年西部地区全面建设小康实现程度为1.3%，比2004年提升了6.4个百分点，实现程度首次为正值，标志着西部地区农村全面建设小康站在了新的起跑线上。

4、从全面建设小康的进程看，地区之间发展呈不均衡状态。2005年东部地区全面建设小康实现程度为47.6%，已经走完了农村全面建设小康进程的近一半的路程，估计再过10年左右可基本实现全面建设小康目标。中部地区全面建设小康实现程度为24.6%，走完了四分之一的全面建设小康路程，但经济与社会发展不均衡，经济发展和人口素质的实现程度均很低。西部地区实现程度仅为1.3%，刚刚达到总体小康水平，全面建设小康任重道远。

表2　2005年东、中、西部农村全面建设小康实现程度

指　标	2005实际值			实现程度		
	东部地区	中部地区	西部地区	东部地区	中部地区	西部地区
A、经济发展				49.7	10.3	-9.3
人均可支配收入	3633.0	2645	2029	44.5	11.7	-4.5
第一产业劳动力比重	40.0	50	56	73.3	0.0	-40.0
小城镇人口比重	23.7	19	17.0	46.3	15.8	5.3
B、社会发展				43.5	29.3	24.5
农村合作医疗覆盖率	32.1	19	14.0	30.0	11.3	5.0
农村养老覆盖率	13.3	6.2	5.1	20.1	7.6	5.7
万人农业科技人员数	2.1	1.5	1.2	37.4	16.7	6.7
农村居民基尼系数	0.37	0.32	0.34	100.0	100.0	100.0
C、人口素质				31.3	17.9	-49.0
平均受教育年限	7.8	7.6	6.5	27.8	15.1	-56.3
平均预期寿命	71.9	71	68.4	45.5	29.1	-20.0

D、生活质量				60.1	31.6	13.8
恩格尔系数	44.0	46.3	50.5	66.7	30.0	−16.7
居住质量指数	38.5	33	29.0	57.9	26.3	19.3
文化娱乐支出比重	4	4	3.4	40.0	28.9	20.0
农民信息化程度	48.4	42.7	35.1	71.9	45.9	22.2
E、民主法制				77.7	77.7	70.3
对村政务公开满意度	79	80	78	83.3	83.3	76.7
农民社会安全满意度	78	78	76	72.0	72.0	64.0
F、资源环境				18.7	16.4	−13.2
常用耕地面积变动幅度	−0.7	−0.4	0.1	−77.0	−64.0	33.0
森林覆盖率	31	27	13	100	100	−61.5
万元农业GDP用水量	1980	1979	2976.0	64.5	56.5	−34.2
综合实现程度				47.6	24.6	1.3

注：平均预期寿命为2000年人口普查数，这个指标的数据在有最新数据公布的年份进行更新。森林覆盖率为第六次全国森林资源清查数。农村合作医疗覆盖率和农村养老覆盖率根据重点调查推算。

（三）分省全面建设小康进程

1.上海、北京、天津、浙江农村全面建设小康实现程度超过60%，进入农村全面建设小康社会的中后期。2005年，上海、北京、天津和浙江农村全面建设小康实现程度分别达到88.4%、86.5%、74%和64.0%，走完了农村全面建设小康社会三分之二的路程。其共同特点是经济发展、人口素质和生活质量三个方面的实现程度都很高。特别是上海郊县有13项指标已经超过或达到了全国农村2020年的全面建设小康目标值。近年来，浙江非农产业快速发展，促进了农村经济、社会的全面发展，全面建设小康进程进展较快。但这些地区同时也存在着农村保障制度还不完善；资源环境保护任务较重等问题，这些均是这些地区下一阶段全面建设小康社会的难点和重点。

2.江苏、广东、山东、福建、辽宁、河北、吉林、黑龙江、湖北、江西、湖南农村全面建设小康实现程度在25%以上，农村全面建设小康进程尚处在初期阶段。2005年，江苏、广东、山东、福建、辽宁、河北、吉林、黑龙江、湖北、江西、湖南农村全面建设小康实现程度分别达到54.3%、53.9%、50.1%、45.0%、44.3%、35.3%、33.2%、30.8%、28.5%、26.6%和

25.8%，走完了农村全面建设小康社会四分之一的路程。其共同特点是经济发展、社会进步取得新进展，农民生活质量稳步提高。但从分项指标看，这些省份农村全面建设小康社会仍存在农村人口素质相对较低、农村社会保障水平相对落后，资源环境保护任务较重等薄弱环节。

3.海南、山西、内蒙、河南、安徽、重庆、陕西、和四川农村全面建设小康实现程度在15%以上，农村全面建设小康社会有了良好开端。2005年，海南、山西、内蒙、河南、安徽、重庆、陕西和四川农村全面建设小康实现程度分别为22.8%、21.2%、19.9%、19.2%、19.0%、16.4%、16.2%和15.9%，这些省份农村全面建设小康有了良好开端，但农民收入水平低，农村教育落后，农村社会保障水平低，农村生活条件差仍是这些省份全面建设小康社会的难点。

4.全国尚有8个省（区、市）农村全面建设小康实现程度小于15%，农村全面建设小康社会处在起步阶段；西部部分省份尚未实现2000年总体小康目标。广西农村全面建设小康实现程度为13.4%，只走完了全面建设小康十分之一的路程。云南、新疆和宁夏实现程度都不到10%，农村全面建设小康社会刚刚起步。

值得注意的是，西部部分省份尚未实现2000年总体小康目标，农村全面建设小康实现程度为负值，其中甘肃、贵州、青海和西藏农村全面建设小康实现程度分别为−5.4%、−6.3%、−7.9%和−14.7%，离总体小康还有差距。由此可见，农村全面建设小康最大的难点在西部，最艰巨的任务在西部。

二、农村全面建设小康的重点和难点

总的来看，今后一段时期农村全面建设小康进程中的难点和重点集中表现在以下五个方面：

（一）农民继续增收的难度加大

农民收入水平在全面建设小康指标体系中所占权重很大，对于能否实现全面小康建设目标具有举足轻重的作用，但农民收入保持平稳较快增长的难度加大。一是农产品价格对农民增收的促进作用减弱。2005年因农产品价格涨幅回落，农民来自第一产业家庭经营收入的增幅回落15个百分点。今年一季度，农产品生产价格指数只有2.4%，其中，畜产品价格还下降了1.6%，农民来自出售农产品现金收入增幅比上年同期下降了13.6个百分点。农民靠出售农产品而增加收入的难度明显加大。二是农业生产资料价格上涨，影响农民增收。2005年粮食亩均纯收益243元，比上年减少27元，其中有21元（占78%）是因为农业生产资料价格上涨造成。三是从全面建设小康进程看，2005年农村居民可支配收入全面建设小康实现程度为17.5%，在全部指标中处于偏低位置。农民收入要实现全面建设小康还有82.5%的路程要走，也就是说，如果到2020年实现农村全面建设小康目标，农民收入每年要增加近200元左右，按现价计算，农民收入每年至少要增加250元以上，难度之大可想而知。

（二）农村教育费用仍在上涨

2005年农村人口平均受教育年限为7.7年，仅相当于初中二年级水平，西部地区人口受教育水平只略高于小学水平。据对全国592个扶贫重点县“两基”教育的调查，国家“两免一补”和“一费制”政策正逐步得到落实，但2005年得到资助的中小学生比例只占全部学生的8.1%。与此同时，教育费用仍在上涨：2005年，扶贫重点县平均每个小学生教育费用支出为314.6元，比2004年上涨4.6%；平均每个初中生教育费用支出为854.2元，同比上涨4.8%；高中学生平均教育费用支出为2510元，其中学杂费和书本费1153.7元，分别上涨10.5%和1.9%。2005年农村中低收入户人均纯收入为2018元，低收入户为1067元，农民一年的收入也付不起一个孩子的教育费用。

（三）农村社会保障程度低

2005年，虽然国家加大农村新型合作医疗以及养老保险工作的力度，但农村新型合作医疗覆盖率和农村养老保险覆盖率提高有限。2005年农村养老覆盖率全面建设小康实现程度只有11.0%，只比上年提高0.2个百分点，在全部指标中处于落后地位，按照近几年农村养老保险的发展速度，到2020年实现养老保险的全面建设小康目标难度很大。2005年农村合作医疗取得了较大的进展，但此项指标的全面建设小康实现程度也只有17.5%，而且要维持已经参加合作医疗的农村居民的基本医疗保障，也不是一件易事。

（四）耕地和农业节约保护难

一是保证耕地不再减少有难度。尽管国家实行最严格的耕地保护制度，但随着工业化、城镇化、新农村建设的推进，基础设施建设占用耕地不可避免。据统计，2005年耕地减少幅度比上年下降，但仍然达到543万亩。二是减少农业用水量有难度。目前我国有效灌溉面积占耕地面积的比重为45%左右，为了确保国家粮食安全，2020年有效灌溉面积要提高到60%以上，从这个角度看，农业用水总量大幅减少的可能性不大。目前节水灌溉面积占耕地总资源的比重不到20%，节水农业的规模偏小，今后如何使农业用水在总量上继续减少，使用效率上不断提高，仍然是全面建设小康的一大难点。

（五）西部地区是农村全面建设小康最大的难点

2005年，虽然西部地区小康实现程度达到了1.3%，但与东部地区相比差距巨大，尤其是西部地区在农民收入、城镇化水平、受教育程度、居住质量、信息化水平等方面发展与东部地区差距在十年以上。按照目前的发展进程，到2020年西部地区可能实现不了全面建设小康社会的宏伟目标，直接影响全国农村全面建设小康的进程。西部地区仍然是农村全面建设小康的最大难点。

三、加快农村全面建设小康的建议

（一）以社会主义新农村建设为契机，大力发展农村二、三产业，培育农民收入新的增收点

在社会主义新农村建设中，一要加快农村劳动力流动和转移，增加农民务工收入；二要大

力发展农村二、三产业。各级政府应加强对农村第二、三产业发展的政策引导，振兴农村第二、三产业，增加本地非农就业机会，推动农村经济发展，增加农民收入。

（二）不断加大农村教育的支持力度，用十年时间造就一代新农民

中央决定今后两年内全部免除农村义务教育学杂费的决策是英明果断的。今后一段时期内，一方面国家要加大农村教育的投入力度，不断扩大支持范围，另一方面，还应加大扶贫力度，着力解决中低收入家庭以及贫困家庭的生产生活问题，保障这些家庭的适龄儿童及时入学，并顺利完成九年义务教育。同时，进一步加大对现有文盲半文盲农村劳动力的扫盲教育，加大对农民的职业培训力度。

（三）不断推进农村社会保障事业的发展，为农民提供新保障

目前农村社会保障事业刚刚起步，发展农村养老保险和医疗卫生事业对于提高农民生活质量、改变农村面貌和生活方式意义重大。在发展农村养老保险方面，各级政府要制定规划，引导各种资金进入农村保险事业，稳步提高农村参加养老保险的人数。改善农村医疗条件，继续提高农村新型合作医疗覆盖率。

（四）加强耕地保护和基本农田建设

一是实行更严格的耕地管理制度，加大耕地占用管理的力度，建立多部门共同参与的事前审批、事中监管、事后审计联席制度，并由政府每年向全国人大提供耕地利用审计报告。二是加强农田基本建设，尤其要加强对节水农业设施的投入，不断提高节水灌溉面积。三是加大农村居民住宅规划的力度，从 2 亿多农户住宅使用中节约土地资源。

（五）加强整体规划，促进农村区域经济协调发展

一是继续加大对西部地区的投资与开发。二是对存在外部经济的领域，如生态环境建设和保护等，中央政府要建立必要的补偿机制，让受益地区分摊相应的保护成本。三是继续推动东部地区对中、西部地区对口支援，建立东西互动，共求发展的协调机制。

第二部分 专题报告

②

一、农村经济与农村社会发展

2005 年是“十五”计划的最后一年。国家继续加强和改善宏观调控，强化对“三农“的扶持政策。在有利的宏观经济环境中，农村经济稳定增长，农村社会事业发展加快，农村经济增长与农村社会发展出现了一些新的特点。

(一)农村社会经济发展面临有利的宏观环境

2005 年，国家实施稳健的财政政策和货币政策，按照“控制赤字、调整结构、推进改革、增收节支”十六个字方针，一方面控制投资需求膨胀，对投资过热的行业从紧，另一方面又着力支持经济社会发展中的薄弱环节，加大对农业、就业和社会保障、环境和生态建设、公共卫生、教育、科技等方面的投入和支持力度，努力促进“五个统筹”和全面协调发展。总的看来，2005 年我国经济形势呈现出增长平稳较快，经济效益改善，价格上涨温和，活力有所增强的良好态势，特别是经济运行的稳定性有所提高、发展的协调性有所改善。

1.国民经济保持平稳较快增长

2005 年国内生产总值 182321 亿元，比上年增长 9.9%，略低于上年 10.1% 的增长速度。其中，第一产业增加值 22718 亿元，增长 5.2%，比上年回落 1.1 个百分点；第二产业增加值 86208 亿元，增长 11.4%，加快 0.3 个百分点；第三产业增加值 73395 亿元，增长 9.6%，回落 0.4 个百分点。分季度看，四个季度的国内生产总值分别增长 9.9%、10.1%、9.8% 和 9.9%，比较平稳。

2.投资稳定、快速增长

2005 年全社会固定资产投资达到 88604 亿元，比上年增长 25.7%，增幅比上年回落 0.9 个百分点。其中，城镇固定资产投资 75096 亿元，增长 27.2%，农村固定资产投资 13508 亿元，增长 18.0%。分季度看，2005 年农村固定资产投资增速呈逐步上升态势，四个季度累计增长速度分别为 12.7%、16.3%、17.6% 和 18.0%。

3.货币信贷总量增长适度

12 月末，广义货币（M2）298755 亿元，同比增长 17.6%，同比加快 3 个百分点；狭义货币（M1）107279亿元，增长11.8%，回落1.8个百分点；流通中现金（M0）24032亿元，增长11.9%，加快3.2个百分点。货币流动性有所降低，M1/ M2为35.9%，同比回落2个百分点。金融机构各项贷款比年初增加23544亿元，同比多增871亿元。全年货币净投放2563亿元，同比多投放841亿元。

4.经济增长的效益和质量继续提高

一是企业利润继续增加。全年规模以上工业实现利润14362亿元，比上年增长22.6%。二是财政收入突破三万亿元。2005年全国财政收入达到31628.0亿元（不含债务收入），再上了一个新台阶，比2004年增加5231.5亿元，增长19.8%；全国财政支出33708.1亿元，比2004年增加5221.2亿元，增长18.3%，三是城镇再就业状况有所改善。全年城镇新增就业970万人，有510万下岗失业人员实现了再就业。年末城镇登记失业人数为839万人，城镇登记失业率为4.2%。四是城乡居民收入继续较快增长。全年城镇居民人均可支配收入10493元，扣除价格因素，比上年实际增长9.6%，增幅比上年提高1.9个百分点；农民人均纯收入3255元，实际增长6.2%，回落0.6个百分点。

（二）农业与农村经济取得非凡成就

2005年，党的十六届五中全会提出了建设社会主义新农村的伟大构想。党中央、国务院贯彻落实“城市支持乡村，工业反哺农业”方针，进一步强化对“三农“的扶持政策，各级财政用于农业的支出增长加快，农村经济增长与农村社会发展呈现新格局。

1.财政投入增长加快

2005年中央和地方继续贯彻“多予、少取、放活”方针。在“少取”方面，28个省（区、市）全部免征了农业税，全国取消了牧业税，农民减免税收负担220亿元。在“多予”方面，增加对种粮农民的补贴和对产粮大县及财政困难县的转移支付，其中粮食直补资金总额为132亿元，高于上年116元的水平，增长14%；中央财政农机购置补贴3亿元，比上年增加2.3亿元；良种补贴38.7亿元，高于上年28.5亿元的水平，增长36%；中央财政还安排55亿元专项资金，补助产粮大县。对部分粮食主产区的重点粮食品种实行最低收购价政策，全年中央财政用于“三农“的支出达到2975亿元，比上年增加349亿元。

2.农业经济稳定增长

2005年全国农林牧渔业总产值39451亿元，按可比价格计算，比上年增长5.7%。农林牧渔业总产值中，农业产值19613亿元，比上年增长4.1%；畜牧业产值达到13311亿元，增长7.8%；渔业产值4016亿元，增长6.5%；林业产值1426亿元，增长3.2%。

2005年第一产业增加值22718亿元（不包括农林牧渔服务业增加值），比上年实际增长5.2%。第一产业增加值占国内生产总值比重为12.5%，比上年下降0.6个百分点。第一产业增加值对国内生产总值的贡献率及拉动率都有所下降，分别由上年的7.7%和10.1%下降为6.3%和0.6%。

3.全年粮食生产保持增长格局

2005年全国粮食播种面积15.6亿亩，比上年扩大4002万亩，增长2.6%。粮食产量9680

亿斤，比上年增产291亿斤，增长3.1%。

2005年粮食生产有四个特点：一是粮食单产稳定略增，2005年粮食单产为309.4公斤/亩，比上年提高1.4公斤/亩，提高0.5%，粮食单产水平再创历史新高。二是面积扩大对粮食增产的贡献最大。因面积扩大增产粮食247亿斤，对粮食增产总量的贡献率为85%。三是粮食增产主要增在主产区，从粮食增产区域看，13个粮食主产区增产幅度较大，粮食主产区增加266亿斤，占全国增加量的91%。四是夏粮、秋粮增产，早稻减产。2005年全国夏粮产量2125亿斤，增产102.4亿斤，增长5.1%；早稻产量636亿斤，减产8.6亿斤。秋粮产量6919亿斤，增加197亿斤，增长2.9%。

4.农民收入继续保持较快增长

据抽样调查，2005年农民人均纯收入为3255元，比上年增加319元，扣除价格因素的影响，实际增长6.2%。

农民收入增长的主要特点：一是工资性收入增长加快，是农民增收的最主要来源。2005年农民的工资性收入人均1175元，首次突破千元大关，比上年增加177元，增长17.7%，增长率比上年高9个百分点。工资性收入的增加额占全年农民纯收入总增量的55.5%。二是家庭经营收入增速回落，其中第一产业经营收入增速大幅回落，但二、三产业经营收入增长加快。2005年农民家庭生产经营纯收入人均1843元，比上年增加98元，比上年增长5.6%，增速回落7.7个百分点。农户家庭从事第一产业生产经营纯收入人均1470元，增加72元，增长5.1%，增速回落15个百分点。二、三产业生产经营纯收入人均375元，增加27元，增长7.8%。增加额和增长幅度在“十五“期间均为最高。三是政策性收入大量增加，税费负担显著下降。2005年农民得到的政策性收入（包括粮食直补、良种补贴和购置更新大型农机具补贴收入）人均18元，比上年增长12.9%。农民的税费负担人均13元，比上年减少25元，负担下降65.1%。税费负担占当年农民纯收入的比重由上年的1.3%下降为0.4%。四是农村居民内部收入分配差距扩大的速度有所减缓，但城乡居民收入差距进一步扩大。2005年农村居民内部收入分配差距略有扩大，农民人均纯收入的基尼系数为0.3751，比上年提高0.006（2004年比2003年提高0.12）。农村居民收入分配的内部差距基本保持在2004年的水平，但与城镇居民的收入差距略有扩大。2005年城乡居民收入差距从上年的3.2：1扩大到3.22：1的水平。

5.畜牧业生产克服“禽流感”影响继续稳定发展

2005年全国肉类总产量7700万吨，比上年增长6.3%。其中，猪、牛、羊肉分别增长6.6%、5.6%和9.3%。2005年发生的“禽流感”对家禽业生产与销售量有一定影响，全国发生“禽流感”疫情31起，涉及13个省（区、市），扑杀家禽2000多万只，占2004年家禽出栏总量的0.2%。

6.农产品价格保持基本稳定

据抽样调查，2005年全国农产品生产价格比上年上涨1.4%，价格涨幅比上年回落11.7个百分点。其中种植业、林业、畜牧业和渔业产品价格分别上涨1.6%、4.8%、0.5%和4.7%。2005年主要农产品价格变动的主要特点：一是粮食生产价格稳中略降。2005年粮食生产价格比上年下降0.9%。全年谷物价格比上年下降0.8%，豆类价格下降4.3%，薯类价格上涨6.1%。

且粮食主销区比主产区降幅大。二是棉花生产价格上涨11.8%。三是畜牧业产品生产价格涨跌互现。生猪出栏价格比上年下降2.4%；肉牛生产价格上涨1.6%；活羊价格上涨1.7%；奶产品价格微跌0.4%；家禽和蛋类生产价格虽比上年上涨5.6%和6.4%，但涨幅较上年大幅回落。

（三）农村经济运行中存在的主要问题

1.农民增收难度加大

一是农产品价格经过两年多的上升周期后，进入相对稳定期，农产品价格对农民增收的促进作用减弱。二是农业生产资料价格上涨，影响农民增收。农业生产资料价格上涨必然对农民收入造成不良影响。2005年粮食亩均纯收益243元，比上年减少27元，其中有21元（占78%）是因为农业生产资料价格上涨造成。三是实现农村全面建设小康目标的难度较大。如果到2020年实现农村全面建设小康目标，农民收入每年要增加近200元左右，按现价计算，农民收入每年至少要增加250元以上，难度之大可想而知。

2.农业基础不稳，抗自然灾害能力弱，粮食继续增产难度大

一是资源环境制约农业生产。尽管实行了最严格的耕地保护制度，但2005年我国耕地净减少543万亩。我国水资源分布不均，粮食生产基地主要在北方，但北方缺水，长期、稳定提高粮食综合生产能力的难度较大。二是农田基本建设落后。我国现有农田水利骨干工程大都建于20世纪50年代至70年代，目前老化失修严重。2005年全国有效灌溉面积8.25亿亩，占耕地面积的比重仅为45%；旱涝保收田仅占耕地面积的50%左右，农业生产的丰歉在很大程度上取决于气候条件。

3.农村社会保障事业发展滞后

据卫生部统计，2005年全国开展新型合作医疗试点的县为671个，参加合作医疗人口为1.79亿，占全国农业人口的23.6%。农村千人卫生技术人员数与城镇相差10倍，落后世界平均水平20年以上。2005年全国参加养老保险的农民有5000多万人，只有200多万参保农民领取了养老金。

4.农村劳动力素质低

2005年农村人口平均受教育年限仅相当于初中二年级水平。全国农村劳动力文盲率为6.9%，小学和初中文化程度的农村从业人员占79.4%，高中文化程度的农村从业人员占10.3%，中专及以上文化素质人员只占3.4%。另外，随着农村城镇化建设的加快，有较高文化素质的农村劳动力大量流向城镇。农村劳动力素质低成为农村社会经济发展的主要瓶颈之一。

5.农村居住环境改善难

新农村建设要求农村有新的村容村貌。2005年，农村居民使用清洁能源、卫生厕所、室外道路为硬质路面的农户比重分别只有42%、13.1%和54.6%，要改变农村居住散、乱、脏的现状，使大部分农户生活在整洁环境中的难度很大。

（四）对农业和农村经济工作的几点建议

1.培育农民收入新的增收点

新农村建设为农民增收创造新的机遇，要以此为契机，积极培育农民收入新的增长点。在

社会主义新农村建设中，一要尽量吸收农民工，增加农民务工收入；二要进一步推动农村小城镇建设，加快农村人口向城镇流动和转移；三要大力发展农村二、三产业。各级政府应加强对农村第二、三产业发展的政策引导，振兴农村第二、三产业，增加本地非农就业机会，推动农村经济发展和增加农民收入。

2.建立发展农村基础设施的长效机制

一是发展现代农业，走资源节约型农业生产的路子。二是构建以政府资金为主体的多元化投入机制，加强农田水利等农业基础设施建设，大力推广农业节水灌溉技术。三是探索新机制，充分调动社区和农户承担更多的基础设施建设和管护职能。

3.培育新一代农民

要加强立法，实施强制性义务教育。规定家长或监护人必须将15岁以下少年儿童送入学校接受教育，或保证达到初中毕业水平，违法者给予严厉惩罚。同时，要继续加大对农民工的培训力度，要保证目前20—40岁的青壮年都有机会接受各种形式的教育培训，提高创业或就业能力。

4.为农民提供新保障

将改善农民医疗卫生条件和完善社会救助制度作为重点，有计划、有步骤地推进农村社会保障制度的建立，不断改善农村医疗条件、扩大农村救助范围、提高农民的健康水平，为农民提供新保障。

5.做好村镇发展规划，建设一批新村庄

改变落后的乡村面貌、改善农民居住环境是新农村建设不可缺少的内容。在有条件的地方，各级政府要做好村镇发展规划，将分散的自然村集中连片建设成新村庄，有利于基础设施的建设和改变村容村貌，也有利于节约土地以及原有宅基地改造，增加耕地面积。

一、山东新型节水模式每年农业节水7亿立方米

据统计，截至2005年底，山东在全省25个国家级、11个省级节水增产重点县和200多处省节水灌溉示范区及灌区改造中，共推广节水面积1209万亩，年均节水7亿立方米以上，年增效益11.2亿元以上。

山东省水利科研部门探索出了五种不同的农业节水模式和综合性节水技术措施，即沿海经济发达区：多水源联网调度工程＋自动化控制技术＋经济作物＋喷微灌工程＋农艺节水＋现代化运行管理；平原井灌区：低压管道输水＋标准窄短畦田＋农艺综合节水措施＋四水调控＋管理服务体系；低山丘陵渠灌区：自压管道＋防渗渠工程＋喷微灌工程＋高位蓄水工程＋渠系管理服务体系；引黄井渠结合灌区：黄河水与地下水联合调度管理＋井渠结合工程＋标准畦田＋灌区管理体系；城郊区：高标准设施工程＋高效经济作物＋现代化运行管理。

水利专家认为，山东省立足全省提出的五种农业节水模式和综合性节水措施，在国内各省区尚属首次，成果总体达到了国际先进水平。据了解，山东省水资源严重短缺，人均水资源占有量340多立方米，仅为全国人均水资源占有量的1/6。山东省农田灌溉面积达7000多万亩，灌溉水利用系数在0.5左右，而在新型节水灌溉区域中，灌溉水利用系数达到0.7以上。山东省节水灌溉面积共有两三千万亩，实行这一新型节水模式的面积已占到40%。

二、农村居民收入

据对全国31个省（区、市）6.8万个农村住户的抽样调查，2005年农村居民人均纯收入保持平稳较快增长。2005年农村居民人均纯收入为3255元，比上年增加319元，增长10.8%，扣除价格因素的影响，实际增长6.2%。

（一）2005年农民收入来源与构成

1．工资性收入。2005年农民的工资性收入人均1175元，比上年增加176元，增长17.6%，增长率比上年高9个百分点。工资性收入的增加额占全年农民纯收入总增量的55.5%。在工资性收入中，务工收入人均713元，比上年增加126元，增长21.5%。其中，本地打工收入人均244元，比上年增加55元，增长29.3%；外出务工收入人均469元，比上年增加71元，增长17.7%。

2．家庭经营收入。2005年农民家庭生产经营纯收入人均1845元，比上年增加99元，增长5.7%，增速回落7.6个百分点，但仍保持较高水平。家庭经营纯收入的增加额占全年农民纯收入总增量的31%。

农户家庭从事第一产业生产经营纯收入人均1470元，比上年增加72元，增长5.1%，增速回落14.9个百分点。其中，农业纯收入人均1098元，增加41元，增长3.9%；林业纯收入人均46元，增加12元，增长34.1%；牧业纯收入人均284元，增加13元，增长4.6%；渔业纯收入人均43元，增加6元，增长17%。

农户家庭从事二、三产业生产经营纯收入人均375元，比上年增加27元，增长7.8%。其中，从事第二产业生产经营得到的纯收入人均108元，与上年基本持平；从事第三产业生产经营得到的纯收入人均267元，比上年增加27元，增长11.3%。

3．财产性收入。2005年农民的财产性收入人均88元，比上年增加12元，增长15.5%。财产性收入中增加较多的是租金收入和转让承包土地经营权收入，其中租金收入人均20元，比上年增长38.8%；转让承包土地经营权收入人均8元，比上年增长34.9%。

4．转移性收入。2005年农民得到的转移性收入人均147元，比上年增加32元，增长27.6%。增加较多的是家庭非常住人口寄回带回收入、离退休金及养老金、以及退耕还林还草补贴。政策性收入（包括粮食直补、良种补贴和购置更新大型农机具补贴收入）人均18元，比上年增长12.9%。

5．纯收入构成。2005年家庭经营纯收入占纯收入比重的56.7%，仍然是农民收入最主要的来源，但占纯收入的比重保持稳中趋降之势，比2004年再降2.8个百分点。2005年工资性收入比重为36.1%，比2004年提高2.1个百分点。转移性收入比重为4.5%，比2004年提高0.5个百分点（图1）。

图1 2005年农村居民人均纯收入来源结构

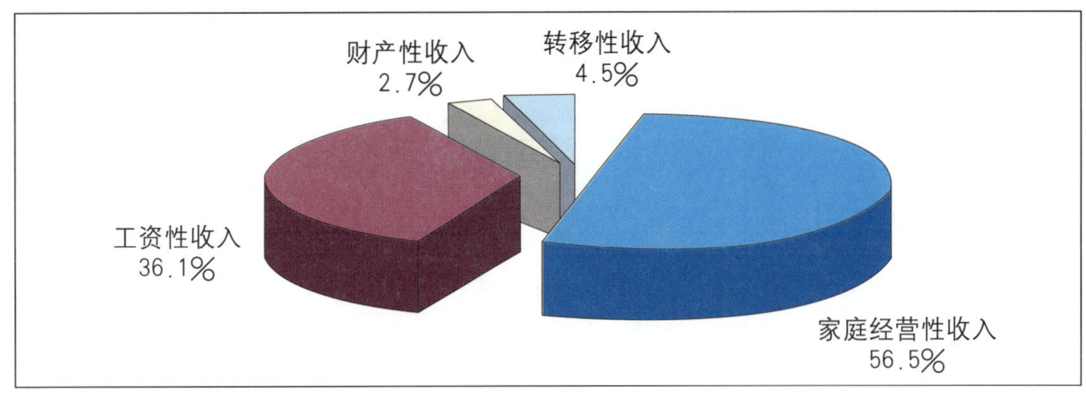

（二）农民增收特点

1．家庭经营第一产业收入增速回落，第二、三产业收入增速回升。2005年家庭经营收入增速回落主要是由于第一产业中农业和牧业收入回落所致。2005年粮价略微下跌，一定程度上影响农业收入增长，但由于产量增加，全年农业收入仍保持了增长。另外，部分地区发生禽流感和猪链球菌疫情，对牧业增收造成一定影响。农户家庭从事二、三产业生产经营纯收入人均375元，比上年增加27元，增长7.8%，增加额和增长幅度在“十五”期间都是最高的。

2．务工收入增长是农民增收的最主要来源。农民本地务工和外出务工收入增加是2005年农民收入的主要增长点，务工收入增加对全年纯收入增加的贡献率达到39.5%，其中，本地务工收入增加对纯收入增加的贡献率为17.2%，外出务工收入的贡献率为22.3%。

外出务工收入增加主要是因为务工人数和工资水平保持稳定增长。2005年农村常住户中外出务工劳动力占农村劳动力的比重为20.2%，比上年提高1.1个百分点，常住户中外出务工人数增加685万人，比上年增长7.3%；年均外出务工时间为8.2个月，与上年持平；农民工月工资水平比上年增长10.6%。外出务工收入71元的增量中有31元是因为务工人数增加引起的，40元是因为月收入水平提高引起的。

3．各项惠农政策仍然是农民增收的重要因素。2005年农民继续从“两减免、三补贴”为主的惠农支农政策中受益。2005年全国28个省份全面免征农业税，河北、山东、云南3个省也有210个县市免征了农业税，农民负担得到了大幅度减轻。2005年农民的税费负担人均13元，比上年减少24.4元，下降65.1%，税费负担占当年农民纯收入的比重由上年的1.3%下降为0.4%。2005年农民得到的粮食直补、良种补贴和购置更新大型农机具补贴收入人均18元，比上年增长12.9%。

4．收入差距扩大。2005年农村居民内部收入分配差距扩大，农民人均纯收入的基尼系数为0.3751，比上年提高0.006。农民人均纯收入最高省与最低省的收入比由2004年的4.1:1扩大到4.4:1。城乡居民收入差距比为3.22:1，比上年的3.21:1略有扩大。图2显示，除少数年份以外，改革开放以来以农民人均纯收入基尼系数衡量的收入差距不断扩大，特别是1999年以后，人均纯收入的基尼系数更呈现出逐年扩大的态势。从发展中国家的经验来看，中国目前的农村发展已经处于兼顾公平与效率的关键时期。

图 2　1978～2005 年农村居民基尼系数变化

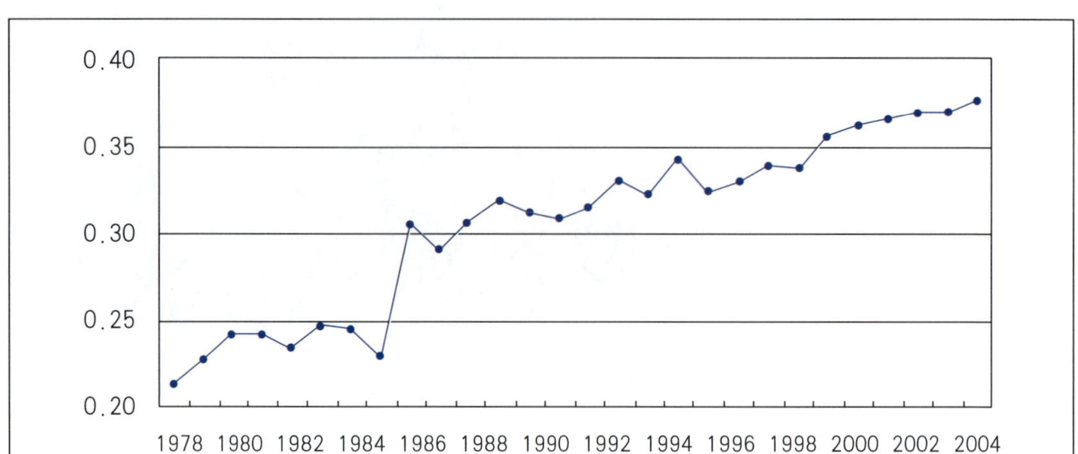

（三）2006 年农民增收形势分析

1．2006 年农民增收的有利因素。2006 年农民增收的有利因素主要表现在以下三个方面：

第一，政策保障。中央从 2004 年起，连续几年出台“一号文件”，运用财政、税收、价格等多种杠杆和手段，千方百计保护农民种粮积极性，减轻农民负担，增加农民收入。2006 年是中国实施“十一五”规划的第一年，也是建设社会主义新农村的开局之年，各项支农措施的力度还将加大，给农民的实惠有望增加。2006 年全国农民将彻底告别农业税，国家还将探索完善农业生产资料价格调控机制，逐步建立起对种粮农民的化肥、柴油等农业生产资料的直接补贴制度，并承诺将进一步加大财政支农力度，继续推行粮食直接补贴、良种补贴和农机具购置补贴，加大对农民培训工作，加强农业基础设施建设，等等。这些政策措施有些可以直接增加农民转移性收入，有些有助于推动农民生产和就业，对于促进 2006 年农民增收将起到积极作用。

第二，新农村建设为农民增收创造了新机遇。新农村建设将为农民创造第二、三产业发展机会，新农村建设项目将大量使用当地农民工，为农民就业创造机会，因此，农民在本地务工收入将可能会大幅度增长。

第三，外出务工收入保持持续增长。农民外出务工收入增长取决于农民外出务工人数增加、工资率提高和外出务工时间增长三个因素。外出务工时间近年来变化不大，基本上略多于 8 个月。从人数来讲 2006 年具有不确定因素，一方面，随着国家宏观经济的发展和城镇化的推进，将有更多的农民进城；另一方面，新农村建设启动，在一定程度上吸收部分农民工回流参与本地就业。因此，劳动力外出和转移的数量取决于整个国家经济发展和新农村建设的力度。从工资增长角度看，有利条件较多，主要是国家出台了一系列政策，抓紧解决农民工工资偏低和拖欠问题、搞好农民工就业服务和职业技能培训、重视农民工权益保护和今后农民工供求关系将有所改善，等等。

2．2006 年农民增收的不利因素。2006 年农民增收的不利因素主要表现为农业生产的自然风险和市场风险可能提高，农业增收空间有限。

第一，2005 年农产品价格开始走低，但仍在高位运行，要保持 2006 年粮食等主要农产品价格不下滑难度较大。

第二，2004年和2005年总体气候条件从历史上来看属于风调雨顺的年景，根据国家气象局预测，2006年的气候条件有可能比前两年差，灾情可能偏重，将直接影响粮食等主要农产品大幅度增产和农业增收。

第三，农业生产资料价格大幅上升，加大了农民的种养成本，农民承受的压力将越来越大。2005年由于化肥、种籽、饲料、幼畜等生产资料价格上涨，致使农户购买以上几种生产资料多支出100元。2006年石油和化工产品价格仍将保持高位运行，农业生产资料价格很可能还是居高不下。

第四，2005年部分地区发生禽流感疫情，对农民收入的影响在2006年一季度和上半年会逐步显现。一是家禽市场需求下降，欲售无市；二是部分农户缩减养殖规模；三是家禽出栏时间推迟，生产成本增加；四是家禽及禽产品外调和出口难度加大。全年农民来自禽业的收入会有所下降。

总的看来，2006年农民增收的有利因素和不利因素并存，积极的作用要大于不利影响，农民收入将继续保持增长，但增长速度可能不及上年。

（四）增加农民收入的建议

1. 保持农业内部的增收能力。一是保持粮价稳定，近年来粮食价格回升对于保持农民种粮积极性、促进农民增收功不可没，要加强宏观调控，加快建立健全农产品市场体系，努力保持粮食及大宗农产品市场价格的稳定。二是要遏制农业生产资料价格快速上涨的势头，应加强宏观调控，适当控制农业生产资料的出口。三是要着力提高农业防灾抗灾能力，中国农业的防灾抗灾能力很弱，自然灾害对农业生产、农民增收的影响很大，2006年的气候条件可能比前两年差，因此，要加大对农田基本建设的投入，尽快改善农田水利设施，提高农业防灾抗灾能力。四是要把各项惠农支农的政策落实好，让农民得到更多实惠，保护和提高广大农民的生产积极性。

2. 把握新农村建设的契机，大力发展农村第二、三产业。农民家庭经营第二、三产业以经营交通运输、批零贸易、餐饮和社会服务为主，促进农民家庭经营第二、三产业发展，有助于搞活农村商品流通，活跃农村市场，丰富农民的物质文化生活。发展农业服务业，有助于推动农业生产的分工与协作，提高农业生产率。因此，加强对农村第二、三产业发展的政策引导，振兴农村第二、三产业，有利于促进家庭经营第二、三产业的发展和增加本地非农就业机会，推动农村经济发展和增加农民收入。

3. 积极扩大农民外出就业，拓宽农民增收渠道。农村土地资源太少、农业劳动力太多，农村劳动力就业不充分是农民增收难、增速慢的主要根源之一。近年来，党和政府采取积极有效措施，改善农民进城务工环境，农村外出务工劳动力持续增加，为近年农民收入实现平稳较快增长作出了重要贡献，外出务工已成为农民扩大就业的重要实现形式。但是农民外出务工工资水平低、合法权益得不到保障、农民非农就业技能差、外出就业困难等突出问题没有得到根本解决。要采取综合措施，加快解决当前农民外出务工面临的突出问题，积极有序地引导农民外出务工，保持农民外出务工收入的平稳较快增长。

二、福建省从三个方面落实农民工政策

福建省从三个方面落实农民工政策，并取得一定效果。

1、农村劳动力转移和培训方面。近年来福建省各地相继建立了农村劳动力转移工作机构、农民工教育培训体系、城乡一体的劳动力市场和促进农村劳动力转移的激励机制。通过"三个结合"带动农村富余劳动力转移培训工作。一是加强领导与健全网络相结合。各地政府大都把"开展农村富余劳动力转移和培训"工作列为为民办实事项目，在组织、政策和资金上给予保证。二是培训与就业相结合。通过建立"两个信息库"，开展按需定向培训。"两个信息库"是指通过进村入户开展农村富余劳动力资源调查，建立"农村富余劳动力资源信息库"；开展企业用工需求调查，建立"企业用工需求信息库"。利用劳务服务公司、技工学校、职业学校和乡镇技校、工会职工培训中心等培训机构对农民工进行培训，实现农民工技能培训的多元化、多渠道、多形式。三是完善制度与强化政策措施相结合。政府资金补助职业培训，减少农民工培训费用支出。对取得《职业培训合格证书》的农村劳动力，纳入劳动力资源信息系统，并享受部分优先。实行目标管理责任制，落实责任。

2、解决农民工工资偏低和拖欠问题方面。一是制定最低工资标准，保证农民工工资稳定。二是各地加大劳动保障监察执法力度。三是政府积极倡导企业开展"向社会承诺按月足额发放工资"活动，改善用工环境。

3、规范用工管理方面。一是开展用工规范先进企业表彰活动，以规范企业依法用工。各级各部门以及广大企业重视营造用工环境，认真贯彻执行劳动保障法律法规，切实提高了企业的劳动用工管理水平，涌现出一大批劳动用工规范管理先进企业。二是推行劳动合同和集体合同制度，构建和谐劳动关系。通过劳动合同和集体合同来规范和调整劳动关系，维护职工的合法权益。以保证农民工享受社会保险，按时足额发放工资，工资不低于当地最低工资标准，加强劳动保护措施，改善劳动条件等。

三、农村居民生活

（一）农村居民生活消费支出快速增长

受即期及前期收入水平较快增长以及收入预期良好的影响，2005年农村居民生活消费增速超过了收入增速，农民生活质量不断改善。2005年人均生活消费支出2555元，比上年增加371元，扣除价格因素和样本轮换因素的影响，实际增长11.5%，增幅比上年快4.2个百分点，比同期人均纯收入的实际增幅高5.3个百分点。

1．生活消费各项支出全面增长。食品支出：2005年农村居民食品支出人均1162元，比上年增加130元，增长12.6%。其中，食品消费品支出人均1017元，增加106元，增长11.6%；在外饮食消费支出人均135元，增加24元，增长21.5%。

衣着支出：2005年农村居民衣着支出人均149元，比上年增加28元，增长23.6%。在衣着消费中，用于购买成衣的支出人均99元，比上年增加23元，增长30.2%。

居住支出：2005年农村居民居住支出人均370元，比上年增加46元，增长14.2%。其中，包括建房、买房、装修在内的居住消费品支出人均267元，比上年增加33元，增长13.9%；包

三、山东五莲县通过建设沼气池改变农民生活环境

2006年是“十一五”开局之年，为进一步推进农村全面建设小康，根据实际情况，通过调研，决定继续狠抓沼气池建设，通过建设沼气池改变农民生活环境，提高农村居民生活质量。

五莲县七、八十年代就曾在潮河、街头等乡镇的个别村庄开始过小型沼气池的建设，九十年代又在高泽镇的窝托村进行了村用中型沼气池示范建设，但因为经济、技术等原因在全县并没有推广开来。跨入二十一世纪，直到2004年11月农村沼气池建设国债项目落户该县，才真正拉开了户用沼气池建设的序幕。到2005年底，全县就发展户用沼气池1600多个，并以此形成了适宜五莲县发展的“猪－沼－粮、菜”循环经济模式。户用沼气的大发展，为发展农业循环经济，改善农村生态环境，增加农民收入，建设资源节约型和环境友好型农业创造了重要条件，农民形象地称沼气池为“富民池”。据实际测算，建一口8立方米沼气池的农户，每年节支增收的直接经济效益在2000元左右，而在发展循环经济如生态、环保方面，尤其是在农村全面建设小康社会方面的作用和价值上，则更是无法估量。

为普及推广沼气池，确保沼气池建设质量，五莲县狠抓沼气技工培训，以县农业局农村能源办公室为主体，抽调4名业务骨干，组织具有一定土建基础的农民技工以村为单位，采取边建边学以及建与学同时进行的模式进行培训，从选址、建池、安装、试水、试气到投料发酵，严格规范操作规程。截至6月底，已累计举办农村沼气技工培训班近20期，培训农民1000余人，并有60多人走上了建池技术带头人岗位。现在五莲县已经成为周边地区的沼气池建设带动县。

从农村沼气池建设国债项目落户五莲县以来，在县委县政府的高度重视和大力支持下，现已发展沼气用户2060户，户均增收节支1200元至1500元。

②

括房租、水电等在内的居住消费服务性支出人均103元，比上年增加13.4元，增长14.9%。

家庭设备用品及服务支出：2005年农村居民用于购买家庭设备用品及服务支出人均111元，比上年增加22元，增长24.9%。其中，购买日用品支出增长20.6%，购买家具类用品增长19.1%，购买机电设备支出增长34.6%。

文教娱乐支出：2005年农村居民用于文教娱乐用品及服务的支出人均295元，比上年增加48元，增长19.3%。其中，学杂费支出人均194元，增加25元，增长14.8%；成人培训费人均6元，增长41%；购买文娱机电设备支出人均31元，增加4元，增长15.4%。

交通及通讯支出：2005年农村居民的交通及通讯支出人均245元，比上年增加52元，增长27.2%。其中，购买交通工具支出人均51元，增长1.9%；交通费支出人均60元，增长33.5%；购买通讯工具支出人均24元，增长34%；通讯费支出人均83元，增长28.9%。

医疗保健支出：2005年农村居民用于医疗保健的支出人均168元，比上年增加38元，增长28.7%。其中，医疗费支出人均88元，增加21元，增长30.4%；购买药品支出人均74元，增加16元，增长26.6%。

2．现金消费支出比重和服务性支出比重提高。2005年农村居民生活消费中，现金消费支出额为2138元，比上年增加384元，增长21.9%，现金消费支出占全部生活消费支出的比重为83.7%，比上年提高3.4个百分点。服务性支出757元，比上年增加136元，增长22%。服务性支出占全部生活消费支出的比重为29.6%，比上年提高1.2个百分点。

（二）农村居民生活质量继续改善

2005年农村居民生活消费支出快速增长的同时，生活质量也继续改善，具体表现在以下方面：

1．消费结构继续优化。农村居民消费结构正在向追求生活便利、提高质量、注重健康方面进一步发展。2005年，农村居民食品消费支出占生活消费支出的比重（恩格尔系数）为45.5%，比2004年下降1.8个百分点。

2005年农村居民生活消费支出的结构序列与2004年相同，为吃、住、文教娱乐、交通通讯、医疗保健、穿、家庭设备用品及服务和其他，与2000年相比，消费层次较高的交通通讯和医疗保健支出在消费支出结构序列中位置提前。2005年用于交通通讯和医疗保健的支出增幅明显快于其他支出子项，吃穿住以外的支出占整个生活消费支出的比重达到34.2%，比2004年提高1.8个百分点，农村居民的消费结构进一步优化，向享受型、发展型结构转变。

2005年农村居民消费支出结构见图3。

图3　2005年农村居民消费支出结构

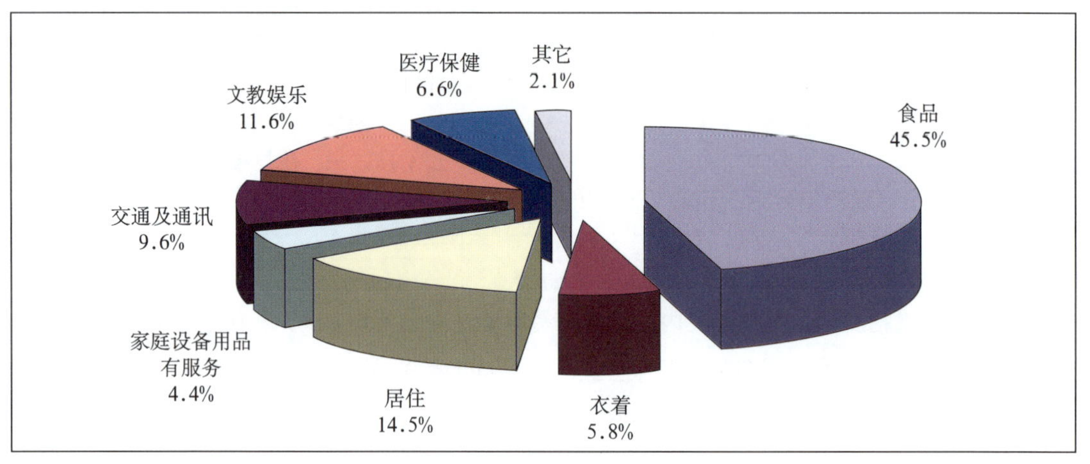

2．食品消费质量提高，动物热量和蛋白质摄入量增加。从食品消费量来看，粮食消费人均210公斤，比上年减少9公斤，下降4.1%；肉类消费人均22公斤，增长16.6%；禽蛋消费人均4.7公斤，增长2.6%；水产品消费人均4.9公斤，增长10.1%。随着高质量的食物数量的增加，农村居民膳食营养状况也有所改善。2005年农村居民每人每日食物热能摄入量为2437千卡，蛋白质摄入量67克，热量、蛋白质来源于动物性食物的比重分别为11.3%和17.5%，比2004年分别提高了1.3个百分点和1.1个百分点。

3．居住面积增加，条件改善。2005年农村居民居住质量的综合指数达到37.5%，比上年提高3.9个百分点。人均居住面积29.7平方米，比上年增长6.4%，其中55.9%的农户人均居住面积大于25平方米。钢筋混凝土结构住房面积人均11.2平方米，增长21.8%，居住在钢筋混凝土结构住房中的农户占31.1%，增加4.4个百分点。砖木结构住房面积14.1平方米，与上年持平，居住在砖木结构住房中的农户占58.9%，减少2.3个百分点。

从居住条件来看，一是住房卫生条件改善，住房有水冲式卫生厕所的农户占13.1%，比上年提高2.6个百分点，无厕所的农户占9.4%，减少0.7个百分点。二是使用清洁能源的农户增加，使用清洁燃料液化气和电的农户占13.6%，提高3个百分点。三是饮用水更加卫生，饮用自来水的农户占37.6%，提高3个百分点，而饮用浅井水、江河湖泊塘等非卫生水的农户下降1.6个百分点。四是住房外部环境改善，28.3%的农户住宅外有水泥或柏油状路面，26.3%的农户住宅外有石头或石板等硬质路面。

4. 耐用消费品拥有量增加。2005年平均每百户农村居民家庭拥有彩色电视机84台，比上年增加8.9台，增长11.9%；洗衣机40台，增加2.8台，增长7.6%；电冰箱20台，增加2.4台，增长13.3%；摩托车41辆，增加4.5辆，增长12.6%；电话58部，增加3.8部，增长7%；移动电话50部，增加15.5部，增长44.7%；影碟机34.9台，增加7.7台，增长28.3%；空调6.4台，增加1.7台，增长36.2%。

5. 信息化程度大幅度提高。2005年农村居民的信息化程度为44.2%，比上年提高5.3个百分点。其中彩色电视机普及率76.3%，提高7.2个百分点；电话普及率70.4%，提高9.6个百分点；电脑普及率1.9%，提高0.1个百分点。

（三）农村居民生活消费存在的主要问题

1. 农村居民收入水平低制约消费增长。虽然近年农村居民生活消费增长出现积极变化，农村消费市场出现回暖迹象，但是长期以来农村居民收入偏低、增收长效机制缺乏的问题仍然存在。近两年农民增收的支撑因素主要是政策支持、粮价回升、粮食增产及务工增长，目前农产品价格上涨因素对农民增收的拉动效应趋降，粮食大幅增产的可能性不大，生产资料价格上涨增加农业生产成本，这些因素都会制约农民收入进一步增长，从而制约农民消费能力的进一步提高。

2. 农村消费环境差。农村消费环境差主要表现在两个方面，一是基础设施落后，二是流通体制不健全。近年来农村交通、通讯、水电等基础设施虽然得到进一步发展，但仍然存在一些问题，例如部分地区电网设施落后，电压不稳，电价高，电视信号弱，制约了农村居民电器购买欲望；多数地区没有自来水系统，限制了洗衣机使用，一些地区连人畜饮水都困难，更奢谈不上用洗衣机；交通通讯条件差，产品维修不便与售后服务跟不上也使部分农村居民放弃了购买。另一方面，目前农村流通体制尚不健全，农村市场规模小、服务质量差，有的地方市场秩序混乱，假冒伪劣商品充斥，农民不敢放心消费。

3. 农村居民内部消费能力不均衡。2005年农村低收入组恩格尔系数还在50%以上，很大一部分人尚处于入不敷出的状态。中等收入组整体生活步入温饱，但同低收入组一样，购买力仍然有限，有效需求明显不足。高收入组整体生活水平正在向小康过渡，具有购置高档耐用消费品的能力，消费结构升级的愿望强烈。但是，只依靠高收入组来拉动农村消费市场显然是不够的，要注重提高中低收入农户的收入和消费水平，促进农村消费水平的普遍提高。

4. 城乡居民收入和消费差距大。2005年农村居民人均纯收入3255元，只相当于城镇居民可支配收入的31%；人均生活消费支出2555元，相当于城镇居民消费性支出的32%。城乡居民收入比从2000年的2.79:1扩大到2005年的3.22:1，消费比从2000年的2.99:1扩大到2005年的3.09:1。总的来看，农村居民的收入水平、消费水平、消费结构、耐用消费品拥有情况均落后城市10余年。城乡差距日益突出可能成为农村经济乃至整个国民经济发展的障碍。

（四）提高农村居民生活水平的建议

1．千方百计增加农民收入，提高农民消费能力。收入是消费最重要的决定因素，扩大农村消费最根本的还在于提高农民收入。目前城镇化发展已进入加速阶段，新农村建设即将启动，工业化发展空间广阔，农民增收进程必将与此紧密联系在一起，收入增长会越来越依靠非农产业的发展和劳动力的流动转移。因此，要适应农民收入增长格局的变化，加快农业结构调整，加快工业化和城镇化步伐，拓宽农村居民收入渠道，千方百计增加农村居民收入。

2．加强新农村建设，加强基础设施建设，改善农村消费环境。大力加强农村基础设施建设不仅有利于促进消费，提高农村居民生活质量，而且有利于增加农村非农产业就业，提高农民收入，进而提高消费能力。通过社会主义新农村建设，大力开展改水、改电、改厕、改厨和环境治理，改善农村生活条件。同时，政府还应深化农村流通体制改革，整顿市场交易秩序，加强市场法制建设，维护农村消费者合法权益，并鼓励商家生产农村地区适销对路的优质产品和培育新的消费热点，为改善农民生活、扩大农村消费市场创造良好消费环境。

3．转变农民消费观念，加强农村社会保障体系和信贷市场建设，提高农民消费倾向。在收入之外的众多因素中，预防性储蓄多和流动性约束高是使得农村居民平均消费倾向长期偏低的主要原因。几千年形成的中国农村居民消费习惯和消费观念比较保守，为了养老和防病，总要留一笔钱防患于未然；没有攒够足够的钱不敢消费，更不敢借贷消费。因此，一方面要帮助农民逐步转变保守的传统消费观念，另一方面要加快包括农村医疗保险和养老保险在内的农村社会保障的发展，提高农户防范风险的能力，减少预防性储蓄；同时要大力发展农村信贷市场，减小农户所受到的流动性约束，增加跨时预算能力，提高即期消费水平。

4．加强小城镇建设，拓宽农村居民消费空间。城镇化是经济发展的必然趋势，顺应潮流，可以达到提高收入和增加消费双赢的目标。发展小城镇，可以让更多的农村居民进城，迅速减少农村人口，让余下的农村人口更多地分享农村剩余；发展小城镇，可以拓宽农产品消费市场；发展小城镇，可以让农村劳动力在城镇建设中获得更多的非农收入。这是小城镇建设的农村居民收入增长效应。如果农村居民进城了，他就要建房置业，增加消费，第三产业也会顺应而起。

四、山东泰安市建立新型农村合作医疗的主要做法

山东省泰安市从2003年开展新型农村合作医疗试点以来，经过两年多的探索实践，已全面建立了新型农村合作医疗管理组织网络，"市、县、乡、个人四方筹资，市、县、乡三级管理，县、乡、村三级报销"，符合泰安实际的新型农村合作医疗管理体制和运行机制已基本形成。从2005年起，市财政每年至少拿出1000万元专项资金用于支持新型农村合作医疗。6个县市区新型农村合作医疗全面启动，行政村覆盖率达到100%，全市共有309.35万农民参加，占农业人口的82.67%.

1、加强宣传发动工作，消除农民疑虑。针对群众存在的"四怕"心理（怕运行起来报销不公平、不及时、不受益；怕自己交的钱被挪用；怕上级补助不到位；怕新型农村合作医疗不长久），普遍加强了宣传发动工作，使农民充分了解参加新农合后自己的权益，明白看病和费用报销兑付的办法与程序，消除疑虑和担心，调动了广大农民参合的自觉性和积极性。

2、"三个带头"，带动群众积极主动地缴纳合作医疗基金。即：乡镇党政领导班子及全体机关干部带头落实驻村点的合作医疗资金；村两委成员、小组长、党员、乡村医生带头缴纳合作医疗资金；乡镇机关干部职工家属是农村户口的带头缴纳合作医疗资金。

3、制定实施方案和管理办法，自觉接受监督。泰安市制定了新型农村合作医疗实施方案和管理办法，落实了补助政策，建立健全严格的财务制度和报销程序，将群众参保资金及各级政府的配套资金全部由县市区财政统管，并在国有银行专户储存、专账管理，确保专款专用。县、乡两级新农合管理办公室每季度都向本级新农合管理委员会报告资金使用情况，并张榜公布，自觉接受监督。县、乡新农合监督委员会全程监督，审计部门提前介入，定期审计资金的使用情况。市、县、乡都分别设立了监督电话，县、乡、村三级都设立了公开栏，将费用报销情况，定期张榜公布。

4、健全制度，抓好监督管理工作。各级卫生行政部门狠抓定点医疗机构的监督管理工作，制定了定点医疗单位服务责任书、就医管理规定、基本用药目录和处方管理制度等。所有定点医疗单位都设置了医疗服务公开栏，及时公布收费标准、药品价格和就诊管理等内容，切实做到因病施治、合理检查、合理用药和规范收费，控制医疗费用的不合理增长。

5、对农村卫生管理体制进行配套改革。泰安市结合实际，对农村卫生管理体制、运行机制和服务模式等进行了一系列改革，目前，全市所有乡镇都通过了初级卫生保健考核验收，90%以上的乡镇实行了乡村卫生服务管理一体化，95%的乡镇开展了农村社区卫生服务，90%的乡镇卫生院、80%的村卫生室完成了第二轮改貌配套建设任务，为新型农村合作医疗工作的顺利开展创造了条件。

四、农村劳动力转移

据对全国31个省（区、市）6.8万个农村住户和7100多个行政村的抽样调查，2005年农村外出务工劳动力12578万人，比上年增加755万人，增长6.4%。其中，农村常住户中外出务工的劳动力10038万人，增加685万人，增长7.3%，首次突破1亿人大关；举家外出务工的劳动力2540万人，增加70万人，增长2.8%。主要情况是：

五、陕西落实农民工政策的主要经验

2006年3月27日，国务院发布《关于解决农民工问题的若干意见》后，陕西落实农民工政策的主要经验有以下三点：

1、各级政府出台一系列政策措施解决农民工问题。针对农民工进城务工不同形式，各级政府相继出台了落实国务院文件，保证农民工权力的相关政策。如2006年4月，陕西省政府办公厅下发文件，要求省劳动保障部门建立建设领域农民工工资支付保证金制度，以保障农民工的合法权益情况。全省计划在建筑领域先试行，即“一证一金”，申领建筑工程许可证的单位每申领一项施工许可证，必须交纳相应的支付农民工工资的保证金。用人单位若发生拖欠工人工资，即用保证金代为支付；施工项目竣工后，若未拖欠工人工资则还本付息。对恶意拖欠工资或借口试用期不给农民工付薪的企业，将采取法律和行政的手段予以纠正。再如，西安市教育局出台“关于解决进城务工人员子女上学问题的意见”，“意见”规定，外来务工人员子女转入西安的任何一所公办中小学，须持家长身份证、暂住证、孩子当地学校学籍证明、家长在西安务工单位半年以上务工证明4证到本辖区教育局联系，区教育局将会根据本辖区学校实际情况给其指定学校，免收借读费。

2、开展各种宣传活动，努力营造全民关心支持农民工的舆论氛围。各级政府充分认识到解决农民工问题的重要性，积极宣传国务院相关政策，努力营造全民关心支持农民工的舆论氛围。如，礼泉县截止6月底共开展关于解决农民工问题的大型宣传活动2次，组装宣传车4辆，印发宣传单2万余份，开展农民工进城务工有关问题知识讲座5场，直接或间接培训农民12000余人次；汉台区2月份举行了以“改善农民工进城就业环境，维护农民工合法权益”为主的普法宣传，发放宣传单及书籍3000余份，接受群众咨询2000余人次。印制劳动保障法律、法规及劳动者维权手册1000本，向进城务工人员免费发放。同时举办法规培训班，重点对区内52户企业领导、项目部经理宣讲了进城务工人员的工资支付和劳动用工方面的法律、法规、政策、措施，规范了农民工工资支付行为。聘请劳动保障法律、法规义务监督员210人协助开展政策法规宣传教育；

3、专项检查为维护农民工权益发挥了良好作用。专项检查是各级政府特别是县级政府在解决农民工问题时普遍采用的方法，专项检查涉及的农民工问题主要有：劳动合同的签订、工资的给付等情况。如礼泉县3月下旬，共检查各类用人单位120余个，纠正不规范合同330起，督促用人单位与劳动者补签合同1100份，查处违反劳动合同行为12起，拖欠、克扣工资行为5起。

(一)中部地区外出务工劳动力增加较多

在农村常住户中，东部地区外出务工劳动力3393万人，增加205万人，增长6.5%；中部地区外出务工劳动力3993万人，增加312万人，增长8.5%；西部地区外出务工劳动力2652万人，增加168万人，增长6.7%。

(二)外出务工去向进一步向东部地区集中

农村常住户中，在东部地区务工的劳动力7058万人，增加547万人，增长8.4%，占外出务工劳动力的比重为70.3%；在中部地区务工的劳动力1445万人，增加101万人，增长7.5%；在西部地区务工的劳动力1503万人，增加30万人，增长2.1%。

(三)在地级以上大中城市务工的劳动力增加

从外出务工劳动力的就业地点看，2005年外出劳动力在地级以上大中城市务工的劳动力占

65.1%,比上年提高2.7个百分点。其中,在直辖市务工的劳动力占9.9%,提高0.3个百分点;在省级市务工的劳动力占19.1%,提高0.6个百分点;在地级市务工的劳动力占36.1%,提高1.8个百分点。

(四)从事制造业的劳动力比重增加

从2005年外出劳动力所从事的行业来看,从事制造业的劳动力所占比重最大,占34.8%,比上年提高2.5个百分点。其次是建筑业,占20.2%,比上年下降2.7个百分点。社会服务业劳动力占10.6%、住宿餐饮业占6%、批发零售业占4.7%。

(五)外出务工劳动力素质有所提高

在外出务工劳动力中,文盲占1.7%,小学文化程度占14.8%,初中文化程度占67.3%,高中文化程度占10.7%,中专及以上文化程度占5.5%。初中及以上文化程度占83.5%,比上年提高1.9个百分点。2005年外出务工劳动力中接受过专业技能培训的占34.4%,比上年提高6.2个百分点。

五、农村贫困地区"两基"教育

根据国家统计局对全国592个扶贫开发工作重点县(以下简称扶贫重点县)贫困监测调查,2005年,农村"两基"教育呈现"三喜二忧",即儿童在校率提高、青壮年劳动力文盲率下降、"两免一补"的措施逐步落实、教育费用上涨、贫困及低收入农户的教育负担依然很重。主要情况是:

(一)学龄儿童在校率提高

2005年底,扶贫重点县学龄儿童在校率为94.7%,比上年提高了1.2个百分点。分年龄段看,7~12岁儿童在校率为96.9%,比上年提高了1.1个百分点;13~15岁儿童在校率为91.8%,比上年提高了1.1个百分点。分地区看,西部地区扶贫重点县7~12岁和13~15岁儿童在校率分别为95.9%和90.4%,比上年提高了1.5和1.6个百分点。

(二)青壮年劳动力的文盲率下降

2005年在国家扶贫重点县农村16~50岁的青壮年劳动力中,文盲劳动力占9.8%,比上年下降了1.3个百分点;小学文化程度占32.2%,比上年下降了1.2个百分点;初中占41.4%,比上年提高了1.5个百分点;高中及以上占8.7%。

在16~50岁的青壮年劳动力中,接受过技能培训的劳动力比例为13.6%,比2004年上升2.4个百分点。

(三)"两免一补"的措施逐步落实

从2001年以来,国家出台了一系列针对贫困地区的义务教育的政策,对贫困家庭学生实施"两免一补",对贫困地区学生实行"一费制",2004年和2005年加大了实施力度。从调查数据看，2005年得到资助的中小学生比例占全部学生的8.1%，比2004年提高了3.5个百分点，其中：得到资助的小学生比例为9.5%，初中生比例为8.1%，高中生比例为3.2%，分别比上年提高了3.8、4.1和1.3个百分点。

(四)教育费用再次增长

2005年，义务教育阶段的学杂费和书本费有所下降，但其他费用继续上涨。扶贫重点县平均每个小学生教育费用支出为314.6元，比2004年上涨4.6%，其中学杂费和书本费178.8元，比2004年下降4.3%；平均每个初中生教育费用支出为854.2元，同比上涨4.8%，其中学杂费和书本费393元，下降4.8%；高中学生平均教育费用支出为2510元，其中学杂费和书本费1153.7元，分别上涨10.5%和1.9%。

(五)贫困及低收入农户的教育负担依然很重

2005年，贫困农户的教育负担呈上升趋势：贫困家庭平均每个小学生的教育费用为218元，比2004年上升了3.6%；其中学杂费和书本费127.7元，比上年下降了5.6%。平均每个初中生的教育费用为637.7元，比2004年上升了5.8%；其中学杂费和书本费287.7元，下降了5.2%。

六、吉林省农民教育培训经验和做法

近几年来，为提高农民素质和就业能力，吉林省各级政府不断加大对农民的培训力度，取得了显著成效。农民的科技应用水平明显提高，农村劳动力的转移数量明显增加。吉林省农民教育培训经验和做法：

一是重点培训。重点培训核心农户、核心村的带动辐射作用明显，如梨树县注重培训核心农户2000多户，辐射带动了1万多个农户。2005年“核心农户”平均每户增收1200元，累计增收240多万元。

二是绿证培训。严格的绿证培训，提高了农民的科技种植水平，使获得绿色证书的农民都成了当地的致富能手和带头人。如四棵树乡四棵树村赵大志，获得养殖绿色证书后，他采用酒糟育肥牛的饲养方式，规模饲养肥牛，每年可出栏肥牛1500头，纯收入近60万元，在他的带动下，全村规模饲养肥牛达50户。他本人也被县政府授予“养牛大王“称号。

三是“阳光工程”培训。全省各地都成立了“阳光工程”办公室，通过“阳光工程”培训的农民有的成了打工“贵族”。如榆树台镇袁家岭村农民张大军参加了“阳光工程”培训，到沈阳市打工，他带领建筑施工队重质量、守信誉，深受沈阳建筑公司的信任，打造了自己的品牌，每年可实现纯收入60万元。

四是“订单”培训。如德惠市，按照专业技术与市场需求相结合的原则，采取学校、用人单位、输送单位三方联合办学等多种形式，实现“订单”培训，定向输出。同时，有计划地定向举办各种类型的劳动力就业技能培训班，并在每年暑期对没有升入大学或高中的应届毕业生，免费进行短期劳务输出基本常识和简单技能培训，然后组织输出。

六、农村贫困情况

据对全国31个省（区、市）6.8万个农村住户的抽样调查，2005年末全国农村绝对贫困人口为2365万人，比上年减少245万人，贫困发生率为2.5%。初步解决温饱但还不稳定的农村低收入人口为4067万人，比上年减少910万人，低收入人口占农村人口的比重为4.3%。

（一）绝对贫困人口与低收入人口标准

根据农村居民生活消费价格指数，2005年农村绝对贫困人口的标准由上年的668元调整为683元，低收入人口的标准由上年的924元调整为944元。

（二）绝对贫困人口和低收入人口大量减少

根据2005年绝对贫困人口与低收入人口的标准测算，2005年末，农村绝对贫困人口的数量为2365万人，比上年减少245万人，减少9.4%；贫困发生率为2.5%，下降0.3个百分点。低收入人口数量为4067万人，比上年减少910万人，减少18.3%；低收入人口占农村人口的比重为4.3%，下降1个百分点。绝对贫困人口与低收入人口合计数量为6432万人，比上年减少1155万人，减少15.2%；占农村人口的比重为6.8%，下降1.3个百分点。2005年农业继续增产，农民继续增收，农村税费改革继续推进，农村扶贫开发力度加大，共同推动了贫困人口和低收入人口的减少。

分省来看，绝对贫困人口与低收入人口数量合计减少较多的分别是四川（减110万）、山西（减93万）、河南（减89万）和河北（减86万），这几个省贫困人口与低收入人口基数大，2005年人均纯收入增长快，所以贫困人口与低收入人口减少较多。

七、吉林省落实良种补贴政策取得成效

1、吉林省良种补贴工作的基本情况.今年国家下达给吉林省专用玉米良种推广补贴面积300万亩，高油大豆200万亩，水稻以计税耕地为基础实行据实补贴。全省水稻良种推广补贴共涉及63个县112.1万个农户，面积为1003.1万亩，应补贴金额为1.5亿元。专用玉米良种推广补贴面积300万亩，涉及249个乡（镇）、3322个村、43.46万多农户。高油大豆良种推广补贴面积200万亩，涉及165个乡（镇）、2247个村、18.7万多农户。目前全省良种补贴预拨资金已全部下达到各有关县（市、区），并已基本兑现完毕。

2、落实良种补贴政策主要成效.一是促进了全省粮食生产持续增长。去年全省粮食产量再创新高，达到516亿斤以上，是历史上最高的年份。二是加快了优良品种的普及推广，全省优质专用品种推广面积稳步上升。三是保护和调动了种粮农民的积极性。今年全省良种补贴资金2亿元，全省农民人均增收14元。对保护和调动粮食主产区农民种粮积极性起到了重要作用。四是提高了粮食作物生产水平。通过良种良法配套，大力推广节本增产增效新技术，促进了粮食生产效益稳步增长。五是增强了粮食产品的市场竞争力。良种推广补贴推进了优势农产品产业带建设，进一步优化了区域化布局，有利于提高农产品品质，将有效促进农民小生产与大市场的对接，增强农产品的市场竞争力。

(三)西部地区贫困人口占全国的比重增加

在农村绝对贫困人口中，东部地区为324万人，中部地区为839万人，西部地区为1202万人，各地区贫困发生率分别为0.8%、2.5%和5.2%。在低收入人口中，东部地区为577万人，中部地区为1372万人，西部地区为2118万人，占各地区农村人口的比重分别为1.5%、4.2%和9.2%。2005年西部地区农村绝对贫困人口占全国农村绝对贫困人口的比重为50.8%，比上年增加0.8个百分点；西部地区农村低收入人口占全国农村低收入人口的比重为52.1%，比上年增加4个百分点。

(四)扶贫重点县、西部开发12省是农村贫困的主要集中地

2005年592个国家扶贫重点县农村绝对贫困人口1433万人，占全国农村绝对贫困人口的60.6%；农村低收入人口2191万人，占全国农村低收入人口的53.9%。西部开发12省农村绝对贫困人口1421万人，占全国农村绝对贫困人口的60.1%；农村低收入人口2384万人，占全国农村低收入人口的58.6%。

八、生态建设拉动内蒙库伦经济

经过20多年的生态建设，内蒙古自治区库伦旗发生了翻天覆地的变化，经济得到了持续健康快速发展。

为有效实施生态建设重点工程，库伦旗成立了由旗委、旗政府主要领导为组长的工程建设领导小组，对生态工程建设任务实行目标化管理，并作为考核各乡镇主要领导的一项重要内容。在生态建设项目规划和实施过程中，该旗坚持因地制宜，并以科技为支撑，充分发挥工程技术人员的作用，采取项目技术承包，全面提高工程技术含量。

通过多年连续治理，库伦旗有林面积达256万亩、牧草面积达100万亩，森林覆盖率由治理前的8%提高到42%，全旗生态恶化趋势得到遏制。特别是南部山区植被覆盖率由治理前的14%提高到58%，北部沙区330万亩得到了有效治理，林草覆盖率由治理前的8%提高到现在40%，森林覆盖率由治理前的3%提高到20%。改善后的自然环境为各种动植物的繁衍生息提供了条件，多年不见的珍禽纷纷在这里驻足落户。

生态效益彰显的背后是更为直接的经济效益。水源工程和节水灌溉工程的实施，进一步改善了该旗农业基础设施条件，调整了农业种植结构，提高了粮食产量，全旗粮食生产能力正常年份达2亿公斤，人均纯收入由以前的678元提高到现在的1386元；种草养畜，禁牧舍饲，推动了生态畜牧业的发展，全旗牲畜总头数达到62万头（只、口）；生态经济圈、经济沟成为农牧民增收致富的“绿色银行”，六家子镇依托5000亩红柳基地，使柳编业发展到7个村、600多户，年出口创汇100多万元。移民工程的实施，有效解决了沙区农民生存与生态之间的矛盾，移民搬迁后，迁出区移民的所有房屋院落、棚圈全部拆除并进了场地平整，生态恢复迅速，集中安置的移民全部搬进了具备“五通”条件的移民新村，全旗共有1593户、5065人住上了宽敞明亮的砖瓦房，居住环境彻底改变。

生态建设还促进了农村产业结构调整，转变了农牧业生产经营方式。同时，良好的环境，为招商引资创造了条件，去年以来，库伦旗已引进到位国内外资金6.6亿元，是前几年总和的两倍还多。

七、农村区域经济发展

统筹区域发展，不仅是一个重大的经济问题，而且是一个重大的政治问题。中共十六大提出了促进区域经济协调发展的问题，分别对西部大开发、中部地区发展、东部地区发展等作出了全面部署。十六届三中全会以后，中央又提出了科学发展观，强调要以人为本，坚持“五个统筹”，促进社会经济全面协调和可持续发展，制定了中国现代化建设区域发展总体战略布局，这就是“实施西部大开发，振兴东北地区等老工业基地，促进中部地区崛起，鼓励东部地区率先发展，形成东中西互动、优势互补、相互促进、共同发展的新格局”。中央提出的统筹区域协调发展的总体战略布局，规划了中国区域发展的宏伟蓝图，对于中国农村各地区充分发挥自身优势、形成相互促进共同发展的新格局，具有重要的指导意义。2005年伴随着国民经济高速、平稳增长，不同区域农村经济发展也呈现出一些新的特点。

（一）　影响区域农村经济发展的主要政策因素

改革开放至今，中国区域经济已有四次大的发展。从珠三角的崛起，到浦东开发带动长三角经济增长，到西部大开发，再到东北振兴、泛珠三角的合作，每次区域经济的增长，对整个国民经济和各地区农村经济的发展都至关重要。中央经济工作会议提出，促进东中西互动、优势互补，实现各地区共同发展，对促进区域经济协调发展意义深远，它标志着中国经济由“单极增长”进入更加强调互动协调发展的“多轮驱动”的新时期。2005年，对农业和农村经济发展而言，以下几方面的政策对促进区域农村经济发展产生了重要影响。

1.中央进一步加大“两减免、三补贴”等支农政策力度

2005年中央1号文件要求在592个国家扶贫开发工作重点县实行免征农业税试点，在全国牧区开展取消农业税试点，其他地区进一步降低农业税率，取消除烟叶以外的农业特产税，国有农垦企业执行与所在地同等的农业税减免政策。实际执行结果比中央要求快得多，全国实际免征农业税的范围扩大到28个省份，其余的河北、山东、云南三省也有约300个县免征农业税，尚未免征农业税的县的税率也一律降至2%，税额只有15亿元左右。预计全国农业税全年减免金额在220亿元以上。同时中央和地方财政继续增加良种补贴和农机具购置补贴资金，继续实行化肥出厂限价政策，通过税收等手段合理调节化肥进出口，控制农业生产资料价格过快上涨，支农力度进一步加大。

2.加大对粮食主产区的支持

为调动地方政府发展粮食生产的积极性，缓解中西部地区特别是粮食主产区县乡的财政困难，中央财政安排专项资金用于对产粮大县和财政困难县的转移支付，其中约55亿元用于对近800个粮食大县的奖励。同时继续对种粮农民实行直接补贴，对短缺的重点粮食品种在主产区实行最低收购价政策，部分省（区）启动了早稻最低收购价格预案，对小麦采取临时收储措施，起到了托市作用。这些措施有利于逐步建立和完善稳定粮食市场价格、保护种粮农民利益的制度和机制，建立粮食主产区与主销区之间的利益协调机制。

3.增加农业和农村基础设施投入

中央为了扶持农村经济的发展，下决心调整国民收入分配结构，在稳定现有各项农业投入的基础上，新增财政支出和固定资产投资向农业、农村、农民倾斜。针对当前农田水利设施薄弱、亟待加强的状况，2005年在国债投资总规模较大幅度减少的情况下，全年用于农林水利气象和扶贫的国债投资比重进一步提高，加上正常的预算内投资，全年农口中央投资规模超过500亿元。据统计，全年用于节水灌溉、人畜饮水、农村道路、农村沼气、农村水电、草场围栏等农村“六小工程”的中央投资超过280亿元，对改善农村生产生活条件，促进农民直接增收发挥了重要作用。

4.扶贫工作取得新进展

截止到2005年初中国农村仍有2610万贫困人口，而且主要集中在中、西部地区。为了尽快消除贫困，近年来国家加大了扶贫力度，增加了资金投入。据统计，2005年中央政府投入的各类扶贫资金达130亿元，比2004年增长了约7%。地方政府的配套资金也有较大幅度地增加。此外，产业化扶贫工作顺利起步，与中国农业银行联合认定了第一批260家扶贫龙头企业，覆盖了大约300万贫困农户、1200万贫困人口。同时，改进扶贫资金的使用方法，在江西、重庆、贵州、陕西四省（市）中，各选择了2~3个县，开展建立“奖补资金”推进小额贷款到户的试点，将部分中央财政扶贫资金作为“奖补资金”，用于贫困户贷款的利息补贴、亏损补贴或奖励，提高了扶贫资金的使用效率。

（二） 2005年农村区域经济发展状况及其主要特点

1.中、西部地区农业增速快于东部地区

近年来，中央政府把优化农产品区域布局，进一步发挥农业区域比较优势，作为推进农业和农村经济结构战略性调整和转变农业增长方式的重大步骤。2005年，尽管中国农业遭遇“禽流感”疫情的冲击和低温、台风、洪涝、干旱等自然灾害的影响，但由于防治措施得力，而且灾害发生的时间多不在农作物生长关键时期，也不在主产区，所以影响相对较小，农业生产仍然保持了平稳发展。初步预计，2005年东、中、西部地区农业总产值分别为18483亿元、13753亿元和7038亿元，分别比上年实际增长4.4%、6.4%和6.5%。东部地区农业增速放慢，一是由于基数较大，二是近几年随着农业生产结构战略性调整步伐的加快，中央和地方政府扶持力度的加强，中、西部地区农业发展步伐明显加快，占全国农业的比重在波动中呈逐年上升趋势。与2004年相比，2005年中、西部地区农业总产值占全国的比重有所上升（表1）。

表1 东、中、西部地区农业总产值及区域构成

年份	2000	2001	2002	2003	2004	2005
数额（亿元）						
东部地区	12126	12803	13311	14389	17074	18483
中部地区	8409	8835	9242	9901	12636	13753

西部地区	4381	4542	4838	5402	6453	7038
构成（%）						
东部地区	48.7	48.9	48.6	48.5	47.2	47.1
中部地区	33.7	33.7	33.7	33.3	34.9	35.0
西部地区	17.6	17.4	17.7	18.2	17.8	17.9

2.东部地区农村居民收入增速快于中、西部地区

根据国家统计局对全国31个省（区、市）6.8万个农户的抽样调查，2005年东、中、西部地区农民人均纯收入分别为4417元、2999元和2300元，分别比上年实际增长6.2%、5.3%和5.4%，中、西部地区农民人均纯收入与东部地区的差距有所扩大，而中、西部地区之间的差距保持稳定（表2）。东部地区非农产业发展速度快，粮食增产幅度高，是造成实际增速东部地区快于中、西部地区的主要原因。以乡镇企业增加值为例，东部地区增速高于全国平均水平1.3个百分点，而中、西部地区则分别低于全国平均水平1.6和6.6个百分点。另外，中、西部地区粮食增产幅度低于东部地区，2005年，东、中、西部地区粮食增产幅度分别为3.9%、2.9%和2.2%。

表2　东、中、西部地区农民人均纯收入水平及差距

单位：元／人

年份	2000	2001	2002	2003	2004	2005
东部地区	2993.6	3266.7	3376.0	3616.6	3986.8	4417.0
中部地区	2029.9	2165.2	2265.0	2382.0	2726.6	2999.0
西部地区	1556.5	1662.2	1771.0	1883.7	2090.8	2300.0
东部比中部高%	47.5	50.9	49.1	51.8	46.2	47.3
东部比西部高%	92.3	96.5	90.6	92.0	90.7	92.0
中部比西部高%	30.4	30.3	27.9	26.5	30.4	30.4

据调查，2005年农民的税费负担人均13元，比上年减少24.4元，下降65.1%，税费负担占当年农民人均纯收入的比重由2004年的1.3%减少为0.4%。由于收入增加，负担下降，农民的消费支出有较大幅度的增加。2005年，东、中、西部地区农村居民人均生活消费支出分别为3257元、2314元和1933元，与上年相比增长幅度均在10%以上。

3.东部与中、西部地区农村非农产业发展差距又有扩大

2005年中国对外贸易继续保持快速增长。全年进出口总额达14221亿美元，比上年增长23.2%。其中出口额7620亿美元，增长28.4%；进口额6601亿美元，增长17.6%。对外贸易的强劲增长带动沿海地区乡镇企业发展。据统计，2005年全国乡镇企业出口企业达到16万个，其中年出口交货值500万元以上的企业5万多个；全年出口企业完成出口交货值19800亿元，比上年增长16.9%。据农业部初步预计，2005年乡镇企业实现增加值46600亿元，比上年增长11.4%，其中工业增加值33200亿元，增长13.1%。东部地区乡镇企业增加值达到31200亿元，比上年增长12.7%，高于全国平均水平1.3个百分点，而中、西部地区仅分别增长9.8%和4.8%，增幅明显低于比东部地区。东部地区乡镇企业增加值占全国的比重由上年的66.5%上升到67%，中部地区和西部地区则有所下降，东部与中、西部地区乡镇企业发展的差距又有扩大（表3）。再从乡镇企业发展后劲方面看，东部地区无论是资金投入，还是产品的质量、档次和科技含量等各方面都大大优于中、西部地区。

表3　东、中、西部地区乡镇企业增加值及区域构成

年份	2000	2001	2002	2003	2004	2005
数额（亿元）						
东部地区	16456	18315	21062	24280	27680	31200
中部地区	8660	8193	9447	10288	11654	12800
西部地区	2040	2848	1877	2119	2481	2600
构成（%）						
东部地区	60.6	62.4	65.0	66.2	66.2	67.0
中部地区	31.9	27.9	29.2	28.0	27.9	27.5
西部地区	7.5	9.7	5.8	5.8	5.9	5.5

4.中部地区农村固定资产投资增长速度明显高于东、西部地区

2005年，东、中、西部地区农村固定资产投资额分别为9279亿元、2802亿元和1426亿元，分别比上年增长18%、24.1%和11.8%。由于中部地区投资高速增长，因此，中部地区农村固定资产投资额占全国的比重比上年提高0.5个百分点，东部地区比重持平，西部地区比重下降0.5个百分点（表4）。

表4　东、中、西部地区农村固定资产投资及区域构成

年份	2000	2001	2002	2003	2004	2005
投资额（亿元）						
东部地区	4275	4566	5120	6554	7866	9279
中部地区	1547	1693	1832	1987	2307	2802

西部地区	874	953	1059	1213	1276	1426
构成（%）						
东部地区	63.8	63.3	63.9	67.2	68.7	68.7
中部地区	23.1	23.5	22.9	20.4	20.2	20.7
西部地区	13.1	13.2	13.2	12.4	11.1	10.6

中部地区农村固定资产投资增速高于东、西部地区主要是由于中部地区非农户投资明显高于中、西部地区，2005年中部地区非农户投资1321亿元，比上年增长23%。不仅高于全国平均18.4%的增长速度，而且大大高于西部地区6.4%的增幅。在农户生产投入方面，中部地区增速也高于东、西部地区。据对全国31个省（区、市）6.8万个农村住户的抽样调查资料推算，2005年农户固定资产投资额为3929亿元，比上年增长16.9%，其中，中部地区比上年增长20%，东部地区增长14%，西部地区增长17.4%。

5.农业结构战略性调整不断深入，农业生产布局进一步优化

结构调整是新阶段中国农业发展的中心任务，区域化布局、专业化生产、产业化经营是农业现代化的重要标志。在优势产区发展主导产品，能够最大限度地优化资源配置、挖掘资源潜力，释放和形成新的生产力。大力推进优势农产品区域布局，加快培育优势产区，把各地的资源和区位优势发挥出来，做大做强各具特色的主导产业和优势农产品，是进一步深化农业结构战略性调整的重大步骤，对于形成科学合理的农业生产力布局，提高农业整体素质和效益具有重要意义。

2005年，在国家政策引导和国内外市场需求的驱动下，农民积极调整和优化农业生产结构，增加科技含量高、品质优良的农产品生产。一些各具特色、各显优势的作物带、产业带逐步形成，不同区域农业发展开始呈现合理分工的新格局。农业区域化、优质化、产业化、标准化程度继续提高，大宗农产品继续向优势产区集中。全国优质专用小麦面积继续扩大，占小麦总面积的比重达到48%，11个主产省的小麦面积占全国的91%；优质稻种植面积占水稻总面积的比例达到64%；优质专用玉米所占比重达到37%；三大优势棉区棉花种植面积和产量占全国的99%；优质“双低”油菜籽面积已占油菜籽总面积的74%；高油大豆的面积和产量所占比重比上年进一步提高；中原、华北两个肉牛优势产区和中原、内蒙古中东部及河北、西南四个肉羊优势产区持续快速发展；东北、华北和京津沪三个奶类优势产区更是保持高速发展。特色农业和农业产业化发展令人瞩目，产业链条进一步拉长，效益明显提高。

（三） 加强整体规划，促进农村区域经济协调发展

虽然中国农村区域经济战略正在由非均衡增长到互动协调发展的重大转变，“多轮驱动”的新格局也已初步形成。但必须看到，农村区域经济的发展并非一路坦途，还有许多要解决的难题。例如在一些地方，行政干预区域经济发展的问题依然存在；如何通过市场竞争形成地区“龙头”，并以此为中心推动区域经济的整体发展；区域发展战略与规划如何避免相互“撞车”；各区域的劳动力、物质资源、资金等要素如何合理配置等，这些都是亟待解决的问题。

实现农村区域经济协调发展，必须处理好各方的利益关系，实现交易双方的互利互惠。对于化肥、农药、种子等实行专营的农业生产资料，政府要对有关价格进行严格监管，确保交易双方公平获利，确保资源输出地的利益；存在外部经济的领域，如生态建设和环境保护等，中央政府要强制性地建立必要的补偿机制，让受益地区分摊相应的保护成本。各地区各部门要高度重视密切农村各区域间的经济联系，重视国内统一的竞争性产品、服务和生产要素市场建设，重视消除各种不合理的垄断、分割和地区保护，重视降低区域间市场交易成本，努力形成农村区域经济发展东中西互动、相互促进、利益共享、良性循环的局面，使我国农村经济发展真正建立在国内统一大市场的基础上。各地区各部门只要认真落实中央的规划和部署，互动联动，协调发展，中国农村区域经济必将走上健康发展的快车道。

九、安徽省采取四项措施保证补贴资金发放落实到农民手中

2006 年安徽省粮食直补资金总额继续保持 8.65 亿元，同时，中央财政又给予安徽省种粮农民总额达 6.83 亿元的粮食综合直补资金。为确保对种粮农民补贴资金真正落实到农民手中，所采取的四项措施：一是新增补贴资金全部纳入粮食风险基金，实行专户管理，对资金拨付的每一个环节都进行严格监管；二是补贴资金通过粮食直补渠道，采取直补方式直接补贴种粮农民，不增加中间环节；三是实行补贴村级公示制度，做到每个农户的补贴面积、补贴标准、补贴金额等张榜公布；四是建立了补贴旬报制度以及公开举报制度等，对补贴资金的落实情况进行密切跟踪和动态监测。

八、农村产业结构与就业结构

2005年农业结构调整稳步推进，农产品品种结构和区域布局继续优化。农村产业结构内部，农林牧渔产业增加值占农村第一、二、三产业增加值的比重下降，非农产业比重略有上升；第一产业内部，农业、林业比重略有下降，畜牧业、渔业比重略有提高。

（一）农村产业结构

1.农业结构的变化及主要特征

2005 年农林牧渔产业增加值达 23000 多亿元，按可比口径计算，比上年实际增长 5.2%。农业、林业比重略有下降，畜牧业、渔业比重略有提高。2005 年农业在农林牧渔业增加值中的比重下降了 0.5 个百分点，林业下降 0.2 个百分点，畜牧业比重提高 0.1 个百分点，渔业比重提高 0.3 个百分点。粮食产值增幅下降是导致农业比重减少的主要因素。农林牧渔增加值构成见表1。

表1 农林牧渔业增加值构成

单位：%

	1997	1998	1999	2000	2001	2002	2003	2004	2005
农 业	62.3	62.2	61.7	59.5	59.3	58.8	55.6	55.7	55.3
林 业	4.2	4.2	4.3	4.5	4.3	4.4	4.8	4.3	4.1
牧 业	23.9	23.6	23.5	24.9	25.6	25.9	26.8	28.1	28.1
渔 业	9.6	10.0	10.5	11.1	10.8	10.9	10.3	9.8	10.0

注：从2003年起农林牧渔业增加值包括农林牧渔服务业增加值，本表的各业比例是按包括农林牧渔服务业增加值在内的所有第一产业增加值计算的。

尽管2005年第四季度部分地区受到“禽流感”的影响，但各地积极采取防疫措施，加快调整畜牧业内部结构，畜牧业规模化进程加快，畜牧业生产区域化布局正在形成。2005年全国猪牛羊肉产量增长6.4%，畜牧业增加值6478亿元，可比增长8.3%，畜牧业增加值占农林牧渔业增加值比重达28.1%。渔业增加值达到2300多亿元，同比增长5.9%。渔业增加值占农林牧渔业增加值比重为10%。由于退耕还林规模继续调减，林业产出增速继续放缓，2005年林业增加值947亿元，比上年增长1.7%。

2.非农产业结构变化及其特征

2005年乡镇企业完成增加值46600亿元，比上年增长11.4%，增幅比上年略有降低。其中乡镇工业完成增加值33200亿元，比上年增长13.1%；交通运输等第三产业全年完成增加值10200亿元，比上年增长10.6%。由于工业较快增长和投资的拉动，第二产业发展略快于第三产业，第三产业增加值占乡镇企业增加值的比重由上年的22.1%下降到21.9%，下降了0.2个百分点。农村非农产业增加值构成见表2。

表2 农村非农产业增加值构成

单位：%

年份	工业	建筑业	交通运输	商饮服务
1995	76.3	9.1	5.7	8.9
1997	78.4	8.1	3.7	9.8
1998	71.1	8.2	6.2	14.5
1999	68.9	8.2	6.4	16.6
2000	69.3	7.7	6.1	16.9

2001	67.6	7.9	6.3	18.20
2002	70.3	7.1	5.6	17.0
2003	70.9	7.2	5.5	16.4
2004	70.9	7.0	22.1	
2005	71.2	6.9	21.9	

注：(1) 农村非农产业增加值数据为农业部统计乡镇企业增加值中扣除农业部分后得来的；(2) 2004 年和 2005 年商饮服务业和交通运输业作为合计项计算。

2005 年乡镇企业实现营业收入 186500 亿元，比上年增长 12.1%,；实现利润总额 11200 亿元，比上年增长 12.7 %,；上交税金 4200 亿元，比上年增长 14.8%,。乡镇工业产销衔接良好，产销率、资本收益率、劳动生产率均比上年有不同程度的提高。全年乡镇工业产销率为 93.1%，比上年提高 0.3 个百分点；全员劳动生产率为 32863 元／人，比上年增加 2600 元／人。

3.农村产业结构变化及其特征

2005 年农村经济中的比重与上年相比略有下降，第二产业比重略有上升，第三产业比重与上年持平。2005 年农村增加值中，第一产业的比重为 32.6%，比 2004 年下降 0.5 个百分点；第二产业比重为 52.6%，上升了 0.5 个百分点；第三产业比重为 14.8%，与上年持平（表 3）。

表 3　农村各业增加值构成

单位：%

年份	第一产业	第二产业	第三产业
1997	48.5	44.5	7.0
1998	40.5	47.2	12.3
1999	37.0	49.6	13.4
2000	35.3	50.4	14.3
2001	32.8	51.9	15.3
2002	30.5	52.9	16.6
2003	28.3	54.9	16.8
2004	33.1	52.1	14.8
2005	32.6	52.6	14.8

注：为保持历史数据可比性，本表第一产业增加值未包括农业服务业。

农产品加工业增长快于一般乡镇工业增长，涉农工业发展优势进一步增强。到2005年底，全国规模以上乡镇企业农产品加工企业达56264个，比上年增加了1825个；从业人员达700万人，比上年增加 10万人；全年乡镇企业规模以上农产品加工业完成增加值5100亿元，同比增长17.00%，高于全国乡镇工业增幅3.92个百分点。农产品加工业增加值占全部乡镇企业的比重由2004年的10.42%上升到2005年的10.94%，比上年提升0.52个百分点。农产品加工业已经成为乡镇工业的主要行业和重要增长点。

（二）农村就业结构

2005年农村就业结构呈现第一产业比重稳步下降，第二、三产业比重稳步提高的格局。农村劳动力就业结构与农村经济结构之间的偏差缩小。

1.农村就业结构

2005年农村第一产业劳动力继续向第二、三产业转移。农村劳动力中从事农业的劳动力占59.4%，比2004年下降了2.2个百分点，从事非农产业的劳动力的比重为40.6%。在非农产业中，第二产业就业比重为23.3%，比上年增加了5.6个百分点；第三产业的就业比重为17.3%，比上年下降3.4个百分点（表4）。全国乡镇企业从业人员达14180万人，比上年增加310万人，增长2.26%，占全国农村劳动力的比重达到28%左右。

表4 农村三次产业劳动力构成

单位：%

年份	1990	1995	2000	2001	2002	2003	2004	2005
第一产业	79.4	71.8	68.4	66.5	65.9	63.8	61.6	59.4
第二产业	14.1	17.0	17.3	18.2	15.4	16.6	17.7	23.3
第三产业	6.5	11.2	14.3	15.3	18.7	19.6	20.7	17.3

注：（1）计算劳动力结构时，外出的临时工、合同工按比例均摊于工建运商各业之中；（2）2005年为预测数。

2.农村产业结构与就业结构间的偏差

2005年农村三大产业增加值结构与就业结构之间的总偏差为58.6%，比2004年缩小近10个百分点。其原因主要是：2005年国家继续加大对农业的支持力度，农业增加值继续较大幅度增长，农业劳动生产率低的局面进一步缓解。2005年第一产业的结构偏差为26.8%，比2004年缩小1.7个百分点。2005年第二产业劳动生产率依然居农村三大业之首，结构偏差为29.3%，比2004年下降5.1个百分点。第三产业的结构偏差为2.5%，比2004年下降2.4个百分点，这说明农村第三产业劳动生产率较低的状况有所好转，技术水平有所提高。1999~2005年期间，增加值结构与就业结构之间的总偏差呈现先扩大再缩小的趋势（表5）。

表5　农村增加值与就业结构间的偏差

单位：%

年份	1999	2000	2001	2002	2003	2004	2005
第一产业	−33.2	−33.1	−33.7	−34.6	−35.5	−28.5	−26.8
第二产业	33.0	33.1	33.7	38.6	38.3	34.4	29.3
第三产业	0.2	0.0	0.0	2.1	2.8	5.9	2.5
合计	66.4	66.2	67.4	75.3	76.6	68.8	58.6

注：包括农林牧渔服务业增加值。

第三部分 地区报告

③

一、北京市农村全面建设小康监测报告

根据国家统计局研究建立的农村全面建设小康社会综合评价体系，对“十五”以来北京农村全面小康进程进行了监测。

（一）北京市农村全面建设小康进程

1. 农村全面小康综合实现程度86.5%，农民收入突破全面小康目标值

2005年北京农村全面小康社会综合实现程度达86.5%，比2004年提高5.11个百分点。从六个子系统实现程度看，人口素质达到了全面小康标准，实现程度为100%，其他五个子系统均未达到。从18项指标情况看，10项指标实现程度达到100%。

经济发展实现程度为96.4%，比上年提高4.3个百分点。其中2005年农民人均可支配收入在突破了全面小康6000元的目标值，达到6691元，在“十五”末期实现了全面小康目标；农村富余劳动力转移加快，非农产业就业增加，2005年第一产业劳动力占比重为31.8%，比上年降低2个百分点，实现程度为100%；农村小城镇人口占比重为30.1%，实现程度为74.2%，比上年提高11.1个百分点。

社会发展实现程度为83.2%，比上年提高4.4个百分点。其中万人拥有科技人员、农村居民基尼系数实现程度达到100%，农村新型合作医疗参合率为80.3%，实现程度为87.9%，比上年提高10.1个百分点；农村养老保险覆盖率为25.1%，实现程度为40%，比上年提高1.1个百分点。

农民生活质量实现程度为94.1%，比上年提高10个百分。其中农村居民恩格尔系数、农民生活信息化程度实现程度均为100%，农村居民居住质量指数实现程度为90.8%，比上年提高7.5个百分点；农民人均文化娱乐消费支出占比重显著上升，实现程度为88.2%，比上年上升49个百分点。

资源与环境实现程度为14.3%，与上年持平。其中森林覆盖率、万元农业GDP用水量实现程度均为100%，耕地比上年减少，实现程度为−100%。

2. “十五”期间北京农村全面小康综合实现程度提高29.1个百分点

“十五”期间北京农村全面小康建设进程加快，综合实现程度从2000年的57.75%上升到

86.5%，提高了28.8个百分点。其中经济发展水平和农民的生活质量有显著提高。

农村经济发展实现程度从2000年的55.04%提高到96.44%，提高了41.4个百分点。农民人均可支配收入从2000年的4526元提高到2005年的6691元，增长47.8%，年均增长8.1%，实现程度从61.2%提高到100%；农村第一产业劳动力占比重为31.8%，比2000年降低了10.2个百分点，实现程度从53.3%提高到100%，提高46.7个百分点；

社会发展实现程度五年来提高23.2个百分点。其中农村合作医疗覆盖率从38.3%提高到80.3%，实现程度从35.4%提高到87.9%，提高了52.5个百分点；农村养老保险覆盖率从2000年的10%提高到2005年的25.1%，实现程度从14.1%提高到40%，提高了25.9个百分点。

农民生活质量实现程度五年提高24.3个百分点，农民生活质量显著提高，生活环境明显改善。其中农民恩格尔系数从2000年的36.7%下降到2005年的32.8%，下降了3.9个百分点；居住质量指数实现程度从2000年的60.4%提高到2005年的90.8%，提高提高30.4个百分点。在居住质量方面，农民人均住房从2000年的28.9平方米提高到36.9平方米，饮用自来水的户数从90%上升到96%，使用清洁能源户数占比重从38.6%上升到67.4%，享受卫生厕所的农户比重从10%上升到34%，室外道路硬化的农户占比重从60%上升到90.7%。农民文化娱乐消费支出占比重从2000年的4.1%上升到6.5%，实现程度从35.6%提高到88.2%；农民生活信息化指数实现程度从86.9%提高到100%。

（二）北京农村全面小康建设难点

1．耕地面积连年减少

随着城市建设规模的扩大和农村城镇化进程的加快，社会经济各项事业的发展，使北京耕地占用情况突出，新增耕地微乎其微。由于耕地面积连年减少，在评价农村全面小康实现程度的18个指标中，常用耕地面积变动幅度是唯一负增长的指标，其中2005年的变动幅度为−1.3%。由于常用耕地面积变动幅度以大于0作为目标值，该指标在北京城乡经济快速发展的时期很难达到建设全面小康社会目标的要求。

2．农村社会保障体系有待进一步完善

近年来，政府在农民就医、农民养老方面加大投入力度，农村社会保障制度不断完善。但依然存在覆盖面小、保障水平低的问题，距全面小康社会目标还有较大差距。从2005年的情况看，北京农村养老保险覆盖率是实现程度最低的指标。2005年农村养老保险覆盖率仅为25.1%，实现程度仅为40.3%，距离60%的全面小康目标值仍有较大差距；北京农村新型合作医疗参合率为80.3%，实现程度为87.9%。农村新型合作医疗近年来虽然推进较快，但保障水平偏低的问题较为突出，农民一旦生病住院，报销比例低，农民医疗费负担仍然较重。2005年，农民人均医疗保健支出499元，同比增长16.9%，占农民人均生活消费支出9%，比上年上升0.3个百分点，比2000年上升1个百分点。

3．农村城镇化水平低

在农村全面小康综合评价体系中，第一产业劳动力比重和农村小城镇人口比重是反映城乡社会经济统筹发展和城市化水平的重要指标，两项指标的权重占到9%。北京作为国际化大都市，

需要进一步加快农村城镇化步伐。2005年农村第一产业劳动力占比重为31.8%，刚刚越过全面小康的标准，实现程度100%，农村城镇化水平还需要结合新农村建设加快进程，2005年，北京农村小城镇人口比重仅为30.1%，实现程度为74.2%。

4．人居环境改善还需加大力度

农民生活环境的改善是新农村建设和全面小康社会建设的重要内容。2005年北京农村居民居住质量指数的实现程度为94.1%，虽比2000年有很大提高，但个别指标距全面小康目标还存在相当差距。如享受卫生厕所农户的比重仅为34%，距70%的目标值相差36个百分点；使用清洁能源农户比重仅为67.4%，距70%的目标值相差2.6个百分点。

5．农村基层民主法制建设有待加强

2005年农村民主与法制实现程度为71.3%，在十八乡指标中，实现程度是较低的。其中村务公开满意度较低，仅为56%。农村基层组织应加强村务公共开的宣传，加强农民对村情村务的了解，从而提高农民对农村基层组织工作的满意度。

综上所述，北京农村距实现全面小康社会还有一定距离，难点在于农村社会保障体系的健全和水平的提高、全面推进社会主义新农村建设，加快农村城镇化进程、提高农民生活质量，改善农民居住环境。进一步加强北京农村的基层民主法制建设，使社会公正度和安全感不断提高。

2005 年北京市农村全面建设小康综合表

指　标	单位	总体小康值	全面小康值	2005 实际值	实现程度	权数	综合分值
A、经济发展					96.4	29	28.0
农村居民人均可支配收入	元／人	2200	6000	6691	100	20	20.0
第一产业劳动力比重	%	50	35	31.8	100	5	5.0
小城镇人口比重	%	16	35	30.1	74.2	4	3.0
B、社会发展					83.2	20	16.6
农村合作医疗覆盖率	%	10	90	80.3	87.9	8	7.0
农村养老覆盖率	%	1.8	60	25.1	40.0	4	1.6
万人农业科技人员数	人	1	4	5.6	100	4	4.0
农村居民基尼系数	—	0.35	0.3—0.4	0.32	100	4	4.0
C、人口素质					100	15	15.0
平均受教育年限	年	7.4	9	10	100	12	12.0
平均预期寿命	年	69.5	75	75	100	3	3.0
D、生活质量					94.1	23	21.6
恩格尔系数	%	49	40	32.8	100	4	4.0
居住质量指数	%	18	75	69.8	90.8	11	10
农民文化娱乐支出比重	%	2.5	7	6.5	88.2	3	2.6
农民信息化程度	%	28	60	77	100	3	5.0
E、民主法制					71.3	6	4.3
农民对村政务公开的满意度	%	55	85	81	87	3	2.6
农民社会安全满意度	%	60	85	74	56	3	1.7
F、资源环境					14.3	7	0.1
常用耕地面积变动幅度	%	—0.3	0	—1.3	—100	3	—3.0
森林覆盖率	%	16.5	23	35.5	100	2	2.0
万元农业 GDP 用水量	立方米／万元	2600	1500	1352	100	2	2.0
农村全面建设小康实现程度合计						100.0	86.5

二、天津市农村全面建设小康监测报告

根据国家统计局农村全面小康评价指标体系和测评方法，对2005年天津农村全面小康建设进程进行了跟踪监测，并提出天津农村全面小康建设进程中的难点与对策。

（一）2005年天津农村全面小康评测结果

2005年天津农村全面小康实现程度为74.0%，比2004年提升了7个百分点。这意味着，天津农村距离全面小康社会还有26%的路要走。

1. 农村全面小康建设进程分析

天津农村全面小康建设的六大方面发展很不平衡。全面小康实现程度达到100%的有：人口素质、民主法制；实现程度在80%—100%之间的有：经济发展为96.4%、生活质量为88.1%；实现程度在80%以下的有：社会发展为38.1%和资源环境为9.3%。

从18个指标看，2005年全面小康实现程度达到100%的有10个指标，分别为：第一产业劳动力比重、小城镇人口比重、农村居民基尼系数、平均受教育年限、平均预期寿命、恩格尔系数、农民信息化程度、对村政务公开满意度、农民对社会安全满意度、万元农业GDP用水量；实现程度在60%—99%的有2个指标，分别为：居住质量指数的实现程度为97.0%和人均可支配收入的实现程度为77.2%；实现程度小于60%的有6个指标，分别为：农村合作医疗覆盖率的实现程度为25.3%、万人农业科技人员数的实现程度为20.0%、农民文化娱乐支出比重的实现程度为20.0%、农村养老覆盖率的实现程度为19.9%、森林覆盖率的实现程度为7.7%和常用耕地面积变动幅度的实现程度为－50%。

2.农村全面小康建设实现程度的速度分析

在农村全面小康建设监测的18个指标中，全面小康建设实现程度2005年与2004年相比变动十个百分点以上的有六个指标，归纳起来是五升一降。五升即常用耕地面积变动幅度的实现程度提升了50个百分点、居住质量指数的实现程度提升了16.9个百分点、人均可支配收入的实现程度提升了12.2个百分点、农村合作医疗覆盖率的实现程度提升了11.9个百分点、农村养老覆盖率的实现程度提升了11.3个百分点。一降是农民文化娱乐消费支出比重的实现程度下降了15.6个百分点。

首先，常用耕地面积变动幅度由2004年的－0.77%，提升为－0.2%，实现程度由2004年的－100%，提高为－50%，提升了50个百分点。拉动资源环境全面小康的实现程度提升21.4个百分点。

其次，农民收入和居住质量不断提高。2005年农村居民人均可支配收入，扣除2000年以后的消费价格指数为5132元，比2004年增加了462元，实现程度为77.2%，比2004年提升了12.2个百分点；2005年农村居民生活质量大幅度提升，实现程度达到88.1%，比2004年提升了6.7个百分点。从反映生活质量的四项指标看，除文化娱乐消费支出比重下降、恩格尔系数持平外，2005年均得到了较快的发展。居住质量指数的实现程度为97.0%，比2004年提升了16.9个百分点。其

中：享有卫生厕所的比例达到43.7%，比2004年增加了9.7个百分点；饮用自来水农户比例达到61.7%，比2004年增加了10个百分点；使用清洁能源的农户比例达到45.7%，比2004年增加了7.9个百分点；人均居住面积25平米以上的户的比例达45.3%，比2004年增加了2.6个百分点。农民信息化程度的实现程度首次达到100%，比2004年提升了3.1个百分点。其中：彩电普及率达97%，与2004年持平；电话普及率达94.8%，比2004年增加了3.8个百分点；电脑普及率达9.3%，比2004年增加了1.3个百分点。

其次，是社会发展步伐加快。2005年社会发展的实现程度是38.1%，比2004年提升7.7个百分点。主要是由农村合作医疗覆盖率和农村养老覆盖率的拉动。2005年农村合作医疗覆盖率为30.2%，比2004年增加了9.4个百分点，实现程度为25.3%，比2004年提升了11.9个百分点；2005年农村养老覆盖率为13.4%，比2004年增加了6.6个百分点，实现程度为19.9%，比2004年提升了11.3个百分点。

一降即农民文化娱乐消费支出比重下降。2005年农民文化娱乐消费支出比重为3.4%，比2004年下降0.7个百分点，实现程度为20%，比2004年下降了15.6个百分点。

（二）天津在推进全面小康建设进程中的主要做法及问题

2005年天津市委、市政府根据中央的精神，继续出台了增加农民收入和促进农村经济社会发展的一系列措施。天津农村全面小康建设保持较快发展，主要体现在：

1.农村新型合作医疗试点工作进展顺利

截止2005年底，先后有静海、北辰、大港、东丽、西青、津南、汉沽和塘沽8个区县开展了农村新型合作医疗试点工作。2005年住院人均获得补助1900万元，住院人次受益率为2.1%，受益农民对新兴合作医疗制度比较满意。

主要问题：筹集水平低、受益面小，经办人和经费不足，村级筹资难，统筹模式不统一，操作复杂且成本高。部分农民认识不够，不愿参加合作医疗。

2．确定农村青年人才培养总体目标

用三年时间建设一支拥有5万人，具有大专以上文凭，政治素质高、专业能力强、有基层实际工作经验的农村后备人才队伍。

实施学历教育培训工程，2005年培训农村劳动力30万人，提高了农民的文化素质。但在培训工作中也存在一些问题，主要是：部分农民怕影响自己的工作，不愿意参加培训；培训任务过大，组织困难。

3.居住环境卫生条件明显改善

2005年各级财政补贴4000多万元用于农户改厕，全市农村改造农户卫生厕所30多万座，卫生厕所普及率达到43.7%，比2004年增加了9.7个百分点。

4.实施农村饮水安全工程

为彻底改善农村部分地区饮水含氟量超标状况，保障农民身体健康，天津市从2005年起在有农业的区县陆续启动农村饮水安全和管网入户工程，2005年有9万农村群众喝上安全达标的自来水。饮用自来水农户比例达到61.7%，比2004年增加了10个百分点。

5.减免农业税和种粮补贴使种粮户得到实惠

2005年，天津市减免农业税和种粮补贴，使种粮户得到实惠．但在实施这一政策时也出现了一些问题。一是种好、种坏补贴相同。二是承包别人的耕地种粮，种粮补贴却被发包方得到。

（三）天津市农村全面小康建设的难点

难点一：农村社会保障水平低，资金筹措难

农村全面小康综合评价对农村社会保障水平给予了极大的关注：农村养老保险覆盖率赋予了4%的权重，而天津2005年农村养老保险覆盖率只有13.4%，实现程度只有19.9%，在全部18个指标中实现程度倒数第二，仅高于森林覆盖率。主要难点是农村社会保障涉及面宽、人数多，需要资金大，村集体经济实力不足，资金筹集难度大。

难点二：小城镇的发展和退村腾地规划的实施难

按照天津市“三步走”战略目标，今后天津市农村城市化和工业化将继续保持快速的发展势头，非农业对土地需求的不断增加是不可避免的。小城镇的发展和退村腾地规划的实施，在保证农民切身利益与退村腾地有效进行，以确保常用耕地动态平衡，难度相当大。

难点三：农村文化娱乐消费支出比重增加难

从近几年的监测结果看，天津农民文化娱乐消费支出比重偏低，2003年为3.9%，2004年为4.1%，2005年为3.4%，离全面小康7%的标准差距甚远。2005年在全面小康建设的18个指标中，实现程度排在倒数第三位。说明农民生活还不富裕、文化娱乐生活提升难。

（四）进一步推进农村全面小康建设的对策

1．加大对农村的投入，增强村集体经济实力

为了尽快缩小城乡差别，在财政、政策方面应向农村、农业、农民倾斜。从市财政用于农业的支出比重看，2002年为2.35%、2003年为2.29%、2004年为2.53%、2005年为2.48%。可见用于农业的投入占财政支出的比例较少。农业是国民经济的基础，政府部门应加大对农业和农村的投资力度，增强村集体经济实力，确保城乡协调发展。

2.完善合作医疗制度，努力提高保障水平

提高新型合作医疗标准，扩大受益面。新型合作医疗筹资的基准应提高为平均每人每年100元，提高部分有市财政和区财政投入。实行大病统筹为主，探索为参合农民开展部分门诊和家床服务，扩大受益面。

3．建设社会主义新农村，促进农村精神文明建设

改善消费环境，整顿医疗、教育乱收费，减少农民在教育、医疗上的支出。同时，发展各类文体比赛、活动，丰富业余生活，改善农村居民生活消费结构，以提高文化娱乐消费支出比重。

4.发展适合农村居民的集中住宅，腾出土地，确保常用耕地变动平衡

在农村和小城镇建楼房，不要与城里的楼房一样，要根据农村居民的特点建房，利用地下一层和地上一层，来满足不同人群的需求，使他们感到居住方便、存放生产工具方便。在退地还田过程中，要加强领导，确保还田任务的落实，以提高天津常用耕地变动幅度的全面小康水平。

2005年天津市农村全面建设小康综合表

指　标	单位	总体小康值	全面小康值	2005实际值	实现程度	权数	综合分值
A、经济发展					96.4	29	24.4
农村居民人均可支配收入	元／人	2200	6000	5132	77.2	20	15.4
第一产业劳动力比重	%	50	35	15.1	100.0	5	5.0
小城镇人口比重	%	16	35	44.1	100.0	4	4.0
B、社会发展					38.1	20	7.6
农村合作医疗覆盖率	%	10	90	30.2	25.3	8	2.0
农村养老覆盖率	%	1.8	60	13.4	19.9	4	0.8
万人农业科技人员数	人	1	4	1.6	20.0	4	0.8
农村居民基尼系数	—	0.35	0.3—0.4	0.38	100	4	4.0
C、人口素质					100	15	15.0
平均受教育年限	年	7.4	9	9	100.0	12	12.0
平均预期寿命	年	69.5	75	75.25	100.0	3	3.0
D、生活质量					88.1	23	20.3
恩格尔系数	%	49	40	38.5	100.0	4	4.0
居住质量指数	%	18	75	73.3	97.0	11	10.7
农民文化娱乐支出比重	%	2.5	7	3.4	20.0	3	0.6
农民信息化程度	%	28	60	61	100.0	5	5.0
E、民主法制					100.0	6	6.0
农民对村政务公开的满意度	%	55	85	97.6	100	3	3.0
农民社会安全满意度	%	60	85	89.9	100	3	3.0
F、资源环境					9.3	7	0.7
常用耕地面积变动幅度	%	−0.3	0	−0.2	−50	3	−1.5
森林覆盖率	%	16.5	23	17	7.7	2	0.2
万元农业GDP用水量	立方米/万元	2600	1500	1235	100.0	2	2.0
农村全面建设小康实现程度合计						100.0	74.0

三、河北省农村全面建设小康监测报告

按照国家统一的农村全面小康标准和监测方法，省统计局对2005年河北农村全面小康实现程度进行了跟踪监测，结果显示：2005年河北在农村全面小康社会建设进程中又向前迈进了一大步。

（一）2005年河北农村全面小康监测结果

2005年，河北继续实施《中共河北省委关于推进农村全面小康社会建设的意见》，狠抓文明生态村建设，农业、农村经济较快发展，社会事业继续进步，有力地推动了农村全面小康建设进程。监测结果显示，2005年河北农村全面小康实现程度达到35.3%，比上年提高5.2个百分点。农村全面小康六个方面的实现程度如下：

1.经济发展：全面小康实现程度为28.0%，比上年提高10.7个百分点。在反映农村经济发展的三项指标中，农村居民人均可支配收入为3312元（按2000年价格），全面小康实现程度为29.3%，比上年提高10.5个百分点；第一产业劳动力比重为43.8%，全面小康实现程度为41.3%，比上年提高13.7个百分点；农村小城镇人口比重为17%，全面小康实现程度由上年的-2.3%提高到5.3%，上升7.6个百分点。

2.社会发展：全面小康实现程度为34.8%，与上年持平。从社会发展的分项指标看：农村新型合作医疗覆盖率为8%，全面小康实现程度为-0.4%，比上年下降0.1个百分点；农村养老保险覆盖率为4.4%，全面小康实现程度为4.5%，与上年持平；万人农业科技人员数为3.4人，全面小康实现程度为80%，与上年持平；农村居民收入分配的公平程度仍处在相对合理区间，基尼系数为0.3258，全面小康实现程度为100%。

3.人口素质：全面小康实现程度为25.2%，比上年提高2.6个百分点。从反映人口素质的监测指标看，2005年河北农村人口平均受教育年限为7.7年，全面小康实现程度由上年的16.3%上升为18.8%，提高了2.5个百分点；农村人口平均预期寿命72.3年，全面小康实现程度由上年的46%上升为50.9%，提高了2个百分点。农村人口素质有了小幅提升。

4.生活质量：全面小康实现程度为45.5%，比上年提高7.2个百分点。在反映农村居民生活质量的四项指标中，农民信息化程度为50%，全面小康实现程度为68.8%，比上年提高30个百分点；居住质量指数为31.2%，全面小康实现程度为23.2%，比上年提高2.9个百分点；文化娱乐消费支出的比重为3.9%，全面小康实现程度为31.1%，比上年提高9.6个百分点；受农产品价格上涨趋缓的影响，农村居民恩格尔系数由上年的42.5%下降到41%，恩格尔系数的全面小康实现程度为88.9%。

5.民主法制：全面小康实现程度为100%。近年来河北省积极推进基层民主建设，进一步健全村政务公开和村民自治制度，农民对村政务公开的满意度提高。各级公安部门加大力度打击犯罪活动，社会治安进一步好转，食品安全越来越受到重视，农民对社会安全的满意度提高。据民政部门调查，农村居民对村政务公开的满意度为87%，已达到全面小康目标值。统计部门受省社会治安综合治理办公室委托进行了抽样问卷调查，结果显示：2005年农村居民的社会安全感为90%，已达到全面小康目标值。其中，感到安全的占30%，基本安全的占60%。上这两项指标的全面小康实现程度均达到100%。

6.资源环境：全面小康的实现程度为–1.1%，与上年持平。从反映资源环境的三项指标看，常用耕地面积比2000年减少2.8%，全面小康实现程度为–100%，常用耕地面积减少仍是导致资源环境全面小康目标实现程度较低的主要因素。森林覆盖率19.5%，全面小康实现程度为46.2%，与上年持平。万元农业GDP用水量继续保持在1500立方米以下，实际值为1002立方米/万元，全面小康实现程度为100%。

（二）2005年河北农村全面小康进程评价

1．2005年农村全面小康实现程度的提升速度连续两年超过5个百分点

按照国家标准和计分方法，2001～2005年，河北农村全面小康的年实现程度提升速度依次为1.1、0.6、4.6、5.7和5.2个百分点，平均每年提升3.4个百分点。照此速度推算，到"十一五"末河北农村全面小康实现程度将达到52.3%，进程过半；到2020年农村全面小康实现将达到96.3%，可基本实现农村全面小康建设目标。

2．在2005年农村全面小康实现程度提升过程中，经济发展的贡献最大

在农村全面小康实现程度5.2%的增长幅度中，经济发展方面贡献了3.1个百分点，贡献率近六成，为59.6%；生活质量方面贡献了1.7个百分点，贡献率为32.7%；人口素质方面贡献了0.4个百分点，贡献率为7.7%；社会发展、民主政治和资源环境方面的贡献率均为0。

3．在2005年农村全面小康35.3%的实现程度中，生活质量方面的份额最大

在2005年农村全面小康35.3%的实现程度中，生活质量方面占10.5%，份额最高，为29.7%；经济发展方面占8.1%，份额为22.9%；社会发展方面占7.0%，份额为19.8%；人口素质方面占6%，份额为17.0%；人口素质方面占3.8%，份额为10.8%；资源环境方面占–0.1%，份额为–0.2%。

4．2005年民主政治方面的实现程度最高，经济发展方面的提升速度最快

监测评价体系6个方面的农村全面小康实现程度从高到低依次是民主政治建设100%、生活质量45.6%、社会发展34.8%、经济发展28.0%、人口素质25.2%、资源环境–1.2%；6个方面实现程度的提升幅度从高到低依次是经济发展10.7个百分点、生活质量7.2个百分点、人口素质2.4个百分点、民主政治0个百分点、社会发展0个百分点、资源环境0个百分点。

综上所述，2006年河北农村全面小康社会建设取得了重大进展，总体特点是：经济发展是农村全面小康的重要基础和主推力，提升速度快，但实现程度还比较低；提高农村居民的生活质量是农村全面小康建设的出发点和落脚点，提升速度较快；农村社会事业发展滞后，人口素质低，可持续发展能力不高仍是农村全面小康建设的主要制约因素。在新的较高起点上推进农村全面小康社会建设任重而道远。

（三）农村全面小康社会建设的难点

根据对上述监测结果的分析，河北农村全面小康社会建设的难点，突出表现为"六难六低"：

1．农民持续增收难，收入水平低

2005年河北农村居民人均纯收入达到了3481.6元，比上年增长9.8%，但农民持续增收的机制尚未形成。随着农民收入基数的增大，保持目前较快增长势头的难度也越来越大。一是农产品价格对农民增收的作用已经减缓；二是降低农业生产成本存在一定难度；三是农民外出务工收入的增长趋缓。另一方面，农民收入水平还相对较低。2005年农民人均纯收入只有城镇居民可支配收入的38.2%，增长速度低于城镇居民4.7个百分点。

2. 农村劳动力转移难，城镇化水平低

2005年，全省乡村劳动力达到2806万人，比2000年增加了99万人。其中，第一产业劳动力1565万人，占全社会劳动力的比重仍高达43.8%，但其创造的财富却只占14.4%。新阶段农业、农村问题的实质是农民的收入增长问题，而农民收入增长困难的深层原因是农村就业不充分。只有减少农民，才能富裕农民。农民增收所面临的最大困难，就在于向二、三产业和城镇转移农业劳动力所面临的困难，主要是农村劳动力逐年增加，富余劳动力已近700万人；乡镇企业作为农村劳动力就地转移的主渠道，吸纳能力正在逐步减弱；农村劳动力在省内城镇的就业压力加大，近年来，随着城镇下岗失业人员、大中专毕业生和新增劳动力的增多，城镇就业空间相对缩小，农村劳动力在城镇就业的难度相应增加；农村劳动力就业能力比较低。

③

由于城乡二元结构的制约依然存在，河北小城镇人口比重还只有17%，该指标的全面小康实现程度为5.3%，是仅有的4个实现程度在两位数以下的指标之一。河北农村城镇化水平不仅低于全国平均水平，与东部省份的差距更大。城市化是农村全面小康社会建设不可或缺的重要推动力量，加快农村城镇化步伐任重道远。

3. 农民看病难、养老难，社会保障水平低

改革开放20多年来，河北农村生产力得到较大解放和提高，农业综合生产能力连续跨上几个大台阶，但是农村各项社会事业进步明显滞后于经济的发展，有相当一部分农民群众不同程度地存在着养老难、看病难，农村社会保障水平远远落后于城市。2005年，全省农村仅有314.9万人参加了新型合作医疗保险，农村新型合作医疗覆盖率5.8%，实现程度为-5.3%；农村60岁

十、河北省利农政策落实力度加大

一是政策支农力度较上年明显加大。2006年，河北省认真落实各项利农政策，粮食直补、农机补贴、良种补贴分别达到7.5亿元、2000万元和1300万元，比上年增加1亿元、600万元和持平。安排沃土工程专项资金1000万元，比上年增加800万元。新增对农民柴油、化肥等农业生产资料增支综合直补资金9.4亿元。

二是粮食补贴尽量向粮食主产区倾斜。2006年河北省粮食直补及综合直补的补贴范围原则上为全省适宜种植粮食的区域。补贴资金在分配上进一步向粮食主产区进行了倾斜，对各设区市、扩权县（市）确定补贴资金总额时，继续以农业税计税总产量为依据进行分配。新增的1亿元粮食直补资金及按同比例计算出的1.25亿元综合直补资金，全部分配到了中央确定的72个产粮大县（市、区）。截至5月24日，直补资金全部兑现到位，河北全省受益农民将达5388万人。

三是良种补贴政策落实到位。全省各县根据自身实际情况，均制定了各式各样的良种补贴方式：一是按户发放良种补贴方式，二对种子公司招标，将补贴款发到中标公司，由中标单位将种子低于一定市场的价格，供应给农户，三是良种补贴为划区域良种补贴，不是对所有作物补贴，只补贴部分作物。

以上老年人中享有足额养老保险的仅有227.4万人，覆盖率仅为4.4%，实现程度4.5%；二者的实现程度在18项监测指标中分别处于倒数第二位和第三位。建设和谐河北，重点在农村，难点也在农村。

4．农民受教育难，人口素质低

从全面小康实现程度看，2005年农村人口平均受教育年限7.7年，仅比2000年提高0.5年，距离全面小康目标的实现还有81.2%的路程。其难点，一是教育投入不足，办学条件差；二是农民家庭学杂费负担较重；三是农村人口素质普遍较低，平均受教育年限提升难度加大。

5．农村人居环境改善难，基础设施水平低

由于历史欠账较多，农村基础设施投入不足，农村居民的生活、生活条件改善缓慢。2005年河北农村居民居住质量指数为31.2%，低于同期全国平均水平6.3个百分点。使用液化气、沼气的农户只占10.5%，使用卫生厕所的农户也只有2.7%，室外道路状况不容乐观，出行难的问题也不同程度的存在。

6．保持耕地面积不减难，可持续发展能力低

虽然河北也实现了严格的耕地保护制度，但“十五”期间全省常用耕地面积仍减少了240万亩，年均减少近50万亩，这也是造成资源环境方面实现程度最低的主要原因。随着农村二、三产业的快速发展和城市化的加快推进，实现耕地动态平衡的难度越来越大。水资源不仅紧缺，并且浪费和污染问题也比较突出，利用效率不高。可持续发展能力亟待提高

（四）加快推进河北农村全面小康进程的建议

针对农村全面小康社会建设中存在的困难和问题，应从以下几个方面，采取综合性措施，切实加以推进。

1．广开农民增收渠道，建立农民增收的长效机制

要把增加农民收入作为农村全面小康社会建设的中心任务，加快社会主义新农村建设步伐。建设现代农业，拓宽农业内部增收渠道，挖掘内部增收潜力；积极促进农村劳动力转移，增加农民务工的劳务收入；落实扶持农业发展的各项优惠措施，增加农民转移性收入。

2．加快农村社会事业发展，促进经济社会协调发展

要全面加快农村教育、卫生、文化等社会事业发展步伐。搞好中、小学义务教育，加强农村职业教育；配合农村新型合作医疗建设，加快以乡镇卫生院为重点的县、乡、村三级农村公共卫生服务网建设；继续推进广播电视“村村通”工程和农村电影放映工程；加强农村精神文明建设，造就、培育新型农民，促进和谐河北建设。

3．大力实施工业反哺农业，城市支持农村，建立财政支农资金稳定增长的机制

要调整财政支出的存量，同时把增量重点向农村倾斜，扩大公共财政覆盖农村的范围；整合省级财政支农资金、农发资金和扶贫资金，支持农村产业化发展；加大对科技兴农的支持力度。

4．严格保护耕地，建立占补平衡的动态机制

要继续实行严禁的耕地保护制度，尽量减少失地农民；对被占耕地的农民给予合理的补偿；安排好失地农民的就业，对生活困难者实行最低生活保障制度。

十一、河北迁安市坚持“四个倾斜”加快农村全面小康建设步伐

河北省迁安市辖19个乡镇，534行政村，总人口68万，其中农业人口56万。近年来，迁安市经济社会实现了跨越式发展，2004年在全国百强县（市）评比中名列52位。市委、市政府始终高度重视“三农”工作，认真落实“公共财政向农村倾斜，基础设施向农村延伸，城市文明向农村辐射，社会保障向农村覆盖”的工作思路，深入实施各项惠农实事工程，农村整体面貌明显改善，农村全面小康社会建设迈出了坚实步伐。

1、坚持公共财政向农村倾斜，多渠道富裕农民

在经济迅速发展的同时，迁安加大财政对“三农”支持力度，积极采取“投免转补”措施，多渠道富裕农民。“投”：即加大财政投入力度。1996年以来，市财政每年投入支农资金1000万元以上。“免”：即免征农业税。2004年中央一号文件下发后，在全省率先实现了农民“零税赋”，从2006年起，将对九年义务教育阶段的学生全部免除学杂费和课本费。“转”：即加快农村富余劳动力转移步伐和加大转移支付力度。通过深入实施工业化推动、城镇化带动、农业产业化助动、专业村拉动、劳务输出促动“五动战略”，每年转移农村劳动力1.5万人以上。“补”：即加大发展农业经济和文明生态村建设的奖补力度。2001年以来，市财政用于扶持农业的奖补资金已超过8000万元，促成了110个农业重点项目。

2、坚持基础设施建设向农村延伸，城乡一体化进程明显加快

一是以“道路硬化、村庄绿化、院街净化、能源沼气化”为重点，在全市534个村全面铺开了文明生态村创建工作。二是加速推进农村城镇化进程。紧紧抓住列入“全国县（市）域村镇城市化试点市”和河北省唯一的“全国乡村城市化试点市”的机遇，把小城市、建制镇的建设纳入中等城市建设整体框架，实施城市化定位、企业化开发、园区化建设、一体化发展。三是努力打造便捷的城乡交通网络。村村通油路率达到了95%。四是实现城乡社会事业同步发展。三年来，共投资8500多万元完成19所乡镇卫生院标准化改造；投资220万元建设村级标准化卫生室259个，农村卫生规范化率达100%；投资4500万元，完成了6661间农村中小学危旧校舍的改造工作，彻底消灭了中小学危旧房，形成了城乡一体、布局合理、设施一流的教育网络；累计投资2235万元，建成高标准农村饮水解困工程110处，解决了9.2万农村人口饮水困难问题，通自来水村达到70%；到目前，全市有线电视入村达313个，市区与各乡镇之间已经建成光纤宽带通讯网络，农村电话普及率已达到每百个农民18.49部。

3、坚持城市文明向农村辐射，农民综合素质明显提升

一是以文体活动场所为依托，加快构建学习、娱乐平台。二是深入开展群众性精神文明创建活动。组织了“三下乡”、“讲科学、讲文明、讲卫生、改陋习、树新风”、“十星级文明农户”评比、“美德在农家”等系列文明创建活动。三是加强农村基层民主政治建设。在健全村级自治组织的基础上，不断规范村务运作程序，全面落实村民民主权利，出现了干群关系和谐融洽的生动局面。全市534个村两委班子团结的比例达到95%以上。

4、坚持社会保障向农村覆盖，农民生活质量和水平显著提高

一是全面推行新型农村合作医疗制度。到目前，全市共有53.3万农民参加了新型农村合作医疗，参加率达96.1%，累计为57.14万人次报销医药费用3470万元。同时，实行了出院即报、“一降两提”制度，扩大了补偿范围，有效地解决了农民看病贵、看病难问题。二是在全省率先启动失地农民养老保障制度。按照“政府拿一点，村集体补一点，个人缴一点”的原则，在全市9个乡镇76村建立失地农民保障制度。三是提高五保对象和低保对象补助标准。将五保对象全部纳入城镇户口，在享受每年2040元的城镇居民最低生活保障的基础上，同时享受五保供养金1000元。同时，将农村低保标准由原来每人每年800元提高到1000元。2006年，我们还将投入5485万元，全面启动农村敬老院整合工作，打破现有行政区划，统一规划建设6个高标准敬老院，实现五保人员应保尽保。

2005 年河北省农村全面建设小康综合表

指　标	单位	总体小康值	全面小康值	2005 实际值	实现程度	权数	综合分值
A、经济发展					28.0	29	8.1
农村居民人均可支配收入	元/人	2200	6000	3312	29.3	20	5.9
第一产业劳动力比重	%	50	35	43.8	41.3	5	2.1
小城镇人口比重	%	16	35	17	5.3	4	0.2
B、社会发展					34.8	20	7.0
农村合作医疗覆盖率	%	10	90	8	−0.4		
农村养老覆盖率	%	1.8	60	4.4	4.5	4	0.2
万人农业科技人员数	人	1	4	3.4	80.0	4	3.2
农村居民基尼系数	—	0.35	0.3−0.4	0.3258	100	4	4.0
C、人口素质					25.2	15	3.8
平均受教育年限	年	7.4	9	7.7	18.8	12	2.3
平均预期寿命	年	69.5	75	72.3	50.9	3	1.5
D、生活质量					45.5	23	10.5
恩格尔系数	%	49	40	41	88.9	4	3.6
居住质量指数	%	18	75	31.2	23.2	11	2.5
农民文化娱乐支出比重	%	2.5	7	3.9	31.1	3	0.9
农民信息化程度	%	28	60	50	68.8	5	3.4
E、民主法制					100.0	6	6.0
农民对村政务公开的满意度	%	55	85	87	100	3	3.0
农民社会安全满意度	%	60	85	90	100	3	3.0
F、资源环境					−1.1	7	−0.1
常用耕地面积变动幅度	%	−0.3	0	−2.8	−100	3	−3.0
森林覆盖率	%	16.5	23	19.5	46.2	2	0.9
万元农业 GDP 用水量	立方米/万元	2600	1500	1002	100	2	2.0
农村全面建设小康实现程度合计						100	35.3

四、山西省农村全面建设小康监测报告

2005年山西省委、省政府把社会主义新农村建设作为农村建设的重点，强化了对农村工作的领导，加大了对农业投资的力度，全省农村经济结构调整效果明显，农村经济全面、协调、快速发展，农民收入持续稳定增加，全省农村全面小康社会建设取得了新的进展。按照国家统计局农村全面小康社会评价、监测指标体系，对山西省农村全面小康社会建设进程进行了测算。结果表明：2005年山西省农村全面小康实现程度为21.2%，比上年提高4.9个百分点。

（一）山西农村全面小康进程特点

2005年，党中央、国务院和山西省委、省政府惠农措施得到了全面贯彻，全省农业与农村经济出现良好的发展局面，粮食生产在遭受较为严重的自然灾害的情况下，仍然取得较好收成，农民收入在上年有较大幅度增长的基础上又实现了较快增长，农村改革迈出重大步伐，农村社会事业加快发展，较大地推动了农村全面小康建设进程。

1．农村经济稳步发展，农民收入持续增长

2005年山西省农村经济发展的全面小康实现程度为15.1%，比上年提升4.8个百分点。农民收入的快速增长是经济发展水平提升的主要原因。2005年山西农民人均纯收入达到2890.66元，比上年增加301元，增长11.6%，是1997年以来农民收入增加量最多的一年，按2000年价格计算的农民人均可支配收入为2507元，全面小康实现程度为8.1%，比上年增加4.9个百分点；第一产业劳动力比重为43%，全面小康实现程度为46.7%，比上年增长4个百分点；农村小城镇人口比重为18%，全面小康实现程度为10.5%，比上年增加5.2个百分点。

2．生活消费水平稳步提高，消费质量明显改善

2005年在农民生活质量方面，全面小康实现程度为29.7%，比上年提升8.3个百分点。从反映生活质量的四个方面看，农村居民居住质量、农民文化娱乐支出比重、农民信息化程度及恩格尔系数的全面小康实现程度均有不同程度提高。一是恩格尔系数实现程度提高最快，由上年的36%提升到53.3%，提高17.3个百分点。2005年山西农村居民消费的恩格尔系数由上年的45.8%下降到44.2%，比上年下降了1.6个百分点。在食品消费支出中，粮食和蔬菜等传统食物消费量减少，而肉、蛋、奶等营养价值较高的食物消费量增加，其中人均消费水产品0.7公斤，比上年增长16.6%；肉禽及制品6.6公斤，增长2.6%；奶和奶制品3.9公斤，增长63.4%。这一方面表明随着收入的增加，农村居民的饮食习惯和消费观念在不断发生变化，另一方面表明农民生活质量的明显提高。二是农民信息化实现程度也有较快提高，全面小康实现程度为25%，比上年提高11.2个百分点。2005年全省每百户农村居民拥有电话机由上年的53部上升到78部，增长47.2%；每百户农村居民拥有彩电由上年的78台上升到82台，增长5.1%。三是农村居民居住质量指数实现程度稳步提高，全面小康实现程度为20.5%，比上年提高5.4个百分点。2005年山西农村居民人均住房面积由上年的23.26平方米提高到24.15平方米，人均增加0.89平方米。同时，住房质量也有所改善，档次提升，钢筋、砖木结构住房面积比重由上年的88%提高到90.1%，提升2.1个百分点，部分富裕农民把居住空间延伸到了城市，在城里购买了商品房。四是农村居民文化娱乐消费支出比重为4.3%，全面小康实现程度为40%，比上年提高2.2个百分点。

3．农村社会发展稳定，收入分配相对合理

2005年山西各级政府加大了对农村卫生、科技、社会保障事业的支持，农村社会事业发展加快。2005年农村社会发展的全面小康实现程度为27.8%，比上年提升0.5个百分点。从社会发展的四项指标看：农村合作医疗覆盖率全面小康实现程度为5.0%，比上年提高1个百分点；基尼系数为0.32，全面小康实现程度为100%；农村养老保险覆盖率实现程度为12.4%，比上年提高0.7个百分点；每万农村居民拥有的农业科研人员实现程度为16.7%。

4．民主法制逐步建全，实现程度稳步提高

在农村民主法制方面，全面小康实现程度为77.7%，比上年提升5.4个百分点。由于各地积极推进基层民主建设，进一步健全村务公开和村民自治制度，提高了农民对村务公开的满意度，民主法制全面小康的实现程度一直在六项指标中居于领先地位。从反映民主法制的两项指标看，2005年农村对村政务公开的满意度为74%，全面小康实现程度为63%，比上年提高6.3个百分点；农民对社会安全的满意度为83%，全面小康实现程度为92%，比上年提高4个百分点。

5．农村教育水平相对滞后，人口素质较低

在农村人口素质方面，全面小康实现程度为6.0%，比上年提高1.3个百分点。从反映人口素质的监测指标看，2005年农村人口平均受教育年限为7.4年，仅相当于初中二年级的水平，平均受教育年限指标的全面小康实现程度仅为0.6%；农村居民的平均预期寿命为71年，全面小康实现程度为27.3%，比上年提高3.7个百分点。

6．资源环境差，实现程度仍为负值

在资源环境方面，全面小康的实现程度仍为−16.3%，比上年有所提升。从反映资源环境的三项指标森林覆盖率、常用耕地面积变动情况、万元农业GDP用水量来看，全面小康实现程度分别为−49.2%，−70%和97%。

（二）山西全面建设农村小康社会的难点分析

目前，山西的农业生产力和农村科技、教育还比较落后，实现工业化和现代化还有很长的路要走，城乡二元社会结构还没有完全改变，地区差距扩大的趋势尚未扭转，贫困人口还为数不少，自然环境、生活环境和社会环境还需要不断改善，经济体制改革、民主法制和思想道德建设等方面与全面建设小康社会的目标要求有较大差距。

1．农民收入水平低，与东部地区相比差距明显，需要加快增收步伐，实施赶超战略

农民收入问题是"三农"问题的核心，在农村全面小康综合评价18项指标中，农民收入占有20%的权重，是最主要的指标。农民收入低，将影响其购买力，难以实现扩大内需的方针，导致经济增长速度放慢，影响全面小康建设进程。进入"十五"时期以来，尽管山西农民收入进入较快的增长期，但收入水平在全国仍处于较低的水平。2005年山西省农民人均可支配收入按2000年价格计算仅为2507.84元，全面小康实现程度仅为8.1%，全面小康综合分值仅有1.6分，与全面小康标准20分尚差18.4分。山西农民收入与东部地区相比差距更为明显，农民人均可支配收入水平仅相当于东部地区平均水平的60%。在全部18个指标中，农民人均可支配收入为实现程度较低的指标之一。

2．农村人口素质、农业生产力水平低，是制约山西农村经济发展的主要因素

2005年，山西省农村人口平均受教育年限只有7.4年，仅相当于初中二年级的水平，农村人口文化素质低，直接影响了科学技术在农业生产中的应用和农业生产力水平的提高，这也是山西省农民收入相对较低的原因之一。从山西农民收入与全国的差距分析中可看出，以粮食亩产为例，2005年山西粮食亩产为215公斤，仅为全国（309公斤）的70%。这种差距的形成，是山西省农业生产条件薄弱、农业生产效率低、农民未能从土地上获得预期的收入，是农业生产力水平低的综合体现。同时，农村人口文化素质低，在经济全球化和知识经济崛起的今天，在生产领域和市场竞争中显然处于不利地位。山西省农村人口平均受教育年限的提高受两方面因素的影响：一方面是农村教育经费投入不足和学杂费较高，影响入学率，有一部分农村儿童由于家庭经济原因而辍学、失学，这意味着每年仍有新的文盲出现；另一方面，农村较高文化素质的劳动力大量流向城市，90%以上的农村大学生成为城镇居民，留在农村的很少。因此，农村平均受教育年限提升难度较大。

3．过度、无序的资源开发，导致了生态环境和自然环境遭到严重破环，是农村可持续发展的严重障碍

农业生产条件退化、生态环境脆弱是制约山西农业生产发展的主要原因，作为全国能源化工基地，在过去几十年中的过度、无序开采下付出了空气严重污染、水资源大量流失、生态环境严重破环等惨重代价的情况下，第二、第三产业并没有给农民带来比外省更多的经济收入。近年来，山西各地积极实施国家退耕还林、还草计划，不断加大环境保护和建设力度，从城市到农村，气候和自然环境得到一定改善，但从全面建设小康社会的要求看，保护和合理利用资源，搞好生态环境建设，仍是重中之重。

4．农村社会保障水平低，使农民缺乏安全感

农村全面小康综合评价对农村社会保障水平给予了极大的关注，农村合作医疗覆盖率赋予了8%的权重，农村养老保险覆盖率被赋予了4%的权重。长期以来，山西省农村居民在养老、医疗保险、福利等方面，基本上还是处于自保状态。2005年，山西省农民人均医疗保健消费支出为102.9元，比上年增加18.7元，增长22.2%，医疗费用的快速增长是农民无奈的选择。农民成为最大的自费医疗群体，“看病，吃药，住院”问题突出，因病致贫、因病返贫现象增多。建立和健全农村社会、医疗保障体系的任务十艰巨。

（三）加快山西农村全面小康社会进程的几点建议

1．加大支持“三农”力度，发展农村经济，增加农民收入

农民收入大幅增加的背后，是中央一系列惠农政策措施的落实。要实现全面小康，就要解决“三农”问题、增加农民收入，这已经成为全社会的共识。中央从2004年起，连续三年出台“一号文件”，运用财政、税收、价格等多种杠杆和手段，千方百计保护农民种粮积极性，减轻农民负担，增加农民收入。近两年山西农民收入增长速度虽然较快，但由于基数低，属于低水平基础上的增长。按照2000年价格计算的农村居民可支配收入，到2020年要达到全面小康的标准，在未来的15年，年均增长率要达到6%才能如期实现全面小康目标值，"十五时期"按2000年价格计算的山西农村居民可支配收入实际增长率年均为6%，今后要保持这一增长速度，任务十分艰巨。因此，推进农村全面小康建设，必须加大政策支持"三农"力度，建设现代农业，发展农村经济，建立农民增收的长效机制。一是要在农业内部深挖潜力，继续加快推进农业结构调整，向农业的深度和广度进军。在确保粮食生产安全的前提下，力求把农产品的质量调"高"，把农业布局调"优"，把农业产业链调"长"。建立市场化运行、产业化经营、科学化管理的新型农业，通过一整套完整的新型的产业体系来促进农民收入的增长。二是要在农业和农村外部开辟增收渠道，加大城市对农村经济的幅射，加大城市人才、智力资源对农村发展的支持，在加快农村工业化、城市化和农民非农化的过程中实现农民增收。三是各级政府要认真贯彻落实"中央一号"文件精神，继续坚持对农民"多予、少取、放活"的方针，要把种粮直接补贴的资金规模提高到粮食风险基金的50%以上，增加对农业的投入等各项惠农政策，切实保护农民的利益，为农业增产、农民增收提供有力的保障。

2．统筹城乡社会经济发展，促进农村剩余劳动力的转移

"十一五"时期是社会主义新农村建设打下坚实基础的关键时期，是推进现代农业建设迈出重大步伐的关键时期，是构建新型工农城乡关系取得突破进展的关键时期，也是农村全面建设小康加速推进的关键时期。实现城乡经济统筹发展，促进农村剩余劳动力的转移是党的"十六大"对农业、农村工作提出的新要求，也是全面建设小康社会一个很重要的任务。据测算，到2020年全国城市化程度要达到50%，若山西也同时达到这一水平，以2000年至2020年全省人口自然增长率1.75‰计算，届时全省总人口将达到3554万人，农村人口将要由2000年的2323万人减少到1777万人，这也是非常艰巨的任务。只有实现城乡统筹发展，加快城乡一体化的进程，才能保证农村剩余劳动力的有效转移，促进农民收入的持续增长和农村小康目标的实现。加快城乡一体化的进程，一是要对农村城乡一体化的建设做出全面、科学、合理的布局和规划；二是要采取积极政策鼓励农民进城就业，保证农民工的人身安全和工资的发放，消除农民的后顾之忧；三是要大力发展乡镇企业，培育一批优势和主导产业，努力为农民创造就业机会；四是逐步建立和完善城镇社会保障制度，改革城镇管理体制，提高城镇的功能和管理服务水平。

3．提高农村劳动力素质，促进农民和农村社会的全面发展

要进一步改革现行教育体制，致力于提高农民文化、科技素质，进行种养科普知识、"三高"农业技术等农村科学知识的传授和文明礼仪、法律法规知识的培训，同时加大教育投资，鼓励并创造条件，使城镇有资产、有技术、有能力的居民到农村投资，用新一代农民置换传统农民，建立工业反哺农业、城市支持农村的机制，另外鼓励农户就地非农化或向小城镇集中，提高农村劳动力综合素质，促进农村经济社会的全面发展。

4．重视农村全面发展，提升小康建设整体水平

目前，山西农村文化、医疗、基础设施和生态环境建设与全面建设小康社会的要求存在较大差距。要实现全面建设小康社会的目标，一是要加强农村基层文化建设。二是要努力做好医疗等社会保障工作，积极贯彻实施《中国农村初级卫生保健发展纲要》。各级政府要把农村初级卫生保健纳入政府工作目标，纳入小康建设的考核目标。努力健全农村卫生服务体系，完善服务功能，实行各种形式的农村医疗保障制度，使广大农民享受到与经济社会发展相适应的基本卫生保健服务。三是切实抓好农村基础设施和生态环境建设，走可持续发展之路。

5．加大生态环境与可再生能源建设力度，促进农业和农村经济可持续发展

新阶段农业生态环境与可再生能源建设要努力满足农业和农村经济发展对资源和生态环境的要求，合理开发利用与保护农业自然资源；建立完善农业生态环境监督管理和监测预警系统，保护农业生态环境；使重点区域农业污染源得到控制，农药化肥用量降到合理水平，农业废弃物得到有效利用；农村可再生能源建设取得突破性进展，从根本上改变农民落后的生活用能方式。在今后的工作中，应突出抓好几项工作：一是加快生态建设步伐，为实现农业可持续发展创造条件。二是加大环境污染治理力度，保障农业生产环境安全和农产品质量安全。打击地方保护主义，坚决取缔不符合国家环保标准的工业项目。三是高度重视农村可再生能源建设，积极探索改善农业生产条件和农民生活方式的新途径。

十二、山西省榆次市演武村建设全面小康之路

山西省榆次市演武村党支部坚定不移地贯彻落实党的农村政策，始终不渝地坚持建设全面小康，全村物质文明、精神文明和政治文明协调发展，经济、社会全面进步，群众安居乐业，成为文明全市的小康村。演武村创建了一条符合当地实际的建设全面小康之路。

抓经济强村富民。近年来，演武村党支部始终把发展集体经济，强村富民作为头等大事来抓，该村从1996年扶持鼓励村民发展养殖业以来，累计投资额达1600多万元，已形成占地800亩，养殖户94户的3个养殖小区，年出栏家禽22万只，禽蛋产量1000万公斤，生猪饲养量达到1.6万头。在发展养殖业上，该村充分发挥集体引导、扶持优势，提倡走科学养殖的道路，提出了“培育大户、带动小户”的思路，一是引导农户走出庭院进小区，二是制定优惠政策搞好服务。村里采取统一规划小区，统一进行审批，统一安排供水供电，分户经营的办法，实现了养殖业的规模化发展。村里成立了养殖协会，协会定期组织成员进行学习培训，交流经验，充分发挥其职能作用，及时提供市场信息，积极为养殖户提供发展思路，为养殖业的健康发展出谋划策。

求民主以法治村。一是演武村贯彻民主选举制度，使村民依法享有选举权和被选举权，依法行使自己政治上的民主权利。其次，建立健全民主决策制度，对涉及村民利益的大事和村民共同关心的问题，如新上项目和技改投资、非生产性开支、村庄建设、耕地调整等均由村民代表会议讨论决定。第三，建立健全民主管理制度，让制度管人，管事。第四，建立健全民主监督制度，让村民充分行使监督权。

兴文明营造新风。一是始终抓住教育农民这个中心环节，经过多年的探索，该村农民思想道德和科学文化教育已逐步走上制度化、规范化、经常化轨道。二是大力构筑精神文明建设的载体。三是与时俱进推动“文明户”创建活动提档升级。

聚民心共兴大业。村党委抓了“一网两体系”建设。“一网”就是社情民意网。“两体系”，一是社会服务体系，一是社会保障体系。在社会保障体系建设中，主要办了六件实事：第一，为在村办企业务工的村民办理养老保险。第二，由村集体承担了村民应交纳的有关款项。第三，办好合作医疗，保证村民小病不出门，大病由集体给予补贴。第四，保证五保户困难户的基本生活。第五，每年拿出5000元，过年过节为老年人发放钱物。第六，村民红白喜事由村里补贴。“一网一体系”的建设，使村民感到村党委的关怀，感受到党委和村民心连心。

演武村小康建设的实践使我们对农村如何建设小康获得了以下启示：其一要建设一个精干高效、战斗力强的村领导班子。其二，农村建设小康，必须增强集体经济实力，促进农村经济全面发展，实现共同富裕。

2005 年山西省农村全面建设小康综合表

指　标	单位	总体小康值	全面小康值	2005 实际值	实现程度	权数	综合分值
A、经济发展					15.1	29	4.4
农村居民人均可支配收入	元／人	2200	6000	2507	8.1	20	1.6
第一产业劳动力比重	%	50	35	43	46.7	5	2.3
小城镇人口比重	%	16	35	18	10.5	4	0.4
B、社会发展					27.8	20	5.6
农村合作医疗覆盖率	%	10	90	14	5.0	8	0.4
农村养老覆盖率	%	1.8	60	9	12.4	4	0.5
万人农业科技人员数	人	1	4	1.5	16.7	4	0.7
农村居民基尼系数	—	0.35	0.3—0.4	0.32	100	4	4.0
C、人口素质					6.0	15	0.9
平均受教育年限	年	7.4	9	7.4	0.6	12	0.1
平均预期寿命	年	69.5	75	71	27.3	3	0.8
D、生活质量					29.7	23	6.8
恩格尔系数	%	49	40	44.2	53.3	4	2.1
居住质量指数	%	18	75	29.7	20.5	11	2.3
农民文化娱乐支出比重	%	2.5	7	4.3	40.0	3	1.2
农民信息化程度	%	28	60	36	25.0	5	1.3
E、民主法制					77.7	6	4.7
农民对村政务公开的满意度	%	55	85	74	63	3	1.9
农民社会安全满意度	%	60	85	83	92	3	2.8
F、资源环境					−16.3	7	−1.1
常用耕地面积变动幅度	%	−0.3	0	−0.3	−70	3	−2.1
森林覆盖率	%	16.5	23	13.3	−49.2	2	−1.0
万元农业 GDP 用水量	立方米／万元	2600	1500	1530	97	2	1.9
农村全面建设小康实现程度合计						100	21.2

五、内蒙古自治区农村全面建设小康监测报告

全面建设小康社会，重点、难点都在农村牧区，内蒙古农村牧区实现全面小康目标是全区全面实现小康的关键。近年来，内蒙古党委、政府根据国家提出的建设目标，制定一系列政策和措施，加大对"三农三牧"的支持力度，投入巨资进行了农村牧区教育、水利、电力、通讯、交通、卫生等基础设施建设，加快了内蒙古农村牧区全面小康进程，为2020年如期实现农村牧区全面小康奠定了基础。

（一）内蒙古自治区农村牧区全面小康建设现状

根据国家统计局制定的农村全面小康标准，对2005年内蒙古农村牧区全面小康实现情况进行了认真的监测，结果表明：2005年内蒙古自治区农村牧区全面小康实现程度为19.9%，比上年提高了7.9个百分点，增速高于2001—2004年的平均速度。各分项指标实现情况如下：

1．经济发展实现程度为8.2%，比上年提高了7.6个百分点

2005年内蒙古农牧民人均可支配收入按2000年可比价格计算为2417元，比上年增长9.8%，全面小康实现程度为5.7%；从事第一产业的劳动力为690.8万人，第一产业劳动力占全部就业人员的比重为51.4%，全面小康实现程度为−9.3%，尚未达到总体小康值；农村牧区小城镇人口比重为24.1%，全面小康实现程度为42.6%。

2．社会发展实现程度为31.7%

2005年，内蒙古农村牧区合作医疗覆盖率为12.1%，全面小康实现程度为2.6%；养老保险覆盖率为9.5%，全面小康实现程度为13.2%；万人农业科技人员数全面小康实现程度为40%；农牧民收入的基尼系数为0.36，处于比较合理的水平，全面小康实现程度为100%。

3．人口素质实现程度为10.3%，与上年持平

农牧民平均受教育年限为7.7年，全面小康实现程度为18.8%；平均预期寿命为68.2年，未达到总体小康水平。

4．生活质量实现程度为23%，比上年提高了4.3个百分点

恩格尔系数为0.43，全面小康实现程度为66.7%；居住质量指数为19.6，全面小康实现程度为2.8%；农牧民文化娱乐消费支出比重为4.1%，全面小康实现程度为35.6%；农牧民生活信息化程度为36%，全面小康实现程度为25.0%。据抽样调查，2005年底每百户农牧民家庭彩电拥有量为87.1台，电话普及率达46.2%。

5．民主法制实现程度为57.3%，比上年提高了3.6个百分点

农牧民对村政务公开的满意度在75%以上；对社会安全满意度为72%，全面小康实现程度分别为67%和48%。

6．资源环境实现程度为13.1%

根据统计资料，2005年内蒙古农村牧区常用耕地面积为572.5万公顷、森林覆盖率为17.7%、万元农业GDP用水量为2300立方米，资源环境几项指标较上年均有所提高。

（二）内蒙古农村牧区全面小康建设的难点

1．农牧民收入水平不高，增收渠道有待拓宽

近年来，由于先进科学技术的广泛运用和资金、物质的巨大投入，内蒙古能开发利用的耕地、草地几乎都开发出来了，农牧业再增产增收的潜力虽有，但已趋于弱化，今后农牧民靠农牧业增加收入的难度将越来越大。

2．农牧民素质需要进一步提高

随着农村牧区教育事业的发展，农村牧区劳动力素质较过去有所提高，但从总体素质来看，仍然较低。农村牧区劳动力科技文化素质偏低，缺乏对党和国家路线、方针、政策的了解，缺乏对市场经济规律的了解，缺乏从事新农业和非农产业的职业技能，使得农村牧区劳动力在农村牧区就业水平不高，在外部就业的竞争力薄弱，就业空间狭小。广大农牧民是建设农村牧区全面小康社会的主体，必须把全面提高其素质作为一项基础性工程抓紧抓好，培养和造就新型农牧民。

3．农村牧区基础设施建设滞后，开展新农村新牧区建设至少需要230亿元资金，缺口大，任务重

根据国家发改委产业研究所所长马晓河在江西赣州、四川泸州等地25个村庄的调查，当前开展新农村建设，按照一定标准要满足农村道路、安全饮水、沼气、用电、通讯、广播电视等建设，扣除已经建设完成的投资项目，全国平均每位农民需要投资约为1700元到4900元，其中贫困山区、丘陵和一般地区投资需求较大，而城市近郊投资需求相对会低一些。即使按最低标准，即每个农牧民1700元计算，内蒙古新农村新牧区建设的资金需求将达到228.5亿元，而这些资金靠农村牧区自己的力量是无法解决的。

4．看病难、医疗费用高、医疗保障程度低，是当前内蒙古农村牧区最迫切需要解决的问题

新型农村合作医疗虽然能够在一定程度上缓解参加合作医疗大病户的医疗负担，但保障水平仍然偏低，不能从根本上解决农牧民因病致贫、因病返贫的问题。需要进一步完善新型农村牧区合作医疗的相关政策，扩大试点范围和提高报销比例，逐步健全农村牧区医疗卫生服务体系。

5．农村牧区养老保险涉及面宽、人数多，资金缺口大

以目前财政力量完全解决农村牧区居民养老问题是不现实的，加之农牧民在养老保险投资认识方面的不足，目前农村牧区参加养老保险的人数仍相当有限，在农村牧区建立农牧民养老保障制度任重道远。内蒙古农村牧区即将步入人口老龄化阶段，农村牧区养老现状存在诸多问题，农牧民老有所养、老有所靠的问题如果不能得到有效解决，将直接应影响社会稳定，直接影响全面小康社会的建设。

（三）加快建设内蒙古农村牧区全面小康的建议

近年来，内蒙古农牧业和农村牧区发生了深刻变化，农村牧区经济社会发展取得了令人瞩目的成就。但是，目前农牧业和农村牧区发展中仍然存在诸多深层次的矛盾和问题，这些矛盾和问题的存在，严重制约着内蒙古农村牧区经济社会的全面、协调、可持续发展。“十一五”时期，

是统筹城乡发展、推动传统农牧业向现代农牧业转型、为建设社会主义新农村新牧区打基础的重要时期，也是建设全面小康社会的关键时期。能否提前实现农村牧区全面小康目标，在很大程度取决于能否进一步做好“三农三牧”工作。

1．采取有力措施，千方百计增加农牧民收入

通过发展集约、高效农牧业，实现增产、增值、增效、增收，努力提高农牧民的非农收入，拓宽农牧民外部增收渠道，把解决农村牧区的就业问题摆在更加突出的位置，给予其更多的关注和支持。继续促进农牧民向城市合理有序流动，依法维护进城务工农牧民的合法权益。大力发展农村牧区二、三产业，调整产业结构，提高劳动效益，增加收入。有计划、有步骤地实现农村牧区人口的合理转移，逐步减少农村牧区人口规模，增加农牧民收入。

2．加大政策扶持力度

要不折不扣地落实国家和自治区出台的“三减免、三补贴“等一系列惠农政策，继续实施好优质粮食产业工程和粮食丰产科技工程，发展特色农业、绿色农业和避灾农业。扩大粮食直补资金规模，加大对种粮农民的补贴力度。全面深化农村牧区综合改革，巩固税费改革成果，坚决防止涉农涉牧乱收费抬头，保护农牧民从事农牧业生产的积极性。

3．继续深入调整农牧业产业结构，加快推进农牧业产业化

据统计，全区现有140多万个农牧户加入到农牧业产业化链条中，占全区农牧户的46%；全区农牧民人均纯收入的40%左右与产业化经营有关。推进农牧业产业化，是解决“三农三牧”问题，建设全面小康社会的最有效措施。为进一步加快农牧业产业化发展步伐，要加大对农牧业的投入力度，增加信贷资金对农牧业的投入，提高农牧民进入市场的组织化程度，积极培育龙头企业，推动农牧业产业化健康有序发展。

4．抓住国家财力向农村牧区倾斜的有利时机，加强水利工程、草场保护、道路等基础设施建设，搞好村镇规划、建设

要组织实施好国家重点生态建设工程，严格执行草畜平衡制度，积极实施生态移民工程。继续加强水利重点工程建设和以水利为中心的农田草牧场建设，努力建设节水型社会。要大力推广新能源利用，继续加强农村牧区道路、广播、电视、通讯、信息等配套建设。加大财政支农支牧力度，确保每年拨出一定比例的财政资金用于大型农田水利工程、农业综合开发项目、重大农业科研项目的建设，发挥财政支农支牧的导向作用，切实增加有效投入，夯实农业基础。

5．城乡统筹，促进农村牧区经济的可持续发展

通过壮大县域经济，提高旗县级经济和财政实力，以抓城市建设的力度来解决“三农三牧“问题，以工业反哺农牧业的支持政策来加速农村牧区小城镇建设。通过科学规划，提高城镇化水平，加快农村剩余劳动力的转移，促进农牧民有序、合理的流动。

6．提高农牧民文化水平

坚决贯彻实施农村牧区义务教育经费保障机制，大幅度提高农村牧区中小学经费保障水平，从根本上解决制约农村牧区义务教育发展的突出问题，为农村牧区义务教育持续健康发展奠定坚实基础。加快农村牧区教育网点的系统建设和合理调整，保证农村牧区九年义务教育政策得到有效的落实。把下大力提高农村牧区劳动力素质作为加快劳动力转移的重要措施来抓，通过各种渠道和现有的各种教育设施，大力提高并积极推行学历文凭和职业培训资格证书并重的用工制度，使各类岗位培训制度化、规范化和科学化。同时，加强农牧民市场经济意识的培育，引导农牧民解放思想，更新观念，增强竞争意识，激发他们外出从业的内在动力。通过政策鼓舞和资金投入，保障农牧民受教育程度不断提高，从根本上提高农牧民文化素质和技术能力，从而更加适应农村牧区经济发展和劳动力有效转移的需要。

7．加快发展农村牧区社会事业，促进农村牧区经济社会协调发展

中央确立了到2008年在全国农村基本建立新型农村合作医疗制度，逐步建立和完善农村医疗救助制度的目标，以及按“自愿、互助、公开、服务“的原则，中央将同时加大对这项工作的财政支持力度。这无疑为积极深入推进这项工作提供了良好的契机。今后应着力做好以下工作：首先，扩大试点覆盖面，提高财政补助标准。其次，加大宣传力度，落实好农牧民自觉参合的原则。第三，完善试点实施方案，建立健全各项规章制度。第四，加强农村牧区卫生服务体系建设，提高服务水平。

在养老保障方面，有条件的地区可以将家庭养老、土地保障和社会养老保险相结合，探索建立农村社会养老保险制度。另外要完善农村“五保户“和重病、重残人群的供养、救助制度，逐步提高供养、救助标准，完善救助方式。坚决执行内蒙古自治区政府颁发的《关于建立农村牧区最低生活保障制度的实施意见》，进一步完善农村牧区社会救助体系，维护和保障农村牧区困难居民的基本生活权益。

十三、内蒙通辽市百万农牧民参加新型合作医疗

截至2005年底，通辽市参加新型农村合作医疗的农牧民已达120万人，试点旗县达到4个，总共投入资金4835万元，已为16万农牧民报销医药费1061万元。参合农牧民占全市农牧民总人口的54%，分别比全国、内蒙古自治区高出28和7个百分点。

“奈曼模式”让农村合作医疗“火”起来。2004年4月20日，奈曼旗作为全区农村合作医疗惟一试点旗县，开始在广大农村牧区推行新型农村合作医疗。他们首先是实行了现场报销。即农牧民到合作医疗定点医院就诊，在这个窗口交钱取药，然后又从另外一个窗口报销医药费，这“一交一报”使农牧民感受到了新型农村合作医疗实实在在的好处。其次是统一了药价。奈曼旗针对药价偏高的问题，通过广泛的调研，实行了药品集中招标、跟标采购的制度，对220种常用药物在原物价规定的基础上，价格下调20%—30%，并印发826套价格表，在旗、乡、村三级定点医疗机构统一张榜公布、统一标准、统一执行。三是一证通用。为了最大限度地给参合农民提供便利，确保其就医自主权，参合的农民只要手持《合作医疗证》，就能在全旗的范围内自主选择定点医疗机构，并享受合作医疗补偿政策。四是医疗救助。为了使“五保户”、“特困户”、“贫困户”这部分最需要加入合作医疗的弱势群体同等享受合作医疗补偿政策，奈曼旗加大了这方面的投入力量：2004年为这些人员解决合作医疗资金8.965万元，2005年投入资金9.5万元，年底又投入80万元，按一定比例来解决这部分人因住院经合作医疗补偿后剩余的医药费用，及住院费用在2万元以上的参合农牧民的剩余医药费用补偿，使这些最需要合作医疗的人员享受到了新型农村合作医疗的便利。

新型农村合作医疗在通辽市蓬蓬勃勃地开展起来，百万农牧民拿上了《合作医疗证》，也可以报销医疗费用了，在很大程度上解决了农牧民看病难、看不起病的问题。新型农村合作医疗宛如一股春潮，为百万农牧民送来了新绿。

十四、内蒙通辽市防沙治沙、改善生态环境经验

通辽市历届党委、政府及林业部门始终把防沙治沙、改善生态状况作为事关全市人民群众安身立命的头等大事来抓。根据自然条件的变化，"十五"期间全市的林业工作不断从薄弱环节寻求突破口，认真贯彻"两结合、两为主"的生态建设方针，即"乔灌草结合、以灌草为主，造封飞结合、以封育为主"，加快林业结构调整步伐。本着遵循自然规律的原则，在起伏较大的沙地加大了灌木造林、以封代造的比重，涌现出了扎鲁特旗鲁北镇3万亩灌草基地、奈曼旗白音他拉镇50万亩以封代造等一批种灌种草的典型。目前，全市灌木造林面积达到639万亩，较"九五"末增加了410万亩，形成了杨树为主，乔灌草结合的防护体系。

通辽市加快沙地治理的另一条思路就是大量划建自然保护区，凡生态区位重要、治理难度大、物种及湿地环境特殊的地方，就尽可能多地加以保护。

从昔日的沙进人退到今天锁住"黄龙"重焕生机，通辽的林业工作在与科尔沁沙地的"天人之战"中节节胜利。独具特色的林业生态建设理念，科学合理的造林治沙措施，造福人民、让荒漠重披绿装的不懈追求，为通辽市的林业生态建设注入了源源不断的旺盛的生命力。

2005年内蒙古自治区农村全面建设小康综合表

指　标	单位	总体小康值	全面小康值	2005实际值	实现程度	权数	综合分值
A、经济发展					8.2	29	2.4
农村居民人均可支配收入	元/人	2200	6000	2417	5.7	20	1.1
第一产业劳动力比重	%	50	35	51.4	−9.3	5	−0.5
小城镇人口比重	%	16	35	24.1	42.6	4	1.7
B、社会发展					31.7	20	6.3
农村合作医疗覆盖率	%	10	90	12.1	2.6	8	0.2
农村养老覆盖率	%	1.8	60	9.5	13.2	4	0.5
万人农业科技人员数	人	1	4	2.2	40.0	4	1.6
农村居民基尼系数	—	0.35	0.3—0.4	0.36	100	4	4.0
C、人口素质					10.3	15	1.5
平均受教育年限	年	7.4	9	7.7	18.8	12	2.3
平均预期寿命	年	69.5	75	68.2	−23.6	3	−0.7
D、生活质量					23.0	23	5.3
恩格尔系数	%	49	40	43	66.7	4	2.7
居住质量指数	%	18	75	19.6	2.8	11	0.3
农民文化娱乐支出比重	%	2.5	7	4.1	35.6	3	1.1
农民信息化程度	%	28	60	36	25.0	5	1.3
E、民主法制					57.3	6	3.4
农民对村政务公开的满意度	%	55	85	75	67	3	2.0
农民社会安全满意度	%	60	85	72	48	3	1.4
F、资源环境					13.1	7	0.9
常用耕地面积变动幅度	%	−0.3	0	0.2	0	3	0.0
森林覆盖率	%	16.5	23	17.7	18.5	2	0.4
万元农业GDP用水量	立方米/万元	2600	1500	2300	27.3	2	0.5
农村全面建设小康实现程度合计						100	19.9

六、辽宁省农村全面建设小康监测报告

2005年，辽宁省委、省政府以科学发展观统领农村工作，加强农村改革力度，首次在全省全部取消农业税，地方财政也加大了对农业的投入力度，粮食稳定增产，农民持续增收，农村经济综合实力进一步增强，农村各项事业全面发展 促进全省农村全面小康建设的进展。测算结果表明：2005年辽宁农村全面小康总体进程已达到44.3%，比上年提高 8.6个百分点，农村全面小康建设进程明显加快。

（一）辽宁农村全面小康进程状况

2005年辽宁农村全面小康建设进程总体特点是：在全面评价农村小康进程六大方面中，资源环境方面进程最快，从2004年开始到2005年，已连续两年达到全面小康目标值。生活质量、社会发展方面进程加快，但基础仍然薄弱；经济发展、人口素质和民主法制方面全面小康进程相对缓慢，实现程度较低。

1．资源环境方面小康实现程度最高，进程最快

据测算，资源环境方面全面小康实现程度已连续两年达到100%。从反映资源环境的三个单项指标看，常用耕地增长率和森林覆盖率增长相对稳定。近年来全省大力开展环境年建设，严格控制滥占滥用耕地，依法加强对常用耕地的管理，使常用耕地面积有所增加，2005年增长率达到7.8%。森林覆盖率为33%。万元农业GDP用水量，由上年的1450吨减少到1350吨，三个单项指标小康实现程度均达到100%。

2．农民生活质量显著提高，小康进程加快

2005年，辽宁农民生活质量方面的小康实现程度由上年的32.9%提高到46.6%，比上年提高了13.6个百分点，小康综合得分10.7分，比上年提高3.1分，小康进程明显加快。

从反映生活质量的四个方面看，农村居民恩格尔系数由上年的46.4%下降到41.6%，全面小康建设实现程度为82.2%，比上年提高了53.3个百分点；农村居民居住指数为23%，全面小康建设实现程度为8.8%，比上年提高了4.1个百分点；农民文化娱乐支出比重为4.7%，全面小康建设实现程度为48.9%，比上年提高13.3个百分点；由于农民家庭拥有的彩色电视、固定电话、手机和家用计算机逐年增加，农民信息化程度越来越高，2005年农民信息化程度达到60%，已达到信息化程度全面小康目标值。

3．民主法制方面实现程度较高，达到59.0%

2005年民主法制方面全面小康建设实现程度为59.0%，比上年提升1个百分点；农村政务公开的规范化和全部取消农业税，使农民对政务公开的满意度进一步提高。2005年农民对政务公开的满意度为76%，实现程度为70%，比上年提高3.3个百分点，农民对社会安全的满意度达到72%，实现程度为48%，与上年持平。

4．社会发展方面实现程度达44.2%，比上年提高14.8个百分点

从社会发展的四个单项指标看，2005年辽宁农村合作医疗取得了突破性进展，农村合作医疗覆盖率为34.4%，比上年提高29.6个百分点，小康进程达30.5%。农村合作医疗取得突破性进展，主要得益于新型农村合作医疗试点工作在全省的积极、扎实、稳定的推进。辽宁自2004年7月开始新型农村合作医疗试点工作以来，到2005年底，全省已有36个县（市、区）建立了新型农村合作医疗制度，占全省涉农县（市、区）总数的48.65%，明显高于全国平均水平（21%）。其中：县（市）达25个，占全省县（市）总数的56.8%；涉农市辖区达11个，占全省涉农市辖区总数的36.7%。参合农民达到800多万人。共补偿参合农民957793人次，补偿资金支出6305.54万元。相对于新型农村合作医疗试点工作的蓬勃发展，由于农村社会保障体系不健全和受财力所限制，农村养老保险事业发展明显滞后，2005年农村养老保险覆盖率为9.5%，小康进程为13.2%；每万个农村居民拥有的农业科研人员为2.4人，全面小康实现程度为46.7%，均与上年持平；农村居民收入分配的公平程度仍处在合理区间，2005年农村居民基尼系数为0.37，实现程度为100%。

5．农村人口素质实现程度达34.5%，比上年提高10.0个百分点

2005年，辽宁省把强化政府对农村义务教育的保障责任、扩大职业教育招生规模、推进职业教育实训基地建设等作为教育工作的重点，促进农村义务教育的发展，使农村儿童入学率逐年增加。2005年，全省农村人口平均受教育年限为7.8年，小康实现程度为25%，比上年提高12.5个百分点。辽宁农村人口平均预期寿命仍保持在73.5岁，实现程度达72.7%。

6．经济发展实现程度为31%，比上年提高3.3个百分点

从测算经济发展的三个单项指标看：2005年人均可支配收入为2905元，小康实现程度为18.6%，比上年提高0.4个百分点；第一产业劳动力比重为35.9%，小康实现程度为94.0%，比上年提高12.7个百分点；小城镇人口比重为18.8%，小康实现程度为14.7%，比上年提高6.8个百分点。

（二）农村全面小康建设的重点和难点

1．实现农村全面小康，重点是增加农民收入

农民收入是农村全面小康建设的核心指标，也是小康建设的重点。在评价农村全面小康建设的各项指标中，农民收入所占的权数最大，满分为20分。2005年，辽宁省农村居民人均可支配收入达3253元，扣除物价因素实际只有2905元，比全面小康值6000元，还相差3000多元，小康实现程度为18.6%，得分只有3.7分。因此，在今后相当长的时间内，增加农民收入任重而道远。

2．农村教育、医疗和社会保障落后是制约农村社会发展的难点

农村全面小康评价中，农村合作医疗覆盖率和农村养老覆盖率共占12%的权数，是衡量农村社会发展程度的重要指标。2005年，辽宁省农村合作医疗覆盖率已达到34.4%，在解决农民看病难、看病贵问题方面起到了积极的作用，但与全面小康90%的目标尚相差65.6个百分点，差距甚远，全省还有65%的农民未参加合作医疗，农民就医难，看不起病，因病致贫，因病返贫现象时有发生。农村养老覆盖率2005年实现程度为13.2%，与全面小康评价标准不低于60%相比，差距明显。受财力限制，目前的农村社会保障体系尚不健全不完善，所涉及内容仅限于给点零花钱、提供基本生活用粮上，内容单一，标准较低。对困难群众大病救助、子女入学、住房等问题则没有更多的能力顾及。如果不加大政府的财政投入，农村养老覆盖率偏低问题，将长期制约辽宁省农村全面小康建设进程。

农村6岁及6岁以上人口平均受教育年限，是衡量农村全面小康人口素质方面的一个关键性指标，占总权数的12%，2005年该项指标只为7.8年，仅相当于初中二年级的程度，全面小康实现程度仅达到25%，意味着在平均受教育年限这个指标上，还有75%的路程要走。

3．农村基础设施落后，生活质量有待于提高

现在城乡居民生活水平和生活质量的差距，集中体现在基础设施这个方面的差距。长期以来，农村的基础设施，国家很少投入，很大程度上是靠农民自己积累，自己拿钱，所以目前农民的居住质量比较差。其居住质量包括住房面积及结构、室外道路状况、饮用水状况、卫生厕所等指标，在评价全面小康中占11%的权数。2005年，农民居住质量指数达到23，小康实现程度仅为8.8%，是小康实现程度较低的指标之一。农民居住质量差主要表现在：农村饮用自来水的居民户数比重低，2005年仅达到25%；使用清洁能源的农户只占11.8%；使用水冲式卫生厕所的农户仅占2.6%；享用石头等硬质路面的农户为47.2%；享用黑色路面的农户只有24.1%。农村基础设施落后，是农村全面小康建设的又一瓶颈所在。

4．农村城镇化发展缓慢，阻碍了农村剩余劳动力的合理转移

农村劳动力的转移，主要靠乡镇地域内非农企业吸纳。2005年辽宁省小城镇人口比重只有18.8%，小康实现程度仅仅达到14.7%，实现程度最低。农村城镇化发展缓慢，使农村产业结构升级后移，延缓了农村劳动力转移步伐，也影响了农民收入的增加。

（三）全面小康建设应采取的措施

1．调整农村经济结构，实行农业产业化，加快农村小城镇建设和农村剩余劳动力的转移，拓宽农民增收渠道

改革开放二十多年来，农民收入虽有较大的提高，但近年来与城镇居民收入差距则呈逐步扩大态势，农民增收幅度明显减缓，因此，调整产业结构，加快农村小城镇建设，吸纳农村劳动力就业，是农民增收的主要渠道。必须大力发展农村第二、三产业，实现剩余劳动力的合理转移：一是要大力发展农村工业。县域经济的发展应当突出抓工业，把工业化作为全面建设小康社会的首选战略，加快工业发展，要破除障碍，转变观念，坚定信心，还要加大企业改革力度；二是要大力发展第三产业。要巩固提高传统产业，大力发展新型产业，特别是要在旅游休闲、社区服务、文化教育、餐饮娱乐、医疗卫生、房产开发、科技信息等领域寻求新的突破；三是要加快城镇化建设步伐。推进城镇化，要扩容提质，加强城镇建设，要大兴产业，发展城镇经济。

2．加大基础设施和公共服务这两个突出落后方面的投入，改善农村的面貌，为实现小康提供重要的基础

各级政府要根据国家的法律法规，将农村社会保障纳入制度化、规范化、法制化轨道，使农民都享有卫生保健，进一步加强卫生服务体系建设，改善乡镇卫生院的设备条件和房屋建设，切实解决群众看病难、看病贵问题；发展各种形式的农村社会福利事业，为农村低保户和无劳动力的居民提供必要的经济援助和社会保险。同时大力发展农村教育事业，加大农村教育投资力度，为社会培养高素质的劳动者。加快农村民主化和法制化进程，加快农村改水、改厕进程，提倡和鼓励使用清洁能源，加强村级公路建设，为农民安居乐业奠定基础。

2005年辽宁省农村全面建设小康综合表

指　标	单位	总体小康值	全面小康值	2005实际值	实现程度	权数	综合分值
A、经济发展					31.0	29	9.0
农村居民人均可支配收入	元/人	2200	6000	2905	18.6	20	3.7
第一产业劳动力比重	%	50	35	35.9	94.0	5	4.7
小城镇人口比重	%	16	35	18.8	14.7	4	0.6
B、社会发展					44.2	20	8.8
农村合作医疗覆盖率	%	10	90	34.4	30.5	8	2.4
农村养老覆盖率	%	1.8	60	9.5	13.2	4	0.5
万人农业科技人员数	人	1	4	2.4	46.7	4	1.9
农村居民基尼系数	—	0.35	0.3—0.4	0.37	100	4	4.0
C、人口素质					34.5	15	5.2
平均受教育年限	年	7.4	9	7.8	25.0	12	3.0
平均预期寿命	年	69.5	75	73.5	72.7	3	2.2
D、生活质量					46.6	23	10.7
恩格尔系数	%	49	40	41.6	82.2	4	3.3
居住质量指数	%	18	75	23	8.8	11	1.0
农民文化娱乐支出比重	%	2.5	7	4.7	48.9	3	1.5
农民信息化程度	%	28	60	60	100	5	5.0
E、民主法制					59.0	6	3.5
农民对村政务公开的满意度	%	55	85	76	70	3	2.1
农民社会安全满意度	%	60	85	72	48	3	1.4
F、资源环境					100	7	7.0
常用耕地面积变动幅度	%	-0.3	0	7.8	100	3	3.0
森林覆盖率	%	16.5	23	33	100	2	2.0
万元农业GDP用水量	立方米/万元	2600	1500	1350	100	2	2.0
农村全面建设小康实现程度合计						100	44.3

七、吉林省农村全面建设小康监测报告

根据国家统计局制定的农村全面小康标准和监测方法测算，2005吉林省农村全面小康实现程度达到33.2%，比上年提高4.1个百分点，标志着吉林省农村又向全面建设小康社会的宏伟目标迈出了可喜的一步。但同时也应该看到，各项指标的实现程度参差不齐，差异较大，仍存在着一些亟待解决的问题。

（一）吉林省农村全面小康建设的基本情况

2005年，吉林省各地认真贯彻落实科学发展观，坚持以人为本，统筹城乡发展，努力构建和谐社会，全省农村全面小康建设取得了新的进展。在评价农村全面小康建设的六大方面中，其实现程度表现为“三增、两平、一降”。即：经济发展、生活质量和民主法制实现程度分别由2004年的12.2%、20.9%和81.7%增加到18.8%、35.0%和86.7%，分别提升了6.6个、14.1个和5个百分点；社会发展实现程度同比提高了0.5个百分点；人口素质实现程度与上年持平；资源环境实现程度同比下降了21.4个百分点。

（二）吉林省农村全面小康建设进程加快

2005年，党中央、国务院出台了一系列更直接、更有力的惠农措施，农业与农村经济呈现良好的发展局面，粮食生产再创历史新高，农民收入实现较快增长，农村改革稳步推进，农村社会事业加快发展，极大地推动了吉林省农村全面小康建设进程。在评价农村全面建设小康的18个指标中，有4项指标，即农村居民基尼系数、农民对社会安全满意度、森林覆盖率和万元农业GDP用水量达到了全面建设小康标准。

1．经济发展实现程度为18.8%，提高6.6个百分点

一是农村居民人均可支配收入增加，2005年已达2950.6元，小康实现程度为19.8%，比上年提高3.5个百分点。

二是第一产业劳动力从业比重下降，2005年实际值为48%，小康实现程度为13.3%，比上年提高14个百分点。

三是农村小城镇建设进程加快，2005年吉林省农村小城镇人口比重为20%，小康实现程度为21.1%，比上年提高13.2个百分点。

2．社会发展实现程度为44.2%，提高0.5个百分点

从社会发展类主要指标的实现程度看，由于吉林省自2003年开始实施了新型的农村合作医疗制度试点工作，到2005年底，已有9个省级新型农村合作医疗试点县，该项措施的实施，使全省农村合作医疗覆盖率由上年的22.0%提高到23.0%，实现程度由上年的15%上升到16.3%，提高1.3个百分点。农村养老覆盖率实现程度比上年提高0.1个百分点。万人农业科技人员数实现程度仍为90%，与上年持平。农村居民基尼系数仍处在0.3—0.4的合理区间，其实现程度为100.0%。

3. 农村人口素质实现程度为20.9%，与上年持平

尽管2005年全省农村经济实现新突破，农民生活质量继续提高，但农村人口素质的提高仍需长期不懈的努力。2005年农村人口平均受教育年限为7.6年，小康实现程度为12.5%，平均预期寿命72.5岁，小康实现程度为54.5%，均与上年相同。

4. 农民生活质量实现程度为35.0%，提高14.1个百分点

从反映生活质量的四个方面看，2005年全省农村信息化程度提升最快。农村每百个农户拥有彩电98台、固定电话71部、电脑0.2台，农村信息化的全面小康实现程度为65.6%，比上年提高34.3个百分点。农民文化娱乐支出比重继续提高，文化娱乐支出261.1元，文化娱乐支出比重的实现程度为64.4%，同比提高8.8个百分点。居住质量指数实现程度为20%，同比提高3个百分点。农村居民恩格尔系数为43.5%，该指标实现程度为61.1%，同比提高23.3个百分点。

5. 民主法制实现程度为86.7%，提高5个百分点

在评价农村全面建设小康的六大项指标中，民主法制指标的实现程度最高。其中，农民对村政务公开满意度为77%，小康实现程度为73%，比上年提高9.7个百分点。农民对社会安全满意程度指标实现程度为100%。

6. 资源环境实现程度保持稳定

从反映资源环境的指标看，森林覆盖率和万元农业GDP用水量仍然保持在全面小康的目标值范围内，这两项指标的实现程度仍为100.0%。2005年全省耕地面积变动幅度指标的实现程度下降至−50%，该指标的全面小康实现程度仍是将来需要引起高度注意的问题。

（三）吉林省农村全面小康社会建设面临的五大难题

从测评结果看，2005年全省农村全面小康实现程度提升较快，但从各分项指标的实现程度看，又存在着较大的差异，建设农村全面小康社会的任务仍然十分艰巨。从全省农村现状看，有五个方面的问题十分突出，需要引起各级领导的高度重视。

1. 农民增收要实现期望值难度大

农民收入是农村全面建设小康的核心指标，也是小康建设的重点。在评价农村全面建设小康的18项指标中，所占的权数最大，即占20%的权重。2005年吉林省农村居民人均可支配收入为2950.6元，比全面小康值6000元相差3049.4元。全面建设小康实现程度仅为19.8%，综合分值只得4分。尽管2005年在中央和地方政府更加重视“三农”问题等多方面有利条件下，优惠政策得到了充分的利用和释放，各项措施落实到位情况比较好，使得粮食增产，农民增收。但在今后相当长的时间内，政策性因素增收的空间已经十分有限，农民增收面临很大压力。

一是粮食产量增加的空间有限。吉林省是农业大省，农业收入在农民收入中一直占据主导地位，是农民增收的主体。在农业科技水平没有新的重大突破的前提下，粮食单产水平不可能有明显提高。

二是农业增收受到价格因素和市场需求的制约。目前部分农产品的价格已逐步与国际市场接轨，农产品价格大幅上涨的可能性很小，再依靠提高农产品价格来增加农民收入已不现实。

三是短期内农民生产效益提高难度大。农业生产资料价格过快增长抑制了农民收入的增加，在一定程度上削弱了农产品价格提高对农民增收的贡献。

四是惠农政策对农民收入的拉动作用减弱。进入“十一五”后，随着新农村建设的全面开展，虽然国家将会继续加大对农村的投入，但这部分资金中相当大的部分是用于支持农村公共事业发展，改善农村生活条件，直接惠及增加农民收入的份额将很少。

2．农村人口受教育程度提升难

十年树木，百年树人。在农村全面建设小康综合评价系统中，农村人口受教育程度是又一重要指标，占12%的权重。2005年吉林省农村人口平均受教育年限仅为7.6年，相当于初中二年级的水平，要提高这个指标值难度很大。

一是农村老龄化速度加快，城镇化率不断提高影响农村人口平均受教育年限指标值的提升。

二是农村较高文化素质的劳动力大量流向城市，农村大学生回到农村就业的少之又少。

三是20岁以上农村人口再接受学历教育的可能性非常小。

四是农村教育经费投入不足，部分地区学杂费偏高或学校乱收费现象直接影响农村学生的入学率和辍学率。

3．农村合作医疗和农村养老保险覆盖率低，资金筹措难

发展和壮大农村养老保险是近年来才开始实施的，起步晚，起点低，基础差，资金来源很少，加快推进的步伐将是一个漫长的过程。农村全面建设小康评价中，农村合作医疗和农村养老保险覆盖率共占12%的权重，是衡量农村社会经济发展程度的两个重要指标。据测算，2005年吉林省农村合作医疗覆盖率为23%，小康实现程度为16.3%，与全面小康大于等于90%相比还有很大差距。农村养老覆盖率仅为1%，小康实现程度为-1.4%，与全面建设小康大于等于60%相比相差更远。可见，进一步提高全省农村合作医疗覆盖率和农村养老保险覆盖率是建设农村全面小康社会的难点之一。

4．农村居民居住质量还比较低，改善任务重

农民的居住质量包括住房面积及结构、室外道路状况、饮用水状况、卫生厕所等，在评价全面建设小康指标体系中占11%的权数。2005年吉林省农民居住质量指数达到20%，小康实现程度仅为3.5%。调查显示，农民人均居住面积25平方米以上农户比重为30.1%，饮用自来水比重为23.8%，使用清洁能源农户只占1.9%。农村生活水平提高最直观、最明显的变化就是住房条件的逐步改善。从测算的结果看，农民的居住环境、精神生活差距明显。

5．保护资源和环境，实现人与自然的和谐发展是难点

耕地面积是保证粮食自给农民赖以生存的基础。2005年吉林省常用耕地面积增长率为-8.5%，与总体小康-0.3%的标准相差8.2个百分点。吉林省常用耕地增长率呈负数，耕地严重流失。保护资源和环境，提高农村的可持续发展能力，促进人与自然的和谐发展，是吉林省农村建设全面小康社会的又一个难点。

（四）加快农村全面小康社会建设的几点建议

1．建龙头、办基地，加强农业结构调整，千方百计增加农民收入

尽快建立农民增收的长效机制，坚持“多予、少取、放活”的方针，在稳定、完善和强化各项支农政策的基础上，切实加强农业综合生产能力建设，保证农民持续增收。在建龙头上，要打破地域界限，优化资源配置，把龙头企业建设与农业对外开放结合起来，与后续产业的培育和发展结合起来，瞄准国内和国际市场，通过合资、合作、独资等形式，引进先进技术、设备和资金，在改造提升现有龙头企业的基础上，尽快建立一批粮食、畜牧等加工龙头企业，使农产品加工增值。在办基地上，加大示范园、示范点、示范基地的建设力度，充分发挥好基地在农业结构调整中的典型示范作用。在抓引导上，要引导龙头企业视农为本，充分尊重民利，克服短期行为和向农民渔利的思想，严禁骗农坑农，为农户提供好产中、产前、产后服务；要引导农民视企为家，树立诚信意识、合同意识、质量意识，通过引导，使企业和农户真正形成风险共担、利益均沾的经济利益共同体。

2．大力发展农村教育事业，增加农村教育投入，全面提高农村人口素质

国内外经济发展的实践证明，教育投资的回报率是最高的。一是建议调整支农资金的使用方向，将资金重点用于减免农村学龄儿童的学杂费支出，保障所有儿童都能享受九年制义务教育，争取高中教育。二是从根本上解决失学、辍学问题，提高扶贫资金的使用效益，应“直接面向穷人”。三是加大财政对农村教育的支持力度，彻底改变农村税费改革后，农村教育经费投入不足问题，可否从税费改革后新的农业税中拿出一定的比例，专门用于教育。

3．加大农村合作医疗建设，建立健全农村社会保障体系

按照统筹城乡经济社会发展的要求，尽快扭转城乡、地区、农户之间收入差距过大问题，建立健全与经济发展水平相适应的农村居民基本生活保障制度，将农村社会保障纳入制度化、规范化、法制化的轨道。第一，完善农村社会医疗保障的法律框架，制定农村医疗保险、农村合作医疗等相关条例。第二，全面发展农村合作医疗事业，中央和地方各级政府每年增加的卫生事业经费应主要用于发展农村医疗卫生事业，建立以大病统筹为主的新型合作医疗制度和医疗救助制度，使农民人人享有初级卫生保健。

4．加快农村生活基础设施建设，改水、改路、改厕，改善农村居住条件

调整财政支出结构，将更多的农村生活基础设施项目纳入公共财政领域，在资金上给予支持。应将通路、通水、普及卫生厕所列入日常工作的议事日程，在农村提倡使用清洁能源，鼓励农民美化村庄环境，改善农村生活条件。针对农村建设明显滞后，村庄建设杂乱无章，村庄环境脏乱差等突出问题，建议有关部门加快农村新社区的规划和建设，适当集中农村人口居住地，促进农村经济和社会协调发展。

5．加大保护资源、环境力度，努力实现人与自然的和谐发展

加大依法保护资源、环境的力度，努力保持耕地动态平衡；进一步提高全省森林覆盖率，提高农村的可持续发展能力，促进人与自然的和谐发展。

十五、吉林省落实良种补贴政策取得成效

1、吉林省良种补贴工作的基本情况.今年国家下达给吉林省专用玉米良种推广补贴面积300万亩，高油大豆200万亩，水稻以计税耕地为基础实行据实补贴。全省水稻良种推广补贴共涉及63个县112.1万个农户，面积为1003.1万亩，应补贴金额为1.5亿元。专用玉米良种推广补贴面积300万亩，涉及249个乡（镇）、3322个村、43.46万多农户。高油大豆良种推广补贴面积200万亩，涉及165个乡（镇）、2247个村、18.7万多农户。目前全省良种补贴预拨资金已全部下达到各有关县（市、区），并已基本兑现完毕。

2、落实良种补贴政策主要成效.一是促进了全省粮食生产持续增长。去年全省粮食产量再创新高，达到516亿斤以上，是历史上最高的年份。二是加快了优良品种的普及推广，全省优质专用品种推广面积稳步上升。三是保护和调动了种粮农民的积极性。今年全省良种补贴资金2亿元，全省农民人均增收14元。对保护和调动粮食主产区农民种粮积极性起到了重要作用。四是提高了粮食作物生产水平。通过良种良法配套，大力推广节本增产增效新技术，促进了粮食生产效益稳步增长。五是增强了粮食产品的市场竞争力。良种推广补贴推进了优势农产品产业带建设，进一步优化了区域化布局，有利于提高农产品品质，将有效促进农民小生产与大市场的对接，增强农产品的市场竞争力。

2005 年吉林省农村全面建设小康综合表

指 标	单位	总体小康值	全面小康值	2005 实际值	实现程度	权数	综合分值
A、经济发展					18.8	29	5.5
农村居民人均可支配收入	元／人	2200	6000	2950.6	19.8	20	4.0
第一产业劳动力比重	%	50	35	48	13.3	5	0.7
小城镇人口比重	%	16	35	20	21.1	4	0.8
B、社会发展					44.2	20	8.8
农村合作医疗覆盖率	%	10	90	23	16.3	8	1.3
农村养老覆盖率	%	1.8	60	1	−1.4	4	−0.1
万人农业科技人员数	人	1	4	3.7	90.0	4	3.6
农村居民基尼系数	—	0.35	0.3−0.4	0.3	100	4	4.0
C、人口素质					20.9	15	3.1
平均受教育年限	年	7.4	9	7.6	12.5	12	1.5
平均预期寿命	年	69.5	75	72.5	54.5	3	1.6
D、生活质量					35.0	23	8.0
恩格尔系数	%	49	40	43.5	61.1	4	2.4
居住质量指数	%	18	75	20	3.5	11	0.4
农民文化娱乐支出比重	%	2.5	7	5.4	64.4	3	1.9
农民信息化程度	%	28	60	49	65.6	5	3.3
E、民主法制					86.7	6	5.2
农民对村政务公开的满意度	%	55	85	77	73	3	2.2
农民社会安全满意度	%	60	85	85	100	3	3.0
F、资源环境					35.7	7	2.5
常用耕地面积变动幅度	%	−0.3	0	−8.5	−50	3	−1.5
森林覆盖率	%	16.5	23	38.1	100	2	2.0
万元农业 GDP 用水量	立方米/万元	2600	1500	1470	100	2	2.0
农村全面建设小康实现程度合计						100	33.2

八、黑龙江省农村全面建设小康监测报告

（一）2005年农村全面小康实现程度

根据国家统计局农村全面小康标准及监测方法，对黑龙江省农村全面小康社会实现程度进行了测算，2005年黑龙江省农村全面小康社会的综合实现程度为30.8%，比上年提高4.5个百分点。

1．经济发展的实现程度为9.5%，比上年提升了3.1个百分点

全省第一产业劳动力占农村劳动力的比重为48.3%，比上年下降了1.7个百分点，实现程度为11.3%。农村剩余劳动力的快速转移，外出务工人员的增加，促进了农民收入的增长，第一产业劳动力比重下降幅度大是经济发展实现程度提升快的主要原因。近几年国家出台了一系列惠农政策，极大地提高了农民生产积极性，促进了农民增收。据2005年黑龙江省25个市县、2240户农村记账户调查（以下简称2005年农村住户调查）资料显示，2005年农村居民外出打工人数比上年增长12%。农村居民人均可支配收入为2496元，实现程度为7.8%，比上年提高1.3个百分点。农村小城镇人口比重为19%，实现程度为15.8%，比上年提高1.6个百分点。

2．农村社会发展的实现程度为39.7%，比上年提高1.8个百分点

农村合作医疗覆盖率为13.6%，实现程度为4.5%。黑龙江省新型农村合作医疗试点工作取得了较大的进展，2005年，全省有14个县（市、区）开展了新型农村合作医疗试点工作，197.3万农民参加了合作医疗，参合率为59.4%，总筹资6147.4万元。2005年年底，经省政府批准，全省又新增20个县（市、区）为2006年新的试点县。目前，33个试点县已有511.8万农民参加了新型农村合作医疗，覆盖农村人口609.8万人，参合率达83.9%。新型农村合作医疗工作的开展，在很大程度上缓解了农民“看病难、看病贵”的问题，深受广大农民群众的欢迎；农村养老保险覆盖率为9.4%，实现程度为13.1%，现阶段处在相对较低水平；万人农业科研人员数为3.3人，实现程度达到76.7%；农村居民基尼系数为0.36，比上年增加0.06。

3．农村人口素质实现程度为2.5%，与上年持平

黑龙江省农村居民平均受教育年限为7.4年，刚刚达到总体小康值。劳动力受教育情况直接关系到农民收入的高低。2005年，农村劳动力中不识字或识字很少的人数占总劳动力的2.4%，小学程度的占26.5%，初中及高中程度的占68%，中专程度占2%，大专及以上程度仅占0.9%，高素质劳动力的缺乏，在一定程度上制约了农民收入的增长；全省农村人口平均预期寿命为70.2岁，实现程度为12.7%。

4．农村居民生活质量实现程度为38.7%，比上年提高了10.4个百分点

随着农村居民消费观念的转变，生活档次不断提高，正由生存型向享受型发展。2005年黑龙江省农村居民恩格尔系数为36.3%，比上年降低4.6个百分点，实现程度达到了100%；农民居住质量指数为19.1%，实现程度为1.9%。据2005年农村住户调查资料，农民人均楼房、砖瓦平房面积为15.0平方米，比上年增长6.5%。住房质量也有所改善，钢筋混凝土、砖木结构住

房面积比上年增长5.4%。伴随住房条件的改善，住房装修已开始在部分富裕地区农村流行。2005年农村居民人均装修生活用房材料支出27.9元，比上年增长75.1%；农民生活信息化综合指数为54.6%，实现程度为83.1%，比上年提高35.8个百分点。据2005年农村住户调查资料，农村每百户居民安装电话71.3部，拥有移动电话57.3部，分别比上年增长22.9%、91%；农村居民人均通讯费支出为69.4元，比上年增长21.5%。

5．农村民主法制的实现程度为95.7%，比上年提高了3.1个百分点

农村居民对村政务公开满意度为86%，实现程度为100%，表明全省村级政务比较透明。随着农民法制观念的逐步加强，农民对社会安全满意度为82%，实现程度为88%。

6．资源环境的实现程度达到了73.1%，比上年提高10.5个百分点

随着近几年退耕还林、植树造林等措施的实行，许多过去被采伐林木的土地，重新种植上了新林，带动了农村资源环境的改善，使得农村居民的生活环境有了较大改善。2005年全省森林覆盖率达到了40%，实现程度为100%；随着国家保护耕地政策的深入落实，使农村耕地得到了有效保护。2005年耕地面积增长为5.3%，实现程度为100%；万元农业GDP农业用水量为2534立方米，实现程度为6%。

（二）黑龙江省农村全面小康建设的难点

1．农民增收压力大，城乡差距扩大

2005年农村居民人均可支配收入为2496元，占全面小康值(6000元)的41.6%，比上年增长2%。按此计算，全省农村居民可支配收入到2020年如期实现全面小康目标，在今后15年里必须年均增长6%。据农村住户调查资料，2000—2005年农民人均可支配收入年均增长4.6%，增幅与6%还存在一定差距，今后若不能开辟新的增收渠道，农民增收压力将十分艰巨。同时，全省城乡居民收入差距在扩大。城乡居民收入比由2000年的2.3：1扩大到2005年的2.5：1。

2．农村社会保障事业发展滞后，医疗保健制度不健全

长期以来，黑龙江省农村居民在养老、医疗保险、福利等方面，基本上还是处于自保状态。据2005年农村住户调查资料，农民人均医疗保健消费支出占生活消费支出10%，比2004年提高2.4个百分点，医疗保健负担加重。现在农民是最大的自费医疗群体，“看病贵”、“看病难”问题较为突出，因病致贫、因病返贫现象不少。全省新型农村合作医疗正处于起步阶段，体制不健全，农村医疗机构设施比较匮乏，与城镇相比，农村社会保障水平较低且保障面小。

3．农村教育落后，人口素质提升难

农村人口平均受教育年限只有7.4年，仅相当于初中二年级的水平。据2005年农村住户调查资料，农村居民人均文化教育、娱乐消费支出为277元，其中教育服务消费就占到了76.9%，可以看到农民在文化消费上比较匮乏。全省大部分农村中小学教学条件落后，缺乏必要的教学实验设备，优质教师严重不足，影响了农村教育事业的发展。农村人口平均受教育年限的提高受两方面因素影响：一方面是农村教育经费投入不足和学杂费偏高增大了农村儿童就学难度。另一方面，农村较高文化素质的劳动力大量流向城市，留在农村的很少。因此，农村平均受教育年限提升难度大。

4．农村居民生活环境不尽人意，居住条件有待提高

虽然近几年黑龙江省采取了一系列政策措施，努力改善农村居民的生活质量，取得了一定成效。然而，长期以来农村公共基础设施建设投入不足，农村居民住房设施配套不完善、卫生标准差、室外环境脏乱差的现象还相当普遍。据2005年农村住户调查资料，能饮用自来水的农村居民只占33.3%；有96.1%的农户仍在使用包括煤炭和柴草在内的非清洁能源燃料；使用暖气取暖的农户仅占33.8%；在村容村貌方面，生活用水自然排放，粪便无害化处理率也很低，农村废物垃圾得不到及时处理，暴露于室外，多数地方环境脏、乱、差、散，环境质量差。

5．乡村集体经济薄弱，小康建设后劲乏力

由于乡村级集体经济薄弱，加上乡镇财政收入增长困难，许多地方出现"有人管事，无钱办事"的局面，对村容村貌及公益设施的改变、农民生活环境质量的提高、社会保障等将产生消极影响。农村基层干部整体素质仍然偏低，远远不适应现代市场经济发展的需要。乡镇企业不发达、工业化程度低、产业化发育程度不高、区域内产业结构趋同，竞争激烈、缺乏投资、农业经济效益差等因素，制约着农村集体经济的快速发展。

6．文化水平低，剩余劳动力转移任务艰巨

据2005年住户调查资料，农村劳动力中文盲、半文盲占2.4%，小学文化程度占到26.5%，初中文化程度的占61.1%，高中文化程度只占6.9%，中专以上文化程度仅占3%。考虑出生人口增长、农业劳动生产率提高、城市发展对耕地占用和沙漠化对耕地的吞食，农村剩余劳动力数量还很庞大，转移任务十分艰巨。

（三）促进农村全面小康建设的思考

农村的全面小康建设，是一项长期而艰巨的任务。从全省现阶段看，不可能把全省农村一下子都建成小康村，只有在适当的地方，先建设一部分小康示范村，逐步引导和推动黑龙江省农村的全面小康建设。财政支持小康示范村建设，是黑龙江省农村小康建设的一个积极探索，还要在今后的工作中不断巩固、发展和完善。近几年，党中央、国务院以科学发展观统领经济社会发展全局，按照统筹城乡发展的要求，实施了一系列支农惠农的政策和措施。各地区各部门认真落实中央部署，切实加强"三农"工作，农业和农村发展出现了积极变化，迎来了新的发展机遇。今后一个时期，应在认真总结经验的基础上，按照"三个代表"的要求，坚持以人为本的科学发展观，进一步完善机制，巩固成果，务求实效，抓好农村全面小康建设。

1．统筹城乡经济社会发展，扎实推进社会主义新农村建设

建设社会主义新农村是我国现代化进程中的重大历史任务。全面建设小康社会，最艰巨最繁重的任务在农村。加速推进现代化，必须妥善处理工农城乡关系。构建社会主义窗体顶端窗体底端和谐社会，必须促进农村经济社会全面进步。只有发展好农村经济，建设好农民的家园，让农民过上宽裕的生活，才能保障全体人民共享经济社会发展成果，才能不断扩大内需和促进国民经济持续发展。当前，黑龙江省总体上已进入以工促农、以城带乡的发展阶段，初步具备了加大力度扶持"三农"的能力和条件。"十一五"时期，必须抓住机遇，加快改变农村经济社会发展滞后的局面，扎实稳步推进社会主义新农村建设。

2．继续加大对“三农”投入，建立农民收入增长的长效机制

要不断加大财政支农的力度并将其长期化、制度化，确保一定比例的财政资金用于大型农田水利工程、农业综合开发项目、重大农业科研项目的建设。尤其是加大财政资金支持发展农产品加工业的力度，实现农业增值、农民增收。进一步巩固和推进农村税费改革政策，维护农民发展生产的积极性，实现农业资源大省向农业经济强省迈进。

3．加快农村小城镇建设，转移农村富余劳动力

2005年全省小城镇人口比重为19%，距离2020年全面小康值35%还有一些差距，农村剩余劳动力的转移是当前非常艰巨的任务。为此，一是对农村小城镇的建设要做出全面、科学、合理的布局和规划，搞好小城镇基础设施建设，提升聚集效应，杜绝低价占用农民土地现象的发生。二是要从法律上保护农民的权益，进一步优化农民就业的社会环境，杜绝低价使用农民工及同工不同酬。三是加强并规范对现有农村劳动力的培训，提高其文化素质和劳动技能，增强农民的再就业能力。四要大力发展中小企业和非公有制经济，为广大农民提供更多的就业机会。

4．加快农村社会事业的全面发展，确保农村全面小康建设的顺利进行

首先要加快农村医疗卫生基础设施的建设，完善新型农村合作医疗制度，逐步建立健全农村养老、医疗保险和最低生活保障制度；其次要加快农村教育网点的系统建设和合理调整，加大农村基础教育投资，保证农村九年义务教育的贯彻落实。第三要以农村改水、改厕为重点，加大农村公共基础设施建设，改善农民的生活条件和居住环境，使农民获得最基本的社会福利，实现老有所养、病有所医、贫有所济。

5．合理开发和节约使用耕地资源，提高森林覆盖率

在加快经济发展的同时，必须高度重视资源环境的保护。必须加大依法保护耕地资源的力度，加强统一规划与管理，正确处理保护耕地与满足建设用地需求的关系，改进土地资源利用方式，完善有偿使用机制，提高资源利用效率，保持耕地动态平衡。实施退耕还林、天然林防护、重点地区防护林、野生动植物保护及自然保护区建设、防沙治沙等五大林业生态工程，绿化宜林荒山荒滩荒地。

6．进一步完善村民自治制度，推进农村社会主义政治文明建设

尊重和维护农村居民的民主权利，扩大基层民主，提高广大群众参与民主管理与法制建设的自觉性；坚持和完善政务公开、村务公开等办事公开制度，保证基层群众依法行使选举权、监督权，扩大知情权、参与权等民主权利，切实保障农村居民的合法权益。增强农民的法制观念，使广大农民能够运用法律来保护自己的利益和规范自己的行为，为构建社会主义和谐社会奠定法制基础。

2005 年黑龙江省农村全面建设小康综合表

指　标	单位	总体小康值	全面小康值	2005 实际值	实现程度	权数	综合分值
A、经济发展					9.5	29	2.8
农村居民人均可支配收入	元／人	2200	6000	2496	7.8	20	1.6
第一产业劳动力比重	%	50	35	48.3	11.3	5	0.6
小城镇人口比重	%	16	35	19	15.8	4	0.6
B、社会发展				0	39.7	20	7.9
农村合作医疗覆盖率	%	10	90	13.6	4.5	8	0.4
农村养老覆盖率	%	1.8	60	9.4	13.1	4	0.5
万人农业科技人员数	人	1	4	3.3	76.7	4	3.1
农村居民基尼系数	—	0.35	0.3–0.4	0.36	100	4	4.0
C、人口素质				0	2.5	15	0.4
平均受教育年限	年	7.4	9	7.4	0.0	12	0.0
平均预期寿命	年	69.5	75	70.2	12.7	3	0.4
D、生活质量				0	38.7	23	8.9
恩格尔系数	%	49	40	36.3	100.0	4	4.0
居住质量指数	%	18	75	19.1	1.9	11	0.2
农民文化娱乐支出比重	%	2.5	7	3.3	17.8	3	0.5
农民信息化程度	%	28	60	54.6	83.1	5	4.2
E、民主法制				0	95.7	6	5.7
农民对村政务公开的满意度	%	55	85	86	100	3	3.0
农民社会安全满意度	%	60	85	82	88	3	2.6
F、资源环境				0	73.1	7	5.1
常用耕地面积变动幅度	%	–0.3	0	5.3	100	3	3.0
森林覆盖率	%	16.5	23	40	100	2	2.0
万元农业 GDP 用水量	立方米／万元	2600	1500	2534	6.0	2	0.1
农村全面建设小康实现程度合计						100	30.8

九、上海市农村全面建设小康监测报告

党的十六届五中全会提出了建设社会主义新农村的宏伟目标。上海市委八届八次全会提出了上海要建设现代化的新郊区、新农村的更高目标。为监测农村全面小康建设进程，反映建设社会主义和谐社会的成果，根据国家统计局农村全面小康标准和监测方法，对农村全面小康进程进行跟踪监测。监测结果显示，2005年农村全面小康社会建设取得新进展。

（一）上海农村全面小康社会建设取得新进展

2005年，上海市委、市府继续加快推进郊区“三个集中”，出台了一系列更直接、更有力的惠农措施，农村经济出现良好的发展局面，农民收入实现较快增长，农村各项社会事业发展步伐明显加快，极大地推动了农村全面小康建设进程。监测结果显示，2005年上海农村全面小康实现程度达到88.4%，比上年提高了0.6个百分点。其中，有13项指标的实际值已超过或达到了全国农村2020年的全面小康标准值。

1．农村经济发展三项指标均已远超全面小康标准值

在反映农村经济发展的三项指标中，2005年农民人均可支配收入为8342元，比上年实际增长10.7%，高出全国农村2020年的全面小康标准值的39%，全面小康实现程度已超越100%；第一产业劳动力比重（逆指标）为6.9%，比上年降低0.9个百分点，低于全国农村2020年的全面小康标准值28.1个百分点，全面小康实现程度已超越100%；农村小城镇人口比重为60%，比上年上升4个百分点，高出全国农村2020年的全面小康标准值25个百分点，全面小康实现程度已超越100%。

2．农村社会发展实现程度为91.6%，比上年提高0.7个百分点，已基本接近2020年全面小康标准值

由于各级政府加大对农村卫生、科技、社会保障事业的支持，农村各项社会事业发展步伐明显加快。从农村社会发展的四项指标看：2005年，农村新型合作医疗发展较快，农村合作医疗覆盖率为87%，已基本接近全国农村2020年的全面小康标准值，全面小康实现程度为96.3%；农村养老保险覆盖率为40%，全面小康实现程度为65.6%，比上年提高3.4个百分点，直接影响农村社会发展全面小康实现程度；每万农村居民拥有的农业科研人员数为4.6人，高出全国农村2020年的全面小康标准值15%，全面小康实现程度已超越100%；农村居民收入分配的公平程度仍处在相对合理区间，基尼系数为0.3~0.4，全面小康实现程度已超越100%。

3．农村民主法制两项指标高出全面小康标准值14.1个和13.2个百分点

近年来，上海积极推进基层民主建设，进一步健全村务公开和村民自治制度，提高了农民对村务公开的满意度。从反映民主法制的两项指标看，2005年农民对村政务公开的满意度为99.1%，高出全国农村2020年的全面小康标准值的14.1个百分点，全面小康实现程度已超越100%；农民对社会安全的满意度为95.8%，高出全国农村2020年的全面小康标准值的13.2个百分点，全面小康实现程度为已超越100%。

4．农村人口素质两项指标的实现程度均达到了100%

上海是国际化大都市，城乡人口受教育程度差异并不是很大，特别是近几年农村人口受教育的程度不断提高。从反映人口素质的监测指标看，2005年上海农村人口平均受教育年限为9.5年，相当于高中一年级的水平，比城市人口平均受教育年限低0.7年，高出全国农村2020年的全面小康标准值5.9%，全面小康实现程度已超越100%；农村人口平均预期寿命为75岁，达到了全国农村2020年的全面小康标准值，全面小康实现程度为100%。

5．农民生活质量实现程度为97.1%

随着市郊区城市化进程加速，农民收入不断提高，农村居民生活消费方式日趋城市化。2005年，农村居民家庭人均生活消费支出为7265元，比上年增长14.8%。农村居民生活质量得到进一步改善，体现生活水平和质量提高的服务性生活消费支出比重已达32.5%，部分耐用消费品拥有量增幅超过城市居民。从反映生活质量的四个方面看，农村居民居住质量、恩格尔系数及农民信息化程度均达到了全国农村2020年的全面小康标准值，农民文化娱乐支出比重的全面小康实现程度有所提高。2005年农村居民居住质量指数为82.4%，全面小康实现程度已超越100%；农村居民文化娱乐消费支出比重为6.2%，全面小康实现程度为82.2%，比上年提高8.9个百分点，直接影响了农村居民生活质量的实现程度。农村居民恩格尔系数为36.8%，比城市居民恩格尔系数低了1.2个百分点，低于全国农村2020年的全面小康标准值3.4个百分点，恩格尔系数的全面小康实现程度已超越100%；农村居民的信息化程度为70.3%，高出全国农村2020年的全面小康标准值10.3个百分点，全面小康实现程度已超越100%。

6．资源环境的实现程度为−38.6%

从反映资源环境的三项指标来看，2005年森林覆盖率为11.6%，全面小康实现程度为−75%；万元农业GDP用水量为1500立方米，全面小康实现程度为100%；常用耕地面积比上年减少3.4%，是导致资源环境的全面小康目标实现程度为负值的主要因素。

综上所述，2005年上海农村全面小康进程的总体特点是：在反映农村全面小康的六个方面中，经济发展、人口素质和民主法制三个方面的全面小康实现程度已远远超越全国农村2020年的全面小康目标，农村居民生活质量和社会发展方面的全面小康实现程度已基本接近全国农村2020年的全面小康目标，资源环境全面小康进程相对缓慢。从农村全面小康的18项指标来看，有13项指标的已超过或达到了全国农村2020年的全面小康标准值，农村养老覆盖率、农民文化娱乐支出比重指标的全面小康实现程度仍较低，常用耕地面积变动幅度、森林覆盖率指标的全面小康实现程度仍为负值。

（二）按照上海建设现代化新郊区、新农村的要求，亟待提高的几个方面

国家制定的农村全面小康标准，考虑到全国农村的实际状况，就上海农村而言，70%以上的指标已远远超越全国农村2020年的全面小康标准值，因此，根据全国农村全面小康标准测算的结果不能说明问题，只能说对于上海农村这个标准太低了。但是按照上海加快推进“三个集中”战略高目标，建设现代化新郊区、新农村的要求，许多方面还需要亟待提高。

1．缩小城乡居民收入差距

从“十五”时期城乡居民收入增幅看，差距在逐步缩小，但农民收入增幅一直没有超过城市

居民收入增幅，城乡收入差距仍是2.24：1。根据发达国家的标准，城乡居民收入差距超过1.5倍，农村全面小康不可能实现。因此，加快推进“三个集中”的落脚点是农民增收，建设现代化新郊区、新农村要把农民增收，缩小城乡居民收入差距作为建设现代化新郊区、新农村的核心内容，全面推进农村小康进程。

2．健全和完善农村社会保障体系

从社会发展方面的全面小康实现程度看，2005年上海农村养老保险覆盖率实现程度仅为65.6%，实行农保比重仍然较高。但农村养老金的差异较大，近郊发达乡镇每个农民的养老金每月400~500元，而远郊村级经济薄弱的地区只有75元。因此，要尽快缩小各农保、镇保、城保之间的差异，健全和完善农村社会保障体系。

3．加快农民向城镇集中的步伐

一是系统地归并、整合自然村建设。加快重点地区的自然村归并速度，其他地区的自然村要系统整合建设；二是加快推进郊区“1966”城镇体系的建设。

4．资源环境实现程度依然较低

从农村全面小康的实现程度看，2005年上海农村资源环境的实现程度为−35.7%，资源环境近几年有所改变，但实质性的改变还不大。资源环境是今后全面建设小康社会需要重点攻克的难题。

2005年上海市农村全面建设小康综合表

指　标	单位	总体小康值	全面小康值	2005实际值	实现程度(%)	权数	综合分值
A、经济发展					100	29	29
农村居民人均可支配收入	元／人	2200	6000	8342	100	20	20
第一产业劳动力比重	%	50	35	6.9	100	5	5
小城镇人口比重	%	16	35	60	100	4	4
B、社会发展					91.6	20	18.2
农村合作医疗覆盖率	%	10	90	87	96.3	8	7.7
农村养老覆盖率	%	1.8	60	40	65.6	4	2.5
万人农业科技人员数	人	1	4	4.6	100	4	4
农村居民基尼系数	—	0.35	0.3—0.4	0.3	100	4	4
C、人口素质					100	15	15
平均受教育年限	年	7.4	9	9.5	100	12	12
平均预期寿命	年	69.5	75	75	100	3	3
D、生活质量					97.1	23	22.5
恩格尔系数	%	49	40	36.8	100	4	4
居住质量指数	%	18	75	82.4	100	11	11
农民文化娱乐支出比重	%	2.5	7	6.2	82.2	3	2.5
农民信息化程度	%	28	60	70.3	100	5	5
E、民主法制					100	6	6
农民对村政务公开的满意度	%	55	85	99.1	100	3	3
农民社会安全满意度	%	60	85	95.8	100	3	3
F、资源环境					−38.6	7	−2.5
常用耕地面积变动幅度	%	−0.3	0	−3.4	−100	3	−3
森林覆盖率	%	16.5	23	11.6	−75	2	−1.5
万元农业GDP用水量	立方米/万元	2600	1500	1500	100	2	2
农村全面建设小康实现程度合计						100	88.4

十、江苏省农村全面建设小康监测报告

“率先全面建成小康社会、率先基本实现现代化”是党中央、国务院对江苏发展的总定位，是江苏本世纪头二十年奋斗的总目标。到2010年率先全面建成小康社会，是江苏实现“两个率先”的第一目标和基础，全面实现小康社会关键在农村。根据国家统计局《农村全面小康标准》，对2005年江苏省农村全面小康实现程度进行了监测。监测结果表明：2005年江苏省农村全面小康综合实现程度为54.3%，比上年提高7.7个百分点。

（一）农村全面小康综合监测结果

2005年，江苏省农村全面小康综合实现程度比2000年增加26.1个百分点，平均每年提高5.22个百分点，照此速度测算，还需近7年（即到2012年）左右的时间全省农村全面小康综合实现程度才能达到90%以上。这与省委省政府提出的到2010年左右在全国率先实现全面小康社会的目标基本相吻合。

在农村全面小康监测的六大类指标中，经济发展方面实现程度为69.1%，比上年提高7.2个百分点；社会发展方面实现程度为57.4%，比上年提高0.9个百分点；人口素质方面实现程度为32.9%，与上年持平；生活质量方面实现程度为69.3%，比上年提高13.4个百分点；民主法制方面实现程度为76.7%，比上年提高1.7个百分点；资源环境方面实现程度为−39.1%，比上年提高23.4个百分点（上年为−62.5%）。

（二）农村全面小康建设进程评价

2005年，省委、省政府全面贯彻落实党中央、国务院的各项方针政策，并结合江苏实际出台了一系列更直接、更有力、更有效的具体惠农措施，农村经济平稳发展，农业生产略有回落，农民收入继续较快增长，农村全面小康建设的进程加快，苏州和无锡及昆山、张家港、常熟、吴江、太仓、江阴已成为全省首批全面小康达标的市、县（按江苏全面小康标准测算）。这不仅为江苏“十五”赢得了圆满结局，而且为“十一五”发展奠定了坚实基础。

1．农村经济建设再上新台阶

2005年，全省各地认真贯彻落实中央一号文件精神，按照科学发展观和正确政绩观的要求，积极实施可持续发展战略，出台了一系列扶持粮食生产，促进农民增收的富民强农政策，取得了显著成效。在反映农村经济发展的三项指标中，农民人均纯收入为5276元，比上年实际增长8.4%，创1997年以来的最高增速，农民可支配收入（按2000年价格计算，下同）为4521元，全面小康实现程度为61.1%，比上年提高8个百分点；第一产业劳动力比重为31.5%，全面小康实现程度为100%，比上年提高16个百分点；农村小城镇人口比重为29.4%，全面小康实现程度为70.5%，比上年提高6.3个百分点。

2．农村社会事业发展进程加快

近年来，由于各级政府加大对农村卫生、科技、社会保障等事业的支持，农村社会事业发展加快，在“农村五件实事”（建立以大病统筹为主的新型农村合作医疗制度；全面完成农村改水任务；基本完成农村草危房改造；大力推进农村公路建设；调整、完善农村税费改革政策，减轻农民负担）建设取得突破性进展的基础上，又开始精心组织和实施"新五件实事"（农民教育培训、农村道路建设、农民健康工程、农村文化建设和农村环境整治），给农民带来的实惠越来越多。2005年，全省农村合作医疗覆盖率为73%，全面小康实现程度为78.8%，比上年提高1.4个百分点；农村养老保险覆盖率为21%，全面小康实现程度为33.0%，比上年提高1.7个百分点；农村居民收入基尼系数为0.3，全面小康实现程度为100%，分配的公平程度仍处在相对合理区间；万人农业科研人员数与上年持平。

3. 农民生活质量继续提高

提高人民生活水平和质量是江苏省全面建设小康社会的出发点和落脚点，各地切实贯彻以人为本、富民优先的方针，全省富民进程明显加快，农民生活质量继续提高。从反映生活质量的四个方面看，农村居民居住质量指数为58.7%，全面小康实现程度为71.4%，比上年提高15.3个百分点。农村居民生活信息化程度指数为54.9%，全面小康实现程度为84.1%，比上年提高14.1个百分点；彩色电视机普及率为86.9%，电话普及率为91.1%，计算机普及率为2.9%，分别比上年增加12.5、4.6和0.5个百分点。由于食品价格仍在相对高位，农村居民恩格尔系数为44%，恩格尔系数的全面小康实现程度为55.6%，比上年增加2.2个百分点；农村居民文化娱乐消费支出比重为5.0%，比上年增加0.9个百分点，全面小康实现程度大幅度上升，由上年的34.9%提高到55.6%，主要原因是文化娱乐教育消费支出的增长幅度（22.0%）高于生活消费支出的增长幅度（17.5%），加上全省教育实行"一费制"后，农村居民子女的学杂费支出的增长幅度（4.9%）有所降低。

4. 民主法制建设稳步推进

加快建设"法治江苏"，积极推进基层民主建设，进一步健全村务公开和村民自治制度，提高了农民对村务公开的满意度；开展"平安江苏"创建活动，人民群众对社会治安的满意率继续提高。从反映民主法制的两项指标看，2005年农民对村政务公开的满意度为71%，全面小康实现程度为53%，比上年提高3.3个百分点；农民对社会安全的满意度为96%，全面小康实现程度为100%，这也是江苏除第一产业劳动力比重、农村居民收入基尼系数以外的实现程度为100%的指标。

5. 资源环境得到有效改善

从反映资源环境的三项指标来看，2005年，由于国家和江苏的宏观调控取得了显著成效，严格控制土地特别是耕地的占用，常用耕地面积比上年只减少了0.2%，从农业普查后算起，减少幅度仅高于1997年，全面小康实现程度为−67%，大大高于上年（上年为负极值−100%），万元农业GDP用水量为1900立方米，比上年低357.5立方米，全面小康实现程度为63.6%，比上年提高32.5个百分点，森林覆盖率为7.5%（第六次森林清查数），全面小康实现程度均为−100%。

此外，由于受诸多其他因素的影响，江苏农村人口素质与上年基本持平。

由此可见，2005年在反映农村全面小康的六个方面中，资源环境、生活质量和经济发展方面的全面小康进程加快；社会发展、民主法制和农村人口素质全面小康实现程度增长缓慢。万人农业科研人员数、常用耕地增长率和森林覆盖率的实现程度还为负值。

（三）农村全面小康建设面临五大难题

对照农村全面小康监测指标体系，各个指标的完成进度及重要程度（权数大小），从全省小康实现程度和农村现状及潜力来看，有五个方面的问题十分突出，需要引起各级领导的高度重视。

1．农民增收要实现标准值仍有一定难度

2005年，在中央和地方各级更加重视“三农”问题等多方面有利条件下，省政府的“三补一免”等各项政策和措施落实到位情况较好，虽然农业生产总体有所回落，农民家庭第一产业纯收入仍能保持持平略增，农村劳动力转移特别是劳务输出的增加，以及农村二三产业的发展，保证了江苏农民收入继续以较快速度增长。农民收入问题是“三农”问题的核心，在农村全面小康综合评价18项指标中，农村居民可支配收入占有20%的权重，是第一指标。目标值确定在6000元以上（按2000年价格计算），如按2010年达到这个水平，也就意味着“十一五”期间，农村居民可支配收入平均每年的增长速度不得低于5.8%。“十五”期间农村居民可支配收入年均增长5.9%，从2000年以来的实际增长情况看，只有后三年超过5.8%（2001年增长4.4%，2002年增长5.1%，2003年增长5.9%，2004年增长7.2%，2005年增长7.2%）。2006年及以后几年，在政策性因素增收的面和量已经十分有限、空间不大，农业能否增产不明、农产品价格增收空间缩小、农业生产资料价格居高不下的背景下，要达到此速度还是有一定难度的。并且由于农村全面小康测算的局限性，最高实现程度只能是100%，如果将与收入相关的指标如文化、居住以及信息化等生活消费、医疗保险和养老保险等因素考虑进去，只达到6000元的标准是远远不够的。

2．农村人口受教育程度提升难

在农村全面小康综合评价系统中，农村人口受教育程度是仅次于农民收入的第二位重要的指标，占有12%的权重。2005年，江苏农村人口平均受教育年限为7.8年，相当于初中二年级的水平。要提高这个指标值将直接受到农村老龄化速度加快，城镇化率的不断提高，农村较高文化素质的劳动力大量流向城市，农村大学生在农村就业的少之又少等诸多因素的影响和制约，要提高现有农村人口受教育的时间难度很大，潜力很小。20岁以上的农村人口再接受学历教育的可能性几乎为零，重点只能放在提高农村小学、初中、高中的入学率和升学率，这需要较长的时间和较大的投入，在短期内难以实现大的提高。

3．农村养老保险水平低，资金筹措难

发展和壮大农村养老保险是近年来才重视起来的，起步较晚、起点较低、基础较差、资金来源很少，新情况、新问题比较多，加快推进步伐将是一个漫长的过程。由于农村社会保障涉及面宽、人数多，需要大量的资金，国家财政不可能完全解决，资金筹集难度大，加上长期以来实行的城乡二元经济结构，农村社会保障欠账太多，受主客观因素的影响，完成进度不理想。到2005年底，全省农村养老保险覆盖率只有21%左右，实现程度只有33.0%，要在5年内达到60%的覆盖率，各级党委政府要做的工作还很多。

4．资源环境与经济发展的矛盾突出

由于地理位置及经济发达程度的影响，江苏省与国家规定的小康指标体系中的资源环境指标（常用耕地增长率大于等于0、森林覆盖率大于23%）比较，存在很大的矛盾和差异。目前江苏农村实现全面小康最突出的问题是资源环境方面，实现程度在六大类指标中是唯一的负值，2001－2004年森林覆盖率的实现程度为负的100%。要实现森林覆盖率这一指标值，根据江苏农村的现有状况在短期内是根本不可能达到的。2005年常用耕地减少幅度由上年1.8%降低为0.2%，这是在国家加大宏观调控力度的大背景下实现的，是一个比较特殊的年份。从全国第一次农业普查算起，1996~2005年九年期间江苏耕地平均每年的增长幅度为-0.6%，按农村全面小康的标准实现程度为负100%，只有1997年和2005年低于全面小康的下限（增长幅度-0.3%），根据目前江苏经济大发展需要占用大量土地与严格控制耕地的矛盾相当突出。如何处理好经济发展与资源环境的关系是一大难题。

5．苏北农村实现全面小康难

在江苏十三个省辖市中，苏北占5个，其农村人口占全省的近50%。因此，在区域分布上，苏北就成为难点和重点。由于经济发展的不平衡，苏北的经济状况、农民收入明显落后于苏南和苏中，到2010年要达到与全省同步实现农村全面小康目标几乎不可能。

（四）加快实现农村全面小康的对策

1．以农业产业化和劳务输出为突破口，提高农民收入水平

一是大力推进农业产业化生产，坚持不懈地推进农业、农村经济结构调整，提高农业的综合生产能力和整体效益，向农业的深度要收入，以确保农业增效、农民增收；二是加快农村劳动力转移步伐，并在此基础上，强化农村劳动力的自主创业意识，从单纯打工向打工与当老板并举转变；三是大力发展私营个体经济，发展当地经济；四是继续深化南北合作，在区域联动发展上求突破，先富带后富，以达到苏南苏北共同富裕的目标。

2．大力发展农村教育事业，培养新型农民

一是要切实保障所有农村儿童都能享受到九年制义务教育，从根子上解决农村孩子失学辍学问题；二是改变目前“以县为主”的农村教育投资体制，有效解决农村义务教育经费投入不足问题，省级财政要加大对农村教育的支持力度。三是从多种渠道开展职业技能培训，解决农民无技术找工作难的问题。

3．构建城乡一体化的社会保障体系

国家和省级政府要逐步制定农村养老保险、农村合作医疗等相关条例，将农村社会保障纳入制度化、规范化、法制化的轨道，建立城乡一体化的社会保障体系。国家及地方各级政府每年增加的卫生事业经费应主要用于发展农村医疗卫生事业，完善全省范围内的以大病统筹为主的新型农村合作医疗制度，使农民人人享有初级卫生保健。以农村低保、养老保障为突破口，发展各种形式的农村社会福利事业。

4．用科学发展观指导全省经济工作

资源环境与经济发展之间的矛盾是江苏农村实现全面小康最突出的问题。土地作为不可再生的资源在经济发展过程中减少幅度较大，各地要严格控制土地占用，力争做到占补平衡；要改变当前经济结构中第二产业比重偏高，第三产业比重偏低的状况；改变主要依靠投资拉动扩大经济总量的粗放型增长方式；大力发展节水高效农业；在全省范围内开展植树造林工作，建设绿色江苏。

2005年江苏省农村全面建设小康综合表

指　标	单位	总体小康值	全面小康值	2005实际值	实现程度	权数	综合分值
A、经济发展					69.1	29	19.5
农村居民人均可支配收入	元／人	2200	6000	4521	61.1	20	12.2
第一产业劳动力比重	%	50	35	31.5	100	5	4.3
小城镇人口比重	%	16	35	29.4	70.5	4	2.9
B、社会发展					57.4	20	11.5
农村合作医疗覆盖率	%	10	90	73	78.8	8	6.3
农村养老覆盖率	%	1.8	60	21	33.0	4	1.3
万人农业科技人员数	人	1	4	0.9	–3.3	4	–0.1
农村居民基尼系数	—	0.35	0.3–0.4	0.3	100	4	4.0
C、人口素质					32.9	15	4.9
平均受教育年限	年	7.4	9	7.8	27.5	12	3.3
平均预期寿命	年	69.5	75	72.5	54.5	3	1.6
D、生活质量					69.3	23	15.9
恩格尔系数	%	49	40	44	55.6	4	2.2
居住质量指数	%	18	75	58.7	71.4	11	7.9
农民文化娱乐支出比重	%	2.5	7	5.0	55.6	3	1.7
农民信息化程度	%	28	60	54.9	84.1	5	4.2
E、民主法制					76.7	6	4.6
农民对村政务公开的满意度	%	55	85	71	53	3	1.6
农民社会安全满意度	%	60	85	96	100	3	3.0
F、资源环境					–39.1	7	–2.7
常用耕地面积变动幅度	%	–0.3	0	–0.2	–67	3	–2.0
森林覆盖率	%	16.5	23	7.5	–100	2	–2.0
万元农业GDP用水量	立方米／万元	2600	1500	1900	63.6	2	1.3
农村全面建设小康实现程度合计						100	54.3

十一、浙江省农村全面建设小康监测报告

党的十六大确立了全面建设小康社会的奋斗目标，并要求有条件的地方可以发展得更快一些，在全面建设小康社会的基础上，率先基本实现现代化。浙江作为沿海经济发达地区之一，"率先全面建设小康社会、率先基本实现现代化"是党中央、国务院对浙江发展的总要求，是浙江本世纪头二十年奋斗的总目标。为及时反映和监测农村全面建设小康进程，根据国家统计局下发的《农村全面小康标准》及测评方法，对2005年浙江省农村全面建设小康进程进行了测算。结果表明：2005年浙江省农村全面建设小康进程取得了新进展。

（一）浙江省农村全面建设小康实现程度

2005年，全省各地认真贯彻中央和省委两个1号文件，以农业增效、农民增收、农村稳定为目标，加快建立以工促农、以城带乡的发展机制，努力克服持续干旱、历史罕见的多次强台风袭击、禽流感疫情等重大自然灾害的严重影响，农村居民收入在高起点上实现平稳增长，农村居民生活质量继续提高，农村各项社会事业发展取得新进展，农村全面建设小康进程稳步推进。2005年全省农村全面建设小康实现程度达到64.0%，比上年提高5.1个百分点，连续三年居全国各省区第一位。

1．农村经济发展实现程度为90.4%，比上年提升7个百分点

从反映农村经济发展的三项指标看，2005年农村居民人均可支配收入5680（2000年可比价，下同）元，比上年增长6.4%，全面建设小康实现程度（以下简称实现程度）为91.6%，比上年提升9个百分点；第一产业劳动力比重由2004年的28.0%下降为25.9%，又下降了2.1个百分点，实现程度为100%；农村小城镇人口比重为29.8%，实现程度为72.6%。

2．农村社会发展实现程度为53.7%，比上年提升12.2个百分点

近年来，由于各级政府加大对农村卫生、科技、社会保障事业的支持，2005年全省农村社会事业发展加快。从社会发展的四项指标看：新型农村合作医疗在经过前期27个县（市、区）的试点，2005年启动了54个县（市、区），全省农村合作医疗覆盖率达到65.5%，实现程度为69.4%，比上年提高19.6个百分点；农村养老保险覆盖率为17.3%，实现程度为26.6%，比上年提高7.2个百分点；2005年全省每万个农村居民拥有的农业科研人员数为1.1人，实现程度为3.3%；反映农村居民收入分配差距的基尼系数为0.3678，比上年有所扩大，但收入分配的公平程度仍处在0.3至0.4的合理区间内，实现程度继续保持100%。

3．农村人口素质实现程度为3.8%，比上年提升5.1个百分点

虽然近年来，省委省政府高度重视农村基础教育，加大了对农村劳动力的培训力度，但随着农村城市化建设的加快，户籍制度的逐步放开，有较高文化素质的农村劳动力大量流向城市，滞留在农村内部的人口素质提高依然缓慢。从反映人口素质的二个指标看：2005年全省农村6岁及以上人口平均受教育年限为7.2年，不仅与9年的全面小康值有很大差距，而且低于7.4年的总体小康值，综合得分负1.5分，是实现程度最低的一个指标；根据2000年第五次人口普查资料测算，浙江农村人口平均预期寿命为73.3岁，实现程度为69.1%。

4．农村居民生活质量实现程度为93.9%，比上年提升10.4个百分点

从2005年反映浙江农村居民生活质量的四个方面看：

（1） 恩格尔系数由上年的39.5%下降为38.6%，略高于2003年的38.2%（2004年由于以粮食为主的食品价格上涨较快，食品支出在农民生活消费支出中所占的比重有所反弹），实现程度依然为100%。

（2）居住质量指数为74.3%，实现程度为98.8%，比上年提高15.4个百分点。其中人均居住面积25平方米以上的家庭比重达到88.2%，居住钢筋混泥土结构和砖木结构住房的农户比重分别为60.1%和34.3%，饮用自来水、使用清洁能源、使用卫生厕所的农户比重分别为72.8%、59.7%和58.7%。

（3）文化娱乐支出人均215元，占生活消费支出的比重由上年的4.6%上升为5.1%，实现程度为57.8%，比上年提高10.8个百分点

（4）信息化程度为61.1%，实现程度为100%，比上年提高8.8个百分点。从具体的信息化水平看，2005年浙江94.2%的农村居民家庭拥有彩色电视机，95.3%的家庭拥有固定电话或移动电话，10.3%的家庭拥有电脑。

5．农村民主法制实现程度为64.4%，比上年提升14.4个百分点

2005年浙江省积极推进民主建设，进一步健全村务公开和村民自治制度；有关部门加大了打击犯罪和假冒伪劣产品的力度，努力打造平安浙江，农村居民对政务公开和社会安全满意度有所提高。据抽样调查显示，2005年农村居民对村务公开的满意度为77.2%，实现程度为74%，比上年提高5.6个百分点。农村居民对社会安全的满意度为73.7%，实现程度为55%，比上年提高23.9个百分点。

6．资源环境实现程度为14.3%，比上年下降48.6个百分点

从反映资源环境的三项指标来看：2005年由于常用耕地变动幅度超出了目标值范围，导致资源环境方面实现程度大幅下降。万元农业GDP用水量达到全面小康的目标要求，实现程度为100%。浙江森林覆盖率早已远远超过国家制定的农村全面小康23%的标准。

综上所述，2005年浙江省农村全面建设小康进程总体特点是：反映农村全面建设小康的六个方面实现程度差距显著，位居第一和第二的农村居民生活质量和农村经济发展方面实现程度均已超过90%，分别为93.9%和90.4%，已基本完成全面小康建设；农村民主法制建设和社会发展方面实现程度分别位居第三和第四，但进程还没过2/3；而农村人口素质和资源环境方面实现程度还没过1/5，分别只有3.8%和14.3%，是农村全面小康建设最薄弱的环节。从构成农村全面建设小康评价体系的18项具体指标来看，有6个指标实现程度已达100%，分别是第一产业劳动力比重、基尼系数、恩格尔系数、农民信息化程度、森林覆盖率和万元农业GDP用水量；实现程度超过90%的指标有2个，分别是居住质量指数和人均可支配收入；实现程度相对较低的指标有2个，分别是农村养老覆盖率和万人农业科研人员数；6岁及6岁以上农村人口平均受教育年限和常用耕地面积变动幅度2个指标实现程度为负值。

（二）浙江省分地区农村全面建设小康实现程度

用同样的标准和监测方法，分别对浙江省11个设区市的农村全面小康建设进程也进行了测算。

1．农村全面建设小康总体实现程度宁波市最高，丽水市最低

位居前三位的分别是宁波市、湖州市和嘉兴市，实现程度分别为79.8%、76.3%和75.5%，位居第四至第十一的依次为绍兴市、杭州市、台州市、舟山市、温州市、金华市、衢州市和丽水市，实现程度分别为74.6%、74.1%、70.3%、64.8%、63.2%、58.4%、48.1%和37.8%。

2．从反映农村全面建设小康的六个方面看

（1）经济发展水平方面差异最大，宁波、湖州、嘉兴、绍兴、杭州和台州等6市经济发展方面的实现程度均已达到100%，但最低的丽水市和次低的衢州市尚未过50%，最高与最低相差67个百分点。

（2）社会发展水平实现程度位居前三位的分别是宁波市、杭州市和嘉兴市，实现程度最低的是温州市。

（3）人口素质方面实现程度过半的只有宁波市和绍兴市，其余9个市均低于50%，最低的衢州市为负值。

（4）生活质量方面差距最小，虽然台州、舟山、宁波、温州、杭州和绍兴等6个市实现程度均已超过90%，但均未达到100%，而最低的丽水市也已接近2/3。

（5）民主与法制建设方面，居前三位的分别是嘉兴、湖州和绍兴市，最低的是金华市，次低的是台州市。

（6）环境资源方面只有湖州市和衢州市全面建设小康进程过半，嘉兴市接近50%，其余的均不足1/5。

3．从构成农村全面建设小康评价体系中的主要指标实际值看

（1）农村居民人均可支配收入最高的嘉兴市为7591元、次高的绍兴市为7296元，而最低的是丽水市仅为3348元，高低相差1.27倍。

（2）第一产业劳动力比重最低的嘉兴市为16%，而最高的衢州市仍高达48.6%。

（3）农村居民居住质量指数最高的宁波市为89.8%，位居第二和第三的是嘉兴市和舟山市，分别为82.8%和81.4%，最低的衢州市只有47.6%。

（4）农村居民文化娱乐支出比重最高的是台州市，为6.9%，位居第二和第三的是温州市和舟山市，分别为6.8%和6.3%，最低的丽水市仅为1.9%。

（5）农村居民信息化程度是18个指标中发展最均衡的一个，全省有9个市农村居民信息化程度介于60%至65%之间，均超过60%的目标值，实现程度达到100%，其中最高的温州市为64.5%，最低的丽水市和次低的金华市虽然还没有达到60%目标值，但已比较接近，分别为52.5%和57.6%。

（6）农村居民对村务公开的满意度宁波市最高，为87.0%，丽水市和金华市最低，均为64.5%。

（7）农村居民对社会安全满意度湖州市最高，为83.5%，最低的是台州市，为63.4%。

（8）湖州市、衢州市和嘉兴市耕地保护最好，2005年年末耕地数与2000年末相比，均有所增加，常用耕地面积变动幅度实现程度达到100%，其余各市耕地面积变动幅度均超过了全面小康最高限度，实现程度均为负100%。

从上述主要指标实际值不难看出，由于农村全面建设小康测评体系计算方法规定指标间得分不可互补，故综合实现程度位居前列的市，应该是各方面发展较均衡的地区。因此，虽然经济发展在全面建设小康评价体系中占了近三分之一的权重，但经济实力和百姓富裕程度不一定与全面小康综合实现程度的位次相一致，这也充分说明要完全实现农村全面小康，经济社会等各方面必须和谐协调发展。

（三）浙江省农村全面建设小康的难点与问题

从总体来看，浙江省农村全面建设小康进程的难点和问题主要集中在以下几方面：

1．区域发展不平衡，欠发达地区农村全面小康实现难度大

从分市测算的结果看，农村全面小康实现程度最高的宁波市已达到79.8%，而最低的丽水市仅为37.8%，高低相差42个百分点，地区间差距较上年缩小3.8个百分点。在农村全面建设小康评价体系的六大项中，经济发展水平权重最大，地区差距也最大。近年来，虽然政府加大对欠发达地区的扶持力度，各项社会事业取得了较大发展，而评价经济发展水平的核心指标——农村居民收入持续快速增长的要求仍无法实现。2005年全省农村居民人均纯收入已达到6660元，从总体上测算，收入的实现程度已达到91.6%。但人均纯收入高于全省平均水平的家庭只占42.6%，低于平均水平的家庭占到57.4%。2005年纯农户家庭和211个欠发达乡镇农民的人均纯收入分别只有5036元和2752元。今后一个时期，浙江农业发展将面临日益激烈的市场竞争和资源约束的双重压力，小规模、高成本、低效益农业生产经营方式还不适应高效生态农业发展的需要，农民就业增收面临农业内部挖潜增效难度加大和非农就业竞争加剧的双重压力，大量农村劳动力不能充分就业，农民集团内部、发达地区与欠发达地区之间农民收入差距扩大的趋势没有得到根本改变。因此，欠发达地区和纯农户增收问题将成为浙江省建设农村全面小康的重点和难点。

2．人口素质低，提升难度大

在农村全面小康评价体系中，农村人口受教育程度成为仅次于农民收入的第二位重要的指标，占有12%的权重。2005年，全省6岁及6岁以上农村人口平均受教育年限为7.2年，实现程度为−12.5%。从提高农村居民人均受教育年限的三个层面看：一是适龄人口的受教育面、稳定率已接近100%，提高空间不大。二是农村劳动力的培训重技能、轻素质的现象较难转变。三是外来人口、农村老年人口的文化素质提高困难。随着城乡一体化进程的加快，农村较高文化素质的劳动力大量流向城市，大部分农村大学生成为城镇居民，留在农村的很少，加上成年农村人口普遍缺乏接受继续教育的条件，要快速提高全省农村人口平均受教育年限难度大。

3．农村社会保障制度不完善，提高社会保障覆盖率难度大

农村社会保障水平在农村全面小康综合评价体系中占十分重要的地位，农村合作医疗覆盖率被赋予了8%的权重，农村养老覆盖率被赋予了4%的权重，两者合计占到12%权重。长期以来，农村广大农民主要依靠家庭保障而缺乏社会保障。随着社会经济的不断发展，这一传统模式受到了很大挑战。从家庭养老方式来看，计划生育政策的推行使独生子女增多，农村家庭趋向小型化，弱化了家庭养老功能。同时，人口老龄化速度不断加快，使得农村老年人口的生活保障问题更加突出。从农民医疗保障情况看，近年来农村医疗费用增加较快，农民一旦患病住院治疗，容易造成因病致贫、因病返贫的后果。2005年全省农村养老覆盖率的实现程度只有26.6%，是全面小康指标体系实现程度较低的指标之一；农村合作医疗尽管参保率上升较快，但具体实施工作中面临许多困难和问题，资金筹措难、农村医疗资源缺乏、机构设施落后、从业人员业务素质低下等问题不是一个参保率所能替代的。面对幅员广阔、人口众多的农村，农村社会保障至今依然是体系不全、覆盖面不广、标准不高，要高比例有效解决农村居民老有所养、弱有所助、病有所医等等社会保障问题，需要从根本上建立完善的农村社会保障体系。

4．环境资源保护与经济发展需求两相其难

浙江省正处于工业化和城市化的快速发展期，工业化和城市化对农地的需要与耕地保护任务之间的矛盾十分突出，保持耕地使用的动态平衡比较困难。按照建设农村全面小康目标的要求，为保障农业的可持续发展能力，常用耕地面积应当维持动态平衡。2005年常用耕地面积变动幅度为−0.35%，低于总体小康值−0.3%，进程得分为−3分，导致环境资源方面的实现程度大幅度下降。

2005年浙江省农村全面建设小康综合表

指　标	单位	总体小康值	全面小康值	2005实际值	实现程度	权数	综合分值
A、经济发展					90.4	29	26.2
农村居民人均可支配收入	元／人	2200	6000	5680	91.6	20	18.3
第一产业劳动力比重	%	50	35	25.9	100.0	5	5.0
小城镇人口比重	%	16	35	29.8	72.6	4	2.9
B、社会发展					53.7	20	10.7
农村合作医疗覆盖率	%	10	90	65.5	69.4	8	5.6
农村养老覆盖率	%	1.8	60	17.3	26.6	4	1.1
万人农业科技人员数	人	1	4	1.1	3.3	4	0.1
农村居民基尼系数	—	0.35	0.3–0.4	0.3678	100	4	4.0
C、人口素质					3.8	15	0.6
平均受教育年限	年	7.4	9	7.2	–12.5	12	–1.5
平均预期寿命	年	69.5	75	73.3	69.1	3	2.1
D、生活质量					93.9	23	21.6
恩格尔系数	%	49	40	38.6	100.0	4	4.0
居住质量指数	%	18	75	74.3	98.8	11	10.9
农民文化娱乐支出比重	%	2.5	7	5.1	57.8	3	1.7
农民信息化程度	%	28	60	61.1	100.0	5	5.0
E、民主法制					64.4	6	3.9
农民对村政务公开的满意度	%	55	85	77.2	74	3	2.2
农民社会安全满意度	%	60	85	73.7	55	3	1.6
F、资源环境					14.3	7	1.0
常用耕地面积变动幅度	%	–0.3	0	–0.35	–100	3	–3.0
森林覆盖率	%	16.5	23	54	100	2	2.0
万元农业GDP用水量	立方米／万元	2600	1500	1257	100	2	2.0
农村全面建设小康实现程度合计						100	64.0

十二、安徽省农村全面建设小康监测报告

根据国家统计局制定的《农村全面小康标准》及测评方法，利用3100户农村住户抽样调查资料及全省有关部门统计数据，辅以一些社会调查数据，对2005年安徽农村全面小康实现程度进行了跟踪监测。结果表明，2005年安徽省农村全面小康实现程度达19.0%，比上年提高5.1个百分点。农村全面小康社会建设取得较大进展。

（一）安徽省农村全面小康进程分析

2005年安徽农村全面小康六个方面的实现程度，由高到低依次是：民主法制实现程度为75.3%，人口素质实现程度为27.3 %，生活质量实现程度为27.2%，社会发展实现程度为20.3%，资源环境实现程度为9.4 %，经济发展实现程度为 –1.9%。

1．经济发展水平有较大进展，全面小康的实现程度为 –1.9%

2005年，安徽省农民种粮积极性持续高涨，农业生产进一步升温，全年粮食生产取得较好收成，主要农产品价格仍维持在较高水平，农民工资性收入保持稳定增长，农村林业、渔业和第三产业生产呈现较强的增长态势。农民人均纯收入在上年实现突破性增长后，2005年仍保持平稳增长态势，全年农民人均纯收入2640.96元，比上年增加141.63元，增长5.7%。在反映农村经济发展的三项指标中，农村居民可支配收入是2518元，按2000年可比价格口径计算为2337元，全面小康实现程度为3.6%，比上年增加1个百分点；第一产业劳动力的比重为54.5%，仍未达到实现总体小康50%的目标值，也是导致安徽省在农村经济发展的全面小康实现程度为负值的主要因素；农村小城镇人口比重为17.1%，首次达到总体小康水平，全面小康实现程度为5.8%。

2．农村社会事业发展加快，全面小康实现程度为20.3%

从社会发展四项指标看，农村合作医疗覆盖率和农村养老保险覆盖率分别为17%和5%，全面小康实现程度为8.8%和5.5%，分别比上年提高1.9和2.4个百分点；每万人拥有的农业科技人员数为0.5人，还远远低于总体小康水平标准；农村居民基尼系数为0.29，全面小康实现程度为95%，比上年增加35个百分点。

3．农村人口素质与上年持平，全面小康实现程度为27.3%

随着农村经济的发展，农村居民生活水平的提高，人口素质也有一定的提高，高中以上文化程度的劳动力增长2.4%。2005年全省农村人口平均受教育年限达7.8年，全面小康实现程度为25%。由于各级政府对农村计划生育工作的高度重视，加大对农村医疗保健的投入，农民更加注重身体的健康，农村人口平均预期寿命较为稳定。2005年安徽省农村人口平均预期寿命达71.5岁，超过总体小康目标值，全面小康实现程度达36.4%。

4．村居民生活质量方面全面小康进程最快，实现程度为27.2%

从反映生活质量的四个方面看，农村居民居住质量指数为21.9%，全面小康实现程度为6.8%，比上年提高0.5个百分点。调查显示，2005年安徽省农民人均居住面积达27.02平方

米，比上年增加2.13平方米；住房结构明显改善，楼房面积增长161%，每平方住房价值增长15.8%；使用水冲式厕所的家庭比重由上年的1.6%上升到3.3%；有13.7%的农户饮用了自来水，提高1.9个百分点。从反映农民对信息产品的消费能力和信息获取能力的情况看，安徽省农村电话普及率达72.1%，彩色电视机普及率达84.7%，计算机的普及率为0.8%。全年农民信息化程度达48.6%，全面小康实现程度为64.4%，比上年提高21.9个百分点。农村居民恩格尔系数由上年的47.5%回落到45.5%，全面小康实现程度38.9%，比上年提高22.2个百分点；农民文化娱乐消费支出比重为3.6%，全面小康实现程度24.4%，比上年提高20个百分点。

5．农村民主法制建设稳步发展，全面小康实现程度75.3%

由于安徽省各级政府积极推进基层民主法制建设，进一步健全村务公开和村民自治制度，提高了农民对村务公开的满意度。从抽样调查结果看，2005年，安徽省农民对村政务公开的满意度达81%，全面小康实现程度为87%；农民对社会安全的满意度达76%，全面小康实现程度为64%。

6．农村资源环境继续改善，全面小康实现程度9.4%

从反映资源环境的指标来看，安徽省农村森林覆盖率为23%，是唯一达到全面小康实现目标的指标；万元农业GDP用水量为1690立方米，全面小康实现程度82.7%，比上年提高0.9个百分点；常用耕地面积比上年减少0.4%，全面小康实现程度达到负的极值−100%，常用耕地的变动影响了资源环境的改善，对农村全面建设小康社会产生较大的负面影响，必须依法加强对常用耕地的管理。

（二）农村全面小康建设中存在的问题和难点

安徽省是以乡村人口占主要比重的农业大省。由于城乡二元经济结构尚未根本改变，地区间差距趋势尚未扭转，农村贫困人口仍为数不少，生态环境、自然资源与社会经济发展矛盾仍很突出。从目前农村发展情况看，达到的小康程度低，不全面、不平衡，农村居民无论物质生活水平，还是精神文明状况，距离全面小康目标还有很大差距。其存在的问题和难点主要有以下几个方面：

1．村居民收入水平低，与各方相比差距大

一是与周边及发达省份差距逐步扩大。2005年，全省农民人均纯收入2641元，位居全国第22位，与全国平均收入水平相差614元。早在1984年，安徽农民人均纯收入与湖北之比为1∶1.21，与湖南之比为1∶1.08，与江西之比为1∶1.03，与河南之比为1∶0.93，与山西之比为1∶1.08；到2000年，安徽农民人均纯收入与湖北之比达1∶1.17，与湖南之比达1∶1.14，与江西之比达1∶1.1，与河南之比达1∶1.03，与山西之比为1∶0.98。 2005年，安徽农民人均纯收入与湖北相差458元，差距为1∶1.17；与湖南相差477元，差距达1∶1.18；与江西相差622元，差距达1∶1.24；与河南相差230元，差距达1∶1.09；与山西相差250元，差距为1∶1.09。

二是城乡之间差距大。安徽省城乡居民收入差距呈波动扩大走势，1991年达到历史最高3.33∶1，此后差距逐年有所下降，到1997年下降到近十年的最低点2.54∶1，但以后又重新呈扩大趋势，尽管2004年全年粮食取得大丰收，农产品价格上涨等因素的推动，农民收入高

十六、安徽省采取四项措施保证补贴资金发放落实到农民手中

2006年安徽省粮食直补资金总额继续保持8.65亿元，同时，中央财政又给予安徽省种粮农民总额达6.83亿元的粮食综合直补资金。为确保对种粮农民补贴资金真正落实到农民手中，所采取的四项措施：一是新增补贴资金全部纳入粮食风险基金，实行专户管理，对资金拨付的每一个环节都进行严格监管；二是补贴资金通过粮食直补渠道，采取直补方式直接补贴种粮农民，不增加中间环节；三是实行补贴村级公示制度，做到每个农户的补贴面积、补贴标准、补贴金额等张榜公布；四是建立了补贴旬报制度以及公开举报制度等，对补贴资金的落实情况进行密切跟踪和动态监测。

速增长，城乡收入差距比上年缩小，但总体上“九五”和“十五”时期，城乡收入差距属于年年扩大趋势。2005年达到1992年以来的最大差距3.21∶1。

三是地区之间差距大。安徽省按不同的自然条件形成了四种经济类型区域，即淮北平原、江淮丘陵、沿江圩区、皖南皖西山区。2005年沿江圩区农民人均纯收入2949元，比2000年增加973元，年均增长8.3%；皖南、皖西山区为2887元，增加965元，年均增长8.5%；江淮丘陵为2689元，增加725元，年均增长6.5%；淮北平原区域农民纯收入最低，人均2343元，增加449元，年均增长4.3%。如以淮北平原地区人均纯收入为1，则淮北平原、江淮丘陵、皖南皖西山区和沿江圩区的收入比是1∶1.15∶1.23∶1.26，比2000年1∶1.04∶1.01∶1.04的差距明显扩大。

四是农户之间差距大。“十五”时期，安徽省高收入的农户收入增长较快，低收入的农户收入增长较慢甚至减收，而且农民收入出现了向高收入农户集中的倾向，形成了“穷者越穷，富者越富“的趋势。2005年低收入组农户人均纯收入1096元，比2000年增加165元，年均增长3.3%；高收入组农户人均纯收入5230元，增加1919元，年均增长9.6%。与高收入组相比，低收入组农户收入年均增长速度低6.3个百分点，年均增加额相差350元。2005年，样本户中最高收入户和最低收入户的最大离差是16366元，比2000年10121元扩大6245元，年均扩大10.1%；有55.9%的农户低于全省平均收入水平，比2000年增加1.4个百分点。2005年安徽省20%高收入农户占有33%的收入总额，而20%低收入农户仅占有11.1%的收入总额。

2．农业生产面临严峻挑战，农民增收压力大

在农村全面小康评价18项指标中，农民人均可支配收入全面小康标准为6000元，占有20%的权重，是全面实现小康的关键指标。安徽省农民人均可支配收入为2337元，按此计算，到2020年如期实现全面小康目标，在今后15年里必须每年增收240元左右。“十五”时期安徽省农民人均纯收入虽然保持了稳定增长，但主要是由于2004年政策、价格因素和有利的气候条件共同作用，使农民收入得以快速增长的拉动，其可持续性不强。如果扣除这一因素，安徽省农民收入增长真正靠农业生产发展，保持稳定、可持续增加农民收入的因素不多。

由于安徽省农业人口比重大，购买商品性农产品的消费者群体相对较小，农产品市场很难扩大，大部分人在生产吃的，小部分人在买吃的，只要科技进步产量提高，市场就很快饱和了。同时，随着经济发展，人们是收入越高，反而吃的少起来，消费结构也发生了很大变化，必然制约了农产品的销售，这对农业是一个非常大的挑战，也是对农民收入增长的大挑战，若不能开辟农民收入持续有效的增长渠道，安徽省农民增收的压力十分巨大。

3．贫困地区经济落后，贫困人口所占比重较大

据调查，2004年末安徽省农村贫困人口142万人，贫困发生率 2.8%，占全国贫困人口的5.4%。其中，扶贫开发重点县农村贫困人口共计100.15万人，占全省农村贫困人口的70.5%；非扶贫开发重点县农村贫困人口41.88万人，占 29.5%。这些贫困人口的存在，客观地影响着全省农村奔小康进程。

4．农村教育落后，人口素质提升难

在农村全面小康评价指标中，农村人口受教育年限占有12%的权重，是位居农民收入之后的一项重要指标。目前，安徽省农村人口平均受教育年限为7.9年，仅相当于初中二年级的水平。由于教育投入的不足，农民收入水平低，教育支出费用大，严重制约了农村人口素质的提高。在农村流传一句话叫做“负担围着教育转”，就是说在农民负担中，教育支出占很大比重。从调查结果看，2005年，安徽省农民文化教育、娱乐消费支出人均256.8元，其中学杂费等教育服务消费支出178.51元，占69.5%。

5．乡村经济薄弱，城镇化水平不高，剩余劳动力转移任务艰巨

由于安徽省乡村集体经济薄弱，加之乡镇财政收入增长困难，对改变村容村貌及公益设施，提高农民生活环境质量、社会保障等方面产生消极影响。加之乡镇企业发展落后，工业化程度低，多数建制镇仍处于小、散、低、弱状态，二、三产业发展滞后，吸纳剩余劳动力的数量极为有限。2005年，在本地从事非农就业的劳动力仅占全部在外务工劳动力的16.3%。

（三）全面建设农村小康社会的几点建议

1．大力发展农村非农产业，积极推进工业化、城镇化进程，拓宽农民增收渠道

通过非农产业发展和农业结构调整提高农民收入，稳定农民非农就业，从而推动农民进城定居，提升农民消费结构，进而扩大内需，拉动经济良性循环发展。农村不可能靠传统农业进入小康，必须就地发展农村工业。首先要调整农业结构，发展农产品加工业，以转移农业劳动力，增加农民收入；其次建立农民经济合作组织，提高农民在市场交易中的谈判地位；最后要逐步建立健全农村社会保障体系和公共服务体系，改变农民的生活方式。

2．统筹城乡经济社会发展，促进农村剩余劳动力的转移

充分发挥城市带动作用，以城市的发展促进农村的进步；提高乡镇企业的竞争力，围绕增加农民的非农就业岗位和提高农民收入，大力发展农村二、三产业，增加其就业和带动经济发展的功能；大力发展劳务经济，建立完善劳务信息服务网络，鼓励和引导农民进城打工，废除一切对农民工的歧视性政策，逐步实现城乡统一就业；同时积极营造外出务工人员回乡创业的良好环境，吸引有能力的人员回乡创业。

3．搞好分类指导，努力缩小地域差异、贫富差异

要从各地的经济基础、发展条件出发，因地制宜，分类指导。自然灾害、疾病、贫困等负面因素，极大地影响着农村的全面小康建设，其中贫困是影响最大的负面因素，能否减少贫困人口关系到全面小康建设的成败，因而要关注弱势群体，重视农村扶贫工作，尤其是要注重提高贫困地区农民自我发展的能力。

4．加强教育投资，提高劳动力文化素质，为农民增收打下坚实人力资源基础

低文化素质的劳动力资源，从根本上制约了安徽省劳动力就业的发展前景，从而失去了获得更大收入的机会。因此必须加大农村教育事业的投入，尽快提高农村劳动力的文化素质。一方面要多办一些农民夜校，帮助农民补习文化，提高他们的文化水平；另一方面应将着力点放在科技培训上，采取多种形式进行科技培训，提高技能，掌握生产经营本领。同时要减轻农民子女就学的负担，开展对贫困家庭学生的援助，切实降低农村适龄学童的辍学率。

5．进一步加大对农业和农村基础建设的投入，改善农田水利设施，增强农业抗灾能力

从近几年安徽省农民收入情况来看，农民纯收入增长缓慢，关键问题是安徽省灾害频繁发生，局部地区受灾严重。因此，必须注意灾害对农民收入的负面影响，切实加强农田基本建设，加大财政支农力度，确保一定比例的财政资金用于大型农田水利工程，综合治理淮河，变害为利，加快全省农民增收进程。

6．正确引导农民进行产业结构和产品结构的调整，增加农民收入

安徽省是一个农业大省，但农业的优势不强，农民第一产业的纯收入占到农民人均纯收入近一半。从历年的调查资料看，农民收入要实现较快增长，第一产业必须保持一定增长，否则农业特别是粮食生产一旦减产减收，依靠其他增收项目很难弥补。因此，提高农产品单产和质量是农业发展的根本出路，根据市场需要和城乡居民生活消费结构的变化，把潜力变成优势，形成规模和市场；树立品牌意识，提高竞争力，增加农产品的品牌效应。

十七、安徽省建立农民工工作联席会议制度

2006年3月，国家出台了关于《国务院关于解决农民工问题的若干意见》后，安徽省于4月29日召集32个省直单位负责人集聚省政府，共同建立安徽省农民工工作会议制度，明确各自职责，起草并讨论了《安徽省人民政府关于进一步做好农民工工作的通知》。副省长黄海嵩主持会议，并就当前工作提出六点要求。

建立安徽省农民工工作联席会议制度，是为了贯彻落实国务院5号文件要求，统筹协调和指导全省农民工工作，由省政府主持召开会议并成立的。会议通过了成员名单，成立了办公室，分别制定了联席会议、联席会议办公室、以及省直各单位主要职责。会上还就《安徽省人民政府关于进一步做好农民工工作的通知》内容，逐一进行了细致的讨论。

黄海嵩副省长在讲话中明确了当前的重点工作：一是抓好工资拖欠的问题解决；二是抓好农民工的职业技能培训和职业教育；三是抓好煤矿的安全培训；四是抓好工伤和职业病预防工作；五是抓好农民工的计划生育；六是综合解决“城中村”问题。

2005年安徽省农村全面建设小康综合表

指　标	单位	总体小康值	全面小康值	2005实际值	实现程度	权数	综合分值
A、经济发展					-1.9	29	-0.5
农村居民人均可支配收入	元/人	2200	6000	2337	3.6	20	0.7
第一产业劳动力比重	%	50	35	54.5	-30.0	5	-1.5
小城镇人口比重	%	16	35	17.1	5.8	4	0.2
B、社会发展					20.3	20	4.1
农村合作医疗覆盖率	%	10	90	17	8.8	8	0.7
农村养老覆盖率	%	1.8	60	5	5.5	4	0.2
万人农业科技人员数	人	1	4	0.5	-16.7	4	-0.7
农村居民基尼系数	—	0.35	0.3-0.4	0.29	95	4	3.8
C、人口素质					27.3	15	4.1
平均受教育年限	年	7.4	9	7.8	25.0	12	3.0
平均预期寿命	年	69.5	75	71.5	36.4	3	1.1
D、生活质量					27.2	23	6.3
恩格尔系数	%	49	40	45.5	38.9	4	1.6
居住质量指数	%	18	75	21.9	6.8	11	0.8
农民文化娱乐支出比重	%	2.5	7	3.6	24.4	3	0.7
农民信息化程度	%	28	60	48.6	64.4	5	3.2
E、民主法制					75.3	6	4.5
农民对村政务公开的满意度	%	55	85	81	87	3	2.6
农民社会安全满意度	%	60	85	76	64	3	1.9
F、资源环境					9.4	7	0.7
常用耕地面积变动幅度	%	-0.3	0	-0.4	-100	3	-3.0
森林覆盖率	%	16.5	23	24	100.0	2	2.0
万元农业GDP用水量	立方米/万元	2600	1500	1690	82.7	2	1.7
农村全面建设小康实现程度合计						100	19.0

十三、福建省农村全面建设小康监测报告

（一）福建农村全面小康社会进程监测结果

“十五”期间是农村各项改革政策全面出台，农村工作机制全面创新的好时期。福建农村全面小康社会建设步伐加快，经济与社会发展更趋和谐。根据国家统计局制定的农村全面小康社会监测标准，福建省2005年农村全面小康实现程度为45%，比2000年提高近20个百分点。在衡量小康水平的18个指标中，有2个指标达标，分别是农村基尼系数和森林覆盖率。

1. 经济发展加速，实现程度54.9%

2005年是福建省实施建设海峡西岸经济区战略的第二年，在省委、省政府的领导下，克服了种种困难和压力，保持了经济持续快速发展，全省生产总值达6560亿元，“十五”期间年均增长11.7%，综合实力进一步增强，人均GDP为18621元，为福建全面发展奠定了基础。农村经济也稳步增长，全省各级部门围绕农业增效、农民增收、农村稳定这一中心任务，坚持“多予、少取、放活”的方针，落实科学发展观，不断创新农村工作机制，努力克服自然灾害频发和农资价格上涨等不利因素的影响，农村经济保持良好的发展势头。2005年福建农林牧渔产值为1396.15亿元，“十五”期间年均增长4.2%。其中农业年均增长3.5%；林业年均增长2.5%；牧业年均增长5.3%；渔业年均增长4.9%。“十五”期间全省农林牧渔增加值年均增速3.6%。三次产业比例由2000年的17.0：43.3：39.7调整为12.6：49.2：38.2，第一产业比重下降4.4个百分点。同时，第一产业劳动力比重由2000年的46.8%下降到38%，下降了8.7个百分点，实现程度由21.5%提高到80%；农民人均可支配收入4183.9元，比2000年增长33.6%，实现程度为52.2%，比2000年提高27.7个百分点；农村小城镇人口比重继续增加，已经达到全面小康的标准值的36.8%，比2000年提高2个百分点 。

2. 社会发展全面启动，实现程度24.9%

“十五”期间福建省各级政府始终关注农村社会事业的发展和加强对弱势群体的帮扶。在19个县（市）开展农村合作医疗试点，试点县（市）的78%的农民参加了合作医疗。2005年福建农村合作医疗覆盖率已达8%，比2000年4.7%提高3.3个百分点；农村社会发展小康实现程度为24.9%，比2000年提高12个百分点，综合分值5.0，增加2.4分。2005年福建省城镇居民人均可支配收为12321元，城乡收入比为2.9：1，低于全国平均水平。农村居民之间的收入差距有所扩大，但未超出上限，属于合理范围。2005年农村居民享受最低生活保障（1000元以下）的人数为74.5万人，基本上做到应保尽保。

3. 人口素质稳步提升，实现程度42.2%

2005年福建省教育和文化卫生等社会事业进一步发展，促进农村人口素质的稳步提升，人口素质指标实现程度42.2%，比2000年提高了11.6个百分点。2005年省内外普通高校在全省招生17.4万人，比上年增加2.9万人，高考录取率70.6%，增加7.1个百分点，高中阶段升学率57%。民办教育发展加快，年末各类民办学校达2000多所，其中民办高校24所。农村人口平均

受教育年限达到7.91年。

4. 生活质量快速提高，实现程度达到52.7%

2005年福建省农民人均生活消费支出3293元，比2000年增长61.5%。食品消费在生活消费中所占的份额(即恩格尔系数)为46.1%，比2000年下降2.6个百分点。农民文化娱乐消费支出占农民生活消费的比重5%，比2000年提高了2.4个百分点。随着农民收入的提高，农村居民居住条件明显改善，2005农村居住质量指数为44.2，比2000年提高了18.2个百分点。农民生活信息化程度达到54.3%，比2000年提高11.3个百分点；农村居民家庭彩电拥有率94.1%；固定电话拥有率（包括移动电话）88.9%，可通话的农民家庭可达到99%以上；计算机拥有率为4.9%。

5. 民主法制实现程度71.3%

据全省范围内组织开展的群众安全感调查结果显示，2005年福建省社会治安状况总体良好，群众安全感认可度上升。在被调查的人员中，对目前社会治安环境感觉"安全"和"基本安全"的占93%。2005年农村党的建设 "三级联创"活动形成整体推进的态势，党在农村的执政基础进一步夯实。村民自治制度不断健全，全省所有的村基本推行了村务公开、民主管理。农村精神文明连片共建活动取得新成效，文化、科技、卫生"三下乡"和创建文明村镇、文明户、信用户等活动深入开展，农村科教文卫等社会事业全面发展，计划生育工作扎实推进。"平安福建"建设成效显著，农村社会治安综合治理得到加强，农村社会保持了安定稳定的局面。

（二）农村全面小康建设的难点与突破点

比起总体小康，全面小康标准较高。从目前国情看，全面小康重点在农村，而农村小康中的难点，也就是突破点，主要集中在区域差距、农民收入、社会保障水平、居住条件、劳动力就业困难、科技教育与文化素质、民主政治与可持续发展的问题上。

1. 促进区域和城乡社会经济协调发展

由于地理、交通条件和农业生产条件的限制，近年来，福建省区域农村经济发展差距持续拉大，2005年厦门市农民人均纯收入为6230元，宁德市为3808元，后者仅及前者的61%；尤其是20个经济欠发达县，经济增长速度更是缓慢，与全省其他地区尤其是东南沿海地区之间的差距在急剧拉大。建设全面小康，突出的则是"全面"二字，闽中、闽西，尤其是闽东北地区的农村经济发展与农民收入的大幅提高将是全面建设小康的难点所在。因此，如何实现东西部的协调发展，则成为全面小康建设的重要突破点之一。

取消农业税虽是城乡统筹方向上迈出的坚实一步，但是，千百万从事非农产业的农民尚未市民化，大量富余劳动力还滞留在农村，二元经济结构的转换还远未完成。所以，清除计划经济体制下形成的束缚农民的制度性障碍依然是农村改革的重要任务，广大农民依然是推动中国经济增长的重要力量，农村政策的首要目标依然是把蕴藏在农民身上的财富创造能力进一步发挥出来。

赋权是将蕴藏在农民身上的财富创造能力进一步发挥出来的有效手段，也是改革以来国家和农村发展的基本经验。改革初期农产品的快速增长，是赋予农民自主经营土地权益的结果；20

世纪 80 年代中期城乡非农产业的快速发展，是赋予农民选择就业机会权益的结果；20 世纪 90 年代，村委会与农民关系的改善，则是赋予农民选举村领导人权益的结果。然而，对农民的赋权尚未完成，向农民赋权仍是深化农村改革的基点。向农民赋权，有利于提高政府目标和农户目标的互补性，从而使政府目标得到农民的广泛支持。以赋权为切入点培育农民增收的长效机制，需要从以下两方面入手：

一是赋予农民自由迁徙的权益。农民工实际上已经成为我国产业工人的重要组成部分，但由于缺乏融入城市社区的权益，农民工及他们的家属转为市民的比例很小。从制度上赋予农民与城市居民同样的权利，实现公民权利的平等，形成农村人口和农业劳动力数量持续减少与农户平均经营规模逐渐扩大相关联的机制，使农民收入的增长建立在要素报酬率提高、就业结构提升和农业竞争力提高等弹性更大、持续性更强的因素基础上，是比给钱、给政策更为基本的措施，也是解决“三农”问题的关键之一。

二是赋予农民为降低交易成本、学习成本、增加借款机会而结社的权益。发育农民组织有利于完善农村治理结构，有利于基层政府职能的改革，有利于社会稳定。近年来，农村的经济合作组织有一定的发展，它们从扩大交易规模、改善技术服务等方面入手降低农民的交易费用和学习成本，间接地为增加农民收入做出了贡献，在维护农村稳定和化解社区矛盾等方面也发挥了作用。但是，农民的组织化程度与农民的需求相比还有较大的差距，所以，应扩大农民为增收而结社的权益，并采取各种措施规范和引导农民经济合作组织的发育。按照能给外国人的政策先给中国人的逻辑，应赋予农村居民合作开办地方性中小银行的权益，以促进地方性中小银行的发展。

但长期以来，农民专业合作组织的发展存在一定的障碍，主要表现有以下几个方面。

第一，合作社的发展缺乏法律保障。由于中国至今尚未颁布《合作社法》，合作社缺乏法律、法规等方面的制度规范及合法性，制约了它的存在和发展。

第二，国家以往对农民合作组织的政策扶持相对较弱。农民自发组成的合作社往往是从无到有，白手起家，它们在技术引进、设备改造、农产品质量检测与标准化、企业管理、市场开拓、信息搜集以及经营网点分布等方面，都与专业化的大公司有较大的差距。专业合作社规模过小，以乡村为单位组建的专业合作社既没有较强的加工增值能力，也没有形成规模经济优势，市场竞争力极为脆弱，这就加大了农民专业合作社发展的难度。在以往出台的政策文件中，政府对如何鼓励和发育农村新型合作组织的论述较少，而且缺乏具体措施。在农业产业化经营中，政府的扶持、税收减免等政策主要给予重点龙头企业，对弱势群体的组织（合作社）却没有优惠政策。

第三，合作社的发展缺乏资金保障。中国的合作社没有合法地位，不能以法人地位向银行申请贷款。资金是农民专业合作组织扩展纵向一体化服务边界的物质保障，在国内外工商业资本和金融资本进入中国农业之时，农民自己组成的合作社却没有资金为依托。

改革开放以来，我国的城乡面貌都发生了很大的变化，但城乡发展的差距趋于扩大。这种局面不利于社会的和谐、稳定。政府要通过再分配功能改进国民收入分配格局。政府的主要责任是提供公共品。目前，农村基础设施建设仍然滞后于生产发展和生活需要。农田水利基础设施大部分兴建于20世纪80年代以前，老化失修，抵御自然灾害能力下降；村镇规划缺乏整体长远考虑，“脏乱差散”普遍存在。农村医疗卫生和教育文化生活条件很差，一时难有很大的改观，与农民流动速度和身份转变极不相适应，在推进农村城市化过程中表现出激烈的冲突，已逐步成为影响农村安定稳定的隐患。

2．拓展农民增收空间

改革开放以来，虽然农民收入有了大幅度提高，绝对量虽然大大增加，但是由于多方面因素的影响和制约，增长速度却呈现下降趋势。一是耕地资源紧缺。福建省耕地面积不及全国的1%，每个农村人口平均耕地只有全国平均水平的33%，粮食生产以自产自销为主，以粮食为主的农产品价格上涨对农民增收的作用越来越小。二是农业生产资料价格涨价，增加了增收的难度。近几年，农业生产资料价格连续大幅度上涨，致使农业生产成本提高，抵消了农民增收。三是农业产业化发展水平不高，对农户带动作用不明显。现有的农业产业化不仅数量少，而且规模较小，产业链短，形不成规模效应，农户无法分享到更深层次的更高的附加值。

农业收入空间变窄后，福建省农民工资性收入成为农民收入的重要组成部分。改革开放以来农民工资性收入一直保持较快速度增长，这主要依靠乡镇企业的快速发展，为农村劳动力的转移与就业提供了有利的条件。然而自上个世纪末以来，农民工资性收入的增长速度明显下降，主要原因除了基数越来越大后增长难度会越来越大外，还由于人口的刚性增长，乡镇企业进入新一轮的结构调整期，城镇下岗工人增多，全社会就业压力加大，农民工技术素质低等原因，转移难度加大。同时也由于农民工就业环境和就业报酬低等原因，造成农民工资性收入增长乏力。

3．建立健全农村社会保障体系

健全的社会保障体系，是全面小康的重要目标之一。而当前主要的问题，首先是作为农村传统保障体系三大组成部分的集体经济、家庭和土地，其保障功能已经严重弱化。从集体经济上看，随着联产承包责任制的推行，农村分配方式产生重大变革，使得集体经济的内部积累机制受到严重的削弱，农村税费改革后，发展集体福利的基金基本没有提取，造成农村集体经济普遍脆弱，基本丧失了对农民的福利保障。据对16个村的重点调查，2005年村均集体收入不足30万元，而其中只有不到一半的收入属于固定的收入，多数收入不稳定，而且收入很不均衡，调查村中多的上百万，少的不到2万元。从家庭保障上看，近年来农村家庭的生活方式和家庭结构都发生了变化，一是家庭规模进一步小型化，二是由于农村劳动力转移和离异家庭增多，致使残缺型家庭越来越多，家庭的扶养、赡养、教育等基本功能越来越多地依赖社会承担，而同时农村人口老龄化却日益严重，随着人口预期寿命的增加与计划生育政策的实施，老年人口迅速增加，据有关部门预测，到2030年前后将达到老龄化高峰，老龄人口将占总人口14%以上，2020年，老龄人口将占总人口11%以上，其中农村老年人数量将占70%以上。目前，农村劳动力负担系数已经很高，以家庭养老为主的保障制度显现出了乏力的态势。将来随着老年人口的增加，农村养老保障压力势必越来越大。从土地保障上看，土地作为农民最后的生活保障，随着人口负荷的加重，其福利性的压力增大，农民越来越难以依赖单纯的土地维持生计。从农民人均纯收入与人均GDP的比较看，2000年前者相当于后者的28.9%，而目前仅相当于后者24.5%，比例下降4.4个百分点。由于农村社会保障涉及面宽、人数多，需要大量的资金，国家财政不可能投入如此之多的资金，当前不少省、市、区农村社保机构经费主要靠按社保基金3%的比例提取管理费，社保资金投入的重担就会落到集体经济上，而脆弱的村集体经济和家庭经济将很难承担起农村社会保障这个重担。为此要实现全面小康，必须在多渠道建立、健全多形式的农村社会保障体系上有所突破。

4．全面改善农民生存条件

居住条件的根本改善，是全面小康的重要内容。从总体情况看，农村居民的居住条件有了很大的改善，每个农民人均住房面积从 2000 年的 32.14 平方米增加到 2005 年的 40.1 平方米，是比较宽敞的。但其质量却比较低。一方面，人均钢筋混泥土结构与砖木结构的面积为 32.8 平方米，占 81.7%，有近 20%是土木结构、木结构、以及其他更低档次的结构；住房成套率比重过低，卫生条件较差，远落后于城镇。另一方面，全省各地差异相当大，东南部发达地区住户质量较好，而中西部，特别是西北部落后山区质量更低，防震、防灾能力差、卫生状况堪忧。 要想从全面上改善住房质量，山区不单是建筑资源上、材料上的局限使得经济实力上难以承受，农民千百年来形成的居住习惯与观念难以轻易改变，也使得在短时间内迅速提高住房质量困难重重。因而全面改善农村居住条件是建设全面小康的重点之一。

5．促进农村劳动力充分就业

近年来，一方面，我国经济体制基本完成从计划经济体制向市场经济体制的转变，经济运行的总体特征已从过去的总供给小于总需求，转变为总需求小于总供给。农产品供给在全国范围内出现不同程度的供过于求，以往单纯依靠扩大农产品生产数量来消化新增的劳动力的方法已完全失效；大部分工业产品出现结构性过剩，国有企业的“转制”与优化组合所带来的大量下岗工人，加之城镇吸纳人口能力有限，阻碍了农业劳动力向城市转移的步伐。另一方面受发展速度下降和企业技术进步、资本有机构成提高及布局分散等因素影响，乡镇企业吸纳农村劳动力的能力明显下降。而从劳动力总量上看，却有增无减，上世纪 80 年代中后期农村高生育率出生的人口，陆续进入劳动年龄，农村劳动力总量呈刚性增长态势。农村劳动力的增加与全社会对劳动力需求的相对减少，使得农村劳动力就业压力不断加大。据有关部门初步测算，本世纪初的 20 年，全国每年新增劳动年龄人口 1000 万人，年可供总量超过 8 亿，劳动力剩余量巨大，尤其在农村，目前福建省约有 1/3 农村劳动力处于就业不充分状态，这将成为制约着农民增收的“瓶颈”问题。因而促进农村劳动力就业将是建设全面小康的重要突破点之一。

6．提高农民自我发展能力

虽然全省科技与文化教育水平不断提高，但农民文化素质依然低下，农村生产力依然落后。其主要表现：一是目前全省近 1340 多万的农村劳动力中初中及以下的占 88%，在经济全球化与知识经济崛起的今天，显然处于不利的境地。二是农业科技缺乏创新机制，目前农业尚未能再产生革命性的突破，主要农产品生产科技成果储备不足，缺乏既能大幅度增产又能提高农产品品质的新品种和新技术。三是科技成果转化、推广应用体系不健全，近几年来在农业领域取得的科研成果多数因未进行区域试验、示范和推广而处于休眠状态，无法转化成现实的生产力，使得农业技术老化，新品种更新换代慢，直接影响农业生产效益，农业增效、农民增收的难度将越来越大。

如何提高农民文化素质，提升农村科技水平也是全面小康建设的一个不容忽视的问题。

科技是现代农业发展最重要推动力，只有靠科技才能实现高产、优质、高效，只有靠科技才能提高劳动生产率和资源利用率，只有靠科技才能提高市场竞争力。虽然福建省财政运行偏紧，但仍应加大农业科研投入，为农业科研和及时推广提供资金保证；要继续深化政府农业推广体系的改革，大力引进、提倡和鼓励涉农企业的技术推广，逐步形成以企业、专业协会、专业合作社和各种产业化组织为主的多元农业科技推广体系。建立一批功能比较完善的农业科技示范基地，使农民实实在在的看到成果，感受到效益；立足各地实际，要重点推广各种类型的间、套、复种耕作技术和多熟制种植技术，能量多层次利用等技术，推广产量高、质量优、抗旱性强、适应性广、生长快的各种优良品种，推广各种病、虫、旱、涝、风、冻等自然灾害的防治技术；加强绿色农业科技对农产品、水果、水产品、蔬菜、保鲜技术的研究，使之达到延时、延地、常年供应贮运、拉开上市差距、操作方便、增产增收；充分利用地缘优势，乘着建设海峡西岸经济区的东风，加强与台湾地区的农业协作，引进农业项目、资金、技术，借助外力，提升农业综合生产能力和市场竞争力。

7．加强农村民主政治建设

推进农村民主政治建设，是党的十六大提出的全面建设小康社会的一项重要任务，也是一项艰巨的历史性任务。相对而言，农村小康社会政治文明的建设任务比城市更加艰巨。这主要由于我国农村长期受到封建社会政治和文化影响，传统观念根深蒂固。小规模分散化的生产与生活方式，造成了农民的组织化程度很低，信息不全面、不对称，这严重影响了广大农民对外界社会经济、政治发展现实情况的了解，农民渴望获得应有的政治民主权利。农村基层干部群众对民主的认识不够到位，民主法制观念和民主自治能力有待提高。各项民主建设的制度尚不够健全。在民主选举方面，对村党支部在选举中的作用和地位认识不足，发挥领导核心作用缺乏具体措施。如何从制度上最大程度地排除宗族、宗派、帮派、亲疏等非正常因素对选举的影响，缺乏具体可操作的办法。在民主决策方面，村级事务的决策程序不明确，落实执行难，村内事务往往由几个人说了算。有的村村民会议难组织，村民思想难统一，议事久拖不决，最后不了了之。在民主管理方面，许多村目前尚未制订自治章程或村规民约，民主管理无章可循。有些章程、制度仅是墙上贴贴，嘴上说说，对违反规定的行为缺乏有效制约手段，有章难循。在民主监督方面，以财务公开为重点的村务公开在内容、形式、程序等方面尚需进一步规范，村财务监督小组人员组成和实际运作不尽如人意，财务公开存在假公开、半公开或迟公开。因此，如何在坚持党的领导、人民当家作主、依法治国和为农村工作大局服务四项原则之下，推进农村民主政治建设步伐，是农村全面小康建设的重要内容之一。

8．实施农村可持续发展战略

党的十六大以来，各级党委和政府高度重视贯彻落实科学发展观，着力控制人口过快增长势头，不断加强资源保护和管理，加快环境生态建设步伐，取得了一定成绩。但是，必须清醒地看到，农村可持续发展面临的形势极其严峻。农村人口总量庞大、人口素质不高的状况短期内难以改变，人口总量高峰、就业人口高峰、老龄人口高峰将接踵而至，农村流动人口不断增加，出生人口性别比持续升高，农村人口与经济社会发展、资源、环境之间的矛盾依然尖锐。福建农村人均资源占有量很低，而且主要资源的总体质量不理想。福建人均耕地不足0.5亩，2005年常用耕地变动幅度仍然是负数，人均草原面积不到世界平均水平的1/3，而且大部分为干旱半干旱草地，单位面积的产草量和产值均大大低于世界平均水平。在资源利用方面，缺乏规划和管理，不少地方存在着乱采乱挖的现象，对资源造成了程度不同的破坏。 农村自然生态环境仍然十分脆弱，生态恶化趋势仍未得到遏制。农村环境污染日趋严重，兽药污染、化肥污染、农膜污染、规模化畜禽渔养殖污染、生活垃圾污染及工矿企业污染交织在一起，污染范围呈扩大趋势，在全省环境污染中的比重不断增大。由于农村污染点多面广，经济基础比较薄弱，因此，农村污染的治理难度远远大于城市。面对严峻的挑战，如何改变传统发展思维和模式，建立有利于农村可持续发展的经济运行机制和管理体制，实现农村经济持续发展、社会全面进步、资源永续利用、环境不断改善和生态良性循环的协调统一，成为农村全面小康的难点和突破点。

十八、福建省落实粮食生产政策

福建落实国家有关种粮政策比较到位。2006年以来，省直有关部门先后出台了多个有关种粮直补文件。同时各食主产区结合当地实际也都出台了相关配套文件予以保障。规定了全省早稻最低收购保护价每50公斤70元、中晚稻最低收购保护价每50公斤72元。各地粮食购销企业在按市场收购价的基础上，再给以每50公斤5元的直接补贴。直接补贴和良种补贴按照"谁用粮、谁拿钱"的原则，分别由各级粮食风险基金支出和各级财政承担，直接补贴在订单粮食收购入库时随粮款一次性兑现给售粮农民。还根据有关文件精神，对种粮户实行石油价格上涨补贴，并基本上做到及时发放到位。

2005年福建省农村全面建设小康综合表

指　标	单位	总体小康值	全面小康值	2005实际值	实现程度	权数	综合分值
A、经济发展					54.9	29	15.9
农村居民人均可支配收入	元／人	2200	6000	4183.9	52.2	20	10.4
第一产业劳动力比重	%	50	35	38	80.0	5	4.0
小城镇人口比重	%	16	35	23	36.8	4	1.5
B、社会发展					24.9	20	5.0
农村合作医疗覆盖率	%	10	90	8	−2.5	8	−0.2
农村养老覆盖率	%	1.8	60	5.5	6.4	4	0.3
万人农业科技人员数	人	1	4	1.7	23.3	4	0.9
农村居民基尼系数	—	0.35	0.3−0.4	0.36	100	4	4.0
C、人口素质					42.2	15	6.3
平均受教育年限	年	7.4	9	7.91	31.9	12	3.8
平均预期寿命	年	69.5	75	74.1	83.6	3	2.5
D、生活质量					52.7	23	12.1
恩格尔系数	%	49	40	46.1	32.2	4	1.3
居住质量指数	%	18	75	44.2	46.0	11	5.1
农民文化娱乐支出比重	%	2.5	7	5	55.6	3	1.7
农民信息化程度	%	28	60	54.3	82.2	5	4.1
E、民主法制					71.3	6	4.3
农民对村政务公开的满意度	%	55	85	75	67	3	2.0
农民社会安全满意度	%	60	85	79	76	3	2.3
F、资源环境					19.1	7	1.3
常用耕地面积变动幅度	%	−0.3	0	−1	−70	3	−2.1
森林覆盖率	%	16.5	23	63	100	2	2.0
万元农业GDP用水量	立方米／万元	2600	1500	1810	71.8	2	1.4
农村全面建设小康实现程度合计						100	45.0

十四、江西省农村全面建设小康监测报告

根据国家统计局农村全面小康标准和综合评价方法，对2005年江西农村全面小康实现程度进行了测算。从测算结果看，江西农村全面小康实现程度为26.6 %，比上年提高了7.2个百分点，农村全面小康社会建设又迈进了新的一步，充分展示了全省贯彻落实科学发展观，促进农村经济社会发展，构建和谐社会，推进农村全面小康建设的新成就。

（一）江西省农村小康建设取得新成绩

农村全面小康建设监测指标体系包括6个方面18项指标。2005年，江西农村经济发展、社会发展、人口素质、生活质量、民主法制、资源环境6个方面指标的全面小康实现程度依次为24.0%、31.2%、20.7%、8.0%、82.0%、50.8%。民主法制和资源环境2个方面指标的实现程度较高；森林覆盖率、农民社会安全满意度、农村居民基尼系数3项指标已达到全面小康标准；农村居民恩格尔系数、农民信息化程度和农村小城镇人口比重3项指标的实现程度获得了较大幅度的提升。

1．农村经济稳定发展

农业增产，农民增收，小城镇建设加快，有力地提升了江西农村经济发展水平，推进了农村全面小康建设。2005年，全省农林牧渔业及服务业总产值比上年增长6.8%(可比价)，粮食总产量增长5.7%，农民人均可支配收入达到2841元，增加190元，增长7.1%，全面小康实现程度为16.9%，比上年提高5个百分点。农村劳动力继续向二、三产业转移，农村从事第一产业劳动力比重下降到40.5%，全面小康实现程度达63.3%，比上年提高3.3个百分点。在农业稳定增产、农民收入增加的同时，农村小城镇建设得到快速发展，农村小城镇人口比重为18%，提高2个百分点，全面小康实现程度为10.5%，在2004年达到总体小康水平的基础上，开始向全面小康水平迈进，是新的突破。

2．农村社会事业发展加快

农村经济稳定发展带动了农村社会的不断进步，农村养老保险和农村合作医疗等各项事业不同程度地得到发展，尤其是江西2004年农村新型合作医疗试点取得了成功，经申报国家同意，2005年新增修水县、南丰县、芦溪县、乐平市为试点县，新增 “参合” 乡村人口175万，占全省乡村总人口5%左右，扩大了农村以大病统筹为主的新型农村合作医疗范围。全省农村合作医疗保险覆盖率达15.6%，高于总体小康值，全面小康实现程度为7.0%，比上年提高了6.6个百分点。农村养老保险覆盖率为6.8%，全面小康实现程度达8.6%。万人农业科技研究人员数为2人，全面小康实现程度为33.3%。农村居民基尼系数为0.3，达到了全面小康标准，农村居民收入差异程度进一步缩小，为合理区域。

3．农民生活质量显著改善

2004年，江西农村居民生活质量还低于总体小康标准。2005年，生活质量的全面小康实现程度达到8.0%，比2004年提高20个百分点，实现了新的跨越。一年来，全省农村居民的物质

生活向高层次发展，精神生活更加丰富，消费方式和结构发生较大变化，食品消费支出在生活消费支出中的比重下降，文化娱乐消费增加较快，占生活消费支出的比重上升。据统计，2005年全省农村居民人均生活消费2483.7元比上年增加356.96元，增长16.78％。农村居民恩格尔系数为49.1%，下降5.26个百分点。农民居住质量指数为18.5%，提高2个百分点。人均住房面积达到34.1平方米，增长8.77％，其中钢筋混凝土结构的占58.5％，砖木结构的占33.8％。农民文化娱乐支出比重为2.8%，比上年有所提高。农民信息化程度达到38.2%，比上年提高了10个百分点，全面小康实现程度为31.9%。

4．民主法制建设深入推进

各地加大了农村基层组织建设和村政务公开的力度，农村民主法制建设和社会安全正发生深刻变化，法制制度不断健全，治安状况日益向好。2005年全省农民对村政务公开的满意度达73%，农民对社会安全的满意度达86%，超过全面小康标准。

5．资源环境得到有效保护

良好的生态环境已成为江西经济社会持续发展的一大优势。2005年，江西进一步实施"生态江西"工程，狠抓生态环境建设，依法保护和合理开发利用各种自然资源，农村资源环境质量继续保持良好状态，全省常用耕地面积比上年增加0.1%，森林覆盖率达56%，已超过全面小康标准值，实现程度为100%；万元农业GDP用水量为1744立方米，全面小康实现程度为77.8%。

6．农村人口素质保持稳定

2005年，江西省农村人口平均受教育年限为7.8年，平均预期寿命69.7年，均与上年持平，全面小康实现程度分别为25.0%、3.6%。

（二）农村全面小康建设的难点

1．农民增收难度加大

监测结果表明，由于目前江西农民收入水平较低，很大程度上影响了农村经济发展水平和农民生活质量的提高，成为全省加快农村全面小康建设进程的薄弱环节。2005年，江西农民可支配收入2841元，落后福建、江苏、山东3年左右，与浙江、广东的差距更大；要实现全面小康目标，尚相差3000多元，意味着在今后的14年中每年增加200多元，年均增长5.6%。实现这个速度，充满着挑战。目前，国家继续加强宏观调控，2006年全国经济增长速度目标放缓为8%，比2005年减1个多百分点，对农业市场需求增长拉动可能会有所减弱。农产品市场价格在2004年全面上涨后已回稳定，基本上反应了市场真实供求，价格增收作用将减弱；九十年代中期以来，外出务工已成江西农民增收的主要来源之一。近年来随着中西部农村劳动力加速外流，劳动力市场竞争日益激烈，文化程度低，缺少技术的农民工工资水平上升非常缓慢，外出务工不断增收的难度加大。总的形势是，农民增收难度加大。

2．农村基础设施落后

全省农田水利工程大多老化失修，抗大灾的能力减弱，每年农作物成灾面积都在一成以上；大多数行政村基本没有硬化路；60%以上的农村人口没有饮用自来水；大部分农户没有使用无害化厕所。农民希望大力加强农田水利建设，改善生活条件，但由于自身经济实力不强，加上乡镇政府助力薄弱，村级办事缺钱，改善农村基础条件的任务十分艰巨。

3．人口素质提高难

在农村全面小康综合经济体系中，农村人口平均受教育程度仅次于农民收入的第二位重要指标。江西农村人口平均受教育年限只有7.8年，相当于初中二年级的水平，受教育程度增长缓慢。主要原因：一是农村教育经费投入不足和学杂费较高，贫困户的儿童入学难，导致新的文盲出现；二是受教育的机会成本不断增大，农民对上高中、大学后找到更高收入的工作预期不能确定，在“继续上学”与“早就业”的选择中，一些农民可能会偏向后者，有的甚至在完成九年义务教育前就弃学务工；三是较高文化素质的劳动力大量流向城市，95%以上的农村大中专学生成为城镇居民，留在农村的很少。农村劳动力素质不高，难以掌握现代科学技术及生产技能，成为农村全面小康进程中的重要制约因素。

4．农村社会保障水平低

目前全省农村养老保险、合作医疗还处于起步阶段，比全面小康目标相差很远，农村参保人员少，标准低，所能起到的社会保障作用小；农村“养病难”和“看病难”问题较突出，因病致贫、因病返贫现象增多。新型农村合作医疗制度的试点，虽然积累了经验，范围不断扩大，取得了试点阶段的成效，但筹措资金难、五保户等贫困家庭参加合作医疗难的问题突出。在试点区，筹措资金实际上只够用于门诊费用，农民家庭账户只能看几次门诊，谈不上保障。全省农村有30万户困难户群众急需要参加“新合医”，但是他们自筹资金很困难，需要建立长效扶困救助机制。另外，农村卫生院的医疗设备落后，农村医疗机构人才缺乏，很不利于乡镇医疗卫生水平的提高。

（三）加快江西省农村全面小康进程的建议

1．扎实推进新农村建设

新农村建设是“十一五”规划中的重要主题，是未来农村发展的目标。扎实推进新农村建设，必将为农村全面小康建设提升加速动力。要加强政策宣传力度，提高农民的参与程度，把新农村建设的各项工作做好，促进农村经济社会全面发展。

2．努力形成农民增收长效机制

一是形成农业增长机制，围绕“希望在山、潜力在水、重点在田、后劲在畜、出路在工”的思路，推进农业结构调整，发展高产高质高效农业，向农业的深度要增收；二是构建工业反哺农业，城市支持农村的新机制，不断加大公共财政支农力度，为农民减负增收；三是完善农村劳动力转移机制，促进农村劳务经济的发展，向“农”字外要增收。

3．加强农村基础设施和环境建设

积极探索新形势下农田水利基本建设的新机制、新办法。引导农民发扬自力更生的好传统，对农民直接受益的小型农田水利设施建设投工投劳，调动社会力量参与水利事业发展。加强农业基础设施的管理，提高使用效率。大力加强农村交通建设，改变农村交通运输落后的面貌。

4．大力发展农村教育事业

进一步完善农村教育制度，巩固农村基础教育地位，大力发展农村职业教育，培养和造就新型农民。一是要加大对农村教育的财政投入，改善农村办学条件；二是要调整扶贫资金的使用方向，将扶贫资金重点用于农村中低收入家庭学龄儿童的学杂费支出，保障所有儿童都能享受九年制义务教育；三是要积极发展提高农民文化科技素质和技能的实用型教育。

5．建立健全农村社会保障体系

对新型农村合作医疗的试点，要按照“逐步完善、不断扩大”的要求，加快建立农村合作医疗制度，使农民人人享有初级卫生保健。加大医疗资源投入，搞好卫生设备建设，提高农村医务人员水平，解决农民“看病难”的问题。要将农村社会保障纳入制度化、规范化、法制化的轨道，设立农村养老保障基金，办好养老院，让农民老有所养，老有所乐。要切实加强农村社会治安，确保农民生命财产安全，建设和谐平安农村。

2005 年江西省农村全面建设小康综合表

指　标	单位	总体小康值	全面小康值	2005 实际值	实现程度	权数	综合分值
A、经济发展					24.0	29	7.0
农村居民人均可支配收入	元／人	2200	6000	2841	16.9	20	3.4
第一产业劳动力比重	%	50	35	40.5	63.3	5	3.2
小城镇人口比重	%	16	35	18	10.5	4	0.4
B、社会发展					31.2	20	6.2
农村合作医疗覆盖率	%	10	90	15.6	7.0	8	0.6
农村养老覆盖率	%	1.8	60	6.8	8.6	4	0.3
万人农业科技人员数	人	1	4	2	33.3	4	1.3
农村居民基尼系数	—	0.35	0.3–0.4	0.3	100	4	4.0
C、人口素质					20.7	15	3.1
平均受教育年限	年	7.4	9	7.8	25.0	12	3.0
平均预期寿命	年	69.5	75	69.7	3.6	3	0.1
D、生活质量					8.0	23	1.8
恩格尔系数	%	49	40	49.1	–1.1	4	0.0
居住质量指数	%	18	75	18.5	0.9	11	0.1
农民文化娱乐支出比重	%	2.5	7	2.8	6.7	3	0.2
农民信息化程度	%	28	60	38.2	31.9	5	1.6
E、民主法制					82.0	6	4.9
农民对村政务公开的满意度	%	55	85	73	60	3	1.8
农民社会安全满意度	%	60	85	86	100	3	3.0
F、资源环境					50.8	7	3.6
常用耕地面积变动幅度	%	–0.3	0	0.1	3.3	3	0.1
森林覆盖率	%	16.5	23	56	100	2	2.0
万元农业 GDP 用水量	立方米／万元	2600	1500	1744	77.8	2	1.6
农村全面建设小康实现程度合计						100	26.6

十五、山东省农村全面建设小康监测报告

党的十六大提出了我们党要在本世纪头二十年，集中力量，全面建设惠及十几亿人口的更高水平的小康社会的宏伟目标。山东作为一个人口大省、农业大省，农村人口相对较多，建设全面小康的任务非常繁重，而难点和重点就在农村。为了科学地监测和评价山东全面建设小康社会的进程，反映建设社会主义和谐社会和新农村的成果，促进小康社会的全面建设，根据国家统计局下发的"全国农村全面小康标准"，对全省及所属17个市的农村全面小康实现程度进行了监测和评估。从监测结果看，山东农村全面建设小康社会取得重大进展。2005年，山东农村全面小康实现程度为50.1%，进程过半；恩格尔系数已降到39.8%，农民整体生活开始向更加宽裕的小康生活迈进。

（一）山东农村全面建设小康进程综合监测情况

根据"全国农村全面小康标准"规定的六个方面的18项具体指标测算：2005年，山东农村全面小康实现程度为50.1%，比上年提高了7.3个百分点。从发展速度看，预计到2015年可实现山东省委、省政府提出的提前全面建成小康社会的总目标。但今后全面建设小康的难度会越来越大，要保持前几年的平均速度，需要付出更大的努力。

从农村全面小康六个方面的实现程度看：经济发展方面实现程度为39.0%，较上年提高11个百分点，经济实现了快速发展；社会发展方面实现程度为58.1%，提高10.7个百分点，贯彻落实以人为本的科学发展观，加快社会事业发展方面，成效显著；人口素质方面实现程度为63.8%，提高1个百分点，人口素质是一个逐步提高的过程；生活质量方面实现程度为54.6%，提高8.2个百分点，农民整体生活水平开始大幅提升；民主法制方面的实现程度96.0%，提高12.7个百分点，其实现程度和提升幅度在六个方面中都是最高的。近年来，山东抓"平安山东、和谐山东"建设的力度大，社会治安情况好，农民对基层政权比较满意，使山东成为中国最安全的地区之一。资源环境方面的实现程度仍为负值，说明资源环境保护任重道远。在工业化、城市化进程加快的情况下，保持耕地动态平衡难度较大。

从反映全面小康的18项具体指标来看：2005年全面建设小康实现程度超过60%的有10项指标。其中，农村居民基尼系数、恩格尔系数、农民对村政务公开的满意度、万元农业GDP用水量4项指标已达到小康标准。农村居民收入差距系数从动态趋势看虽逐步扩大，但农民收入差距仍处于合理区间。恩格尔系数已进入联合国粮农组织划定贫困与富裕的标准的富裕线，农民消费结构越过了一个质界线，达到了小康要求的标准。万元农业GDP用水量在合理的范围内。农民对村政务公开满意度也达到了小康要求的标准，农民对社会安全满意程度等指标的实现程度已达90%以上。但是，农村养老、合作医疗覆盖率、居住质量指数、农民人均可支配收入、森林覆盖率、耕地变动幅度等指标的实现程度较低，是今后农村全面建设小康社会的难点、重点。

分地区看，山东的东、中、西部地区农村全面小康实现程度差别较大。2005年，东部地区的青岛、烟台、威海、潍坊4个市农村全面小康实现程度为73.7%，比上年提高9.8个百分点，估计到2010年左右，可全面实现建设小康社会的总体目标；西部地区的菏泽、聊城、德州、滨州4个市，经济社会发展比较落后，农村全面小康现程度为35.1%，提升了8.3个百分点；中部地区（其余9个市）农村全面小康实现程度为52.4%，提高了7.3个百分点，在全省的平均水平上。从小康社会建设的进程看，山东西部地区农村全面小康进程比东部地区落后10年，比中部地区落后5年，发展不平衡的问题十分突出，是今后必须高度关注和着力解决的问题。

（二）农村全面建设小康社会的主要成就及特点

进入新世纪以来，山东各级围绕全面建设小康社会的总目标，转变政府职能，贯彻和落实全面、协调、可持续的科学发展观，以人为本，建设“平安山东、和谐山东”，统筹城乡发展，极大地推动了农村全面小康建设的进程。

1. 收入水平逐年提高，农民物质生活更加丰富殷实

收入是农民物质生活水平提高的基础。进入新世纪后，特别是2002年以来，山东全面落实科学发展观，落实省委“一二三四五六”的发展目标和工作思路，解放思想，干事创业，经济发展进入了快速扩张阶段。2002年，山东GDP超过了1万亿元，2004年超过了1.5万亿元，2005年达到1.85万亿元，全省境内财税总收入达到3342.2亿元，地方财政收入达到1072.7亿元。随着经济总量的持续扩大，综合经济实力的进一步提升，农民收入大幅度增加。2005年，山东农村居民人均纯收入达3930.6元，比2000年增加1271.4元，增长47.8%；人均生活消费支出2735.8元，增加965.0元，增长54.5%。2000年—2005年山东农村居民的恩格尔系数由44.2%下降到39.8 %，下降4.4个百分点，农民物质生活更加殷实，消费结构日趋合理。

饮食精起来。随着收入的不断增长，农村居民生活质量明显改善，饮食结构发生很大变化，由吃饱转向吃好。2005年，农村居民人均食品消费支出1087.7元，比2000年增长39.1%。主要表现为主食消费比重下降，农村居民人均主食消费261.7元，占食品消费支出的24.1%，下降了3.8个百分点；人均肉禽蛋奶及其制品现金支出236.9元，比2000年增长76.8%。

穿着靓起来。衣着是人们对物质生活和精神生活的共同需要。2005年，全省人均衣着消费159.7元，比2000年增长35.9%。其中，人均购买服装支出95.2元，增长69.4%。农村居民已由过去缺衣置衣的被动消费过渡到注重服装面料、款式、品牌及整体搭配的主动消费。过去一统天下的布鞋、胶鞋和凉鞋，已被各种的皮鞋、旅游鞋、时装鞋所替代。

住房大起来。“小康不小康，关键看住房”。农村生活水平提高最直观、最明显的变化就是住房条件的逐步改善。近年来，为加快新农村建设的步伐，山东加大了对农村旧村改造、村庄整理建设的力度，使得农民住房消费大幅增长。2005年，全省农村居民人均居住支出445.7元，比2000年增长48.7%；年末住房面积人均29.6平方米，比2000年多了6平方米，增长25.4%。其中，钢筋混凝土、砖木结构面积达95%以上。楼房面积人均已达3.3平方米，增长1.2倍。现在，农村一幢幢新房和别具匠心的别墅已处处可见，它们不仅外观新颖漂亮，而且室内装璜考究，设施齐全、美观舒适。富裕起来的农民舍得花钱去建造一个舒适、温馨的家。

2. 消费结构不断升级，农民精神生活趋向充实和健康

随着物质生活条件的日益改善，山东农民的消费观念也在不断的更新，对精神文化生活的

追求越来越高。2005年，农村居民人均用于文教娱乐方面（不包括学杂费）的支出114.7元，比2000年增长1.1倍；占生活消费支出的比重由3.0 %上升到4.6%。

农民家庭耐用消费品拥有量迅速增加。高档彩电、电冰箱、洗衣机、空调等家用电器已不再是奢侈品，正成为农村居民生活要素的重要内容而逐步走进寻常百姓之家。除已经逐步被居民淘汰的黑白电视机、寻呼机拥有量出现下降外，其他耐用消费都有不同程度的增加。2005年末，农村居民每百户拥有彩电91台、洗衣机41台、空调4台、抽油烟机6台、微波炉2台、热水器15台，比2000年分别增长76.3%、1.2倍、2.7倍、1.5倍、3.4倍、2.3倍。

在传统的文化娱乐用品不断增加的同时，人们的物质和精神消费更加理性，开始向健康型和知识型发展，一些现代化的交通、通讯、娱乐工具等也开始进入一些富裕的农民家庭，从而带动着农民整体消费的升级换代。到2005年底，每百户农户拥有汽车已达1辆、摩托车65辆、手机46部、电话86部，分别比2000年增长1.2倍、75.7%、9.4倍、1.1倍。每百户农户拥有影碟机45台、组合音响14台、照相机7架、家用计算机2台，分别比2000年增长3.0倍、1.2倍、59.1%、2.3倍。

3. 卫生和教育投入力度加大，身体、文化素质双提高

人口素质是指农村居民的身体素质和文化素质，是农村生活质量的综合反映。随着农民收入和生活水平的不断提高及农村教育、卫生等事业的发展，农民也更加注重自己的身体和文化素质的提高。到2005年底，全省已有46个县（市、区）、396个乡镇的农民参加合作医疗试点，累计为1234万农民报销医药费用3.85亿元，并为213万农民免费查体。农村居民人均医疗费用为188.5元，比2000年增长 58.8%。其中，保健费用支出增长1.3倍。平均预期寿命已达到73.3岁。农民家庭对子女教育的投入和自身技能提高的投入不断加大。2005年，农民人均用于家庭成员的学杂费及技术培训费支出已达269.2元，比2000年增长70.1%。其中，成人培训费比2000年增长72.2%。全省农村九年制义务教育普及率达90%以上，初中以上文化程度劳动力比重为76.4%，上升7.7个百分点。农村劳动力中受过专业培训的人数占22.1%。有组织转移的农村劳动力中受过专业培训的人数已达85%以上。

4. 生存和保障环境改善，农民开始享受安居生活

生活环境的改善，是体现农民生活质量的另一个重要标志。进入新世纪，农民在向全面小康生活迈进的同时，对生存环境的要求越来越高，国家和地方各级政府对基础设施的投入力度也逐步加大，使农民的生产条件和生活环境改善，农村面貌发生巨大变化。截至2005年底，山东累计完成投资241亿元，改造农村公路8.8万公里，占全国的29.3%，居全国第一位。新增通油路行政村37233个，直接受益人约3030万人，在原来基础上共有93.5%的行政村通油路、水泥路，基本实现“村村通”。在村村通电的基础上，基本达到了村村通电话，农户住宅电话普及率已达86%，自来水受益村达到63%。农村生活环境的改善，从农民支出的相应项目上也可反映出来，2005年全省农民人均交通和通讯支出294.4元，比2000年增长1.9倍，成为近几年农村居民生活消费中增长速度最快的。

农村民主法制建设和社会保障环境明显改善。各地积极推进基层民主建设，进一步健全村务公开和村民自治制度，提高了农民对村政务公开的满意度，农民对社会安全的满意度也在不断提高。农村养老保险等得到较快发展。2005年，全省参保农民已达1040多万人，有55万农民领取养老金，多层次的农村养老保险制度开始建立。农民人均交纳的税费占全年人均纯收入的比重为0.9%，比改革前的2001年下降了4.6个百分点，从2006年起全面取消农业税，农民负担进一步减轻。随着医疗、养老保险等改革的深化，农民未来生活水平的提高将从制度上得以保证，享受安居乐业的生活。

（三）山东农村全面建设小康进程中存在的主要问题

从山东农村全面建设小康的发展阶段来看，尽管全省农民生活已接近了富裕线，但与十六大提出的全面小康社会所达到的目标相比，仍存在着较大的差距，一些深层次的问题和矛盾也越来越突出，全面建设小康社会任重而道远。

1．农民进一步增收的难度加大

目前，山东省人均GDP只有2000多美元，经济发展水平还较低。按照全面小康的目标，人均GDP将超过3,000美元，达到中等收入国家水平。从小康的实现程度上看，收入指标只完成小康目标的三分之一，仍有相当一部分低收入农民生活徘徊在温饱区间。2005年，人均纯收入在1000元以下的农民占农村居民的4.5%，依此推算，全省有200多万农村人口生活在这一省定贫困线以下。按2005年国家统计局确定的农村贫困户标准（人均纯收入683元以下）测算，山东农村贫困户人口大致占1.5%左右，约100万人（全国2365万人），这些人的脱贫成本和增收难度更大。收入差距和弱势群体问题是今后全面建设小康社会进程中不可忽视的问题。

2．结构性矛盾仍较突出

一是城乡结构问题。实施城市化发展战略，可使农村富余劳动力打破城乡二元结构，脱离土地，转移到二、三产业中去，使土地、劳动力、资金等生产要素能够在更大的范围内重新组合，并且通过城市的扩散效应，提升农村人口的生活质量。发达国家大致在20世纪70年代相继完成了城市化进程，城市化水平大于70%，步入后城市化阶段。近年来，山东采取了加快城市发展的政策，在户籍、土地、经济、教育、卫生、就业、社会保障等方面城乡统筹发展，大大加快了城市化的发展进程，城市化水平已达到45%。但与世界上大多数国家相比城市化水平仍然偏低。城乡二元经济结构还没有根本改变，城乡统筹发展的步子还比较慢。二是产业结构问题。第一产业比重还较高，第三产业比重偏低，产业结构不够优化。2005年，山东第一产业增加值和第三产业增加值占GDP的比重分别为10.4%和32.1%，农业份额与发达国家国民经济结构标准第一产业增加值比重3%–8%相比，差距还较大。第三产业增加值比重大大低于20世纪90年代初世界50%以上的平均水平，处于低收入国家结构水平（38%以下）。三是就业结构问题：2005年，山东非农产业劳动者占全社会劳动者的比重不到60%，而世界平均水平在工业化后期将达到80%左右。农业就业比重偏高，第三产业比重偏低，城市化水平滞后，过量农业劳动力转移的任务将十分繁重。

3．发展不均衡问题有待进一步解决

一是城乡居民收入有继续扩大的趋势。2005年，山东城镇居民人均可支配收入为10744.8元，农村居民人均纯收入为3930.6元，城乡之差为6814.2元，城乡差别比由2000年的2.4：1

扩大到2.7：1。二是农村居民内部收入差距大于城镇居民内部收入差距。农村内部高收入户人均纯收入已达8089.7元，是低收入户的5.9倍；比城镇居民高低收入户差距（4.7倍）大1.2倍。同时，农村居民内部中等收入者阶层比重偏低，收入群体结构不够优化。三是地区差距仍然较大。2005年，山东东部青岛、烟台、威海、潍坊四市农民人均纯收入为5412.2元，是西部滨州、德州、聊城、菏泽四市的1.6倍，尤其西部地区的低收入者一般对自己未来收入预期较差，他们为了养老及生活有保障，即使有点钱也尽量节约消费。由于地区间经济发展水平的差异，导致东西部地区农民收入、生活水平差距也较大，制约了农村全面小康社会进程。

4．科技教育水平和农民素质亟待提高

经验和统计数据都表明，农民收入和农民受教育程度成正比。因此，提高农民收入，在不断减少农民、转移农民的同时，还要教育农民，培训农民，提高农民，使农民成为高素质的劳动者，才能使他们获得比较好的岗位和比较高的收入。从农村文化教育看，农民知识化水平还不高。目前农业劳动力平均受教育年限为8.4年，仅达到初中水平，而发达国家工业化后期平均达到高中以上水平。人口的总体素质离全面建设小康社会的要求存在很大距离。

5．生态环境和保障环境有待进一步改善

生态环境建设是全面建设小康社会的重点。从自然环境和社会环境的实现程度来看，农村小康指标体系重点考察农民的基本生存、生活环境问题。从反映生态环境优化的森林覆盖率看，国家认可的山东覆盖率只有13.4%，离小康标准和国际上公认的30%的适宜目标还有很大差距。同时还要高度关注的问题是防止污染大规模向农村转移，否则即使农民富裕了，也难以达到全面小康的目标。社会保障制度建设方面，目前农村社会保障覆盖面低，医疗和养老保险的水平差距较大。农村可持续发展问题还面临严峻挑战。

上述分析看出，山东农村居民在二十世纪末完成了从温饱到总体小康转变的历史性任务后，已进入新的发展阶段。虽然存在困难和问题，但在山东省委、省政府的正确领导下，在千千万万齐鲁儿女的共同努力下，在2015年左右，山东就能提前实现全面建设小康社会的奋斗目标。

十九、山东节水实现增产增效不增水

据有关部门测算，山东水资源年利用总量由原来的250亿立方米，下降到近年来的220亿立方米左右，实现了增产增效不增水；2005年万元GDP取水量约为125立方米，工业用水重复利用率为65%，万元工业增加值用水量为36立方米，农业灌溉水利用系数0.55，各项指标都排在全国前列。

山东省提出取水许可坚持“五不批“原则，即：未开展水资源论证的不审批、中水利用量低于1/3的不审批、以地下水为主要水源的不审批、未配套建设节水设施的不审批、废水未合理利用的不审批。通过严格管理，城市、工业用水水源结构发生了较大变化，地下水利用量由2000年的54%下降到2004年的50%。

全省农业节水灌溉面积发展到5000多万亩，高标准、高技术含量的农田节水灌溉面积已发展到1000多万亩；工业方面，“十五“以来先后整顿、关停、淘汰“五小“及新“六小“企业5000多家，对污染重、耗水高的3500个工业企业进行重点治理整顿。加强了企业用水管理，全省累计完成企业水平衡测试1500个，所有工业企业采取了“三级计量“措施，企业取水计量率达到100%。

二十、山东省农村社会养老保险制度建设措施

山东省农村社会养老保险工作总的要求是：坚持以科学发展观和"三个代表"重要思想为指导，认真贯彻落实党的十六大和十六届五中全会精神，按照党中央、国务院和省委、省政府关于建设社会主义新农村、统筹城乡社会保障体系建设、建立完善农保制度的总体要求，积极推进农保制度改革，完善被征地农民基本养老保险政策，采取以经济发达地区和农村经济强县为重点，由经济发达地区向经济欠发达地区逐步推进、由富裕群体向广大农民逐步推进的工作思路，将各类农村居民纳入社会养老保险覆盖范围，力争"十一五"末，全省基本建立起与农村经济发展水平相适应的农村社会养老保险体系。

一是积极推进农村社会养老保险工作。把农保制度的改革作为促进工作发展的重要措施来抓，学习借鉴省内外经验做法，结合山东省实际，研究制定完善农保制度的政策措施。一要建立农民参保补贴制度。在山东省经济强县中探索建立"个人缴费为主、集体补助为辅、财政适当补贴"的农保养老筹资模式，通过财政转移支付方式，采取"低标准起步，逐步调整提高"的办法，为参保农民进行补贴，体现政府有限责任，引导、扶持和激励农民参保；二要改革投保缴费机制。根据山东省农村经济社会发展水平和农民可承受能力，以农民年人均纯收入和最低生活保障水平为参考，合理确定最低缴费标准和最低缴费年限，确保参保农民的基本养老需求。三要探索省级基金运营机制。改革现行农保基金县级管理运营模式，提高基金运营层次，实行基金省级集中运作管理，加强监管，规避风险，实现基金保值增值。

二是加快被征地农民基本养老保险制度建设。一要建立部门联动工作机制，成立由政府主管领导参加，财政、国土资源、劳动保障、民政、卫生等部门为成员的被征地农民基本生活保障工作领导小组，明确相关部门责任，各司其职，密切配合，协调解决工作中遇到的实际问题。二要协同省直有关部门，研究进一步完善被征地农民基本生活保障制度意见，以省政府名义出台文件，推动全省工作发展。三要加大对各地工作的指导，督促尚未出台实施意见的市，将其列入重要议事日程，尽快出台政策，完善相关措施办法。及时总结各地试点工作经验，指导全省面上工作开展。

三是全面提升基础管理工作水平。进一步建立完善农保工作管理制度和体系建设，重点加强基金管理，切实把好基金运营各环节的监管。规范和简化业务流程，加强管理机构专业培训，不断提高工作效率、管理水平和服务质量。坚持做好农保业务档案年检工作，逐步实现档案管理科学化、规范化、制度化。加快农保办公自动化建设，做好"金保工程"农保个人账户管理系统改造升级。进一步做好养老金发放工作，努力实现社会化发放全覆盖。

2005 年山东省农村全面建设小康综合表

指 标	单位	总体小康值	全面小康值	2004 实际值	实现程度	权数	综合分值
A、经济发展					39.0	29	11.3
农村居民人均可支配收入	元／人	2200	6000	3418	32.1	20	6.4
第一产业劳动力比重	%	50	35	41	60.0	5	3.0
小城镇人口比重	%	16	35	25	47.4	4	1.9
B、社会发展					58.1	20	11.6
农村合作医疗覆盖率	%	10	90	40.7	38.4	8	3.1
农村养老覆盖率	%	1.8	60	13.7	20.4	4	0.8
万人农业科技人员数	人	1	4	3.8	93.3	4	3.7
农村居民基尼系数	—	0.35	0.3–0.4	0.3	100.0	4	4.0
C、人口素质					63.8	15	9.6
平均受教育年限	年	7.4	9	8.4	62.5	12	7.5
平均预期寿命	年	69.5	75	73.3	69.1	3	2.1
D、生活质量					54.6	23	12.6
恩格尔系数	%	49	40	39.8	100.0	4	4.0
居住质量指数	%	18	75	36.0	31.6	11	3.5
农民文化娱乐支出比重	%	2.5	7	4.6	47.6	3	1.4
农民信息化程度	%	28	60	51.5	73.3	5	3.7
E、民主法制					96.0	6	5.8
农民对村政务公开的满意度	%	55	85	85	100.0	3	3.0
农民社会安全满意度	%	60	85	83	92.0	3	2.8
F、资源环境					–10.8	7	–0.8
常用耕地面积变动幅度	%	–0.3	0	–0.2	–60	3	–1.8
森林覆盖率	%	16.5	23	13.4	–48	2	–1.0
万元农业 GDP 用水量	立方米／万元	2600	1500	1500	100	2	2.0
农村全面建设小康实现程度合计						100	50.1

十六、河南省农村全面建设小康监测报告

党的十六大提出了全面建设小康社会的宏伟目标。建设全面小康社会最艰巨、最繁重的任务在农村。为了客观反映河南农村建设全面小康社会的进程，按照国家统计局下发的《农村全面小康标准》及相关监测方法，对河南省农村全面小康建设进程进行监测，结果表明：2005年河南农村全面小康实现程度为19.2%，在2004年提高3.5个百分点的基础上又提高了5.2个百分点。

（一）河南省农村全面小康分类指标测算结果分析

评价农村全面小康发展进程的指标共分六个大类，分别是经济发展、社会发展、人口素质、生活质量和资源环境。

1．经济发展类指标实现程度比上年提高5.4个百分点

2005年河南农村经济发展水平综合得分为−1.2分，与其所占权重29%相比，实现程度为−4.2%，比上年提高5.4个百分点，是六大类指标中实现程度最低的指标。其中，农村居民人均可支配收入为2491元（扣除以2000年为基期的价格因素的影响），实现程度7.7%，与上年的2.6%相比，提高5.1个百分点，得分1.5分，比上年提高1个综合分值，这主要是因为2005年河南农村居民可支配收入快速增长，增速达到10.6%。而第一产业劳动力比重和农村小城镇人口比重两项指标实现程度分别为−46.7%和−10.5%，说明二者距总体小康目标还有相当的路程要走。在反映经济发展水平的三个指标中，虽然农村居民可支配收入获得了大幅增长，但由于其权数大，实现程度仍然很低，因此提高农村居民可支配收入是经济类指标能否如期实现小康的关键。

2．社会发展类指标实现程度达到44.8%

2005年，在农村社会发展方面，河南农村全面小康实现程度为44.8%，比2004年提高2.4个百分点，在全面小康监测六大类指标中，实现程度仅次于民主法制类位居第二。在反映社会发展水平的四大指标中，万人农业科技人员数和农村居民基尼系数两项指标的实现程度均已达到全面小康目标；但农村合作医疗覆盖率和农村养老保险覆盖率两项指标发展滞后，实现程度分别为5%和14.1%。

3．人口素质类指标实现程度为2%，与上年持平

2005年，在农村人口素质方面，河南农村全面小康实现程度为2%，与2004年相同。河南农村人口平均受教育年限为7.2年，比总体小康值低0.2年，比全面小康值低1.8年，实现程度为−12.5%；农村人口平均预期寿命72.8年，高于总体小康值3.3年，低于全面小康值2.2年，实现程度为60%。表明河南农村人口素质基础欠佳，特别是农村人口平均受教育年限与全面小康社会要求的目标差距较大。在农业科技人员缺乏而农业科技在农业发展中的贡献愈来愈重要的双重压力下，农村人口的低素质将严重制约技术进步和农村可持续发展，因此，着力提高农村人口的受教育程度迫在眉睫。

4．农村居民生活质量明显提高，实现程度达到24.7%

2005年，河南农民生活质量类指标实现程度达到24.7%，在全面小康监测六大类指标中上升最快，提高16个百分点，综合分值达到5.7。表明农民收入水平提高后，改善生活质量的需求和热情高涨。在反映农村居民生活质量类的4个指标中，农民信息化程度实现程度最高，实现程度达到51.6%，比上年提高36.9个百分点；由于粮食价格下滑，其他生活消费支出增长较快，河南农村居民恩格尔系数为由2004年的48.6%下降为45.4%，恩格尔系数的实现程度也达到40%；文化娱乐消费支出比重的实现程度为17.8%，比上年提高7.1个百分点；农村居民居住质量指数实现程度为8.8%，比上年提高1.8个百分点。农民信息化程度提高主要是随着近年来农村劳动力大量外出，以及农民参与市场经济的范围进一步扩大，对电话等通讯工具需求上升所致。在居住质量指数中，农民的住房状况已得到明显改善，人均居住面积已达到27.21平方米，已基本能满足生活需要，目前存在的主要问题是农村建房缺乏统一规划，加大了农村基础设施建设的难度，造成自来水供应、卫生厕所规范普及、住宅外道路硬化等指标值难以提高。2005年河南农村使用清洁能源和卫生厕所的农户分别仅有4.4%和1%；门前为水泥或柏油状路的农户仅占26.1%。

5．民主法制类指标实现程度最高

2005年，在农村民主法制方面，河南农村全面小康的实现程度已达到90%，在六大类指标中实现程度最高。2005年农民对村政务公开和对社会安全满意度分别为89%和80%，实现程度达到100%和80%。说明河南农村基层民主法制建设进程在加快，村级政务透明度在增强，农民对社会治安的满意度比较高。

6．资源环境全面小康的实现程度略有提高

2005年，在资源环境类方面，河南农村全面小康的实现程度为1.1%，与2004年相比提高0.9个百分点。其中万元农业GDP用水量的实现程度已达到全面小康标准；森林覆盖率的实现程度为53.8%，与2004年相比提高3个百分点；由于常用耕地面积达不到在2000年的基数上保持增减平衡的全面小康目标要求，常用耕地面积变动幅度综合得分与2004年一样，仍为－3分。

综上所述，2005年，河南农村在生活质量、经济发展、社会发展、资源环境等方面的全面小康建设进程加快；农村人口素质与全面小康社会要求的目标差距仍然较大；在民主法制建设方面，虽然实现程度较高但仍存在不稳定因素，农村社会安全问题有待进一步加强。从农村全面小康的18项分项指标来看，需要注意的是：第一产业劳动力比重、农村小城镇人口比重、农村人口平均受教育年限、常用耕地面积变动幅度四项指标的实现程度都还为负值，还没有达到2000年农村总体小康目标值，对全省农村全面小康的实现程度影响较大。

（二）河南农村全面小康建设的难点和问题

1．农民收入水平相对较低，增长质量不高

2005年，由于全省各级政府继续加大减负和惠农力度，全部免征农业税，继续实行粮食直补、良种补贴和购置更新大中型农机具补贴，加之全省农业生产形势良好，粮食生产创历史最高水平，全年粮食总产量达到4582万吨，增长7.6%，棉花总产量增长1.6%，油料总产量增长10.0%，畜牧业生产持续稳定发展，粮价高位运行，河南省农民收入保持了较高速度增长，2005年全省农民人均纯收入2870元，实际增长7.5%。但增长速度仍低于城镇居民收入增幅，城乡居民收入差距基本维持在上年水平。2005年，城镇居民人均可支配收入8650元，实际增长10%，农村居民收入增幅比城镇居民低2.5个百分点，城乡居民收入比为3.0：1。与全国平均水平相比较，2005年河南农民人均纯收入仅相当于全国平均水平的87%，在全国31个省、市、自治区中收入水平排在第19位。在相邻六省中，仅高于安徽、陕西两省，分别比山东、河北低1060元和611元。应特别注意的是，在人均增加的317.43元纯收入中，有159.02元是由第一产业带来的，有42.32元是由农业税免征等惠农政策带来的。也就是说，2005年，河南农民人均纯收入的增加，63.4%是由传统的农牧业发展和惠农政策带来的。

2．贫困地区经济和社会发展落后，农村贫困人口所占比重大

2005年底，河南省农村贫困人口仍达680.4万人，其中未解决温饱的绝对贫困人口仍有153.1万人。全省44个扶贫开发工作重点县的农民人均纯收入仅为2330.9元，比全省平均水平少539.68元，仅相当于全省平均水平的81.2%。贫困地区教育和卫生设施不完善，23%的村没有小学，88.6%的村没有初中，7.9%的村没有卫生室，7.7%的村没有合格乡村医生、卫生员。

3．农村城镇化水平低，农业劳动力比重偏大

劳动力就业结构非农化和农村人口城镇化进程是反映城乡社会经济统筹发展的重要指标。河南作为一个拥有近亿人口的发展中大省，农村人口占总人口的80%多，农村社会经济和小城镇发展滞后，农村劳动力非农就业不充分，城乡二元结构明显，严重制约了农民收入的增加和城镇化的发展。测算结果表明，2005年，河南第一产业劳动力比重仍高达57%，比全国平均比重高10个百分点，再下降7个百分点才能达到总体小康值。河南农村小城镇人口比重为14%，比总体小康值低2个百分点。

4．资金投入不足，农村教育和卫生事业发展困难，社会保障水平低

财力有限加之投入不足，是河南农村教育、科技、卫生、社会保障事业发展受到制约的首要问题，而制度上的缺陷加剧了农村社会事业发展与城市相比更加滞后的现实。农村中小学教学条件落后，缺乏必要的教学实验设备，优质教师严重不足，影响了农村教育事业的发展。2005年河南农村人口平均受教育年限仅7.2年，相当于初中二年级，农村合作医疗覆盖率今为14%，农村养老覆盖率仅为10%。由于农村公共医疗卫生投入不足，农村医疗机构设施和人才缺乏，农村医疗条件较差，新型农村合作医疗正处于起步发展阶段，因此农民看病难、费用大，医治效果不尽如人意的状况尚未得到根本解决；与城镇相比，农村社会保障水平较低且保障面较小。

5．农村公共基础设施建设滞后，居住环境亟待改善

2005年，全省只有19.3%的农户饮用自来水，使用清洁能源和卫生厕所的农户分别仅有4.4%和1.0%；与80%的农户饮用自来水，70%的农户使用清洁能源和卫生厕所的全面小康目标差距还很大。

6．耕地资源保护和环境改善难度大

2000—2005年河南常用耕地面积减少2.9%，工业开发、砖瓦窑占地、公路建设和城市扩建占用大量土地资源，新开发耕地难以达到占补平衡；全省森林覆盖率偏低，按第六次森林普查数据，比全国平均水平低2个百分点，比中部地区平均水平低10.9个百分点。

（三）对策建议

1．继续加强农业基础地位，加大对农村的投入，增加农民收入

针对河南农村基础差、底子薄的现状，要不断加大财政支农的力度并将其长期化、制度化，确保一定比例的财政资金用于大型农田水利工程、农业综合开发项目、重大农业科研项目的建设。尤其是加大财政资金支持粮食主产区发展农产品加工业的力度，实现农业增值、农民增收。进一步巩固和推进农村税费改革政策，维护农民发展生产的积极性，实现农业资源大省向农业经济强省迈进。

2．进一步加大扶贫开发力度，加快贫困地区农村经济发展

在继续加大对不发达地区财政转移支付力度的同时，更要努力提升财政金融资金的使用效率。通过利用"退耕还林"、"农村六小工程"、"整村推进"等各项支农政策，鼓励城乡结合、企业与农户联合，促进贫困地区尽快脱贫致富。

3．加快农村小城镇建设，转移农村富余劳动力

按照《河南省全面建设小康社会规划纲要》要求，2010年全省城镇化水平达到38%以上，2020年达到50%以上。全省总人口在2020年应控制在1.07亿以内，农村人口减少到5350万人，这是非常艰巨的任务。为此，一是对农村小城镇的建设要做出全面、科学、合理的布局和规划，搞好小城镇基础设施建设，提升聚集效应，杜绝低价占用农民土地现象的发生。二是要从法律上保护农民的权益，进一步优化农民就业的社会环境，杜绝低价使用农民工及同工不同酬。三是加强并规范对现有农村劳动力的培训，提高其文化素质和劳动技能，增强农民的再就业能力。四要大力发展中小企业和非公有制经济，为广大农民提供更多的就业机会。

4．加快农村社会事业的全面发展，确保农村全面小康建设的顺利进行

首先要加快农村医疗卫生基础设施的建设，完善新型农村合作医疗制度，逐步建立健全农村养老、医疗保险和最低生活保障制度，争取实现2010年新型农村合作医疗覆盖率达到95%的规划目标；其次要加快农村教育网点的系统建设和合理调整，加大农村基础教育投资，保证农村九年义务教育的贯彻落实。第三要以农村改水、改厕为重点，加大农村公共基础设施建设，改善农民的生活条件和居住环境，使农民获得最基本的社会福利，实现老有所养、病有所医、贫有所济。

5．合理开发和节约使用耕地资源，提高森林覆盖率

在加快经济发展的同时，必须高度重视资源环境的保护。必须加大依法保护耕地资源的力度，加强统一规划与管理，正确处理保护耕地与满足建设用地需求的关系，改进土地资源利用方式，完善有偿使用机制，提高资源利用效率，保持耕地动态平衡。全省森林覆盖率还偏低，实施退耕还林、天然林防护、重点地区防护林、野生动植物保护及自然保护区建设、防沙治沙等五大林业生态工程，绿化宜林荒山荒滩荒地。争取到2010年森林覆盖率达到26%的全面小康规划阶段性目标。

6．进一步完善村民自治制度，提高农民参政议政意识，加强农村民主法制建设，推进农村社会主义政治文明建设

尊重和维护农村居民的民主权利，扩大基层民主，提高广大群众参与民主管理与法制建设的自觉性；坚持和完善政务公开、村务公开等办事公开制度，保证基层群众依法行使选举权、监督权，扩大知情权、参与权等民主权利，切实保障农村居民的合法权益。增强农民的法制观念，使广大农民能够运用法律来保护自己的利益和规范自己的行为，为构建社会主义和谐社会奠定法制基础。

二十一、河南洛阳“村村通”助推全面小康建设

经济发展，交通先行。洛阳市“村村通”工程的实施，对农村建设全面小康社会起着巨大的推动作用。涧口乡砚凹村位于一个小丘陵上，是洛宁县有名的优质小杂果基地，不足400人的小村，却种植了各类桃树1500多亩。以“中华寿桃”为代表的林果业，已成当地农民收入的最重要来源。

根据市委、市政府的要求，2006年该市必须实现“村村通”目标。去年冬天，砚凹村的“村村通”道路开始着手修建。2006年4月底，道路建成通车。

“道路修通后，仅桃子能及时销售这一项，今年每户起码能增收1000元。”乡党委书记张鑫说：“现在，村里水泥路修好了，明年我们将在这里举办首届‘桃花节’和‘采摘节’，搞家庭宾馆，吸引城里人来这里观光，村民收入肯定还会大幅度增加。”

2005年河南省农村全面建设小康综合表

指　标	单位	总体小康值	全面小康值	2005实际值	实现程度	权数	综合分值
A、经济发展					−4.2	29	−1.2
农村居民人均可支配收入	元／人	2200	6000	2491	7.7	20	1.5
第一产业劳动力比重	%	50	35	57	−46.7	5	−2.3
小城镇人口比重	%	16	35	14	−10.5	4	−0.4
B、社会发展					44.8	20	9.0
农村合作医疗覆盖率	%	10	90	14	5.0	8	0.4
农村养老覆盖率	%	1.8	60	10	14.1	4	0.6
万人农业科技人员数	人	1	4	5	100	4	4.0
农村居民基尼系数	—	0.35	0.3—0.4	0.30	100	4	4.0
C、人口素质					2.0	15	0.3
平均受教育年限	年	7.4	9	7.2	−12.5	12	−1.5
平均预期寿命	年	69.5	75	72.8	60.0	3	1.8
D、生活质量					24.7	23	5.7
恩格尔系数	%	49	40	45.4	40.0	4	1.6
居住质量指数	%	18	75	23	8.8	11	1.0
农民文化娱乐支出比重	%	2.5	7	3.3	17.8	3	0.5
农民信息化程度	%	28	60	44.5	51.6	5	2.6
E、民主法制					90.0	6	5.4
农民对村政务公开的满意度	%	55	85	89	100	3	3.0
农民社会安全满意度	%	60	85	80	80	3	2.4
F、资源环境					1.1	7	0.1
常用耕地面积变动幅度	%	−0.3	0	−2.9	−100	3	−3.0
森林覆盖率	%	16.5	23	20	53.8	2	1.1
万元农业GDP用水量	立方米／万元	2600	1500	551	100	2	2.0
农村全面建设小康实现程度合计						100	19.2

十七、湖北省农村全面建设小康监测报告

建设全面小康社会最艰巨、最繁重的任务在农村。为监测农村全面小康建设进程，反映建设社会主义和谐社会的成果，根据国家统计局制定的农村全面小康标准，对2005年湖北农村全面小康进程进行了跟踪监测。监测结果显示，2005年湖北农村全面小康社会建设取得新进展，实现程度达到28.5%，比2004年上升6.8个百分点。

（一）2005年农村全面小康测算结果分析

2005年是湖北省在党中央、国务院和省委省政府出台一系列更直接、更有力惠农措施的基础上，全省农业与农村经济发展良好，农民收入实现较快增长，农村改革迈出重大步伐，农村社会事业加快发展等基础上的继续，因而，进一步推动了农村全面小康建设进程。从监测指标的6大类来看，主要结果如下：

1．农村经济发展实现程度为17.3%，比上年提升2.9个百分点

在反映农村经济发展的指标中， 2005年农民人均纯收入为3099元，比上年增长7.2%，农民可支配收入为2993元，比上年增长9.2%，扣除以2000年为基期的价格因素的影响，农村居民人均可支配收入为2687元，全面小康实现程度为12.8%，比上年增加3.8个百分点；第一产业劳动力比重为47.4%，全面小康实现程度为17.3%，比上年提高0.6个百分点；农村小城镇人口比重为23.5%，全面小康实现程度为39.5%，比上年提高1.1个百分点。

由于党的各项农村政策对农民种田积极性的保护，虽然去年湖北省外出务工人员增加，但农村新增劳动力和部分外出农民的正常返乡，使得第一产业劳动力比重变化不大，离全面小康35%的标准还有很大的差距。尽管2005年农村居民可支配收入获得了大幅增长，但因其权数大，实现程度仍然很低，表明提高农村居民可支配收入是经济类指标能否如期实现小康的关键。

2．农村社会发展实现程度为30.2%，与上年相比增0.2个百分点

从社会发展的四项指标看：2005年，农村合作医疗覆盖率为17.2%，全面小康实现程度为9.0%，比上年略增0.1个百分点。导致湖北农村合作医疗发展滞缓的主要原因是2005年农村新型合作医疗在具体实施过程中出现诸如医疗、药品价格过高、报销手续复杂等问题，使农民从中得到的实惠不多，加上宣传工作不到位，导致部分农民不想参加农村合作医疗，甚至已经参加的农民中也有退出的。农村养老保险覆盖率为9.5%，全面小康实现程度为13.2%，基本与上年的9.44%持平。农村居民收入分配的公平程度继续处在相对合理区间，基尼系数为0.3，全面小康实现程度为100%；每万农村居民拥有的农业科研人员数为1.6人，全面小康实现程度为20%，比上年提高1个百分点，但实现程度仅比总体小康值略高，这与湖北农业大省的地位极不相称。

3．农村民主法制实现程度为66.3%，比上年下降5.7个百分点

虽然各地积极推进基层民主建设，进一步健全村务公开和村民自治制度，而且实现程度较高，但同全国一样，农民对农村民主法制建设的满意度还是有所下降。从反映民主法制的两项指标看，2005年农民对村政务公开的满意度为78%，全面小康实现程度为77%，比上年下降13个

百分点；农民对社会安全的满意度为74%，全面小康实现程度为56%，比上年提高2个百分点，这一升一降两种变化充分反映了湖北省农村民主法制建设的当务之急是加强农村基层组织的建设和规范化。

4．农村人口素质实现程度为28.6%，比上年下降0.5个百分点

近年来湖北省城乡人口受教育程度的差异仍在继续扩大，2005年全省农村人口平均受教育年限为7.9年，仅相当于初中二年级的水平，平均受教育年限指标的全面小康实现程度为31.3%，比上年下降0.6个百分点；农村人口平均预期寿命为70.5岁，全面小康实现程度为18.2%，与去年水平持平。

5．农民生活质量实现程度为22.7%，比上年提高14.5个百分点

从反映生活质量的四个方面看，恩格尔系数、农村居民居住质量、农民文化娱乐支出比重、及农民信息化程度的全面小康实现程度均有提高。2005年湖北省农村居民恩格尔系数为49.1%，全面小康实现程度为－0.7%，而2004年恩格尔系数为51.5%，实现程度为－28.1%；农村居民居住质量指数为26.4%，全面小康实现程度为14.7%，比上年提高4.7个百分点；农村居民文化娱乐消费支出比重为3.4%，全面小康实现程度为19.3%，比上年提高1.1个百分点；农村居民的信息化程度为47.5%，比上年上升10.7个百分点，全面小康实现程度为60.8%，比上年提高33.4个百分点，农民信息化程度大幅提高主要是随着近年来农村劳动力大量外出，以及农民参与市场经济的交往范围进一步扩大，对电话的需求刚性上升所致，另外，随着农民收入的逐步提高和彩电的不断降价，彩色电视机大举进入农家也为农民带去了越来越多的信息。

6．资源环境实现程度为57%

从反映资源环境的三项指标来看，2005年森林覆盖率为27%，万元农业GDP用水量为1370立方米，全面小康实现程度均为满分；随着国家和湖北省对耕地保护力度的加大，前几年农村常用耕地面积的持续下降的局势得到有效遏制，但今后的压力会加大，只要耕地面积减少超过0.3%，得分即为－3分。因此，今后应进一步加大对耕地的保护力度。

综上所述，从农村全面小康的六个方面18项指标来看，2005年农村全面小康进程的总体特点是：农村经济方面的全面小康进程加快，但第一产业劳动力比重依然过大，经济基础依然薄弱；农村居民生活质量稳步提高，但反映农民精神文化生活的指标“农民文化娱乐消费支出比重”依然过低；农村人口素质受平均受教育年限的制约难以上升，并存在下降的危险；农村社会发展进程相对缓慢，农村合作医疗覆盖率、农村养老覆盖率等指标的全面小康实现程度仍还很低；农村民主法制建设因农民对村政务公开的满意度大幅下降而受阻。

（二）湖北省农村全面小康建设存在的问题

1.农村经济发展后劲存在不足

(1)农业基础设施仍然脆弱，抵御风险能力低。据有关部门统计，湖北省大中型泵站主电机和水泵老化率在60%以上，有的基本属于淘汰产品，渠道建筑物老化率在40%以上，灌溉能力下降。如荆门市2005年持续数月的春夏旱灾至6月下旬全市水稻尚未插播面积约15万亩，占上年水稻总播面的6%；已插播而干旱严重的约120万亩，占已插播面积的48%。

(2)农村居民收入低水平增长的格局尚未根本改变，收入增长不平衡的问题仍很突出。尽管从总体上看，2005年湖北农民收入仍然保持了较高的增长水平，但地区之间、农户之间以及城乡之间收入增长很不平衡。一是地区之间收入增长不均衡。增长最高的武汉市人均增收达到386元，增幅达9.8%，增长最少的恩施州人均仅增收50元，增幅只有3.1%。二是农村内部农户之间收入增长不平衡，收入差距继续扩大。2003年湖北省农村居民收入的基尼系数为0.2975，2004年为0.3071，2005年扩大到0.3140。湖北在1985 年农户中20%的高收入农户与20%的低收入户的收入之比为2.68：1（以低收入农户为1，下同），2002年达到4.45：1，2003年为4.64：1，2004年为5.06：1，2005年达到5.31：1，这表明农村高低收入群体的贫富程度进一步加剧。三是城乡之间收入差距进一步扩大。从湖北城乡居民收入比来看，2002年城乡居民收入比（以农民人均纯收入为1）为2.78：1，2003年为2.85：1；虽然2004年缩小为2.78：1，但到2005年二者的比率又跃升到2.90：1，差距再次扩大。

2.农村社会发展滞后

(1) 农业技术服务满足不了需要。一是经费不足、基层农业信息技术员少，高素质的农技推广人员少，无法大范围推广农业新技术。二是推广手段落后。一些农技人员主要凭借感性和经验搞推广服务，缺乏必要的检验、检测设备和分析仪器，特别是发展高产稳产粮食，需求矛盾更加突出。

(2) 农村教育和医疗卫生条件较差。由于基础教育薄弱、投入不足、师资队伍素质偏低，部分农村地区的教育条件比较落后。特别是在一些经济欠发达地区，个别家庭无力提供子女上学费用，教师"孔雀东南飞"现象突出，巩固"普九"的任务繁重，初中生辍学严重，致使农村青少年接受教育的程度和质量远远落后于城市。迄今为止，湖北省农村劳动力平均受教育年限还未满8年，尚未达到初中文化程度。同时，农村劳动力的整体素质也不高，大多缺少就业必需的技能、技术，限制了农业剩余劳动力的转移领域，增加了农村劳动力资源开发利用和充分就业的难度。近年来，农村医疗卫生条件虽然有所改善，以大病统筹为主的新型农村合作医疗制度正在建立，但发展程度偏低。农村卫生投资比重不高，城乡医疗资源配置不合理，医疗卫生管理和服务跟不上，公共卫生差等，农民看病难的状况仍然存在。就新型农村合作医疗的推行来讲，有些地方也存在财政资金紧张、农民交费难、基金管理不规范等问题，实施难度大。

(3) 农村社会保障体系建设仍然落后。受我国长期实行城市倾向政策形成的城乡二元结构的影响，农民在社会保障方面受到的制度歧视还没有彻底根除，除土地外，农民基本享受不到社会福利的待遇，农民的正当权益很难保障。目前城镇居民享受的住房公积金以及各种社会保险如医疗保险、养老保险、失业保险、各种福利等，绝大多数农民都不能享受，即使享受，城乡之间的标准差距也很大。如城镇居民最低生活保障标准线为180元／月，农民为50元／月。虽然目前一些地区正在探索建立农村养老和最低生活保障制度，但总的来看不能满足整个农村社会的需要，相当多的农民被排斥在现代社会保障体系之外。

3.农业税免征后面临一些新的问题和矛盾

一是乡镇及村组干部的职能和角色转换尚未及时到位。一方面因农业税全部免征，乡村干部的工作量大大减少，人浮于事的现象较为突出，另一方面乡村公共基础设施建设、技术服务、合作医疗、养老、乡村规划、社会治安、环境保护等因缺乏相应的财政支持而没有人管，过去依靠农业税支撑的农村公共服务体系，正处于崩溃之中；二是村级自治组织正常运转困难。农业税全免后，财政收入渠道变窄，刚性支出又必须确保，加剧了乡镇财政收支矛盾。村级组织缺失财政基础，农村民主自治难以运转；三是基层债务沉重，成为农村不安定的重要因素。2005年底，全省村平净负债超过16万元，基层债务眼前还没有找到化解的办法，新一轮的讨债高峰必将在农村上演，势必导致农村新的私有化浪潮和不安定。

（三）加快湖北省农村全面小康建设的对策建议

1. 加强农村思想文化建设

文化建设应把帮助农民确立健康的精神、意识放在首要位置上。农村全面小康建设应以此为突破口，广泛宣传科学思想、科学知识和健康向上的先进文化。文化建设除了提高农民的知识水平外，更重要的是让农民接受先进文化的洗礼和熏陶，尊重农民的首创精神和农民的意愿，多组织开展一些健康向上的文化活动。只有用健康向上的先进文化充实头脑，思想上、观念上才能跟上时代发展的步伐，摒弃腐朽落后的思想。

2. 大力改善农村经济发展的各种环境和条件

一是加强农业综合生产能力建设。在稳定粮食播种面积的同时，实行严格的耕地保护制度。加强农田水利基础设施建设，提高水利设施的使用效率，加大对大江大河堤防除险加固力度。加强良种繁育和先进栽培技术的研究与推广，提高单产，改善品质。要充分利用好国家扶持发展农业机械化的政策，加快发展农业机械化，减轻农民劳动强度，提高农业生产力；二是建立健全城市支持农村相互促进协调发展的机制。要依靠工业化致富农民，依靠城镇化带动农村，依靠农业产业化稳定提高农业，建立工业反哺农业的良好机制。通过培育小城镇主导产业，把小城镇发展同调整乡镇企业布局、推进农业产业化和发展农村二三产业结合起来，在政策、法律和市场等方面，赋与民营企业更优良的发展环境，加快发展民营经济；三是加大对农村公共事业的投入，加大农村环境治理力度；四是进一步规范农业生产资料市场，加强监管力度，降低农民的经营风险和经营成本，提高农业生产效益，确保农民增产增收。

3. 大力发展农村非农产业促进农村劳动力快速转移

解决“三农”问题的根本途径在于实现城乡经济社会均衡发展，因此，要加快农村劳动力转移就业，将农村劳动力转移就业纳入公共就业服务体系，为农民外出务工提供信息、培训、劳务派遣和维权等“一条龙”服务。大力发展民营经济，积极鼓励和扶持农村有一定经济实力的能人兴办各种类型的个体私营企业和组织，彻底打破所有制界限，对现有乡镇企业实行多种形式的所有制改造，经营方式实行多元化，提高乡镇企业对农民工的吸纳能力。要继续积极发展劳务输出。各级政府特别是经济欠发达地区的县乡政府要把劳务输出作为最快的富民产业来办，提高工资性收入对农民收入增长的贡献率。

4. 完善农村土地制度

一是加大《中华人民共和国农村土地承包法》的宣传贯彻落实力度。对农村土地承包情况要进行全面执法检查，坚决纠正农村土地承包工作中侵犯农民权益的违规违法行为；二是切实解决农村土地承包纠纷。尊重群众首创精神，落实村民自治，加强基层基础工作，增强基层调解调处纠纷的能力；三是建立土地流转日常管理机制，规范土地流转方式。要认真研究克服人地矛盾的对策，使土地延包三十年不变的政策得到更好的贯彻、落实，确保农民的生活水平不因人口变化而受到影响；四是建立严格的耕地保护制度。任何单位任何人占压农村耕地的，必须根据《中华人民共和国土地管理法》和《中华人民共和国农村土地承包法》的规定，要与承包农户签订协议，履行合法的征占用手续，提高补偿标准；五是采取多种形式推进土地规模经营，要在公平、公正的基础上运用多种办法推进土地适度集中，实现农业机械化和农业现代化，努力避免采取非市场化手段进行的土地集中引发的纠纷。

2005年湖北省农村全面建设小康综合表

指　标	单位	总体小康值	全面小康值	2005实际值	实现程度	权数	综合分值
A、经济发展					17.3	29	5.0
农村居民人均可支配收入	元／人	2200	6000	2687	12.8	20	2.6
第一产业劳动力比重	%	50	35	47.4	17.3	5	0.9
小城镇人口比重	%	16	35	23.5	39.5	4	1.6
B、社会发展					30.2	20	6.0
农村合作医疗覆盖率	%	10	90	17.2	9.0	8	0.7
农村养老覆盖率	%	1.8	60	9.5	13.2	4	0.5
万人农业科技人员数	人	1	4	1.6	20.0	4	0.8
农村居民基尼系数	—	0.35	0.3—0.4	0.3	100	4	4.0
C、人口素质					28.6	15	4.3
平均受教育年限	年	7.4	9	7.9	31.3	12	3.8
平均预期寿命	年	69.5	75	70.5	18.2	3	0.5
D、生活质量					22.7	23	5.2
恩格尔系数	%	49	40	49.1	—0.7	4	0.0
居住质量指数	%	18	75	26.4	14.7	11	1.6
农民文化娱乐支出比重	%	2.5	7	3.4	19.3	3	0.6
农民信息化程度	%	28	60	47.5	60.8	5	3.0
E、民主法制					66.3	6	4.0
农民对村政务公开的满意度	%	55	85	78	77	3	2.3
农民社会安全满意度	%	60	85	74	56	3	1.7
F、资源环境					57	7	4.0
常用耕地面积变动幅度	%	—0.3	0	0	0	3	0.0
森林覆盖率	%	16.5	23	27	100	2	2.0
万元农业GDP用水量	立方米／万元	2600	1500	1370	100	2	2.0
农村全面小康实现程度合计						100	28.5

十八、湖南省农村全面建设小康监测报告

党的十六大提出了建设“全面小康”社会的宏伟目标。建设全面小康社会最艰巨、最繁重的任务在农村。为了准确反映湖南农村建设全面小康社会的进程，按照国家统计局下发的《农村全面小康标准》及相关监测方法，对湖南省农村全面小康建设进程进行监测，结果表明：2005年湖南农村全面小康社会的实现程度为25.8%，比上年提高6.4个百分点。

（一）2005年湖南省农村全面小康实现程度

近年来，在湖南省委、省政府的领导下，湖南各地全面落实中央一号文件精神，紧紧围绕农村全面小康建设，做了大量卓有成效的工作，取得了农业增产农民增收的好成绩。农村全面小康建设迈出了坚实的一步。在评价农村全面小康实现程度的六大指标中，六大类均有不同程度的增长。从18个指标来看，全省已有森林覆盖率、基尼系数和农民对社会安全满意度3个指标达到全面小康标准，实现程度达到100%；农村居民人均可支配收入、第一产业劳动力比重、农村小城镇人口比重、农村合作医疗覆盖率、农村养老保险覆盖率、万人农业科研人员数、农村人口平均受教育年限、农村人口平均预期寿命、农村居住质量指数、农民文化娱乐消费支出比重、农民生活信息化程度、农民对村政务公开的满意度、常用耕地面积变动幅度、万元农业GDP用水量等14个指标，刚过总体小康标准，但恩格尔系数这个指标尚未达到总体小康标准。

1.农村环境资源实现程度高于全国水平

2005年湖南省农村环境资源方面的实现程度有32.9%，明显高于－22%（2004年全国水平）。湖南省素称“七山一水二分田”，林业资源条件较好。特别是近年来，湖南按照人与自然和谐发展的要求，以建设绿色湖南为目标，加大农村生态环境建设的力度，推进生态省建设，再造湖南秀美山川。森林覆盖率为40.6%，远远超过农村全面小康值23%的标准，实现程度达100%。湖南省万元农业GDP用水量为1890立方米，稍高于农村全面小康值1500立方米的标准，实现程度为64.5%。年末耕地面积为381.58万公顷，比2004年略有减少，但比2000年的392.16万公顷，减少了10.58万公顷，下降2.7%，这对农村全面小康综合实现程度影响也较大

2.农村民主法制建设成效明显

2005年湖南省农村民主法制方面的实现程度达到78.3%，比2004年提高3.3个百分点。这主要是由于各级党委、政府重视在增加农民收入、满足农民生存需求的同时，重视满足农民对民主权利和安全的需求，加大了民主法制建设力度，为广大农民营造了政治上民主、生活上安定的良好社会环境，取得了显著的成效。随着农村政务公开的规范化，农民对村政务公开的满意度逐年提高，农民对村政务公开的满意度为72%，实现程度为57%，比上年提高7个百分点。农民对社会安全的满意度为88%，实现程度为100%。

3.农村经济发展实现程度提升较快

2005年湖南省农村经济发展的实现程度12.7%，比上年提升7.1个百分点。在国家粮食直补、全免农业税率等一系列惠农政策的促进和自然气候比较有利的条件下，农民收入增加较多。

2005年湖南农民人均纯收入为3117.74元，比上年增加279.99元，实际增长7.2%，为近年来的最好水平之一。湖南农村劳动力转移速度进一步加快，全年转移农村劳动力1382万人，为推动农民收入持续增长做出了积极贡献。从反映评价的3个具体指标看，农民可支配收入为2677.1元，实现程度为12.6%，比上年提高3.8个百分点。第一产业劳动力从业比重为48%，实现程度为13.3%，比上年提高4.7个百分点，农村小城镇人口比重18.4%，实现程度为12.6%。

4.农村居民生活质量稳步提高

2005年农村居民生活质量实现程度为15.3%，比上年提高12.2个百分点。从反映农村居民生活质量的四个方面看：食品支出在农民生活消费支出中所占的比重变化不大，恩格尔系数虽然由上年的52.4%下降为52%，仍未达到49%的总体小康值标准，故实现程度为−33.3%。居住质量指数主要由人均居住面积25平方米以上的农户比重、居住钢筋混泥土结构和砖木结构住房的农户比重、饮用自来水、使用清洁能源和使用卫生厕所的农户比重以及农户居室外道路条件等6个指标综合评价决定，2005年湖南省这6个指标分别为73.8%、98.8%、11.8%、2.8%、11.6%和64%，从而加权计算得到居住质量指数为25%，实现程度为12.3%。生活信息化程度主要由彩电普及率、电话普及率和电脑普及率3个指标加权而成，2005年湖南省这3个指标分别为98%、80%和2%，从而计算得到生活信息化程度为44.9%，实现程度达52.8%。湖南省农民家庭文化娱乐支出的比重一直在较低水平徘徊，农民文化娱乐支出人均105.59元，占生活消费支出的比重为3.8%，远远低于全面小康值7%的标准，这一指标的实现程度仅为28.9%。

5.农村社会发展的实现程度为29.1%，比上年提升1.7个百分点

从社会发展的四个指标看：每万个农村居民拥有的农业科研人员2.2人，万人农业科研人员数实现程度高达40%，同比提升2个百分点；由于湖南省推进新型农村合作医疗制度，新型农村合作医疗试点工作取得良好效果，农村合作医疗覆盖率由上年的8.5%提高到11%，同比提升2.5个百分点；而农村养老保险覆盖率由于起点较低，发展缓慢。2005年为3.5%，实现程度只有2.9%，同比提高0.3个百分点。农村居民收入分配的公平程度仍处在合理区间，2005年湖南省农村居民基尼系数为0.3046，实现程度为100%。

6.农村人口素质的实现程度未变

2005年湖南省农村人口素质的实现程度为38.4%。农村人口平均受教育年限为8年，实现程度为37.5%。农村居民平均预期寿命为71.8岁，实现程度为41.8%，与2004年相比没有变化。

（二）影响湖南农村全面小康社会建设发展的主要因素

1.农民增收压力大

2005年湖南省农民人均可支配收入2998元，按2000年可比价计算只有2677元，要在2020年达到6000元的全面小康水平，平均每年增长必须在5.5%以上。2005年在政策优势、气候有利的作用力下，农民人均纯收入才得以高速增长。但除此外，1998年以来，农民人均纯收入增长速度均在5%左右。2006年及以后若干年，尽管政策优势依然存在，但对农民的直接补贴、免税等只能维持2004年的水平或者略高一点，对农民纯收入的增长不会形成大的拉力。气候难以预测，湖南是自然灾害多发地区，与2005年相似的利农好气候不会很多。随着农产品产量的增加，农产品价格已经出现一些品种价格波动。那么，农民增加收入靠什么？现实证明单靠纯农业是不行的，必须进行产业调整，劳动力必须向二三产业转移。可是，统计资料显示，产业结构调整和农民劳动力的转移都不快。2005 年，第一产业劳动力比重虽有所下降，但占全部劳动力比重仍比较高。经济的发展，农民纯收入的增加是全面小康建设的关键所在，只有经济发展了，农民纯收入增加了，农民生活质量才能提高，人口素质才能改善，农村才能发展。同时，湖南省第一产业劳动力仍占很大比重，农村小城镇人口比重还相当低。同时，城乡间、地区间、农户间收入差距依然较大，与构建和谐社会的要求相距较远。

2.恩格尔系数居高不下

恩格尔系数是指食品支出占生活消费支出的比重，是目前国际上通用的反映居民总体消费水平与结构的主要指标，一般情况下，随着居民整体生活水平的提高，恩格尔系数呈下降趋势。从恩格尔系数看，湖南省农民生活质量长期处在温饱阶段，离全面小康标准相差甚远。2001 年至 2005 年，湖南省农村居民恩格尔系数分别为 0.529、0.525、0.519、0.524、0.52，未达到总体小康标准。

3.农村人口文化素质偏低

在农村全面小康测评体系中，农村人口平均受教育程度是仅次于农民收入的第二位重要的指标，占有权重 12 分。由于湖南农村科技教育文化事业发展滞后，影响了农村儿童入学率，再加上农村较高素质的劳动力大量流向城市，农民文化素质提升的难度非常大。据抽样调查推算，2005年湖南省农村劳动力的平均受教育年限为8年，相当于初中二年级的水平。人口素质的提高是一项难以一蹴而就的工作，根据综合因素分析，该项指标的得分必须达到 10 分以上，实现程度才有可能超过 90%，才能实现全面小康的目标。据此推算，农村人口的平均受教育年限达到 8.8 年是湖南农村能否提前全面实现小康的一个重要的时间表，也就是说，什么时候能够使农村平均受教育年限达到 8.8 年，基本决定了湖南省能提前多少年基本实现全面小康的宏伟目标。

4.常用耕地面积持续减少

常用耕地是指耕地资源中条件较好的耕地。近年来，湖南省农村一些常用耕地被变为非农用地，宝贵的耕地资源持续减少，不仅影响今后的农业发展，也给现阶段全面小康建设带来一定的困难。2001 年至 2005 年，常用耕地面积变动率分别为 −0.23%、−0.78%、−2.24%、−0.48%、−0.1。建设占用耕地质量与补充耕地质量比较，占优补劣现象依然存在。建设占用的耕地不少是居民点周边的优质高产良田，而补充的耕地多来自荒地的开发，大部分为旱地。因此，实现耕地动态平衡和补充优质耕地的难度越来越大。

（三）加快湖南省农村全面小康社会建设的几点建议

1.把增加农民收入作为农村全面建设小康社会的中心任务来抓

按照统筹城乡经济社会发展的要求，坚持“多予、少取、放活”的方针，积极推进农业、农村经济结构调整，努力提高农业的综合素质和整体效益，从农业内部增收。加快产业结构的调整，特别是调整农业内部经济结构，大力发展牧业、渔业，鼓励推广特色农业。促进农村富余劳动力的转移，进一步降低第一产业劳动力比重，从农业外部增收。加大对农村的有效投入，着力增加农民收入。2006年中央财政用于“三农“的支出达到3397亿元，比上年增加422亿元。各地要不断加大财政支农的力度并将其长期化、制度化，确保一定比例的财政资金用于大型农田水利工程、农业综合开发项目、重大农业科研项目的建设。尤其是加大财政资金支持粮食主产区发展农产品加工业的力度，实现农业增值、农民增收。进一步巩固和推进农村税费改革政策，维护农民发展生产的积极性，实现农业资源大省向经济强省迈进。同时，要加快农村贫困人口脱贫步伐，努力缩小城乡、地区以及农户之间乡居民收入差距，实现共同富裕。

2.大力发展农村教育事业，造就一代新型农民

农民素质的高低决定农业生产力的发展和提高，影响农村社会的进步。各级政府要大力发展农村教育事业，要从资金、人力、物力等方面给予保障和支持。一是在对国定贫困县中小学生实施“两免一补”的基础上，鼓励有条件的地区对本地区内的贫困家庭的中小学生给予一定补贴，尽快对九年义务教育学费实行全免。二是全面普及九年义务教育，坚决杜绝新一代文盲。三是逐步扩大中等职业教育招生人数和普通高中、大学招生人数。扩大高学历继续教育，进一步提升农村人口素质。四是加强各类职业技术培训和多样化的继续教育、成人教育职业教育，提高现有劳动力的文化教育程度，使构建学习型社会取得实质进展。五是调整政府财政支出，继续加大财政对农村教育的支持力度

3.加快农村小城镇建设，推进农村劳动力向非农产业和城镇有序转移

一是对农村小城镇的建设要做出全面、科学、合理的布局和规划，搞好小城镇基础设施建设，提升聚集效应，杜绝低价占用农民土地现象的发生。二是要从法律上保护农民的权益，进一步优化农民就业的社会环境，杜绝低价使用农民工及同工不同酬。三是加强并规范对现有农村劳动力的培训，提高其文化素质和劳动技能，增强农民的再就业能力。四要大力发展中小企业和非公有制经济，为广大农民提供更多的就业机会。

4.建立健全农村社会保障体系

首先，要加快农村医疗卫生基础设施的建设，不断完善新型农村合作医疗制度，逐步建立健全农村养老、医疗保险和最低生活保障制度。2006年，湖南省参加新型农村合作医疗试点县市区扩大到43个，2007年扩大到73个，2008年扩大到100个以上，到2010年全面覆盖全省122个县市区，实现2010年新型农村合作医疗覆盖率达到100%的规划目标。农民参合率达80%以上，使农民获得最基本的社会福利，实现病有所医、贫有所济。其次，要将农村养老保险纳入制度化、规范化、法制化轨道，建立农村养老保障金和办好农村养老院，使农民老有所养，老有所乐。再次，要以农村改水、改路、改厕为重点，改善农村居住条件。调整财政支出结构，将更多的农村生活基础设施项目纳入公共财政领域，在资金上给予支持。在农村提倡使用清洁能源，鼓励农民美化村庄环境，改善农村生活条件。

5.保护耕地，努力实现真正意义上的耕地占补平衡

耕地是湖南省的稀缺的资源。近年来，由于各种建设不断占用耕地，耕地面积越来越少，到2005年底，湖南省人均耕地面积只有0.71亩。如果占用耕地的现象得不到遏制，长期下去，将威胁到农业的发展和粮食的安全。中央一号文件要求：各级政府要切实落实最严格的耕地保护制度，按照保障农民权益，控制征地规模，严格遵守对非农占地的审批权限和程序，严格执行土地

利用总体规划；要严格区分公益性用地和经营性用地，明确界定政府土地征用权和征用范围；完善土地征用程序和补偿机制等。在加快经济发展的同时，必须认真执行中央关于最严格的耕地保护制度，严格控制征用标准农田， 把好用地关，使有限的耕地资源发挥更大的效应。必须加大依法保护耕地资源的力度，加强统一规划与管理，改进土地资源利用方式，提高资源利用效率，努力实现真正意义上的耕地占补平衡。进一步提高农村的可持续发展能力，促进人与自然的和谐发展。

二十二、湖南省平江县努力构筑农民健康金桥

湖南省平江县地处湘鄂赣三省交界处，是一个国家级贫困县，也是一个山区农业大县。2005年9月确定为试点项目县。2006年1月1日，该县新型农村合作医疗正式启动运行，至2月底止，全县参合农民住院人数771人，医药费补偿总额24.9万元，人平补偿522元，补偿率为41.84%。目前，平江县新型农村合作医疗运行机制基本形成，首批近五千农民群众减轻了医疗费用负担，初尝甜头，社会反响良好，试点工作取得了阶段性成果，呈现出“政府得民心，农民得实惠”的良好工作格局，健康金桥初具雏型。

2005年湖南省农村全面建设小康综合表

指　标	单位	总体小康值	全面小康值	2005实际值	实现程度	权数	综合分值
A、经济发展					12.7	29	3.7
农村居民人均可支配收入	元/人	2200	6000	2677.1	12.6	20	2.5
第一产业劳动力比重	%	50	35	48	13.3	5	0.7
小城镇人口比重	%	16	35	18.4	12.6	4	0.5
B、社会发展					29.1	20	5.8
农村合作医疗覆盖率	%	10	90	11	1.3	8	0.1
农村养老覆盖率	%	1.8	60	3.5	2.9	4	0.1
万人农业科技人员数	人	1	4	2.2	40.0	4	1.6
农村居民基尼系数	—	0.35	0.3—0.4	0.3046	100	4	4.0
C、人口素质					38.4	15	5.8
平均受教育年限	年	7.4	9	8	37.5	12	4.5
平均预期寿命	年	69.5	75	71.8	41.8	3	1.3
D、生活质量					15.3	23	3.5
恩格尔系数	%	49	40	52	—33.3	4	—1.3
居住质量指数	%	18	75	25	12.3	11	1.4
农民文化娱乐支出比重	%	2.5	7	3.8	28.9	3	0.9
农民信息化程度	%	28	60	44.9	52.8	5	2.6
E、民主法制					78.3	6	4.7
农民对村政务公开的满意度	%	55	85	72	57	3	1.7
农民社会安全满意度	%	60	85	88	100	3	3.0
F、资源环境					32.9	7	2.3
常用耕地面积变动幅度	%	—0.3	0	—0.1	—33	3	—1.0
森林覆盖率	%	16.5	23	40.6	100	2	2.0
万元农业GDP用水量	立方米/万元	2600	1500	1890	64.5	2	1.3
农村全面小康实现程度合计						100	25.8

十九、广东省农村全面建设小康监测报告

党的十六大提出了我国在本世纪头二十年全面建设小康社会的宏伟目标。而农村全面小康的实现在整个小康实现过程中举足轻重。"十五"期间广东省委、省政府全面落实科学发展观，坚持统筹城乡发展的方略，贯彻以工促农、以城带乡和"多予、少取、放活"的方针，切实解决"三农"最迫切的问题，全省农村全面小康建设取得了令人瞩目的可喜成绩。2005年广东农村全面小康实现程度过半，达53.9%。

（一）"十五"期间广东农村全面小康进程

2005年是十五计划的最后一年，也是广东农村经济社会发展较快的一年，农业生产加速发展，农民生活得到改善，农村社会更加和谐。农村各项事业全面推进，社会主义新农村建设已初具规模，有力地促进了农村全面小康建设进程。根据国家农村全面小康标准和监测方法计算，2005年广东农村全面小康实现程度达到53.9%，比上年提高7.2个百分点，比2000年上升24.9个百分点。

1、经济发展形势喜人

"十五"时期，广东在农村劳动力转移、农村工业化和农村小城镇建设等方面取得了长足进展，"十五"期间，广东仅省级投入"三农"资金就达467亿元。执行了严格的耕地保护制度，粮食总产量保持稳定。农业结构调整取得新成效，效益农业和特色农业迅速发展。林业、畜牧业发展加快。海洋经济进一步壮大，产值约占全国的1/5。农业产业化进展顺利，全省农业龙头企业达1482家，带动农户421万户。农民专业合作组织有新发展，农产品深加工势头良好，农业现代化示范区逐步扩大。农业先进适用技术得到广泛应用，主要农作物良种覆盖率达93%。2005年广东农民人均纯收入达4690.5元，比2000年增加1036元，实际年均增长达4.1%。"十五"期间广东水、旱灾害频繁，禽流感疫情频发，在这样的年景下取得了如此的成绩实属难能可贵。

测算表明，2005年广东农村在经济发展方面的全面小康实现程度由2000年的43.4%上升到64.6%，比2000年提高21.2个百分点，平均每年提高4.2个百分点。在反映农村经济发展的三项指标中，农村居民人均可支配收入为4331元（按2000年价格水平折算），全面小康实现程度为56.1%，比2000年提高19.4个百分点；第一产业劳动力比重为32.1%，全面小康实现程度达100%，比2000年提高32.7个百分点；农村小城镇人口比重为28.0%，全面小康实现程度为63.2%，比2000年提高15.8个百分点。

2、社会发展深得民心

"十五"期间，由于广东各级政府加大了对农村卫生、科技、社会保障事业的支持，财政投入不断加大，促进了农村社会事业的发展。2003—2005年，省财政投入约44.21亿元，解决农村"行路难"、"看病难"问题，落实农民最低生活保障制度，农村居民普遍反映良好。建立了由农民个人、集体和政府财政共同分担，以财政投入和集体扶持为主的新型农村合作医疗制度筹资机制，从2002年至2005年，全省农村合作医疗筹资约30亿元，省财政扶持资金达到

4.8亿元；2003年至2005年，全省农村合作医疗住院补偿161万人次，补偿金额达到21亿元，医疗救助3.7万人次，救助金额约5000万元。

据测算，在全面小康建设当中，社会发展类指标2005年实现程度为47.0%，比2000年提高7.3个百分点。从社会发展的分项指标看，农村居民收入分配的公平程度处在相对合理区间，虽然近年农民收入差距有扩大的趋势，但2005年又略有下降，基尼系数为0.3289，全面小康实现程度为100%；农村新型合作医疗发展较快，全省农村合作医疗覆盖率达50.5%，全面小康实现程度为50.6%，比2000年提高35.8个百分点。

3、人口素质逐步提高

"十五"期间，广东加大了对农村基础教育的投入，从2003年至2005年，省财政加大对农村义务教育的转移支付力度，共拨出30.75亿元，建立农村义务教育发展保障机制；并在16个扶贫开发重点县开展农村免费义务教育试点。据农村住户抽样调查，2005年广东农村少年儿童（7—15岁）在校率为98.4%，比2000年提高2.1个百分点；具有高中及以上文化程度的农村劳动力占农村总劳动力的比重为16.8%，比2000年提高3.1个百分点。农村人口文化素质有较大提高。农村在人口素质方面的全面小康实现程度由2000年的19.0%上升为38.0%，提高8个百分点，平均每年提高1.6个百分点。从反映人口素质的监测指标看，2005年广东农村人口平均受教育年限为7.89年，平均受教育年限指标的全面小康实现程度由2000年的6.9%上升为30.6%。农村人口的平均预期寿命73.2岁，小康实现程度为67.3%。

4、生活质量全面改善

"十五"期间，在发展生产的前提下，广东加强了农村基础设施的建设，加大了农村安居工程、农村电网改造、农村饮水工程的建设力度，并取得明显效果。农村生产生活条件明显改观，农村电价进一步降低，农村居民生活质量得到全面改善。这类指标全面小康实现程度由2000年的20.6%上升2005年的50.1%，提高29.5个百分点，平均每年提高5.9个百分点。反映农村居民生活质量的四项指标发展情况如下：

农民信息化程度为52.5%，全面小康实现程度为76.6%，比2000年大大提高69.7个百分点，平均每年提高13.9个百分点。2005年广东农村居民中彩色电视机普及率为90.9%，比2000年提高21.4个百分点；电话普及率为77.0%，提高38.1个百分点；计算机普及率为8.8%，提高6.9个百分点。

居住质量指数为53.1%，全面小康实现程度为61.6%，比2000年提高18.4个百分点，平均每年提高3.7个百分点。2005年广东农村居民人均住房面积为25.7平方米，比2000年增加3.3平方米，增长14.7%。在住房面积中，钢筋混凝土结构面积占74.2%，楼房面积占70.8%，分别比2000年增加16.1和15个百分点。2005年广东农村居民饮用自来水的农户比重为39.5%，享有水冲式厕所的农户比重为54.1%，分别比2000年增加4.7和13.2个百分点。

文化娱乐消费支出的比重为3.4%，全面小康实现程度从2000年的总体小康水平上升为20.0%。据抽样调查，2005年广东农村居民人均文化教育娱乐用品及服务支出为360.73元，比2000年增加47.2元，增长15.1%。

农村居民恩格尔系数由2000年的49.8%下降为48.3%，全面小康实现程度从2000年的负

8.9%扭转为2005年的实现7.8%。2005年广东农村居民人均食品消费支出1789.4元，比2000年增长35.8%，其中用于主食消费支出为306.1元，增长11.3%，占食品消费支出比重由24.6%下降为20.1%。农村居民生活质量发生了质的变化。

5、民主法制日益健全

"十五"期间由于广东积极推进基层民主建设，进一步健全村政务公开和村民自治制度，农民对村政务公开的满意度提高。各级公安部门加大力度打击犯罪活动，农村社会治安进一步好转，食品安全越来越受到重视，农民对社会安全的好转普遍认同。在这方面全面小康实现程度为75.9%，从2000年总体小康的基础上一跃到完成全面小康的四分之三进程。据对30个样本调查县开展的抽样调查显示，2005年广东农村居民对村政务公开的满意度为76.9%，全面小康实现程度为73%；对社会安全的满意度为79.7%，全面小康实现程度为78.8%。

6、资源环境不断优化

在发展生产和提高生活水平的同时，"十五"期间广东仍然注意了保护资源，优化环境，规范了土地的开发利用，土地征用减少，常用耕地面积逐年减少的势头得到有效控制。"十五"时期，仅省级财政安排林业支出就达49.9亿元，进一步加大了对林业生态体系建设与保护的力度。全省共完成荒山人工造林和封山育林581万亩。到2005年，广东农村在资源环境方面全面小康实现程度达到56.7%，比2000年提高44.6个百分点，平均每年提高8.9个百分点。从反映资源环境的三项指标看，森林覆盖率达到47.4%，全面小康实现程度达到100%；万元农业GDP用水量为2066立方，全面小康实现程度为48.5%；常用耕地面积比上年减少0.2%，全面小康实现程度为33.3%。

"十五"期间，农村全面小康评价六大部分的指标广东有四大部分实现进度过半。分别是：民主法制75.9%、经济发展64.6%、资源环境56.7%、生活质量50.1%。2005年与2000年相比，从总体小康向实现全面小康的进程中提升超过20个百分点的大类指标分别为：民主法制大幅提高75.9个百分点、资源环境提升42.4个百分点、生活质量提升29.5个百分点、经济发展提升21.2个百分点。

（二）广东农村全面小康建设的主要问题

"十五"时期广东农村全面小康建设在省委、省政府的高度重视下，积极制定措施，层层加大投入，克服困难，多方努力，取得了振奋人心的成果。仅仅五年时间，从总体小康向全面小康进程就已经迈过了一半多，这是值得骄傲的。但是，广东农村全面小康建设在地区之间、不同指标间及不同年份间的发展不够平衡；就全国范围来看，与浙江、江苏等省相比，仍然还有不足之处，主要是：

1、农村经济增长仍然较慢

农村全面小康建设最根本的是经济建设，它是全面小康建设的基础。在衡量小康发展进程的六大类指标中，经济建设权重占29%，接近三成。其中农村居民人均可支配收入指标占20%的权重。2005年广东农村居民人均可支配收入折算为2000年可比价为4331元，"十五"期间年均实际增长3.8%。远低于"十五"期间广东城镇居民人均可支配收入年均实际增长8.0%的速度。从农村居民人均纯收入情况看，广东“十五”期间年均增长5.1%，低于同期全国农村居民人均纯收入年均增长7.6 %的速度，而浙江省、江苏省和山东省同期的增长速度则分别为9.4%、8.0%和8.1%。

2、社会发展步伐不快

在全面小康建设监测指标中，社会发展方面有四项指标，其中农村居民基尼系数已经达到全面小康水平，位于0.3至0.4之间；农村合作医疗发展较好，覆盖率接近50%；农村养老保险覆盖率完成则不甚理想，2005年只达5.24%，实现小康进程仅完成5.9%，是在农村全面小康建设监测所有的单项指标中实现程度最低的，与浙江、江苏、山东等省存在较大的差距；万人农业科技人员数2005年为1.84人，与2000年相比不增反减，仅完成全面小康进程的28%；这也是小康建设当中应当引起高度重视的问题。

3、农村人口素质提高不快

农村人口素质包括平均受教育年限和平均预期寿命两个指标，由于平均预期寿命数据要求使用人口普查资料计算（目前使用2000年人口普查数），所以农村人口素质的测定就集中反映在平均受教育年限这个指标上。根据农村住户抽样调查资料测算，2005年广东农村居民平均受教育年限为7.89年，比2000年增加0.38年，只完成小康建设进程的30.6%，“十五”期间进展较缓，与广东文化大省的建设不太相称。

（三）几点建议

1、继续加大农村经济建设力度

到“十五”期末，广东农村全面小康建设进程虽然过半，但是剩下的路程仍然很艰巨，如果农村经济建设得不到较快的发展，也即农民收入得不到较快的增长，农村的其它各项事业就没有坚实的基础和财力的支持，这不仅将延缓经济发展本身指标的发展速度，而且也势必影响到社会发展、生活质量等其它各项指标的完成。从而延迟全面小康目标的实现。因此，在“十一五”规划期内，必须认真贯彻落实中共广东省委关于制定第十一个五年规划的建议，切实完成省政府提出的“十一五”时期的奋斗目标和主要任务，继续加大支持“三农”力度，倾斜“三农”政策，切实减轻农民负担，使广东农村经济出现更多新气象，农民收入增长进入快速发展的轨道。

2、更加注重农村社会发展

在大力发展农村经济的同时，切不可忽视农村各项社会事业的发展。特别是要稳定农业科技队伍，增加农业科技人员数量，提高农业科技含量。还要做好农村居民养老保险的普及工作。在农民收入提高、生活逐步富裕起来之后，各级政府还要再加大投入，建立和完善有关制度，在全省范围内逐渐扩大农民参加养老保险的覆盖面，不断缩小城乡差别、地区差别，使农村居民真正解除后顾之忧，进一步激发其生产积极性，这不仅是建设农村全面小康的重要条件，而且也是建设社会主义新农村的题中之义。

3、进一步提高农村人口素质

解决“三农”问题除了政策因素外，关键要靠人才。建设农村全面小康的主体是农民，没有高素质的农民，就难以加快全面小康的建设。而人口素质的提高基础在教育。提高教育质量，增加农村人口平均受教育年限，是农村和农业发展的内在动力，是建设好社会主义新农村的百年大计。因此，要认真落实好农村义务教育免交学杂费等政策，切实解决农村特困户和困难户子女上学难问题，使农村儿童都能上学，都能平等地享受到九年制义务教育的权利。

4、资源环境建设不可掉以轻心

"加快建设资源节约型、环境友好型社会"是党的十六届五中全会确定的重要内容，是从我国国情出发而提出的一项重大决策。广东的经济和全国一样，已经保持了近30年的持续快速增长。但现实告诉我们，如果不改变传统的高投入、高消耗、低效率的粗放型增长方式，不在全社会进行强化节约资源，保护生态环境的意识，经济的发展必然会越来越多地受到资源约束，人民的生存环境也会更加恶化。广东常用耕地面积变动幅度，在"十五"发展期间出现过徘徊局面，如果不持之以恒地遏制耕地面积减少的趋势，亦将直接影响广东农村全面小康建设目标的实现。

2005年广东省农村全面建设小康综合表

指　标	单位	总体小康值	全面小康值	2005年实际值	实现程度(%)	权数	综合分值
A、经济发展					64.6	29	18.7
农村居民人均可支配收入	元／人	2200	6000	4331	56.1	20	11.2
第一产业劳动力比重	%	50	35	32.1	100.0	5	5.0
小城镇人口比重	%	16	35	28.0	63.2	4	2.5
B、社会发展					47.0	20	9.4
农村合作医疗覆盖率	%	10	90	50.5	50.6	8	4.1
农村养老覆盖率	%	1.8	60	5.24	5.9	4	0.2
万人农业科技人员数	人	1	4	1.84	28.0	4	1.1
农村居民基尼系数	—	0.35	0.3—0.4	0.3289	100.0	4	4.0
C、人口素质					38.0	15	5.7
平均受教育年限	年	7.4	9	7.89	30.6	12	3.7
平均预期寿命	年	69.5	75	73.2	67.3	3	2.0
D、生活质量					50.1	23	11.5
恩格尔系数	%	49	40	48.3	7.8	4	0.3
居住质量指数	%	18	75	53.1	61.6	11	6.8
农民文化娱乐支出比重	%	2.5	7	3.4	20.0	3	0.6
农民信息化程度	%	28	60	52.5	76.6	5	3.8
E、民主法制					75.9	6	4.6
农民对村政务公开的满意度	%	55	85	76.9	73.0	3	2.2
农民社会安全满意度	%	60	85	79.7	78.8	3	2.4
F、资源环境					56.7	7	4.0
常用耕地面积变动幅度	%	−0.3	0	−0.2	33.3	3	1.0
森林覆盖率	%	16.5	23	27.4	100.0	2	2.0
万元农业GDP用水量	立方米／万元	2600	1500	2066	48.5	2	1.0
农村全面小康实现程度合计	%					100	53.9

二十、广西壮族自治区农村全面建设小康监测报告

根据国家统计局制定的农村全面小康标准和监测方法，对广西2005年农村全面建设小康实现程度进行了测算。从测算的结果看，2005年广西农村全面小康建设的步伐有所加快，但所面临的任务仍很艰巨。

（一）2005年广西农村全面小康实现程度为13.4%。

2005年，广西各地继续认真落实中央关于“多予少取放活”的方针，在国家和自治区的多项支农、惠农政策的支持下，农村社会经济得到了较快发展，农民减负增收效果明显，全面小康建设进程加快，2005年广西农村全面小康实现程度达到了13.4%，比上年提高了6.4个百分点。

从测评的六个大的方面来看，广西农村进入总体小康至全面小康阶段的指标（综合指标值为正数）有社会发展、人口素质、生活质量、民主法制和资源环境等五项，得分分别为4.4分、2.9分、2.8分、4.1分和1.6分；没有达到总体小康标准的（综合指标值为负数）是经济发展指标，分值是-2.4分。在十八项监测指标中，有十三项指标数据比上年有所提高，有四项指标持平，只有基尼系数一项指标数据比2004年下降。

（二）主要指标测评分析

1、经济发展得分为-2.4，比上年增加1.2分，没有达到总体小康目标要求

（1）2005年广西农村居民人均可支配收入达到2235元，比总体小康值（2200元）超出35元，但离全面小康值（6000元）低3765元。农村居民人均可支配收入比上年增长了6.0%，增加了0.7分，实现全面小康目标程度为0.9%。

（2）第一产业劳动力比重仍高于总体小康值和全面小康值的目标要求。2005年广西农村第一产业劳动力占农村总劳动力的比重为56.1%，高于总体小康值（50%）和全面小康值（35%）的目标要求。第一产业劳动力所占比重过高，一方面说明农村二、三产业发展滞后，另一方面说明农村劳动力转移潜力巨大。

（3）农村小城镇人口比重为13.5%，比上年提高0.6个百分点。比总体小康值（16%）低2.5个百分点，比全面小康值（35%）低21.5个百分点。

2、社会发展得分为4.4，全面小康实现程度为22.2%，与上年基本持平

（1）农村合作医疗覆盖率。近年来，广西在部分市、县开展了农村合作医疗试点，方便了群众看病治病，解决了部分群众因病返贫的问题，取得了较好的成效。2005年广西农村合作医疗覆盖率为20.4%，离全面小康90%的目标要求还有较大差距，实现程度为13.0%。受农民收入低、就医报销手续繁琐等因素的制约，加上一些地方宣传不够，农民对合作医疗还有疑问，要提高农村合作医疗覆盖率还需各地政府和有关部门做好宣传发动工作。

（2）农村养老保险率。农村养老保险是一项新的事物，目前只在部分地区开展，一些农民对农村养老保险制度还缺乏了解，2005年广西农村养老保险率只有4.6%，超过总体小康1.8%的目标要求，但没有达到全面小康（要求为90%）。农村养老保险率低，主要与农民的收入水平

和农民的保险意识不强有关。

（3）万人农业科技人员数是衡量农村科技水平的重要指标。2005年广西万人农业科技人员数为1.6人，超过了总体小康1人的目标要求，但没有达到全面小康（要求为4人）。

（4）农村居民基尼系数是衡量农村居民之间收入水平差距的指标。随着农民收入的增长，农村居民之间收入水平会产生一定的差距，农村居民基尼系数有所扩大。2005年广西农村居民基尼系数只有0.26，表明广西农民收入还比较低，农村居民之间收入差距处于相对平均的状态。

3、人口素质得分为2.9分，与上年持平

2005年农村人口平均受教育年限为7.6年，超过了总体小康7.4年的目标要求，但没有达到全面小康目标（要求为9年）。平均预期寿命是72岁，超过了总体小康69.5年的目标要求，但没有达到全面小康目标（要求为75年）。

4、生活质量得分2.8分，提高较快

（1）恩格尔系数是农村居民食品支出占生活消费支出的比重，是国际上衡量居民消费水平高低的重要指标。2005年广西农村居民恩格尔系数为0.52，基本接近总体小康49%的目标要求，但远没有达到全面小康目标（要求为40%）。

（2）农民居住质量指数是反映农村居民居住条件好坏的指标。由人均住房面积、饮用水状况、使用清洁能源、卫生厕所配套状况以及居住外道路条件等六个方面加权计算得到。根据调查资料测算，2005年广西农民居住质量指数为30.6%，超过了总体小康18%的目标要求，但没有达到全面小康目标（要求为75%）。

（3）文化娱乐支出比重是指农民文化娱乐支出占全年生活消费支出的比重。2005年广西农民文化娱乐支出比重2.6%，略高于总体小康2.5%的目标要求，但没有达到全面小康目标（要求为7%）。

（4）农民生活信息化程度是反映农村居民对信息产品消费能力和信息获取能力的综合指标。由彩色电视机普及率、电话普及率和计算机普及率三个指标加权而成。2005年广西农村居民生活信息化程度为34%，高于总体小康28%的目标要求，但没有达到全面小康目标（要求为60%）。

5、民主法制得分4.1分，提高0.2分

根据对全区部分市、县的抽样调查，2005年广西农民对村政务公开的满意度79%，高于总体小康55%的目标要求，没有达到全面小康目标（要求为85%）。主要是群众反映一些地方村务公开形式化，没有定期公开，或公开内容不够全面。

农民对社会安全满意度为74%，高于总体小康60%的目标要求，但没有达到全面小康目标（要求为85%）。主要是群众反映一些地方时常发生偷盗抢、赌博、吸毒等现象，农村一些地方群众参赌六合彩现象还较为突出，危害了农村的社会稳定。

6、资源环境得分1.6分，提高较快

广西常用耕地变动幅度趋小，该指标的得分也上升。2005年广西森林覆盖率达到41.4%，已达到全面小康的水平，但不能掉以轻心，必须继续坚持保护森林，保护生态环境。2005年广西万元农业GDP用水量为2283立方米，比2204年减少99立方米，主要是由于2005年广西降雨减少，春秋干旱频发，同时广西各地加大节水工作力度，用水量有所减少。

（三）广西实现农村全面小康的难点和对策建议

广西农村实现全面小康建设面临的难点主要有以下四个方面：

1 、农民收入总体水平仍然较低

农民收入是农村全面小康的核心指标，在农村全面小康综合评价18项指标中，农民收入占有20%的权重。因此这项指标的高低，对整个小康综合水平的影响举足轻重。2005年广西农民人均纯收入达到了2495元，农民人均可支配收入刚刚达到总体小康值水平，开始向全面小康目标迈进，但与全国先进省、市的差距仍然较大。因此，要实现广西农村全面小康目标，农民收入水平低且增速慢是最大的难点。

2、农村劳动力比重仍过大，农村城镇化水平低

2005年广西农村第一产业劳动力的比重仍高达56.1%，由于经济发展水平不高，农村劳动力还没有能够较好地转移到农村二、三产业上来；另一方面，虽然近年来自治区为促进小城镇的健康发展，在户籍管理制度方面进行了一些改革，但小城镇发展仍然缓慢，2005年小城镇人口只占13.5%，远远低于全面小康的目标要求。

3、农村社会保障水平低，农民就医难、养老难的问题还比较突出

农村全面小康综合评价对农村社会保障水平给予了极大的关注，农村合作医疗覆盖率赋予了8%的权重，农村养老保险覆盖率被赋予了4%的权重，两者合计占到12%的权重。而广西2003年才恢复进行农村新型合作医疗试点，要达到全面推广仍有待一个较长的时期，目前农村养老保险极少，短期内还难以有大的发展。

4、常用耕地逐年减少，资源环境令人忧

从2001年2005年，广西耕地面积有所减少，2005年虽然减幅有所下降，但仍不能从根本上遏制耕地面积减少的势头。

要加快实现广西全面小康的建设进程，重点是着眼于以下几个方面的发展：

一是千方百计加快农村二、三产业的发展，加快农村劳动力转移，促进农民收入得到持续、快速的增长。

二是以人为本，重视改善农民的生活条件，使农民的生活条件有明显的改善。

三是严格法律手段，切实保护好现有耕地。

四是加大对农业的科技投入，提高农业生产效益，建立农业科技人员的激励机制，稳定农业科技队伍，更好地服务于农业

五是要加大城乡统筹发展的力度，逐步加大农村基础建设和农田基本建设，加快城镇化进程，促使农业和农村经济持续、快速、健康发展。

二十三、广西合浦县农村新型合作医疗试点启示

广西合浦县是广西第二批被列入12个新型农村合作医疗试点县之一。开展合作医疗试点工作以来，合浦县委、县政府高度重视，制订相关文件，把新农合试点工作列入各乡镇党委、政府工作目标考核，乡镇党政实行领导包片，镇干包村，逐级抓落实，新型农村合作医疗试点工作取得了一定的成绩。到2006年5月10止，全县参合人数发展到433435人，比2005年底增加了25876人，增6.3%；参合率达59%，比2005年提高了3.6个百分点。但目前全县还有41%的农民不愿参加新型农村合作医疗。

1、农民不愿参加合作医疗的主要原因

经调查分析，农民不愿参加合作医疗的主要原因有以下几个方面：一是住院医药费报销比例偏低以及准报销的药品品种太少，农民认为受益不多。二是县外就医报销起付线远远高于本地，且报销手续繁锁，外出务工人员难以感受"新农合"政策的优惠。三是目前农村医疗卫生设施和服务条件较差，不能满足农民的卫生医疗需求。四是部分乡村干部对新型农村合作医疗政策持怀疑态度。五是部分农民健康风险和互助共济意识淡薄。

2、确保新型农村合作医疗工作健康发展的启示

根据上述原因分析，为确保新型农村合作医疗工作的健康发展。必须做好以下工作：一是加大宣传力度，提高广大农民的健康风险和互助共济意识，夯实新型农村合作医疗基础。二是进一步简化就医程序和报销手续。三是适当扩大报销范围，可报销的药品、检查和治疗项目不要定得太死。四是适度调整补偿比例，使基金既不沉淀过多，也不出现透支。五是增加农村卫生投入，改善乡村医院卫生条件 提高医疗技术水平和服务质量。六是加强基金和药品的监管力度，确保基金安全、合理使用；完善药品采购制度，规范药品及医疗服务价格；让农民代表对合作医疗基金的使用拥有充分的监督权。

2005 年广西壮族自治区农村全面建设小康综合表

指　标	单位	总体小康值	全面小康值	2005 实际值	实现程度	权数	综合分值
A、经济发展					−8.2	29	−2.4
农村居民人均可支配收入	元／人	2200	6000	2235	0.9	20	0.2
第一产业劳动力比重	%	50	35	56.1	−40.7	5	−2.0
小城镇人口比重	%	16	35	13.5	−13.2	4	−0.5
B、社会发展					22.2	20	4.4
农村合作医疗覆盖率	%	10	90	20.4	13.0	8	1.0
农村养老覆盖率	%	1.8	60	4.6	4.8	4	0.2
万人农业科技人员数	人	1	4	1.6	20.0	4	0.8
农村居民基尼系数	—	0.35	0.3—0.4	0.26	60	4	2.4
C、人口素质					19.1	15	2.9
平均受教育年限	年	7.4	9	7.6	12.5	12	1.5
平均预期寿命	年	69.5	75	72	45.5	3	1.4
D、生活质量					12.0	23	2.8
恩格尔系数	%	49	40	50.5	−16.7	4	−0.7
居住质量指数	%	18	75	30.6	22.1	11	2.4
农民文化娱乐支出比重	%	2.5	7	2.6	2.2	3	0.1
农民信息化程度	%	28	60	34	18.8	5	0.9
E、民主法制					68.0	6	4.1
农民对村政务公开的满意度	%	55	85	79	80.0	3	2.4
农民社会安全满意度	%	60	85	74	56.0	3	1.7
F、资源环境					22.7	7	1.6
常用耕地面积变动幅度	%	−0.3	0	−0.1	−33	3	−1.0
森林覆盖率	%	16.5	23	41.4	100	2	2.0
万元农业 GDP 用水量	立方米／万元	2600	1500	2283	28.8	2	0.6
农村全面小康实现程度合计						100	13.4

二十一、海南省农村全面建设小康监测报告

党的十六大以来，党中央把解决“三农”问题作为全党工作的重中之重，党的十六届五中全会明确提出了建设社会主义新农村的重大历史任务。海南农村的发展状况如何？离全面小康还有多大距离？根据国家发布的农村全面小康评价标准，对2005年海南省农村全面小康建设进程进行了监测分析。

（一）海南省农村全面小康实现程度达到22.8%

经过综合评价测算，至2005年底海南省农村全面小康综合分值达到22.8分，比2004年提高了6.6分，提高的幅度较大，但离全面小康还有较大距离。

1、六大方面总体情况

经济发展类实现程度达到10.4%，社会发展类实现程度达到35.2%，人口素质类实现程度达到17.8%，生活质量类实现程度达到24.8%，民主法制类实现程度达到56.7%，资源环境类实现程度达到14.3%。

2、单项指标变化情况

(1) 达标的指标个数增加。至2005年末，18项指标中已经达标的有3项，尚未达标的有15项，实现程度有所提高。

(2) 小康建设中相对落后的是常用耕地变动幅度，由于耕地连年减少，实现程度是-100%，使得小康评价综合分值减少3分。第一产业劳动力比重也比较落后，实现程度为-45.3%，使得小康评价综合分值减少2.3分。

(3) 在小康进程中变动最大的是农民生活信息化程度，实现程度从2004年的50.3%增加到2005年的85.3%，变动最小的是农村居民基尼系数。它说明在小康进程中，政府在发展生产的同时也致力于人民生活的改善，人民群众切实感受到了经济发展带来的生活方面的巨大变化。

(4) 万元农业GDP用水量已经达标，这与海南特有的热带海洋性气候有关，海南一年四季雨水充足，每年7、8月份台风过后带来了大量的雨水，土地相对较为湿润，使得农业用水量相对较少。

3、农民收入和生活水平的提高是确保全省农村实现全面小康的关键

农民人均可支配收入在小康综合评价中权数为20，占有相当大的比重，2005年实现程度达到13.8%，使小康评价综合分值得到2.8分。

4、实现程度较高的指标

对全省农村实现全面小康做出较大贡献，实现程度较高的指标是：森林覆盖率、万元农业GDP用水量、农村居民基尼系数、农村小城镇人口比重、农民生活信息化程度、农民居住质量指数、农村人口平均预期寿命等。森林覆盖率实现程度已达到100%，使全面小康评价综合分值达到2分；万元农业GDP用水量实现程度2005年为100%，使小康评价综合分值达到2分；农村居民基尼系数实现程度已达到100%，使小康评价综合分值达到4分；农民居住质量指数实现程度

从2004年的38.8%提高到2005年的43.0%，使小康评价综合分值达到4.7分。

5、实现程度为负的指标

实现程度为负数的是第一产业劳动力比重、常用耕地变动幅度、恩格尔系数等，2005年实现程度分别为-45.3%、-100%、-95.6%。

（二）海南省农村小康进程中的特点、重点和难点

2005年海南农村小康建设的最大特点是农村合作医疗工作进展迅速。海南省自2003年12月开始新型农村合作医疗试点工作，试点开展两年来，海南省新型农村合作医疗试点工作取得突破性新进展。截止2006年1月1日，制度试点已覆盖琼海、澄迈、五指山、海口、三亚、定安、昌江、屯昌、东方9个市县和洋浦开发区的94个乡镇，共有156.31万农民加入了新型农村合作医疗（占试点市县农业人口总数的69.71%），占全省农业人口的三成以上。

两年来，先期试点市县已有10.94万人次获得新型农村合作医疗补偿和免费体检，补偿金额1949.91万元。其中，住院补偿22091人次，补偿金额1812.25万元，平均每住院人次补偿820.36元；门诊补偿56077人次，补偿金额137.66万元，平均每门诊人次补偿24.55元，免费体检31200人次。

琼海、澄迈和五指山等先期试点市县已经初步建立起以大病统筹为主的新型农村合作医疗管理体制、筹资机制和运行机制，为全省进一步推进新型农村合作医疗制度建设提供了基本做法和经验。

2006年海南省将在全省范围内全面推开新型农村合作医疗制度建设工作，目前尚未开展合作医疗的市县6月底前要完成农民参合资金的收缴工作，确保从7月1日起，目前尚未开展合作医疗的市县也能正式运行新型农村合作医疗制度，参合农民至少要达到250万人（占全省农业人口总数的50%左右）以上。

从2006年起，参照中央财政补助标准，地方财政补助标准也相应提高。省财政对参合农民的补助标准，在原有基础上增加一倍，即国贫县每年人均补助20元、省贫县16元、其它县（市）12元。有条件的市、县、区也可适当增加财政补助标准。

从海南省农村小康建设可以看出，全省农村小康进程的重点在于经济发展类和生活质量类指标，两者占有52%的权数，目前实现程度只有10.4%和24.8%，其中有两项实现程度为负数，严重影响了全面小康建设的进程。

1．经济发展水平高低是农村全面小康实现的关键

从农村小康评价分值表可以看出，经济发展类指标在农村小康评价中占有29%的权重，对农村小康实现程度影响重大。只有经济发展水平提高了，农村小康的实现程度也较高，反之亦然。由于经济增长是社会全面进步的源动力。无论是经济发展质量的提高还是社会发展质量的改善都有赖于经济水平的提高，因此经济发展水平的高低就成了决定农村小康能否如期实现的关键。从目前情况来看，全省农村离全面小康还有较大距离。按照发展经济学理论，我国实现全面小康社会，人均GDP应达到3000美元，第三产业比重达到50%，农民人均可支配收入达到6000元以上，恩格尔系数在30%-40%。海南省目前农民人均可支配收入只有2930元，只及全面小康水平的48%。可见，海南省农村离全面小康还有相当长的路程。此外，农村的贫困制约了小

康的实现程度。农村的贫富差距在进一步扩大，2005年基尼系数达到36%，比2001年提高了5个百分点。全省农村仍有15万贫困人口，他们连基本的生活需求都难以维持，小康生活对于他们还非常遥远，如果这部分人群的生活状况不能迅速改变，全省农村全面实现小康是不可企及的。

2．提高生活质量是农村实现全面小康的重点

全面小康建设的根本目的是改善人民群众的生活质量，海南农村居民收入较低，由于传统的饮食习惯的影响，消费支出中用于食品类的支出较大，导致恩格尔系数偏高，实现程度为负95.56%，影响了小康评价的综合分值。也影响了生活消费其他方面的支出，不利于改善生活质量和提高生活水平。当前农民消费水平与小康生活水平差距较大，从农村小康评价中可以看出，海南省农村消费市场潜力巨大，农民消费水平与小康生活水平还有较大差距。据农村住户调查资料表明，至2005年底，农民百户均拥有电视机81台（其中彩色电视机77台），其它耐用消费品的拥有量更低，洗衣机百户均拥有量4台，自行车百户均拥有量48辆，这些显然不能满足农村居民生活的需要，离小康生活水平也相差甚远。只有大力发展农村经济，进一步提高农民的收入水平，才能不断改善农民的物质生活和精神生活，从而提高农村小康的实现程度。

3．保护资源环境是农村实现全面小康的难点

资源环境质量在农村小康评价中占有重要的地位，在经济发展水平达到一定程度以后，致力于保护资源环境则成为农村小康建设的难点。近年来，海南省耕地面积逐年减少，如何保证常用耕地面积的稳定是农村全面小康建设的难点。

4．农村民主法制建设落后，农民增收缓慢，农村社会保障体系有待进一步完善

当前全省农村民主法制建设仍然落后，农民对村政务公开的满意度和社会安全满意度不高，许多自然村交通状况急需改善，由于交通条件差造成的农产品销售困难的现象依然存在，农民收入近年来增长缓慢，2001年人均可支配收入为2199元，2005年为2930元，平均每年增长7.39%，远远低于GDP的增长速度。农村养老保险覆盖率指标实现程度较低，离小康标准差距较大。参加农村养老保险的人数较少，覆盖率仅有14.8%，实现程度为22.3%，离小康标准尚有较大差距。农村社会保障体系的建设远远落后于城市，广大农民在医疗、养老等方面得不到保障，对于未来的生活较为担忧，这些状况如果不及时改变，对于农村小康建设是极为不利的。

（三）海南农村建设全面小康社会的对策建议

1、加快社会主义新农村建设步伐

加大对农村的投入，改善农村基础设施建设，为农民奔小康夯实基础。海南省几年来在农村基础设施建设上对农田水利，农村能源，道路交通等方面投入了大量的人力、物力和财力，实施了一些较大的工程项目，取得了较为显著的成绩，部分农村基础设施条件有所改善，但是贫困地区农村仍然还亟待改善，有关部门在安排基础设施项目资金和信贷资金时，应当有针对性地倾斜，确保在较短的时间内使农村基础设施建设有较大改观。

2、统筹城乡关系，促进城乡经济社会协调发展

把城市和农村的经济社会发展作为整体来统一规划，通盘考虑，把城乡存在的问题及其相互因果关系综合起来统筹解决，加大对农业的投入，提供充足的农业和农村公共产品，增强城市对农村辐射力和对剩余劳动力的吸纳，通过统筹发展消除“三农”问题面临的体制性和结构性矛盾。

3、加大农村产业结构调整力度

充分立足海南优势来开展农业结构调整。从种植业来讲，要在继续稳定粮食生产的同时，突破性地发展多种经营，调整粮经结构，进一步提升海南省冬季瓜菜在国内市场的占有率和竞争力；优化农业区域布局，因地制宜地发展特色农业、优质农业和品牌农业，加快形成结构特色不同的专业经济区域和面向不同市场的经济地带，形成规模效益。加强农产品流通体制建设，积极鼓励支持多主体参与流通，大力开拓农产品市场，发展外向型农业，提高农产品的市场占有率。

4、加快农村小城镇建设步伐

通过农村小城镇建设把农村剩余劳动力转移出去。从而促进农民收入的增长和农村小康目标的实现。对农村小城镇的建设应重点解决好四个方面的问题：一是要全面、科学、合理布局和规划，因地制宜，扬长避短，做好小城镇的建设规划；二是要采取积极政策鼓励农民进城就业，包括土地政策、税收政策等，消除农民的后顾之忧；三是利用农村小城镇的集合功能，开拓农村市场，加快农村各产业的协调发展；四是以市场为导向，建立多元化的小城镇建设投入机制。

5、大力发展农村教育事业，造就高素质的农民队伍

如今农民的贫困更多的是素质的贫困，农村劳动力绝大多数只能掌握极低水平的生产技能，从事简单的劳动。特别是在贫困地区，还有相当一部分劳动者，即使各级政府和市场能给他们提供就业机会，他们也无法适应就业要求，最终还是只能回到农村从事简单生产劳动。因此，加大科技教育在农村的投入力度，有针对性地在农村开展农业生产技术培训、科技培训、文化素质培训等等，对提高农民素质，增强他们的自我发展适应小康社会建设需要的能力，也使农民通过培训而增强离开土地后的生存能力。

6、加大农村公共卫生和养老保障投入，不断提高农村社会保障水平

农民的健康水平和养老保障是农村进步和社会发展的表现，在广大农村，养老保险刚刚起步，农民未来预期不高，特别是计划生育家庭对养老保险寄予很大希望。因此，加大农村公共卫生和养老保障投入势在必行，一要加大农村公共卫生基础投入的力度，在“硬件”上缩小与城市公共卫生的差距，彻底改善农村卫生条件差的状况。二要充实基层医疗卫生人员，尽快提高基层医院的医疗救治水平。三要扩大农村合作医疗试点进度，解决试点中的问题，推动合作医疗发展步伐。四要高度重视农村养老保险投入，提高养老覆盖面，解决老年人后顾之忧。

2005年海南省农村全面建设小康综合表

指　标	单位	总体小康值	全面小康值	2005实际值	实现程度	权数	综合分值
A、经济发展					10.4	29	3.0
农村居民人均可支配收入	元／人	2200	6000	2724	13.8	20	2.8
第一产业劳动力比重	%	50	35	56.8	−45.3	5	−2.3
小城镇人口比重	%	16	35	28	63.2	4	2.5
B、社会发展					35.2	20	7.0
农村合作医疗覆盖率	%	10	90	20.7	13.4	8	1.1
农村养老覆盖率	%	1.8	60	14.8	22.3	4	0.9
万人农业科技人员数	人	1	4	1.8	26.7	4	1.1
农村居民基尼系数	—	0.35	0.3−0.4	0.36	100	4	4.0
C、人口素质					17.8	15	2.7
平均受教育年限	年	7.4	9	7.6	12.5	12	1.5
平均预期寿命	年	69.5	75	71.64	38.9	3	1.2
D、生活质量					24.8	23	5.7
恩格尔系数	%	49	40	57.6	−95.6	4	−3.8
居住质量指数	%	18	75	42.5	43.0	11	4.7
农民文化娱乐支出比重	%	2.5	7	3.3	17.8	3	0.5
农民信息化程度	%	28	60	55.3	85.3	5	4.3
E、民主法制					56.7	6	3.4
农民对村政务公开的满意度	%	55	85	71	53	3	1.6
农民社会安全满意度	%	60	85	75	60	3	1.8
F、资源环境					14.3	7	1.0
常用耕地面积变动幅度	%	−0.3	0	−0.4	−100	3	−3.0
森林覆盖率	%	16.5	23	49	100	2	2.0
万元农业GDP用水量	立方米／万元	2600	1500	1095	100	2	2.0
农村全面小康实现程度合计						100	22.8

二十二、重庆市农村全面建设小康监测报告

2005 年，重庆市各级党委政府认真贯彻落实中央一号文件精神，以农民增收为核心，以结构调整为主线，大力提高农业综合生产能力，积极推进城乡经济社会的协调发展。农村经济发展的内生动力增强，有效抵御动物疫情和自然灾害的不利影响，农村经济稳步发展，农民收入较快增长，极大推动了农村全面建设小康进程。监测结果显示，2005 年重庆市农村全面小康实现程度为 16.4%，比 2004 年提升 6.2 个百分点，是五年来增速最高的一年。

（一）重庆市农村全面小康综合实现程度评价

1. 农村经济发展实现程度 8.4%，比上年提升 5.7 个百分点

在反映农村经济发展的三个指标中，农村居民人均可支配收入实现程度7.2%，比上年提升5.2个百分点；第一产业劳动力比重的实现程度从上年的−4.7%到2.7%，提升7.4个百分点；农村小城镇人口比重实现程度21.1%，比上年提升5.3个百分点。

2. 农村社会发展实现程度 16.9%，比上年提升 6.6 个百分点

近年来，全市各级政府加大对农村卫生、科技、社会保障事业的支持，农村社会事业发展加快，社会公共供给机制正在发生重大而深刻的变化。2005 年末，农村新型合作医疗试点参合人数230万人，10个区县建立了农村最低生活保障制度。农村合作医疗覆盖率、农村养老保险覆盖率、万人农业科研人员数以及农村居民基尼系数的实现程度均有不同程度增长。

3. 人口素质实现程度 11.8%，比上年提升 5 个百分点

2005 年，人口素质综合实现程度 11.8%，比上年同期提升 5 个百分点。其中：农村人口平均受教育年限实现程度 12.5%，农村人口平均预期寿命实现程度 9.1%。

4. 农民生活质量实现程度 4.1%，比上年提升 13 个百分点

提高农民生活水平和质量是全面建设小康的出发点和落脚点，随着农民收入的增长以及农村基础设施建设的不断加强，农民生活质量继续提高。从反映生活质量的四个方面看，农村居民恩格尔系数实现程度−42.2%，比上年提升35.6个百分点；农民居住质量指数实现程度5.8%，比上年提升5.8个百分点；农民文化娱乐消费支出比重实现程度11.1%，比上年提升4.4个百分点；农民生活信息化程度的实现程度33.4%，比上年提升16.2个百分点。

5. 民主与法制实现程度 80.3%，比上年提升 7 个百分点

随着农村党员先进性教育活动的开展，基层党组织建设进一步加强，村民自治制度更加健全，村务公开普遍实行。农民对村政务公开满意度的实现程度77%，提升10.3个百分点；农民对社会安全满意度的实现程度84%，提升4个百分点。

6. 资源和环境实现程度 43.0%，比上年下降 14.1 个百分点

2005 年，全市加强了农村生态环境建设的力度，农村整个生态环境继续向良性方向发展。森林覆盖率、万元农业GDP用水量仍然达到全面小康标准，受耕地减少的影响，常用耕地面积变动幅度的实现程度为−33%。

在反映农村全面小康的六个方面18项指标中，有2个指标达到全面小康标准，分别是森林覆盖率、万元农业GDP用水量；实现程度超过50%的有农村居民基尼系数、农民对村政务公开的满意度和农民对社会安全的满意度3项；实现程度在10%—50%之间的有农村小城镇人口比重、农村人口平均受教育年限、农民文化娱乐消费支出比重和农民生活信息化程度4项；实现程度在10%以内的有农村居民人均可支配收入、第一产业劳动力比重、农村合作医疗覆盖率、万人农业科研人员数、农村人口平均预期寿命、农民居住质量指数6项；实现程度为负数的有3项，包括农村养老保险覆盖率、农村居民恩格尔系数和常用耕地面积变动幅度。

（二）重庆市农村全面建设小康社会的主要困难

尽管近年来重庆市农村经济取得了长足发展，但是农村基础设施建设薄弱，农业综合生产能力较差尚未有效解决；城乡差距继续拉大，农民增收的长效机制尚未形成；农村社会事业发展滞后尚未完全改变，与全面小康社会的目标要求还有很大的差距。总的说看，今后一段时期重庆市农村全面建设小康社会的难点和重点集中表现在以下方面：

1．农民增收的长效机制尚未形成

在农村全面小康综合评价18项指标中，农民收入占有20%的权重，是头等重要的指标。这两年，农民增收的主要支撑因素是政策倾斜、农产品价格上涨和产量增加，农民增收还缺乏稳定增长的牢固基础。作为农民收入增长的主要动力，国家对农业投入增长缓慢，农民收入单靠价格提高来增加，既不稳定，也难持久，有限的耕地资源也制略了产量的增加。同时，劳动力市场竞争日益激烈，农民外出务工收入增长的难度不断加大。

2．农村人口素质提升难

从这几年农村全面小康实现程度来看，人口素质的实现程度基本保持不变，离全面建设小康的实现还有88%的路程，任重道远。从目前看主要存在两大难度：一是农村人口的文化程度普遍偏低；二是农村较高文化程度的劳动力大量流向城市，农村平均受教育年限提升难度加大。

3．农村社会保障体系不健全

农村全面小康指标体系对农村社会保障水平非常重视，农村合作医疗覆盖率和农村养老保险覆盖率被赋于了12%的权重。从重庆市的情况看，尽管农村新型合作医疗覆盖不断扩大，但参加农村新型合作医疗的农民仍然较少，农民看病自费仍然是普遍现象，农民就医难、因病至贫、因病返贫的现象时有发生。由于国家财力有限，加之农民收入还较低，大多数农民没有享受养老保险。如果国家财政不加以解决，农村合作医疗覆盖率和农村养老保险覆盖率低的问题将长期制约重庆市农村全面小康建设进程。

4．地区间发展不均衡

由于地区间经济发展的不平衡性，全市各区（市）县农村全面小康实现程度差距很大，特别是14个国定贫困县的农村全面小康进程更为落后。这种奔小康过程中的发展不平衡现象，从很大程度上影响了全市整体向农村全面小康迈进的步伐。

（三）加快全面建设农村小康社会步伐的建议

在统筹城乡发展背景下，“三农”问题已经成为各级党委、政府工作的“重中之重”。必须抓住机遇，加快改变农村经济社会发展滞后的局面，扎实稳步推进农村全面小康和社会主义新农村建设。

1. 建立农民增收的长效机制

坚持中央一号文件提出的坚持“多予、少取、放活”的方针，千方百计增加农民收入。一是各级政府要加大对农业和农村投入的力度，完善和落实农业补贴政策、农产品价格政策、扶贫开发政策。二是认真贯彻落实农村税费改革和减免农业税的政策措施，同时取消各种不合理收费，切实减轻农民负担和保护农民合法权益。三是进一步提高农业生产率，使小生产方式转变为现代社会化的生产方式，同时为进入城市的农民提供公平的机会和必要的公共服务，使他们尽快融入城市社会。

2. 大力发展农村教育事业，培训新型农民

农民素质的高低决定农业生产力的发展和提高，影响农村社会的进步。要提高农村人口的科学文化素质，培育有文化、懂技术、会经营的新型农民，必须加快发展农村义务教育。根据中央1号文件的精神，2006年对西部地区农村义务教育阶段学生全部免除学杂费，对其中的贫困家庭学生免费提供课本和补助寄宿生生活费，2007年在全国农村普遍实行这一政策。从而保证农村适龄青少年上得起学、念得起书，保证家庭经济困难的学生不失学、不辍学。同时要大力开展农村劳动力技能培训。一方面要加强对从事农业生产农民的培训，促进科学种田、科学养殖，切实把农业发展转入依靠科技进步和劳动者素质提高的轨道上来。另一方面，要加大对农村劳动力转移就业技能的培训力度，造就数以千万计的高技能专门人才。

3. 进一步建立健全农村社会保障体系

各级党委、政府要加大对农村社会保障体系建设的投入，逐步建立与城市接轨的农村社会保障体系。要扩大农村新型合作医疗制度试点面，适当提高农民参保补助标准，力争建立起覆盖全市的农村新型合作医疗体系。同时积极探索农村养老保险试点，尽可能使最低生活保障的范围涵盖每一个实际需要的人，鼓励社会组织和个人为农村低保提供捐赠和资助，继续完善农村“五保户”供养、特困户生活救助、灾民补助等社会救助体系。

4. 加强农村基础设施建设，提高农民生活质量

改善农村生活设施是提高农民生活质量的前提条件，各级政府应适当调整财政支出结构，在资金上给予支持，将农村通电、通路、安全饮用水水、普及卫生厕所列入日常工作的议事日程，同时在农村提倡使用清洁能源，加强对污水和垃圾的治理，鼓励农民美化环境，改善农村生活条件。

2005年内蒙古自治区农村全面建设小康综合表

指 标	单位	总体小康值	全面小康值	2005实际值	实现程度	权数	综合分值
A、经济发展					8.4	29	2.4
农村居民人均可支配收入	元/人	2200	6000	2475	7.2	20	1.4
第一产业劳动力比重	%	50	35	49.6	2.7	5	0.1
小城镇人口比重	%	16	35	20	21.1	4	0.8
B、社会发展					16.9	20	3.4
农村合作医疗覆盖率	%	10	90	10	0.0	8	0.0
农村养老覆盖率	%	1.8	60	1.6	−0.3	4	0.0
万人农业科技人员数	人	1	4	1.0	0.0	4	0.0
农村居民基尼系数	—	0.35	0.3—0.4	0.28	85	4	3.4
C、人口素质					11.8	15	1.8
平均受教育年限	年	7.4	9	7.6	12.5	12	1.5
平均预期寿命	年	69.5	75	70	9.1	3	0.3
D、生活质量					4.1	23	1.0
恩格尔系数	%	49	40	52.8	−42.2	4	−1.7
居住质量指数	%	18	75	21.3	5.8	11	0.6
农民文化娱乐支出比重	%	2.5	7	3.0	11.1	3	0.3
农民信息化程度	%	28	60	38.7	33.4	5	1.7
E、民主法制					80.3	6	4.8
农民对村政务公开的满意度	%	55	85	78	77	3	2.3
农民社会安全满意度	%	60	85	81	84	3	2.5
F、资源环境					43.0	7	3.0
常用耕地面积变动幅度	%	−0.3	0	−0.1	−33	3	−1.0
森林覆盖率	%	16.5	23	27	100	2	2.0
万元农业GDP用水量	立方米/万元	2600	1500	700	100	2	2.0
农村全面小康实现程度合计						100	16.4

二十三、四川省农村全面建设小康监测报告

按照国家统计局下发的农村全面小康标准指标体系18项量化指标测算，2005年四川农村全面小康建设得分15.9分，比上年增加6.8分，综合得分距离全面建设小康还差84.1分，2005年四川农村居民向全面小康生活迈进了一大步，但距离实现全面小康还有很长的路要走。

从测评的六个方面来看，经济发展、社会发展、生活质量、民主法制和资源环境5项得分为正，全面建设小康开始起步，分别0.8、3.8、3.0、5.2、3.8分。人口素质得分为–0.8分，总体小康标准都还没有达到。从反映农村小康状况的18个单项指标分析，四川仅有森林覆盖率达到全面小康值的指标，其余17项指标与全面小康标准都还存在距离，不少指标甚至还没有达到总体小康水平。

（一）全面建设小康进程分析

经济发展指标得分0.8分，比上年增加0.9分。主要得益于农村居民人均可支配收入的得分比上年增加0.6分。社会发展得分3.3分，是由于基尼系数的变化所致。人口素质得分为–0.8分，比上年提高2.3分，是因为农村人口平均受教育年限有所提高。生活质量得分3.0分，比上年提高4.1分，主要由于农民信息化程度提高较多。民主法制得分5.2分，比上年提高0.3分。资源环境得分4.3分，与上年持平。

（二）主要指标实现程度分析

1、有1项指标达到全面小康建设标准

在全面小康建设标准18项量化指标中，2005年四川省森林覆盖率为30.2%，实现程度100%。

2、有12项指标达到总体小康标准而未达到全面建设小康标准

基尼系数：近几年四川省基尼系数处于0.2–0.3区间，说明四川省农民收入分配比较平均，2005年四川省农村居民基尼系数为0.28，实现程度88%。

农民对村政务公开满意度：据对三个县的抽样调查，2005年农民对村政务公开满意度为82%，比上年提高2个百分点，实现程度90%。满意度比上年有所提高，是由于2005年村务公开和支农政策的透明力度加大的原因。

农民对社会安全的满意度：据测算，农民对社会安全的满意度在70–81之间，2005年实现程度84%，仍有待提高。

万元农业GDP用水量：由于农业用水量下降，加上农业GDP增长较快，2005年四川省万元农业GDP用水量为1600立方，实现程度90.9%。

农村小城镇人口比重：2005年四川省城镇化率比上年提高0.7个百分点，2005年农村小城镇人口比重达到19%，实现程度15.8%。

农村养老保险覆盖率：2005年四川省农村养老保险覆盖率5.4%，实现程度6.2%。

农村人口平均预期寿命：2005年为69.5年，实现程度为0%，刚刚达到总体小康标准。

农民居住质量指数：2005年农民居住质量指数为21%，实现程度为5.3%。

农民文化娱乐支出比重：文化娱乐支出占生活消费支出的比重较低，呈波动发展，增长缓慢，说明四川省农民精神文化生活仍较贫乏。2005年实现程度15.6%。

农民生活信息化程度。四川省农民生活信息化程度增长速度快。2005年四川农村居民电话普及率从2004年的40.7%增长到94.4%，信息化程度指数为56.9，实现程度90.3%，是增长最快的一个指标。

农村居民人均可支配收入：由于四川省农村经济不够发达，2005年人均可支配收入2361元（2000年不变价），达到了总体小康标准，但全面建设小康实现程度仅为4.2%。

常用耕地变动幅度：由于2005年实行较为严格的耕地保护和复耕制度，同2004年相比，耕地减少几乎为零。这项指标实现程度为零。

3、在总体小康标准以下的指标有5项

农村人口平均受教育年限：据2005年住户调查中农村劳动力受教育年限和人口普查资料推算，2005年为7.3年，实现程度为−6.3%。

第一产业劳动力比重：四川是农业大省，又是人口大省，农业劳动力转移任务重，因此这一指标偏高，2005年为52%，实现程度为−13.3%。

农村合作医疗覆盖率：2005年四川省仍然没有达到总体小康标准，只有9.3%，实现程度为−0.9%。

万人农业科技人员数：2005年四川省万人农业科技人员数0.7，实现程度−10.0%。

农村居民恩格系数：2005年四川省农村居民恩格系数仍处于50%−60%之间，距40%以下全面建设小康标准（富裕阶段）还差很远。2005年为54.7%，实现程度为−63.3%。

（三）四川实现农村全面小康的难点

一是农民收入水平低。农民可支配收入是全面小康指标体系中的核心指标，权数最重，与它相关联的指标多。而四川由于经济相对落后，农民可支配收入直到2004年才刚达到总体小康标准，2005年实现程度也只有4.2%，上海市这个指标在2003年就已经达到了全面小康标准，因此加快农民增收的步伐是实现全面小康最重要的举措。

二是农业劳动力比重过高，农村城镇化水平低。由于四川是农业大省、人口大省，农村劳动力转移和农村小城镇建设显得更加任重道远。

三是农村人口素质需要提高。四川农村人口平均受教育年限还没达到总体小康标准，处于较低的水平。随着国家对农村义务教育阶段免费政策的逐步实施后，将会使四川农村年轻人口年教育程度的提高加快。

四是生活质量急待提高。目前四川农民恩格尔系数过高，2005年还比2003年高出0.8个百分点，接近贫困人口标准。主要原因仍是收入过低，甚至不能抵抗农产品涨价的影响。

2005年四川省农村全面建设小康综合表

指　标	单位	总体小康值	全面小康值	2005实际值	实现程度	权数	综合分值
A、经济发展					2.8	29	0.8
农村居民人均可支配收入	元／人	2200	6000	2361	4.2	20	0.8
第一产业劳动力比重	%	50	35	52	−13.3	5	−0.7
小城镇人口比重	%	16	35	19	15.8	4	0.6
B、社会发展					16.5	20	3.3
农村合作医疗覆盖率	%	10	90	9.3	−0.9	8	−0.1
农村养老覆盖率	%	1.8	60	5.4	6.2	4	0.2
万人农业科技人员数	人	1	4	0.7	−10.0	4	−0.4
农村居民基尼系数	—	0.35	0.3—0.4	0.28	88	4	3.5
C、人口素质					−5.0	15	−0.8
平均受教育年限	年	7.4	9	7.3	−6.3	12	−0.8
平均预期寿命	年	69.5	75	69.5	0.0	3	0.0
D、生活质量					13.2	23	3.0
恩格尔系数	%	49	40	54.7	−63.3	4	−2.5
居住质量指数	%	18	75	21	5.3	11	0.6
农民文化娱乐支出比重	%	2.5	7	3.2	15.6	3	0.5
农民信息化程度	%	28	60	56.9	90.3	5	4.5
E、民主法制					87.0	6	5.2
农民对村政务公开的满意度	%	55	85	82	90	3	2.7
农民社会安全满意度	%	60	85	81	84	3	2.5
F、资源环境					61.0	7	4.3
常用耕地面积变动幅度	%	−0.3	0	0.04	15	3	0.5
森林覆盖率	%	16.5	23	30.2	100.0	2	2.0
万元农业GDP用水量	立方米／万元	2600	1500	1600	90.9	2	1.8
农村全面小康实现程度合计						100	15.9

二十四、贵州省农村全面建设小康监测报告

根据国家统计局制定的农村全面小康标准进行测算，贵州2005年农村全面小康实现程度为-6.3%，比2004年提高3.8个百分点。

（一）贵州省全面小康建设进程特点

1．经济、社会全面发展

2005年，贵州各级党委、政府认真贯彻落实中央农村工作会议精神，抢抓“西部大开发”历史机遇，加大基础设施建设。进一步调整农村产业结构，积极、稳妥地实施畜牧业发展带动战略，结合退耕还林工程的实施，抓好优质、特色农产品种植。在举全省上下之力减轻各种自然灾害影响的同时，采取切实有效措施，加大新阶段农村扶贫开发工作力度。逐步扩大农村合作医疗试点县，缓解部分农村居民看病难和看病贵等存在的突出问题，使农村经济、社会全面发展。全省农村居民人均纯收入达到1877元，考虑价格因素数比上年增长5.2%，人均可支配收入单项指标的全面小康实现程度上升为-15.6%，比2004年提高1.1个百分点；第一产业劳动力比重、小城镇人口比重的实现程度由2004年的-81.3%、-23.7%上升到-80.7%和-21.6%，分别提高0.6个及2.1个百分点；农村合作医疗覆盖率的实现程度由2004年的0.5%上升到1%，提高0.5个百分点；农村养老覆盖率的实现程度由2004年的-2.6%上升到2.1%，提高4.7个百分点；万人农业科技人员的实现程度达到3.3%，比2004年提高3.3个百分点。

2．人口素质和生活质量逐步提高

随着农村卫生、教育事业的发展，逐步改善了农村居民的生活环境，收入水平的进一步提高，又增强了农村居民改善生活的支付能力，使人口素质和生活质量逐步得到提高。平均受教育年限由2004年的6.4年增加到6.5年；恩格尔系数由2004年的58.2%下降到52.8%；居住质量系数、文化娱乐支出比重的实现程度由2004年的0.4%、24.4%上升到1.9%和35.6%，分别提高1.5个及11.2个百分点；农民信息化程度的实现程度由2004年的-39.6%上升到-36.3%，提高3.3个百分点。

3．民主法制逐步健全，资源环境得到改善

2005年，贵州党的基层建设不断加强，村务公开的内容、范围逐步扩大，农村社会治安综合治理成效明显，政府对耕地的保护和有效管理力度加大，生态建设稳妥推进，使全省民主法制逐步健全，资源环境得到改善。农村居民对村务公开满意度的实现程度由2004年的5.3%上升到30%，提高0.4个百分；对社会安全的满意度维持在80%左右，安居乐业；常用耕地的实现程度为33%；森林覆盖率的实现程度相应由2004年的81.5%上升到100%，提高13.9个百分点。

4．社会发展快于经济发展

由于历史和地势、地貌等原因，贵州农村经济基础较差，严重制约了经济、社会的快速发展。但通过多年来的农村扶贫开发和各级政府对农村特困人群的生活加大供给、保障力度，使农村社会发展快于经济发展。农村建设全面小康进程表明，2005年社会发展的实现程度已达到

21.5%，而经济发展的实现程度却为-27.6%。

（二）贵州省农村小康建设中的难点

1．生产条件差，农村居民增收难

贵州农村为什么仍然相对落后？答案源于生产条件差，源于经济基础薄弱，也源于耕地资源匮乏。与西部不发达省区比较看贵州农村现状：一是乡村人口规模相对较大。贵州省虽不是人口大省，但乡村人口规模远超过陕西、甘肃和西藏。就全国农村最为贫困的几个省区而言，乡村人口的规模决定贫困人口规模，决定扶贫开发工作量的大小及其政府对解决"三农"问题的投入。2004年贵州省乡村人口3253.6万人，分别比陕西、甘肃、西藏多462.8万人、1190万人和3030万人。乡村人口总规模是西藏的14.55倍，也是甘肃的1.58倍。相比之下，贵州乡村人口规模客观上对党委、政府快速、全面地发展社会经济增添了难度。二是人均耕地占有量小。土地详查资料表明，2004年贵州省常用耕地面积4903.5千公顷，分别比云南、陕西、甘肃少1518.1千公顷、237千公顷和121.2公顷。由于乡村人口规模相对较大，人均耕地占有量仅2.26亩，分别比甘肃、陕西、云南、西藏少1.39亩、0.5亩、0.46亩和0.17亩。贵州省尤其在人口居住密集的部分行政村中，人均耕地占有量不足1亩，农作物种植面积少，常年缺粮户多，家庭收入微薄。三是牧草地资源相对不足，林地资源未占优势。由于省内地势山大坡陡，牧草地占农用地比重仅为1.18%，是西部最低的省份；林地占农用地比重虽达到35.9%，但分别比云南、陕西低24.7个和11个百分点。四是农业机械应用少，劳动强度大。2004年贵州平均每户乡村户农用机械总动力1.02千瓦，分别比西藏、甘肃、云南、陕西少3.86千瓦、1.86千瓦和0.84千瓦；每百户乡村户拥有大中型拖拉机配套农具0.61部，也分别比西藏、甘肃、云南、陕西少15.90部、7.29部、2.91部和1.96部。五是旱涝保收面积少，农用化肥施用量相对不足。因缺少必要的农用排灌动力机、节水灌溉类机械和生产资金，贵州人均旱涝保收面积0.24亩，分别比西藏、甘肃、陕西、云南少0.39亩、0.21亩、0.20亩和0.14亩；平均每亩农用化肥施用量15.2公斤，也分别比陕西、云南少12.6公斤和6.2公斤。六是固定资金、流动资金量小，农村居民家庭经营投入相对不足。2004年贵州农村居民户均生产性固定资产原值3696元，分别比西藏、甘肃、云南、陕西少16365元、1865元、1687元和946元；人均家庭经营现金投入366.8元，也分别比云南、陕西、甘肃少167.9元、143.4元和134.1元。七是主要农产品人均占有量少。贵州人均粮食占有量295.8公斤，分别比西藏、云南、甘肃少57公斤、47.6公斤和12.8公斤；人均水果占有量22.4公斤，分别比陕西、甘肃、云南少209.7公斤、71.7公斤和10.6公斤；人均肉类占有量38.1公斤，也分别比西藏、云南少38.4公斤和25.1公斤。

2．农村卫生、教育落后，人口素质提升难

贵州近年来文化教育和卫生落后的状况虽得到进一步的缓解，但由于基础较差，农村居民文盲、半文盲比重大，边远贫困地区、少数民族聚居区缺医少药现象仍普遍存在，导致整体人口素质低下。2005年人口素质的全面小康实现程度为-9.3%，即仅走过总体小康一半的路程，成为严重制约全面小康进程的因素。

3．农村居民收入水平低，提高生活质量难

2005年贵州农村居民人均纯收入仅1877元，排在全国各省（市、区）最末位置。农村居民

收入水平低，反应在生活上食品支出比重大，居住条件差，文化娱乐支出比重小，信息化低，制约着全面小康建设进程，2005年生活质量的全面小康实现程度为-19.6%，即达到总体小康尚有近20%的路程要走，全面小康建设仍任重道远。

（三）贵州建设农村全面小康的对策建议

1. 制订规划，明确主抓机构，加快小康建设进程步伐

实现小康社会的宏伟目标需要全社会的共同奋斗，需要符合本省实际且较之科学、合理的规划，更需要职责分明的工作机构来组织实施。

2. 大力发展农村经济，以增加农民收入为切入点

一是推进农业结构调整，提高农业生产效益。二是加强农业基础设施建设和生态环境建设，增强农业生产的防灾、抗灾能力，提高农业综合生产能力。三是大力发展农村第二、三产业，快速增加农民非农收入。在增加农村居民非农收入上，首先，要鼓励和扶持好农民发展家庭经营中的第二、三产业。再次，培育、规范劳务市场，多渠道促进农村劳动力转移就业。劳务市场是劳动力供求双方彼此平等商洽和达成协议的场所，劳动力合理流动的中转环节。培育、规范劳务市场，对农村劳动力转移就业有着十分重要的促进作用。要积极支持各类经济实体、群众团体和社区组建农村劳动力输出中介机构。在有条件的地区，重点培育一批输出人员规模大，集中介、培训、管理、服务、维权等功能为一体的就业服务中心，为农村劳动力转移就业提供高效、便捷服务。建立劳务信息网络，加强输出地与输入地政府间的联系与协作，制定相关的政策和配套措施，有计划、有重点、有步骤地向外输出农村劳动力，进一步强化政府的管理与服务功能。严肃清理、取缔和查处带有欺诈、拐骗行为的非法中介组织，整顿劳务市场秩序，使农村外出从业人员的合法权益不受到侵害。第三、加快农村城镇化进程，拓宽农民在省内进城转移就业空间。城市发展标志着社会的文明与进步，而农村城镇化，又是实现劳动力转移、有效解决“三农”问题和农村现代化进程的根本出路。要制定积极的城镇发展战略，科学规划，合理布局。按照“重点培育中等城市、积极发展小城市、择优大力发展小城镇”的发展思路，合理规划全省大中小城市建设布局，建立合理的市镇体系，最大限度地发挥市镇功能，强化梯度扩散效应，改变大中城市孤立发展、缺乏功能城镇产业支撑的状况；强化农村城镇化产业支撑体系建设。以乡镇企业为主体，农村第三产业为依托，大力发展小城镇经济，培育主导产业，扩展小城镇就业机会。从制度上营造有利于乡镇企业、私营企业、外资企业、合资企业、个体工商户等非公有经济快速成长的环境，增强城镇经济发展活力，为农民在省内城镇提供劳务拓展出广阔的空间。

3. 重视农村社会事业，以教育卫生为重点，提高人口素质

4. 对小康进程实行更加全面的动态监测

由政府落实必要的监测经费，统计部门按照全国统一的指标体系对省内各地农村全面小康进程开展动态监测，及时为党委、政府决策提供参考依据。

2005 年贵州省农村全面建设小康综合表

指　标	单位	总体小康值	全面小康值	2005 实际值	实现程度	权数	综合分值
A、经济发展					−27.6	29	−8.0
农村居民人均可支配收入	元／人	2200	6000	1608	−15.6	20	−3.1
第一产业劳动力比重	%	50	35	62.1	−80.7	5	−4.0
小城镇人口比重	%	16	35	11.9	−21.6	4	−0.9
B、社会发展	—				21.5	20	4.3
农村合作医疗覆盖率	%	10	90	10.8	1.0	8	0.1
农村养老覆盖率	%	1.8	60	3	2.1	4	0.1
万人农业科技人员数	人	1	4	1.1	3.3	4	0.1
农村居民基尼系数	—	0.35	0.3—0.4	0.3	100	4	4.0
C、人口素质	—				−59.2	15	−8.9
平均受教育年限	年	7.4	9	6.5	−56.3	12	−6.8
平均预期寿命	年	69.5	75	65.6	−70.9	3	−2.1
D、生活质量	—				−9.7	23	−2.2
恩格尔系数	%	49	40	52.8	−42.2	4	−1.7
居住质量指数	%	18	75	19.1	1.9	11	0.2
农民文化娱乐支出比重	%	2.5	7	4.1	35.6	3	1.1
农民信息化程度	%	28	60	16.4	−36.3	5	−1.8
E、民主法制	—				59.0	6	3.5
农民对村政务公开的满意度	%	55	85	64	30	3	0.9
农民社会安全满意度	%	60	85	82	88	3	2.6
F、资源环境	—				71.3	7	5.0
常用耕地面积变动幅度	%	−0.3	0	0.1	33	3	1.0
森林覆盖率	%	16.5	23	23.8	100	2	2.0
万元农业 GDP 用水量	立方米/万元	2600	1500	1450	100	2	2.0
农村全面小康实现程度合计						100	−6.3

二十五、云南省农村全面建设小康监测报告

党的十六大提出了全面建设小康社会宏伟目标。全面建设小康社会最艰巨、最繁重的任务在农村。为了科学的测算和评价云南省农村全面小康社会的进程，推动农村全面小康建设，根据国家统计局制定的农村小康监测体系，对云南省农村小康进程进行了测算。

（一）云南省农村全面小康建设监测结果

监测结果表明，2005年云南省农村全面小康建设总体实现程度为8.0%，比上年同期增长了4.5个百分点。这一结果表明“十五”期间云南省农村全面小康仍是处于一个刚刚起步阶段，发展速度仍然比较缓慢。从全国中、东、西部地区2004年小康实现情况分析，西部地区2004年全面小康实现状况平均水为-5.1%，中、东部地区的全面小康监测结果18.3%、40.5%。可见云南省和西部地区小康实现状况与中、东部地区相比较差距是非常大的。2004年全国小康实现程度为21.6%，云南省在全国31个省、市、自治区的位次是排在倒数第7位。

（二）云南省农村全面小康进程分析

根据全国农村全面小康评价指标体系，对云南省农村2005年全面小康监测结果的六个方面18个指标逐个进行了分析。从小康监测指标的六个方面来看，资源环境实现程度 92.1%；民主与法制实现程度 88.7%；社会发展实现程度达到了33.8%；生活质量实现程度 15.1%，经济发展实现程度-24.4%；人口素质实现程度-46.4%。其中，资源环境、民主与法制两项指标达到了85%以上，社会发展方面走完了约1/3的路程，生活质量刚刚起步。其他两项指标还处于一个负值（未达到全面小康基期标准值）阶段。

从18个指标来看，2005年云南省农村全面小康18个指标中实现程度处于负值阶段的有5个；实现程度达到70%以上的有6个指标。其中，实现程度达到了小康标准值，即实现程度达到了100%的有三个指标；还有7个指标虽已经达到了小康基期值，但水平仍然很低，实现程度在0-35%之间。其中除农民文化娱乐指标达到了33.3%以外，其他绝大部分指标实现程度底于20%。从整个测算结果来看云南省农村全面小康总体水平是相当低的，处于刚刚起步阶段。

（三）农村全面小康建设中的难点

从2005年云南省农村全面小康实现程度来看，实现全面小康进程的难点和重点主要表现在以下4个方面：

1、农村经济水平有较大发展，但总体水平较为落后

2005年是“十五”时期的最后一年，农村经济稳步发展，农民人均纯收入达到了2041.79元，比上年同期增长了9.5%，是近几年来增长速度最快的一年。也是本世纪前四年农民人均纯收入增长幅度最大的一年。农民人均纯收入虽然在稳定增长，但由于增长速度比较缓慢，所以仍然不能满足农村社会经济发展的需要。2005年云南省农村居民可支配收入为1848.0元，比全面小康标准值低4152.0元，与全国平均水平比较差距还相当大；农村第一产业劳动力比重

67.0%；农村小城镇人口比重为15%。2004年全国平均水平分别为48.5%和19.5%。三项指标均未达到小康基期值，实现程度处于负值阶段。经济发展水平的总实现程度为-24.4%。农村经济发展水平相当低，与全国平均水平悬殊非常大。要在2020年实现全面小康的目标任务是相当艰巨的。

2、农村社会发展水平较低

从农村社会发展水平四项指标的监测结果来看，2005年云南省农村社会发展水平虽然已经向小康生活迈进，但仍然还是处于一个低水平阶段，除基尼系数达到了小康标准以外，其他农村合作医疗覆盖率、养老保险覆盖率、万人农业科技人员数三项指标也仅只是略高于小康基期值，实现程度分别为20.0%、5.5%和23.3%，均低于30%。从云南省实际情况来看，由于云南省农村经济发展水平较为落后，集体和农民个人经济实力都比较薄弱，虽然各级政府部门在社会发展方面做了大量的工作，但是农村社会保障和合作医疗状况仍然受经济实力和条件的限制，发展速度仍然比较缓慢。

3、农村人口素质低下，发展速度缓慢，难度较大

改革开放几十年来，云南省农村人口受教育状况在逐年改善，人口素质在不断提高。但是发展还是比较缓慢。据资料显示，1985年云南省农村劳动力受教育年限平均值为3.8年，到2005年平均值也仅仅只是达到6.4年，6岁及6岁以上人口受教育年限仅有5.8年。距小康标准基期值还差1.6年，农村人口文化程度低下，农村教育事业发展仍然非常缓慢，按照此发展速度，到2020年实现人口素质的小康标准是非常困难的。

4、生活状况改善，但水平仍然低下

随着农民收入水平的提高，农村居民对生活质量的要求也在不断提高。但水平仍然很低。恩格尔系数为53.0%，未达到小康基期标准，实现程度为负值。农民居住质量，文化娱乐支出、农村信息化程度实现程度分别为29.8%、33.3%和19.4%。生活质量总实现程度分别为15.1%，处于起步阶段。由于云南省农村居民收入水平低，生活环境条件有限，再加上农村居民人口素质还处于一个低水平状态，更科学、更合理的消费意识的形成还需要一个过程。农村居民住房结构、饮用水状况、清洁能源和一些外部设施和条件还有待于进一步改善。因此提高农民的生活质量还有一个漫长的过程。

从以上分析不难看出，云南省农村全面小康实现状况不容乐观。首先是占权数（20%）最大的农民人均可支配收入距小康目标值差距太大，增长速度缓慢。其次是占权数（12%）第二大的农村人口平均受教育程度发展速度相当缓慢。农民收入水平的低下，使得拉动其他如农村社会事业和农民生活质量的目标的实现受到限制，严重制约了农村全面小康建设的发展。因此，如何发展农村经济，增加农民收入是实现农村小康建设的关键。

（四）加快农村全面小康建设的对策与建议

1、构建农民收入增长的长效机制

农村居民可支配收入是全面建设小康监测体系中占权重最大，最基本的又是最重要的指标。它对全面实现小康程度有着举足轻重的作用。因此，构建农民收入的长效机制除在宏观上应该注意保护对一系列农民收入政策的贯彻落实以外，另一方面还应该对阶段性因素进行适当控制。如合理控制粮食价格回落，增强粮食价格在农民收入中的支撑作用；控制农资价格的上涨，降低农业生产成本。加快农村劳动力转移速度，保护和提高农民工的工资收入；降低劳动力转移成本，加大对农民工劳动力技能的免费培训和低收费培训；提高农村土地转用的价格，调整收益分配不合理，失地农民收入来源等问题。只有千方百计的为提高农民收入创造一个好的外力支撑，才可能保持农民收入持续稳定的快速增长。

2、构建社会主义新农村，加速小康建设步伐

农村人口多是中国的国情，2006年中央"一号文件"《中共中央国务院关于推进社会主义新农村建设的若干意见》的公布，显示了党中央国务院解决"三农"问题的决心。中共十六届五中全会提出的建设社会主义新农村的重大历史任务，2006年将迈出有力的一步。"十一五"时期是社会主义新农村建设打下坚实基础的关键时期，也是推进现代农业建设迈出重大步伐的关键时期；是构建新型工农城乡关系取得突破进展的关键时期，也是农村全面建设小康加速推进的关键时期 。因此，各级党政领导部门切实加强和认真落实贯彻中共中央一号文件精神，认真贯彻落实一号文件中的八大措施，坚持"少取、多予、放活"的方针， 树立科学发展观，切实加强农村综合实力建设，合理的调整工作布局。把一系列惠农强农政策真正贯彻落实到位，保证农村经济发展顺利进行，才能发展好农村经济，建设好农民的家园，让农民过上宽裕的生活；才能保障全体人民共享经济社会发展成果，才能不断扩大内需和促进国民经济持续发展；才能加速推进全面小康建设的步伐。

3、加强扶贫力度，提高贫困地区农民收入

建国以来，尤其是改革开放后，我国的经济发展取得了举世瞩目的成就，但农村贫困问题依旧是当前不可回避的一个现实问题。 贫困是一个重大社会问题，且在农村显得尤为突出。农村能否脱贫致富关系到社会主义新农村的建设，和谐社会的建立，农民生活水平进一步提高的问题。而且也关系到中国改革开放和现代化建设能否顺利进行下去，全面小康进程能否顺利实现的问题。 因此，解决农村贫困问题的必要性是不言而喻的。

云南省有扶贫开发重点县80个，其中，有73个国家扶贫开发工作重点县，占全国的12%，是全国贫困县最多的省，贫困人口占全国农村总数超过了10%。目前，云南省尚未彻底解决温饱问题的绝对贫困和低收入人口有737.8万人，占全省乡村人口比重高达20.7%，全省5个农民就有1个贫困人口，其中有248.4万绝对贫困人口，绝对贫困人口中，有80多万人口已基本丧失了生存条件，生活极度困难。由于云南省属于边疆少数民族地区，贫困人口多，贫困面大，这些贫困人口生活在深山区、石山区、高寒冷凉山区、干热河谷区、革命老区、原战区、生产生活条件十分恶劣。一些地区土地贫瘠、地理位置边远，生态环境脆弱，气候恶劣、交通封闭等自然条件形成了农村贫困的根源。在一些贫困地区，农民的文化素质低下，农民所持有的贫困文化，也是影响农村脱贫的重要因素之一。另外，由于农村贫困人口拥有的最为重要的资产仅仅只是他们自己的劳动力，他们的生活仅仅维持在最低水平线上，自然灾害、疾病、产品价格大幅波动的突发冲击都可能威胁到他们的生存。加之，农村贫困人口的生产主要是和食品有关的种植业，农产品的收入弹性和价格弹性都很低，整个国民经济的增长对增加农产品的需求的刺激作用不大，而且，个别农户的增产固然可以增加该农户的收入，但若多数农户同时增产，在农产品价格弹性低的特性下，会出现“谷贱伤农”的情形。在这样单薄的基础上迅速提高农民生活水平是很困难的。

改革开放以来，云南省的农村贫困缓解取得了举世瞩目的成就，绝对贫困人口从1992年底的783.1万人下降到300万人以内。2000年以来，党中央和省委省政府制定并实施了一系列惠农政策和措施，加大财政对“三农”的支持力度，大幅度降低农民税费负担，加快农村社会保障体系建设步伐，以农业生产为主的低收入农户和其他脆弱群体广泛受益。在党中央、国务院的亲切关怀和国务院扶贫办的大力支持下，省委省政府带领云南广大干部群众，全省干部群众上下的共同努力，扶贫开发取得了显著的成效，农村反贫困取得了新的进展。云南省的农村贫困规模明显下降，贫困程度明显缓解。但是，也应该看到长期以来，农村基础设施投入得不到真正的落实，在收入弹性和价格弹性低的影响下，农民经常遭遇到增产不增收的困境，贫困问题继续存在。

因此，要根本解决农村贫困问题，应该把重点放在增加农业生产能力上面，政府应通过各种方式加大对农村水利、交通基础设施的建设，增加对农村教育的投入等，新的农村发展战略必须把重点放在减少农村劳动力上。当农村劳动力减少，留在农村务农的劳动力就能获得更多的土地和资源。这样，农村劳动力的相对稀缺性和相对价值就会增加，以劳动力为最主要资产的农村贫困人口的收入也就会相应提高；同时，当务农劳动力变为非农劳动力，他们就由农产品的供给者变为农产品的需求者，导致农产品的供给曲线内移而需求曲线外移，农产品的价格随之上升，务农的劳动力的边际产值和工资也会相应上升，这样农村劳动者的收入也就可以随着农村劳力的不断减少而不断上升。此外，减少农村劳动力和农村人口还能缓解人口和环境之间的紧张关系。

4、加大农村教育经费的投入，提高劳动者文化素质

农村教育是个沉重的话题，今天的教育就是明天的经济。我们必须一次次认真地提起。国家在“十一五”期间，应面向经济落后地区制定相关政策，提倡智力扶贫，只有教育发展了，人的素质提高了，才能从根本上摘掉贫困的帽子。经济困难是造成农村学生无法继续升学的重要原因。必须改变教育观念。要把狭小的学校教育改变为大教育观念。”只有提高农村劳动力素质，才能适应农村经济体制改革和现代化农业的需求；才能提高农民适应市场需求变化和调节生产结构的能力；才能保证农村小康建设的顺利完成。提高农村劳动力文化素质是农村经济体制改革、建设农村小康社会中的一项长期、艰巨的战略性措施。因此，应该加大农村教育经费的投入，实现真正意义上的九年义务教育。一方面要注意降低成人文盲率，提高后备劳动者的文化素质，另一方面，要注意加强对农民进行实用农业技术方面的培训，加强对农民市场经济意识和信息知识方面的培训，培养一批有文化的、有开拓创新精神的新时期的农业劳动者。

5、加快农村小城镇建设步伐

新阶段的农村工作，对小城镇建设提出了新的任务和要求。社会主义初级阶段是“由农业人口占很大比重、主要依靠手工劳动的农业国，逐步转变为非农业人口占多数、包含现代农业和现代服务业的工业化国家的历史阶段。搞好小城镇规划建设，发展小城镇，是带动农村经济和社会发展的一个大战略，有利于乡镇企业相对集中，更大规模地转移农业富余劳动力；避免向大中城市盲目流动，有利于提高农民素质，改善生活质量，也有利于扩大内需，推动国民经济更快增长。 积极稳妥地推进城镇化，发展小城镇建设是推进我国城镇化的重要途径。

综上所述，改革开放20多年来农村经济的快速发展，云南省农村经济总体水平仍然较为落后。必须全面分析、看清和把握农村经济形势，一方面要坚决执行和稳定目前行之有效的一系列支农强农政策，另一方面要把一些相关政策进一步认真贯彻落实到位，要加强检查执行情况，进一步提高农民的生产积极性。想方设法努力提高农业综合增产能力，加快农村发展，提高农民素质，加快农业科技创新，提高农业科技含量，加强农村基础设施建设，改善农业发展环境。继续推进农业和农村经济结构调整，提高云南省农业竞争能力，加强党对农村工作的领导，建设好农村基层党组织。坚定信心，扎实工作，为全面完成农业和农村工作的各项任务，为实现全面小康目标而努力奋斗。

2005 年云南省农村全面建设小康综合表

指　标	单位	总体小康值	全面小康值	2005 实际值	实现程度	权数	综合分值
A、经济发展					−24.4	29	−7.1
农村居民人均可支配收入	元／人	2200	6000	1848	−9.3	20	−1.9
第一产业劳动力比重	%	50	35	67	−100	5	−5.0
小城镇人口比重	%	16	35	15	−5.3	4	−0.2
B、社会发展					33.8	20	6.8
农村合作医疗覆盖率	%	10	90	26	20.0	8	1.6
农村养老覆盖率	%	1.8	60	5	5.5	4	0.2
万人农业科技人员数	人	1	4	1.7	23.3	4	0.9
农村居民基尼系数	—	0.35	0.3—0.4	0.4	100	4	4.0
C、人口素质					−46.4	15	−7.0
平均受教育年限	年	7.4	9	6.4	−62.5	12	−7.5
平均预期寿命	年	69.5	75	70.5	18.2	3	0.5
D、生活质量					15.1	23	3.5
恩格尔系数	%	49	40	53	−44.4	4	−1.8
居住质量指数	%	18	75	35	29.8	11	3.3
农民文化娱乐支出比重	%	2.5	7	4	33.3	3	1.0
农民信息化程度	%	28	60	34.2	19.4	5	1.0
E、民主法制					88.7	6	5.3
农民对村政务公开的满意度	%	55	85	83	93	3	2.8
农民社会安全满意度	%	60	85	81	84	3	2.5
F、资源环境					92.1	7	6.4
常用耕地面积变动幅度	%	−0.3	0	0.1	100	3	3.0
森林覆盖率	%	16.5	23	49.0	100	2	2.0
万元农业 GDP 用水量	立方米／万元	2600	1500	1803	72.5	2	1.4
农村全面小康实现程度合计						100	8.0

二十六、陕西省农村全面建设小康监测报告

全面建设小康社会最艰巨、最繁重的任务在农村。为监测陕西农村全面建设小康进程，反映建设社会主义和谐社会的成果，根据农村全面小康测算标准，对陕西省2005年农村全面小康社会各项指标进行了测算，结果显示，陕西省农村全面小康社会建设取得了新的进展。

（一）陕西省农村全面小康社会实现程度为16.2%

2005年，党中央发出了针对农村工作的第七个一号文件，陕西省委、省政府也结合省情，及时出台了一系列更直接、更有力的惠农措施，农业和农村经济发展出现了良好的局面，农民收入保持了稳定的增长，从而有力地推进了陕西农村全面小康社会建设的步伐。根据“农村全面小康标准”的综合测评方法，2005年陕西省农村全面小康社会实现程度为16.2%，比上年提高了6.5个百分点，较“十五”的第一年提高了18.5个百分点。

1．农村经济稳步发展，全面小康建设实现程度−9%

2005年，陕西省农村经济发展的综合实现程度为−9%，尽管还未达到总体小康标准，但比“十五”第一年提高22.6个百分点。反映农村经济发展的三项指标中，农村居民人均可支配收入占主导地位，在测算农村全面小康的18项指标中赋予20%的权数。2005年，陕西农村经济稳步发展，农民人均纯收入达到2052元，首次突破两千元大关，用人均可支配收入测算的全面小康建设实现程度−12.9%，比2001年提升了7.4个百分点，为全面小康建设做出了一定的贡献。

2．社会发展进展顺利，全面小康建设实现程度35.6%

2005年，陕西省农村社会发展的综合实现程度为35.6%，比“十五”第一年提高了4.4个百分点。社会发展指标中陕西省农村新型合作医疗在2004年3个县进行试点的基础上，2005年又扩大了8个县，增加到11个县，试点县内农村合作医疗覆盖率达到81.9%，使这些农民得到了实惠，同时促进了基层医疗机构的发展。据此测算，全省农村合作医疗覆盖率的实现程度为−2.1%，接近了农村全面小康建设的起步值，比2001年提高了10.4个百分点，为建设农村全面小康做出了应有的贡献。

3．人口素质逐步增强，全面小康建设实现程度−6.7%

2005年，陕西省农村人口素质的实现程度为−6.7%，比“十五”第一年提高了20个百分点。党中央、国务院历来高度重视农村义务教育事业发展，省政府也在不断加大对农村义务教育的投入力度，并实施了国家贫困地区义务教育工程，以及农村贫困家庭中小学生“两免一补”政策，农村义务教育事业发展取得显著成效。2005年，陕西省农村人口平均受教育年限为7.2年，比2001年提高了0.4年，其实现程度提升了25个百分点。

4．生活水平普遍提高，全面小康建设实现程度38.1%

2005年，陕西省农村生活质量的综合实现程度为38.1%，比“十五”第一年提高了23.1个百分点。生活质量中的农民生活信息化程度、农民文化娱乐支出比重和农民居住质量指数，其实现程度分别比2001年增加了75.7、15.6和13.8个百分点。随着农村经济的发展，农民生活质量的提高，彩色电视机、电话的普及率大幅度上升，农村信息化程度快速提升；另一方面，随着农民收入的进一步增加，农民用于精神生活方面的消费支出不断增加；第三是农民在生活水平逐步提高后，居住质量和居住环境也得到明显改善。

5．民主法制逐渐健全，全面小康建设实现程度44.3%

2005年，陕西省民主法制的综合实现程度为44.3%，比“十五”第一年提高了17.5个百分点。随着我国民主、法制等各项规章制度的不断建立健全，基层政府对乡村政务公开的逐步规范，特别是2005年陕西省全部减免了农业税，农民对乡村政务公开的满意度在不断提高。2005年，陕西农村居民对社会安全的满意度和村政务公开的满意度分别达到73%和66%，民主法制的实现程度比2001年提高了17.5个百分点。

6．资源环境得到改善，全面小康建设实现程度18.5%

2005年，陕西省资源环境的综合实现程度为18.5%，比“十五”第一年提高了24.4个百分点。实施西部大开发以来，全省积极实施“山川秀美”工程，依托国家林业重点工程，在全国率先实施了大规模的退耕还林。“十五”期间，全省共完成造林3935.9万亩，是“九五”期间的1.4倍，也是陕西历史上造林最多的时期，尤其是2003年全省造林突破1000万亩，达到1098.2万亩，造林面积创历史最高水平。2005年，全省森林覆盖率达到32.5%，已超过全面小康指标值，实现程度为100%；资源环境的另一项指标万元农业GDP用水量2005年为1585立方米，已基本接近全面小康指标值，实现程度达到92.3%。

（二）陕西省农村全面建设小康社会的难点

1．农业生产条件差，加大了农民增收的难度

2005年底，陕西省农村居民人均耕地只有1.5亩，耕地少且水利条件差，机械化程度低，农业科技服务跟不上等等诸多问题，使省内的农产品科技含量少，农产品价格低，生产成本大，经济效益差，增产不增收的现象较为严重。虽然各级政府为农民的脱贫致富奔小康做了很多工作，农民收入也在逐年稳步的提高，但自然条件差、经济基础薄弱、抗击自然灾害的能力低，使得农村返贫现象时有发生，加重了农民从农业生产中增收的难度。从农村全面小康指标的实现程度看，农民人均可支配收入实现程度仅为−12.9%，是实现程度最低的指标之一。

2．农村社保机制缺乏，加大了农村社会发展的难度

农村人口的医疗、社会保险机制缺乏，使得农村人看病难、看病贵的矛盾突出，制约着人口身体素质的提高。据抽样调查资料反映，2005年，农民人均医疗费用支出166元，占到当年纯收入的8%，比1996年增长了2倍，远远高于纯收入和生活消费支出的增长幅度。若遇大病，农民更是无从应对，往往造成一病致贫，甚至倾家荡产的结局。2005年，陕西省农村新型合作医疗的县区增加到11个，但覆盖面只占到农村人口的十分之一，农民看病难、看病贵已经成为困扰农村社会发展的重要因素之一。

3．农民文化程度低，加大了人口素质提升的难度

人是生产力中最活跃、最重要的要素，也是发展经济，促进社会进步的主要力量。人的问题主要是素质问题，素质决定着观念，决定着就业状况，也决定收入水平和消费水平。2005年，陕西省农村人口平均受教育年限为7.2年，还未达到全面小康的起步值，农村劳动力整体文化素质偏低，高中以上程度更是偏低，只占到8%左右，严重影响了劳动力的转移；另一方面，农村教育收费不规范，已经成为制约农村人口文化素质提高的新负担。调查资料显示，1996年，农村人均文化教育费用支出98元，到2005年，这一支出达到290元左右，增长了近2倍，其比重占到当年纯收入的14.1%。受教育程度是农村全面小康综合评价系统中第二位重要的指标，占有12%的权重，目前农村人口素质差、受教育程度低已严重影响了农村劳动力的转移，阻碍了农村全面小康社会建设的步伐。

4. 公共基础设施落后，加大了生活环境改善的难度

农民生活环境的改善是全面小康的主要内容，农村基础设施落后是造成农民居住环境不好的主要原因。陕西省地处经济欠发达的西部地区，基础设施建设投资匮乏，农村居民住房设施配套不完善、卫生标准差、室外环境脏乱差的现象相当普遍。2005年，全省饮用自来水的农户还不足40%；98%的农户都在使用煤炭和柴草等非清洁能源燃料；农村使用水冲式卫生厕所的农户只有1%，垃圾也得不到及时处理，环境质量差，增大了农村全面小康社会建设中生活环境改善的难度。

（三）陕西省实现农村全面小康社会的对策建议

1. 建立农民增收长效机制，保证农民收入可持续增长

解决农民增收的出发点和归宿，就是要建立保证农民收入增长的长效政策机制，缩小城乡差距，搞好城乡统筹发展。因此，必须以科学发展观为宗旨，用五个统筹的理念总揽农村工作全局，努力构建社会主义新农村。在对农民“少取”和“放活”的前提下，必须建立“多予”的长效机制。必须加快农村城镇化和城乡一体化进程，大力发展能广泛吸纳农村劳动力的中小企业，提高农村劳动力素质，合理引导农村劳动力就业，直至实现城乡统筹就业。要全面深化农村改革，发展农业产业化，延长生产链节，以市场为导向，调整产业结构，不断提高农业效益，以保证农民收入的持续稳定增长。

2. 建立农村社会保障长效机制，推动社会主义新农村建设

一要加强农村公共卫生和基本医疗服务体系建设，加快建立新型农村合作医疗制度。陕西省已经在部分县进行了合作医疗改革试点，从我们调研的情况看，存在的主要问题是市县两级财力拮据，难以拿出配套资金。建议争取中央财政更大的支持。另一方面，要按照中央提出的生产发展、生活宽裕、乡风文明、村容整洁、管理民主的要求，坚持从陕西各地的实际出发，尊重农民意愿，扎实稳步推进新农村建设。同时，陕西省要扩大公共财政覆盖农村的范围，强化政府对农村的公共服务，建立以工促农、以城带乡的长效机制。

3. 建立农村教育发展长效机制，促进农村劳动力转移

目前陕西农村劳动力在有序转移方面存在两个主要障碍：一是农民素质较低，不能适应城市生活和现代产业发展的要求；二是城市“壁垒“太高，城乡就业政策不平等。我们认为，缓解并铲除障碍的具体措施是：尽快改革陕西省农村教育和培训投入机制，实现城乡教育公平；努力探索适合陕西省情的基础教育与职业培训、继续教育相结合的新途径、新方法；整合现有陕西技

校、中专、职业学校及政府各职能部门和社会上的职业培训中心等教育资源，建立适合陕西省农民需要的多种形式的教育培训基地；在技能证书、劳动准入等方面制定一系列的促进农民教育和培训的制度和法规。当前，还应该加强宏观调控，逐步建立城乡一体化的就业政策，逐步实现人力资源向人力资本的转变，组织劳务输出，增加异地转移，健全完善的劳动力市场，增强农民的就业与创业能力。

4．建立小城镇发展长效机制，实现农村全面小康社会建设

加快小城镇建设，以小城镇建设提高城市化水平，吸纳更多的农村劳动力，促进劳动力就业结构非农化和城乡社会经济统筹发展；以小城镇建设带动产业结构调整，带动农村经济；以小城镇建设扶持乡镇企业发展，再创农村非农产业辉煌，共同实现可持续发展的良性运作，为农村剩余劳动力转移营造更多就业空间。同时，要紧密围绕农村经济发展，坚持产业化发展和小城镇建设同步并举。要在小城镇建设中积极培育农副产品加工企业、专业市场、中介组织等多种类型的产业化龙头，尤其是要健全完善产前产中产后全程配套服务体系，在小城镇中建设农副产品加工和销售中心，农业产业化的信息、金融、技术服务中心，使小城镇真正成为区域经济的“增长点”。

2005 年陕西省农村全面建设小康综合表

指 标	单位	总体小康值	全面小康值	2005 实际值	实现程度	权数	综合分值
A、经济发展					−9.0	29	−2.6
农村居民人均可支配收入	元／人	2200	6000	1711	−12.9	20	−2.6
第一产业劳动力比重	%	50	35	50.9	−6.0	5	−0.3
小城镇人口比重	%	16	35	17.3	6.8	4	0.3
B、社会发展					35.6	20	7.1
农村合作医疗覆盖率	%	10	90	8.3	−2.1	8	−0.2
农村养老覆盖率	%	1.8	60	3.2	2.4	4	0.1
万人农业科技人员数	人	1	4	3.4	80.0	4	3.2
农村居民基尼系数	—	0.35	0.3−0.4	0.31	100	4	4.0
C、人口素质					−6.7	15	−1.0
平均受教育年限	年	7.4	9	7.2	−12.5	12	−1.5
平均预期寿命	年	69.5	75	70.4	16.4	3	0.5
D、生活质量					38.1	23	8.8
恩格尔系数	%	49	40	42.9	67.8	4	2.7
居住质量指数	%	18	75	25.2	12.6	11	1.4
农民文化娱乐支出比重	%	2.5	7	5.1	57.8	3	1.7
农民信息化程度	%	28	60	46.8	58.8	5	2.9
E、民主法制					44.3	6	2.7
农民对村政务公开的满意度	%	55	85	66	37	3	1.1
农民社会安全满意度	%	60	85	73	52	3	1.6
F、资源环境					18.5	7	1.3
常用耕地面积变动幅度	%	−0.3	0	−0.23	−85	3	−2.6
森林覆盖率	%	16.5	23	32.5	100	2	2.0
万元农业 GDP 用水量	立方米／万元	2600	1500	1585	92.3	2	1.8
农村全面小康实现程度合计						100	16.2

二十七、甘肃省农村全面建设小康监测报告

（一）甘肃省农村全面建设小康进程

按照全国农村全面小康指标体系和量化标准，至2005年，全省农村全面建设小康实现程度为−5.4%，要实现农村全面小康任务还十分艰巨。

1. 从反映农村全面小康的六个方面看

至2005年，社会发展、生活质量、民主法制等三方面的实现程度分别为24.9%、13.1%和46%，虽已实现总体小康，但与全面小康的差距还很大；而经济发展、人口素质、资源环境等三方面的实现程度均为负数，其实现程度分别为−17.5%、−71.8%和−4.5%，其中人口素质的差距最大。

2. 从反映农村全面小康的十八项指标看

至2005年除农村居民基尼系数和常用耕地面积变动幅度等两项指标达到了全面小康标准实现程度为100%外；农村小城镇人口比重、农村合作医疗覆盖率、万人农业科技人员数、农村居民恩格尔系数、农民文化娱乐消费支出比重、农民生活信息化程度、农民对村政务公开的满意度和社会安全的满意度等八项指标只达到全面小康起始值，其实现程度分别为2.1%、2.9%、20%、20%、22.2%、35%、40%和52%；而所占权数较高的农村居民人均可支配收入、农村人口平均受教育年限、农村居住质量指数这三项指标（占农村全面小康权重的43），皆未达到总体小康值，其实现程度全为负值，分别为−12.5%、−87.5%和−1.8%，其中农村人口平均受教育年限的差距最大；第一产业劳动力比重、农村养老保险覆盖率、农村人口平均预期寿命、万元农业GDP用水量等四项指标的实现程度分别为−53.3%、−1.4%、−9.1%和−65.7%；森林覆盖率的实现程度则为−100%。

（二）甘肃农村实现全面小康的难点

1. 农民人均可支配收入仍是实现全面小康的最大难点

此项指标是农村全面小康体系中最重要的指标，2005年甘肃省农民人均可支配收入1726元（2000年不变价），与全面小康起始值的2200元（2000年不变价），尚差474元；与全面小康值的6000元差4274元，差距非常明显，要建设农村全面小康，加快农民增收是一项刻不容缓的任务。

2. 人口教育素质制约着全面小康建设的步伐

此项指标是仅次于农民收入的第二位重要指标，2005年甘肃省农村人口平均受教育年限只有6年，仅相当于小学毕业水平，在科技日新月异的今天，人口素质将严重影响着全面小康的实现。

3. 农村居住质量低，农民生存环境差

占有11%的权重的农村居住质量指数是这一体系第三重要指标，它综合反映了农村居民居住条件的好坏，包括人均住房面积、住房结构、住房内部设施配套中的饮用水状况、使用清洁能源、卫生厕所配套状况及室外道路条件等六方面，2005年甘肃省该项指标的实际值仅为17%，与

全面小康标准差58个百分点。如果农村居民居住环境得不到有效地综合治理，那么建设社会主义新农村的目标将是一句空话。

4．农村城镇化水平低，劳动力转移缓慢

虽然近年来甘肃省陆续出台了一系列新的惠农政策，将劳务经济作为一项战略性任务来抓，也取得了一定的成效，但由于历史延续下来的城镇化起点低的突出问题，甘肃省小城镇发展的步伐仍相当缓慢。2005年甘肃省农村小城镇人口的比重仅为58%，严重制约了农村劳动力的转移，从而影响着农村全面小康建设的进程。

5．生态环境恶劣，森林覆盖率低

甘肃省生态环境的客观现状是干旱缺水、生态条件差，荒山、戈壁面积大，植被水平低。目前甘肃省的森林覆盖率仅为6.7%，若要达到全面小康23%的水平，甘肃省需提高16.3个百分点，即年均提高1.08个百分点，基于甘肃省的生态环境的客观现状，在短时间内无法实现全面小康。

（三）甘肃农村建设全面小康的对策与建议

1．要努力增加农民收入，拓宽农民增收渠道

如何发展农村经济，快速增加农民收入仍是建设农村全面小康社会的重中之重。目前甘肃省的农业和农村发展仍然处在艰难的爬坡阶段，农民收入增长缓慢的矛盾依然突出，甘肃省农村发展的特殊性决定着全省农村全面小康建设具有长期性、艰巨性和复杂性。首先要加强农业基础建设，提高农业综合生产能力和效益；其次是大力发展特色经济，按照高产、优质、高效、生态、安全的要求，推进农业和农村经济结构的调整向纵深发展；三是大力发展二、三产业，推进劳务经济超常规发展，加快提高甘肃省城镇化水平；四是搞好扶贫开发，促进平衡发展。

2．大力发展农村教育事业，下功夫提高农村劳动力素质

建设农村全面小康必须把提高农民素质放在更加突出的地位，首先要着力普及和巩固农村九年制义务教育；其次要从发展教育事业入手，下功夫提高劳动力素质，培养造就有文化、懂技术、会经营的新型农民，要整合农村各种教育资源，发展农村职业教育和成人教育，不断补充高素质的后续劳动力。

3．加快乡村基础设施建设，切实改善农民生产生活环境

要着力加强农民最急需的生活基础设施建设，重点解决农民在饮水、行路、用电和燃料等方面的困难，按照“生产发展、生活宽裕、乡风文明、村容整洁、管理民主”的要求，协调推进农村经济建设、政治建设、文化建设、社会建设和党的建设。政府应适当调整财政支出结构，将更多的农村生产生活基础设施建设项目纳入公共财政领域，在资金上给予支持，并结合村镇建设，采取“硬件硬抓，弱项强攻”措施，有计划、有步骤地重点突破，在农村提倡使用清洁能源，鼓励农民美化村镇环境，切实改善农民生产生活条件。

4．逐步建立农村社会保障制度，提高社会保障程度

要按照城乡统筹发展的要求，逐步加大公共财政对农村社会保障制度建设的投入。通过实行社会统筹和个人账户相结合的养老、医疗保险制度，提高农村的合作医疗覆盖面和农村养老保险覆盖面，提供最基本的社会保障，解除广大农村群众的后顾之忧。

5．加强农村民主政治建设，推进民主与法制化进程

要建立良好的生产环境与社会秩序，进一步完善村政务公开制度，逐步推进农村直接选举，扩大农村民主。要广泛开展法制宣传教育，打击刑事犯罪，取缔非法宗教活动，制止封建迷信。要通过综合治理使社会治安和风气得以明显好转，努力提高农民对村政务公开和社会安全的满意度，形成一个良好的民主法制环境。

6．加强生态建设，大力实施造林工程，提高森林覆盖率

要建立新的建设、治理、保护机制，探索一些新的综合配套办法，杜绝乱垦、过牧、滥伐等人为造成的水土流失和荒漠化现象，继续实施和扩大还林还草工程，进一步改善生态环境，提高森林覆盖率。

2005 年甘肃省农村全面建设小康综合表

指　标	单位	总体小康值	全面小康值	2005 实际值	实现程度	权数	综合分值
A、经济发展					−17.5	29	−5.1
农村居民人均可支配收入	元／人	2200	6000	1726	−12.5	20	−2.5
第一产业劳动力比重	%	50	35	58	−53.3	5	−2.7
小城镇人口比重	%	16	35	16.4	2.1	4	0.1
B、社会发展					24.9	20	5.0
农村合作医疗覆盖率	%	10	90	12.3	2.9	8	0.2
农村养老覆盖率	%	1.8	60	1	−1.4	4	−0.1
万人农业科技人员数	人	1	4	1.6	20.0	4	0.8
农村居民基尼系数	—	0.35	0.3−0.4	0.33	100	4	4.0
C、人口素质					−71.8	15	−10.8
平均受教育年限	年	7.4	9	6	−87.5	12	−10.5
平均预期寿命	年	69.5	75	69	−9.1	3	−0.3
D、生活质量					13.1	23	3.0
恩格尔系数	%	49	40	47.2	20.0	4	0.8
居住质量指数	%	18	75	17	−1.8	11	−0.2
农民文化娱乐支出比重	%	2.5	7	3.5	22.2	3	0.7
农民信息化程度	%	28	60	39.2	35.0	5	1.8
E、民主法制					46.0	6	2.8
农民对村政务公开的满意度	%	55	85	67	40	3	1.2
农民社会安全满意度	%	60	85	73	52	3	1.6
F、资源环境					−4.5	7	−0.3
常用耕地面积变动幅度	%	−0.3	0	1.3	100	3	3.0
森林覆盖率	%	16.5	23	6.7	−100　2	−2.0	
万元农业 GDP 用水量	立方米／万元	2600	1500	3323	−65.7	2	−1.3
农村全面小康实现程度合计						100	−5.4

二十八、青海省农村全面建设小康监测报告

为适时监测农村全面小康建设进程，根据国家统计局制定的农村全面小康标准和监测方法，对青海省2005年农村全面小康实现程度进行了测算。

（一）青海省农村全面小康实现程度为-7.9%

近年来，中央和青海省委省政府陆续出台了一系列更直接、更有力的支农、惠农措施，全省农业和农村经济出现了良好的发展局面，农牧业生产喜获丰收，农牧民收入实现较快增长，农村改革迈出重大步伐，农村社会加快发展，推动了农村全面建设小康进程。监测结果显示，2005年青海农村全面小康实现程度为-7.9%，比上年提升6.2个百分点。

1.社会发展实现程度为35.4%，比上年提高0.2个百分点

从社会发展的四个指标看，2005年农村合作医疗覆盖率实现程度为30.0%，比上年提高0.6个百分点；衡量农村居民收入差距的基尼系数为0.3427，较上年下降0.0185，表明农村居民收入差距趋于缩小；农村养老覆盖率及万人农业科技人员数两项指标的实现程度分别为3.8%和13.3%，保持上年同期水平。

2.农村居民生活质量的实现程度继续提升

2005年农村居民生活质量实现程度为18.0%，比上年提升11.1个百分点。从反映生活质量的四个指标看，农村信息化程度提升最快。2005年农村每百个农户拥有彩电81.2台，拥有固定和移动电话46.7部，电脑0.3台，农村信息化的全面小康目标实现程度达到3.1%，比上年提高20.8个百分点。食品支出在农民消费支出中所占的比重逐年下降，2005年农村恩格尔系数为0.451，比上年下降3.39，全面小康目标的实现程度为43.3%，比上年提高38个百分点。农民居住质量指数稳步提高，2005年人均居住面积25平方米以上农户比重达到23.2%，饮用自来水、使用清洁能源和使用卫生厕所的农户比重分别为56.0%、1.8%和0.2%，居住质量指数实现程度为5.3%，比上年提高8.7个百分点。

3.农村民主法制的实现程度达到98%

随着农村政务公开的规范化，法制宣传及治安管理到位，民风淳朴，农牧民对村政务公开和社会安全都表现出较高的满意度。

4.农村经济发展的全面小康实现程度低，而且提升缓慢

2005年经济发展的实现程度为-28.8%，仅比上年提升1.8个百分点。农牧民收入基数低、劳动力和就业结构转换慢是农村经济发展水平提升缓慢的主要原因。2005年全省农牧民人均收入达到2151元，比上年增长9.9%，收入水平位于全国第26位，2005年农牧民可支配收入的实现程度为-12.8%，仅比上年增加1.1个百分点。农村劳动力转移速度较慢，2005年第一产业劳动力比重为69.2%，比上年下降1.8个百分点，全面小康目标的实现程度为-100%。党的十六大提出壮大县域经济后，小城镇建设步伐的加快促进了农村经济的发展，2005年农村小城镇人口比重实现程度为-19.5%，比上年提高7.8个百分点。

5.农村人口素质的实现程度为-85.5%，与上年持平

2005年农村人口平均受教育年限为5.8年，实现程度为-100%，仅相当于小学六年级的水平，提升农村人口受教育水平是建设农村全面小康社会的难点。

6.资源环境指标实现程度均处于低水平

衡量农村资源环境的三项指标，即常用耕地面积变动幅度、森林覆盖率和万元农业GDP用水量，自2000年以来监测显示，其实现程度均处于低水平。这与青海省所处的地理环境密切相关，青海地处青藏高原，本省土地面积的95%以上是草原牧区，导致资源环境的全面小康目标实现程度为负值。

综上所述，在反映农村全面小康的六个方面18项指标中，农村经济发展、农村社会发展、农村人口素质和生态环境等方面发展相对缓慢，这些方面是今后农村全面小康社会建设的重点。

(二)青海省农村全面小康建设存在的主要问题和难点

1.农村经济发展落后，农牧民收入低

在衡量农村经济发展的三项指标中，青海省全面小康实现程度得分均为负值，特别是在18项指标中权重高达20%的农牧民收入更是低下，如2005年，全国农民平均纯收入达3255元，而青海省仅为2151元，占全国平均的66.0%，与发达省份的差距更大；同时，青海省第一产业劳动力比重仍占很大比重，农村小城镇人口比重还相当低。因此，今后15年青海省统筹城乡发展、加快农村经济发展的任务还相当繁重。

2.农村教育落后，人口素质低

在农村全面小康综合评价体系中，"农村人口平均受教育年限"是仅次于农牧民纯收入的第二位重要的指标，占有12%的权重。目前青海省农村人口平均受教育年限仅为5.9年，即未达到小学毕业水平。青海省农村文盲、半文盲率高居不下、农村人口平均预期寿命低，也是今后要特别注意解决的问题。

3.城乡救助体系建设问题突出

一是农村牧区贫困面大，救助覆盖面窄。2005年底全省农牧区贫困人口达119.3万，目前纳入救助范围的只有23万人；二是救助标准偏低，难以保证特困人群的基本生活。全省每个特困农牧民年均救助资金仅103元，低水平的救助只能体现政策关怀而无法解决实际生活困难；三是医疗和教育救助工作薄弱。现行医疗救助不仅面很窄，而且标准很低（城镇门诊补助每人每月20元，农牧区5元）。另外，由于近几年城乡贫困家庭教育支出的大幅增加，使不少家庭"因病致贫返贫"、"因学致贫"的问题相当突出；四是地方财政无力承担救助资金。

4.资源环境的利用程度和改善不大

近几年来，由于实施退耕还林还草工程，青海省耕地面积逐年减少，对青海省粮食安全造成较大威胁，今后要注意处理好优化环境和粮食安全的关系问题。森林覆盖率指标青海省今后也很难提高，对提高全面小康水平意义不大。

(三)加快青海省农村全面小康建设的对策建议

1.加快农牧民增收步伐

青海省农村牧区贫困面大、农牧民收入低是必须面对的现实问题，增加农牧民收入、脱贫致富奔小康也是青海省解决"三农"问题的重中之重。因此，一方面要继续实施开发式扶贫的方针，加大农牧区扶贫攻坚力度，尽快解决贫困农牧民的生产、生活问题，不断缩小农村牧区贫困面；另一方面，要特别从农业结构调整、非农产业发展、农业产业化的发展壮大等方面寻求突破，否则，青海农牧民收入水平很难赶上全国的发展步伐。

2.加快城镇化步伐

青海省农村人口比重大、第一产业劳动力人口多是制约农村经济、社会发展的一大障碍，因此必须加快繁荣小城镇经济。一方面，要大力发展农牧区小城镇建设，不断增加城镇人口的比重，逐步减少农牧民人口；另一方面，要大力发展有地方特色的乡镇企业及农村非农产业，加速转移农村富余劳动力，增加非农产业收入。

3.大力发展农村教育事业，提高农牧民科学文化素质

农牧民素质的高低直接影响农牧民收入的提高。农牧民科学文化素质的高低、掌握致富本领的多少，直接影响农村劳动力的转移和致富渠道的拓展。因此，一方面要大力普及九年义务教育，扫除农村文盲、半文盲，提高农村劳动力的科学文化素质，加大对农牧民的劳动技能和职业技术培训，进一步拓展农牧民的就业和致富渠道，不断增加农牧民收入；另一方面，还应加大教育救助力度，加强对各级政府落实"两免一补"政策情况的监督检查，重视研究和解决农村牧区特困家庭大中专学生的救助问题。

4.加快农村生活基础设施建设

加快农村改水、改电、改厕步伐，建设社会主义新农村。各级政府应将通电、通水、通车、普及卫生厕所列入日常工作的议事日程，在农村提倡使用清洁能源，鼓励农牧民美化村庄环境，改善农村生活条件，建设社会主义新农村。

5.统筹城乡就业政策，加快农村劳动力的流动和转移

加速农村劳动力的流动和转移是减少农牧民、富裕农牧民的有效举措。因此，各级政府要把统筹城乡就业政策，发展农村非农产业和增加农牧民在城镇的就业当作一件大事来抓，将农村富余劳动力更多的转移到其他非农产业，扩大农牧民就业渠道，增加农牧民收入。

6.国家应加大支持西部地区救助体系建设

一是进一步加大对西部地区的支持力度；二是增加社会救助资金投入；三是建立城乡一体化救助体系；四是扩大医疗保险覆盖面。

2005年青海省农村全面建设小康综合表

指　标	单位	总体小康值	全面小康值	2005实际值	实现程度	权数	综合分值
A、经济发展					−28.8	29	−8.3
农村居民人均可支配收入	元／人	2200	6000	1713	−12.8	20	−2.6
第一产业劳动力比重	%	50	35	69.2	−100.0	5	−5.0
小城镇人口比重	%	16	35	12.3	−19.5	4	−0.8
B、社会发展					35.4	20	7.1
农村合作医疗覆盖率	%	10	90	34	30.0	8	2.4
农村养老覆盖率	%	1.8	60	4	3.8	4	0.2
万人农业科技人员数	人	1	4	1.4	13.3	4	0.5
农村居民基尼系数	—	0.35	0.3—0.4	0.3427	100	4	4.0
C、人口素质					−85.5	15	−12.8
平均受教育年限	年	7.4	9	5.8	−100	12	−12.0
平均预期寿命	年	69.5	75	68	−27.3	3	−0.8
D、生活质量					18.0	23	4.1
恩格尔系数	%	49	40	45.1	43.3	4	1.7
居住质量指数	%	18	75	21	5.3	11	0.6
农民文化娱乐支出比重	%	2.5	7	5	55.6	3	1.7
农民信息化程度	%	28	60	29	3.1	5	0.2
E、民主法制					98	6	5.9
农民对村政务公开的满意度	%	55	85	87	100	3	3.0
农民社会安全满意度	%	60	85	84	96	3	2.9
F、资源环境					−55.3	7	−3.9
常用耕地面积变动幅度	%	−0.3	0	0	0	3	0.0
森林覆盖率	%	16.5	23	4.5	−100	2	−2.0
万元农业GDP用水量	立方米/万元	2600	1500	3630	−93.6	2	−1.9
农村全面小康实现程度合计						100	−7.9

二十九、宁夏回族自治区农村全面建设小康监测报告

为了准确把握宁夏农村建设全面小康社会进程，根据国家统计局确定的农村小康标准和综合评价方法，测算了宁夏农村全面小康实现程度，分析了宁夏全面小康社会建设现状，并针对存在的重点和难点问题，提出了建议。

（一）宁夏农村全面小康实现程度综合测算结果

2005年国家和自治区出台了多项促进农民增收和农村社会经济发展的政策，宁夏农村全面小康实现程度为3.5%，比2004年提升5.8个百分点。比全国2004年的全面建设小康实现程度仍低18.1个百分点。由于宁夏农村自然社会经济发展条件差，社会经济整体发展水平相对落后，宁夏全区农村全面小康社会的实现程度偏低，全面建设小康社会的任务十分艰巨。

（二）宁夏农村全面小康进程评价

1. 经济发展

经济发展方面包括农村居民人均可支配收入、第一产业劳动力比重、农村小城镇人口比重三项指标，宁夏这三项发展指标的全面小康实现进程逐年提高，2003年至2005年，经济发展指标的全面小康实现程度分别为−11.2%、−6.5%、−3.7%，目前这一指标尚未达到总体小康标准。

（1）农村居民人均可支配收入持续增长。去年宁夏农村经济得到全面发展，农民收入持续增长。2005年，宁夏农民人均可支配收入达到2053元（2000年不变价），比上年增加95.3元，其全面小康实现程度为−3.9%。

（2）第一产业劳动力比重逐年降低。随着农村经济的进一步繁荣，农村劳动力转移速度加快，大量农业劳动力从一产业中转移到二、三产业。2003年至2005年，宁夏第一产业农村劳动力比重分别为51.8%、49.9%、49%，2004年和2005年已达到总体小康标准，但是距离实现全面小康的标准仍有距离。这三年第一产业劳动力比重实现全面小康程度分别为−12.1%、0.7%、6.7%。这一指标在农村经济发展三个指标中增长最快。

（3）农村小城镇人口比重徘徊不前，小城镇吸纳农村人口能力较弱。2005年宁夏农村小城镇人口比重为13%，实现程度为−15.8%，与上年持平。

2. 社会发展

社会发展方面包括农村合作医疗覆盖率、农村养老覆盖率、万人农业科技人员数、农村居民收入基尼系数四项指标。其中，农村合作医疗覆盖率全面小康实现程度逐年提高，农村居民基尼系数趋向合理。2003年至2005年，社会发展指标全面小康实现程度逐年提高，分别为37.3%、43%、43.2%。社会发展已步入总体小康行列。

（1）农村合作医疗试点范围扩大。2003年宁夏农村合作医疗开始在平罗县和隆德县试点，当年宁夏农村合作医疗覆盖率为3.7%。2004年宁夏农村合作医疗试点范围逐步扩大，覆盖率为15%。2005年有一半以上的市县开展了农村合作医疗，覆盖率为15.5%。全面小康实现程度逐年提高，分别为−7.9%、6.3%、6.9%。

（2）农村养老保险覆盖率严重偏低。2005年，宁夏农村养老保险覆盖率仅为3.2%，全面小康实现程度仅为2.4%。

（3）万人农业科技人员指标已实现全面小康。宁夏万人农业科技人员数达到4个，全面小康实现程度达到100%。

（4）农村居民收入分配的公平程度仍处在合理区间。在小康指标体系中基尼系数是反映农村居民收入差距的指标。基尼系数介于0和1之间，基尼系数越小，说明居民之间的收入分配比较平均，反之，收入分配差异程度越大。根据市场经济国家对基尼系数取值的一般判断标准：0.2以下高度均等，0.2—0.3之间相对均等，0.3—0.4之间相对合理，0.4以上差距太大。近年来党的一系列富民政策的实施，农民内部收入差异逐步扩大，但农民收入分配的公平程度仍处在合理区间。2003年至2005年，宁夏农村居民收入基尼系数分别为0.38、0.37、0.36，全面小康实现程度为100%。

3．人口素质

人口素质是指农民的身体素质和文化素质，包括农村人口平均受教育年限、农村人口平均预期寿命两项指标，2005年宁夏在人口素质方面的全面小康实现程度为−82.8%。

（1）劳动力文化素质仅相当于小学水平。2005年宁夏人口平均受教育年限5.7年，仅相当于小学文化水平，小康实现程度为−100%。

（2）人口平均预期寿命达70.1岁。随着农村医疗卫生设施的不断完善，农民的初级医疗卫生保健正在逐步普及，农民健康水平不断提高。2005年宁夏农村人口平均预期寿命已达到70.1岁，小康实现程度为10.9%。

4．生活质量

生活质量方面从物质生活和精神生活两个方面。具体包括：农村居民恩格系数、农村居住质量指数、农民文化娱乐消费支出比重及农民生活信息化程度四个指标。近年来宁夏农村经济得到进一步发展，农村居民的生活质量不断提高，小康实现程度为22.7%。

（1）恩格系数有所上升。恩格系数是指食品支出占生活消费支出的比重，是目前国际上通用的反映居民总体消费水平与结构的主要指标，恩格系数越小，表明生活质量越好。2003年至2005年，宁夏农村居民恩格系数分别为41.5%、42%、44%，全面小康实现程度分别为82.8%、77.8%、55.6%。

（2）农民居住质量仍然很低。2003年至2005年，宁夏农村居民人均住房面积分别为20.12平方米、21.38平方米、21.4平方米。其中砖木结构和钢筋混凝土结构住房比重三年分别为49.3%、52.8%、57.5%。目前宁夏仍有42.5%的农民居住在土坯房或土窑洞内，并且农民饮用自来水、清洁能源、卫生厕所和室外道路环境等生活配套设施非常差。农民居住质量小康实现程度三年分别为−6.3%、−5.3%、−5.1%。距离全面小康还有很长一段路要走。

（3）农民文化娱乐消费支出比重实现程度较高。2003年—2005年，宁夏农村居民文化娱乐消费支出分别达到4.8%、4.7%、4.8%，其全面小康实现程度为51.8%、48.9%、51.1%。

（4）农民生活信息化程度逐年提高。随着农村社会经济的发展农民生活信息化程度逐年提高，2003年至2005年，农民生活信息化实现程度为17.5%、35.3%、40.6%。

5．民主法制

民主法制进程的全面小康实现程度快速发展，三年中，其全面小康实现程度分别为53.2%、65.3%、69%。

（1）农民对村政务公开的满意度达到76%，距离全面小康已不遥远。近年来，宁夏各地加大了村民自治和村务公开的力度，特别是中央一号文件出台和粮食直补政策的进一步落实，农民对发生在农村的民主进程满意度逐年提高，2003年至2005年，宁夏农民对村政务公开的满意度指标的全面小康实现程度分别为43.7%、66.7%、70%。

（2）农民对社会安全的满意度已达到77%，全面小康实现程度为68%。随着宁夏农村社会各项规章制度的逐步完善，农村治安状况明显好转，已实现全面小康。

6．资源环境

宁夏是半干旱地区，由于特殊的地理环境和干旱气候的影响，生态环境极为脆弱。2005年万元农业GDP用水4438立方米，实现程度为－100%；森林覆盖率为6.1%，实现程度－100%；常用耕地增长率指标，由于近年来随着大规模退耕还林还草工程的实施以及农村结构调整力度加大，2005年常用耕地面积变动率2.1%，实现程度也为100%。

综上所述，在反映农村全面小康的六个方面18项指标中，农村经济发展、农村社会发展、农村人口素质和生态环境等方面发展相对缓慢，农民人均可支配收入、第一产业劳动力比重、农村合作医疗覆盖率、农村养老覆盖率和农村人口平均受教育年限等指标的实现程度较低，这些方面是今后农村全面小康社会建设的重点和难点。

（二）宁夏建设农村全面小康社会的难点

对照农村全面建设小康监测指标体系，各个指标的完成进度及重要程度（权数大小），从宁夏小康实现程度和农村现状及潜力来看，有六个方面的问题十分突出，需要引起各级领导的高度重视。

1．农民持续增收难

农民收入低，与全面小康标准差距大，是实现全面小康的最大难点。在农村全面小康综合评价体系中，农村居民人均可支配收入的权重最大，占20%的权重，是第一位重要指标，2005年宁夏农民人均可支配收入2053元，距全面小康值6000元还差3947元，还达不到全面小康起始值的2200元，其实现程度为负值，差距非常明显，加快农民增收，是农村全面建设小康社会的一项十分艰巨的任务。

2．农村人口素质提升难

在农村全面小康综合评价系统中，农村人口受教育程度成为仅次于农民收入的第二位重要的指标，占有12%的权重。2005年宁夏农村人口平均受教育年限只有5.7年，仅相当于小学水平。一方面农村人口文化程度普遍较低，另一方面，农村较高文化素质的劳动力大量流向城市，农村大学生在农村的很少，特别是经济相对落后的南部山区农村由于投入少平均受教育年限提升难度非常大。

3．农村社会保障程度低，农民就医、养老难

农村全面建设小康评价中，农村合作医疗覆盖率和农村养老覆盖率共占12%的权数，是衡量农村社会发展程度的一个重要指标。从全面小康实现程度看，由于农村合作医疗工作起步晚，现只在部分市、县进行试点，到2005年全区建立的新型农村合作医疗覆盖率实现了15.5%，与全面建设小康大于等于90%相比差距甚远。就宁夏农村而言，农民看病自费是普遍现象，农民就医难，农民因病致贫，因病返贫现象时有发生。由于国家财政状况有限，加之农民的收入水平还不高，绝大部分农民享受不到足额的养老保险，如果国家财政不加以解决，农村养老覆盖率低水平问题，将长期制约宁夏农村全面建设小康进程。

4．农村生活条件差，居住质量提高难

农村居民居住质量指数是全面小康建设的又一重要指标，占有11%的权重，这项指标综合反映了农村居民居住条件的好坏。农村全面小康的居住质量指数包括了人均住房面积、住房结构、住房内部设施配套中的饮用水状况、使用清洁能源、卫生厕所配套状况及室外道路条件等六方面，宁夏该项指标的实现程度为-5.1%，比全国总体小康标准差23.1个百分点，比全面小康标准差80.1个百分点。长期以来，宁夏农村公共基础设施、卫生条件等生活环境差，农村室内外环境脏乱差的现象普遍存在。如果得不到有效的综合治理，那么建设小康社会的目标将是一句空话。

5．农村城镇化发展缓慢，阻碍了农村劳动力的转移

农村劳动力的转移主要靠乡镇地域内非农企业吸纳。2005年宁夏小城镇人口比重只有13%，小康实现程度为-15.8%。农村城镇化发展缓慢，使农村非农产业结构升级缓慢，延缓了农村劳动力转移步伐，也影响了农民收入的增加。

6．资源环境与经济发展的矛盾突出

由于地理位置及经济发达程度的影响，宁夏与国家规定的小康指标体系中的资源环境指标比较，存在很大的矛盾和差异。目前宁夏农村实现全面建设小康最突出的问题是资源环境方面，实现程度为-14.3%，2003-2005年森林覆盖率和万元农业GDP用水量的实现程度均为-100%。如何处理好经济发展与资源环境的关系是一大难题。要实现这三个指标值，根据宁夏农村现有状况在短期内是根本不可能达到的。

（三）建设农村全面小康社会的对策建议

要抓住建设社会主义新农村的有利契机，加大农村各项工作力度，力争使宁夏建设全面小康的步伐迈得更快。

1．调整产业结构，加快农村小城镇建设，拓宽农民增收渠道

必须始终以发展农村经济，增加农民收入为中心，多渠道加快农民收入的增长速度。一是通过强化农业基础地位，提高农业综合生产能力和效益，靠效益增收；二是发挥比较优势，调整农业和农村经济结构，靠结构调整增收；三是以发展小城镇为主，大力发展二、三产业，提高低收入居民收入水平，加快提高宁夏城镇化水平，向非农产业要收入；四是搞好扶贫开发，促进平衡发展。

2．大力发展农村教育事业，提高农村人口文化素质

提高农村人口素质不是一件容易的事情，要制定长期规划，常抓不懈。重点是阻断新文盲的产生，不断补充高素质的后续劳动力。一是普及义务教育，坚决杜绝新一代文盲。二是逐步普及高中教育，扩大高学历继续教育，为劳动大军充实高文化层次的人员。三是加强职业和成人正规后续教育，开展素质教育，提高现有劳动力的文化教育程度。四是调整政府财政支出，加大财政对农村教育的支持力度。

3．建立健全农村合作医疗机构，完善农村社会保障体系

加大农村社会保障体系的建设力度，通过实行社会统筹和个人账户相结合的养老、医疗保险制度，提高农村的合作医疗覆盖面和农村养老保险覆盖面，提供最基本的社会保障，解除广大农村群众的后顾之忧，逐步实现国民待遇缩小城乡差距，以完善的社会保障制度推进全面小康建设的进程。

4．加强农村基础设施建设，切实提高农民生活质量

改善农村生活基础设施是提高农村居民生活质量的前提条件，不仅关系到全面小康的实现，而且也关系到扩大内需，促进国民经济持续稳定发展的大局。因此，政府适当调整财政支出结构，将更多的农村生产生活基础设施建设项目纳入公共财政领域，在资金上给予支持。各级政府应将通电、通水、普及卫生厕所列入日常工作的议事日程，在农村提倡使用清洁能源，鼓励农民美化村庄环境，改善农村生活条件。

5．加大扶贫开发力度，促进农村全面小康的实现

当前宁夏南部山区农村的贫困落后仍将在一定时期内存在，这种状况必然影响农村小康的全面建设，因此做好新形势下的扶贫开发工作，采取更加有效的方式改变贫困地区的面貌，坚持可持续发展的方针，抓好生态建设，把封山禁牧、退耕还林还草作为新阶段扶贫开发的切入点和着力点，把退耕还林还草和农村能源建设相结合，实现资源、人口与环境的良性循环，促进农村全面小康的实现。

二十四、宁夏落实粮食直补政策的主要经验

2005 年，宁夏实行的“五补一免”和对山区农村义务教育的“两免一补”政策，加上退耕还林、退牧还草等，全年各项补贴资金达 12.23 亿元。全区农民人均直接得到政策性补贴 80 元，对当年农民收入增加额的贡献率达 42.5%，成为农民增收的一大“亮点”。2006 年为了调动农民种粮积极性，宁夏自治区党委、政府决定提高粮食直补标准，由原来的每亩 10 元提高到 15 元，全年粮食直补资金将达 8336 万元，占粮食风险基金规模的 53.9%；比去年增加 2315 万元，增长 35%；同时，继续实行化肥、良种、农机购置、山区基本农田建设等补贴政策。宁夏落实粮食直补政策的主要经验：

一是领导重视，宣传到位。自治区粮食补贴方式改革领导小组制定了具体实施办法，各县也成立了由政府领导，县财政局、粮食局、物价检查所等单位为成员单位的粮食补贴方式改革领导小组。领导小组办公室加强对直补工作的组织领导和协调，加大对粮食直补的宣传力度，县乡干部深入村队和农户家中，进行政策的讲解，争取做到农民人人都了解国家的惠农政策。为将补贴资金兑现到千家万户，各县实行行政首长负责制和责任追究制，各乡主要负责人为第一责任人。

二是措施得力，透明度高。区粮食补贴方式改革领导小组要求各市县认真贯彻落实实施办法，各市县都制定了科学严密的分配办法，建立直补公开制度，对每个农户的补贴面积、标准、金额都张榜公布，使兑现补贴的操作做到公开、公平、公正。

三是简化兑现方式。各级农信社统一使用定、活期储蓄和转账结算为一体的“宁夏信合一本通”存折，变过去层层下发补贴为一次性全额领补贴，避免了基层部门拿政策性补贴抵扣农业税款、贷款和欠款等现象发生。

2005年宁夏回族自治区农村全面建设小康综合表

指　标	单位	总体小康值	全面小康值	2005实际值	实现程度	权数	综合分值
A、经济发展					−3.7	29	−1.1
农村居民人均可支配收入	元／人	2200	6000	2053	−3.9	20	−0.8
第一产业劳动力比重	%	50	35	49	6.7	5	0.3
小城镇人口比重	%	16	35	13	−15.8	4	−0.6
B、社会发展					43.2	20	8.6
农村合作医疗覆盖率	%	10	90	15.5	6.9	8	0.6
农村养老覆盖率	%	1.8	60	3.2	2.4	4	0.1
万人农业科技人员数	人	1	4	4	100	4	4.0
农村居民基尼系数	—	0.35	0.3—0.4	0.36	100	4	4.0
C、人口素质					−82.8	15	−12.4
平均受教育年限	年	7.4	9	5.7	−100	12	−12.8
平均预期寿命	年	69.5	75	70.1	10.9	3	0.3
D、生活质量					22.7	23	5.2
恩格尔系数	%	49	40	44	55.6	4	2.2
居住质量指数	%	18	75	15.1	−5.1	11	−0.6
农民文化娱乐支出比重	%	2.5	7	4.8	51.1	3	1.5
农民信息化程度	%	28	60	41	40.6	5	2.0
E、民主法制					69.0	6	4.1
农民对村政务公开的满意度	%	55	85	76	70	3	2.1
农民社会安全满意度	%	60	85	77	68	3	2.0
F、资源环境					−14.3	7	−1.0
常用耕地面积变动幅度	%	−0.3	0	2.1	100	3	3.0
森林覆盖率	%	16.5	23	6.1	−100	2	−2.0
万元农业GDP用水量	立方米/万元	2600	1500	4438	−100	2	−2.0
农村全面小康实现程度合计						100	3.5

三十、新疆维吾尔自治区农村全面建设小康监测报告

2005年在自治区党委、人民政府的正确领导下，通过全面落实科学发展观，认真贯彻中央实施的一系列惠农优农政策和措施，紧紧围绕以提高农民收入为中心，以农田水利、科技推广和节水灌溉为重点，以加强农业综合生产能力建设，大力推进农业结构调整为目标的发展理念，加大对“三农”的支持力度，新疆农村社会各个方面得到全面发展，农村经济继续保持较快发展态势，人民生活水平得到明显提高，新疆农村全面小康建设步伐加快。

（一）新疆农村全面小康社会建设取得新进展

据对新疆农村全面小康监测资料显示：2005年新疆农村全面小康社会建设取得新进展。已进入农村全面建设小康的起步阶段，迈出了可喜的一步。表现为两个特点：

第一、农村全面小康建设已初见成效，农村全面小康建设进程加快。从全区整体情况看：2005年农村全面小康实现程度达到7.8%，比2004年提高了6.2个百分点。增速分别比2003年、2004年快1.6和1.8个百分点。是近几年建设步伐最快的一年。

第二、农村全面小康建设步伐基本与全国发展水平一致，但仍滞后全国近5年。从农村全面小康发展进程看：2005年新疆农村的实现程度与全国平均水平相差20个百分点，小康全面建设进程位于全国第26位。

（二）新疆农村全面小康建设进程分析

农村全面小康是一个集政治、经济、文化、科技教育卫生生态环境人民生活的统一体，在综合评价新疆农村全面小康建设进程的六个子系统中，从静态状况看：截至2005年，社会发展子系统建设进程为34.5%，是农村全面小康建设进程最好的方面；生活质量实现程度为28.5%；民主法制子系统实现程度为5.3%；经济发展、人口素质、资源环境等子系统实现程度分别为−10.7%、−12.7%、−14.3%，尚未达到农村总体小康水平。从动态状况看：生活质量子系统发展最快，比上年提高17.1个百分点，民主法制子系统提高14.7个百分点；经济发展子系统提高4个百分点，社会发展子系统提高1.1个百分点，而人口素质、自然环境等子系统基本处于停滞不前状态。

1. 农村经济发展实现程度为−10.7%，比上年提高4个百分点

在反映农村经济发展的三项指标中，2005年农民人均纯收入为2482.15元，比上年增长10.6%，农民人均可支配收入2145元，全面小康实现程度为−1.4%，比上年增加5个百分点；第一产业劳动力比重为54.0%，全面小康实现程度为−26.7%，比上年提高1.3个百分点；农村小城镇人口比重为9%，全面小康实现程度为−36.8%，比上年提高2.7个百分点。

2. 农村社会发展实现程度为34.5%，比上年提高1.1个百分点

从社会发展的四项指标看：2005年，农村合作医疗覆盖率为30%，实现程度为25%；农村养老保险覆盖率为1.2%，实现程度为−1.0%；每万农村居民拥有的农业科研人员数为1.7人，

实现程度为23.3%；农村居民收入分配的公平程度仍处在相对合理区间，基尼系数为0.39，实现程度为100%。

3．农村人口素质实现程度为−12.7%，与上年持平

从反映人口素质的监测指标看，2005年全区农村人口平均受教育年限为7.4年，仅相当于初中二年级的水平，刚刚达到小康社会起步值。

4．农民生活质量实现程度为28.5%，比上年提高17.1个百分点

从反映生活质量的四个方面看，2005年农村居民居住质量指数为36%，实现程度为31.6%，比上年提高15.3个百分点；农村居民文化娱乐消费支出比重为2.7%，实现程度为4.4%，与上年持平；农村居民恩格尔系数42%，实现程度为77.8%，比上年提高35.6个百分点；农村居民的信息化程度为26.9%，全面小康实现程度为−3.4%，比上年提高16.3个百分点。

5．农村民主法制实现程度为5.3%，比上年提高14.7个百分点

从反映民主法制的两个方面看，2005年农民对村务公开的满意度为45%，实现程度为−33%，比上年提高18.7个百分点；农民社会安全满意度71%，实现程度为44%，比上年提高11.2个百分点。

6．资源环境实现程度为−14.3%，与上年持平

从反映资源环境的三项指标来看，2005年森林覆盖率为2.9%，实现程度为−100.0%；万元农业GDP用水量为6700立方米，实现程度为−100.0%。由于国家近两年出台了一些优农惠农政策，特别是实施粮食直补政策，极大的激发了农民对耕地的需求，2005年常用耕地面积比上年增加2.8%，实现程度为100%。

综上所述，2005年农村全面小康进程的总体特点是：在反映农村全面小康的六个方面中，农村居民生活质量、农村民主法制、经济方面的全面小康进程加快，农村人口素质和生态环境等方面全面小康进程相对缓慢。从农村全面小康的18项指标来看，农民基尼系数、常用耕地变动幅度、农民恩格尔系数、农民对社会安全满意度、农民居住质量、农村合作医疗覆盖率、万人农业科技人员数等7个指标小康建设进程达到预期目标，农民文化娱乐支出比重和农民平均受教育程度指标刚刚达到小康社会的起步值；而农民人均可支配收入、第一产业劳动力比重、小城镇人口比重、农民信息化程度、农民对村务公开的满意度、农民的预期寿命、农村养老覆盖率率等9个指标距小康社会的起步值仍有较大的差距。

2005年新疆维吾尔自治区农村全面建设小康综合表

指　标	单位	总体小康值	全面小康值	2005实际值	实现程度	权数	综合分值
A、经济发展					-10.7	29	-3.1
农村居民人均可支配收入	元／人	2200	6000	2145	-1.4	20	-0.3
第一产业劳动力比重	%	50	35	54	-26.7	5	-1.3
小城镇人口比重	%	16	35	9	-36.8	4	-1.5
B、社会发展					34.5	20	6.9
农村合作医疗覆盖率	%	10	90	30	25.0	8	2.0
农村养老覆盖率	%	1.8	60	1.2	-1.0	4	0.0
万人农业科技人员数	人	1	4	1.7	23.3	4	0.9
农村居民基尼系数	—	0.35	0.3-0.4	0.39	100	4	4.0
C、人口素质					-12.7	15	-1.9
平均受教育年限	年	7.4	9	7.4	0.0	12	0.0
平均预期寿命	年	69.5	75	66	-63.6	3	-1.9
D、生活质量					28.5	23	6.5
恩格尔系数	%	49	40	42	77.8	4	3.1
居住质量指数	%	18	75	36	31.6	11	3.5
农民文化娱乐支出比重	%	2.5	7	2.7	4.4	3	0.1
农民信息化程度	%	28	60	26.9	-3.4	5	-0.2
E、民主法制					5.3	6	0.3
农民对村政务公开的满意度	%	55	85	45	-33	3	-1.0
农民社会安全满意度	%	60	85	71	44	3	1.3
F、资源环境					-14.3	7	-1.0
常用耕地面积变动幅度	%	-0.3	0	2.8	100	3	3.0
森林覆盖率	%	16.5	23	2.9	-100	2	-2.0
万元农业GDP用水量	立方米/万元	2600	1500	6700	-100	2	-2.0
农村全面小康实现程度合计						100	7.8

第四部分 社会主义新农村建设经验与案例

东部地区新农村建设经验与案例

一、天津市西青区张家窝镇“三集中”式发展小城镇建设

（一）张家窝镇小城镇建设的特点与模式

天津市西青区张家窝镇小城镇建设采用的“三集中”发展模式，即人口向镇区集中、工业向小区集中、农业向种田能手集中。目前镇区集中工业企业182家，占全镇工业企业的87%；集中土地1.64万亩，占全镇耕地的62%；集中农户5080户，占农户总数的72.6%。自1995年进行小城镇建设以来，城镇建设一直依靠政府运作，这种方式在建镇初期起到了积极的推动和保障作用，随着小城镇建设的不断完善，目前正积极探索“小城镇建设市场化运行”的新模式。

（二）“三集中”发展模式取得的成效

1、推动了经济的增长和社会全面发展

经过十年的发展，到2005年，全镇实现国内生产总值13亿元，财政收入7400万元，城镇化率达到70%。在社会建设方面，镇里投资600万元建成了面积达3800平方米的宾馆式老年公寓，对五保老人集中供养；投资650万元建成了高标准的幼儿园；投资1400万元建成两所5000平方米的现代化达标小学；投资500万元建起了占地2万平方米的张家窝广场，丰富了群众的精神文化生活。在社会保障方面，一是完善了生活保障制度，除了各村给退休老人每月15—120元不等的退休费外，镇政府每月还发给15元的生活补助；二是建立了合作医疗制度，每位住院治疗的农民都能报销50%的医药费。

2、转移了大量农村富余劳动力

目前，张家窝镇有农村劳动力9831人，其中在二、三产业就业人数达9500人，非农劳动力

占总劳动力的90%以上。其中，在镇区工业企业就业6000多人，从事三产服务业2200人，从事农业特色种植、养殖业的300人。

3、增加了农民收入

1994年张家窝镇农民人均纯收入为2462元，2003年达到7300元，比进行小城镇建设前增长了2倍。

4、提高了农业产业化经营水平

1995年以来，张家窝镇通过土地依法流转，集中了1.64万亩土地实行规模经营，占全镇总耕地面积的62%。成立了农业服务公司，投资1600多万元购置大型农机具1491台套，特别是在全国率先购买了4架农用飞机。全镇百亩耕地拥有农机7.5台，百亩农机动力60.24千瓦，机械化水平达98%以上。为了实现农业产业化经营，还规划了"万亩果园"和8个专业养殖小区，目前"万亩果园"建设已达5400亩，肉鸭、肉牛、猪、羊、鸡、面包虫等专业养殖小区已经建成。投资2000万元，建设了占地200亩的农业高科技示范园，引资40万美元发展花卉产业，引进花卉蝴蝶兰，产品全部出口美国。

5、带动了工业产业升级

规划的9平方公里工业小区2平方公里的起步区已具备招商条件，近两年来，先后有72家企业在小区注册，其中外资企业15家，内资企业57家，协议利用外资3500万美元，协议利用内资10亿元，出租标准化厂房10万平方米。民营工业小区自去年初启动以来，已有20多家个私企业在小区建厂，另有近20家企业已交完定金，准备投资建厂。同时他们加大产业升级力度，一方面砍掉了40多家能耗高、污染大的小企业，另一方面投资1亿多元治理了规模企业的污染问题，宏发集团、长城化工厂、津津制药厂等企业均达到了国家规定污水排放标准，长城化工厂还取得了ISO14000环境体系认证，彻底改变了粗放式管理局面。

6、促进了土地集约使用

本着珍惜和爱护每一寸土地的原则，镇政府规定：在镇区内任何建设都必须严格按规划进行，逐级申报用地审批手续，经批准后方可实施；一律停止在村内新建和翻建住宅，尽可能在原宅基地建楼，不再另占土地；充分利用废弃地、盐碱地、打谷场建住宅小区。通过推行上述措施，预计全镇可腾出土地5500亩。

7、开拓了农村市场

小城镇建设带动了张家窝镇第三产业的发展，该镇在张家窝村和董庄子村建立了2个封闭市场，内设1400多个摊位。在镇区内，建有购物超市、各种特色商店、名牌专卖店以及餐饮、美发美容等设施100多个，镇区住户不出社区就能够买到丰富的商品，享受到满意的服务。

8、改善了农民居住环境

镇区内户均居住面积110平方米，人均居住面积达37平方米。镇区公建设施10万平方米，硬化道路8.8万平方米，上下水、供热、天然气、通信、有线电视管道7万延米。小区绿化率达到了40%，实现了绿色生态小区标准。计算机宽带网光纤到楼，五类线入户，不少家庭拥有了电脑，实现了不出家门上网冲浪。自来水入户率、集中供热率、燃气供气率、有线电视入户率均达到了100%。

（三）矛盾与问题

1、建新与拆旧的矛盾

按照张家窝镇小城镇建设总体规划，到2010年实现全部人口向镇区集中，撤村进镇，退地还田。但实际上小城镇建设过程中搬进镇区的农民中只有129户拆掉了原有住宅，拆迁面积为1万多平方米，其他农民的原有住宅并没有拆除，违背小城镇建设的初衷，造成了新的土地浪费。究其原因，一是尽管镇里出台了对拆掉旧房给予补贴的政策，而且也得到了农民的支持，但由于缺乏资金来源，无法深入推行下去；二是在小城镇建设之初确定的补偿标准是210—240元／平方米，由于后来的改造属于开发性质，拆迁行为已市场化，抬高了周围的地价，提高了拆迁成本，目前每平方米拆迁费超过1000元，农民无法接受原来的价格。

2、投入资金大与资金短缺的矛盾

在小城镇建设中，镇政府集决策主体、规划主体、建设主体、投资主体、管理主体于一身，而基础、公益设施建设投资大、效益低，政府不堪重负。另一方面政府作为投资主体，没有按照“谁投资、谁受益”原则把小城镇建设推向市场，缺乏市场机制的小城镇建设活力还不够充分。

3、扩展迅速与管理滞后的矛盾

在张家窝镇，尽管新建镇区初具规模，70%的农户已搬进新镇区，但在管理体制上并没有推翻旧的模式，还在沿袭以村为基础的管理模式，农民人进了镇，表面看不再受原来所属行政村的管理，而由于镇里还没有建立起城镇化的管理体制，群众的生产、生活还过多依赖原村委会来协调，使其真正融入社区受到局限。

4、对高素质人才的需求与人才素质较低的矛盾

近年来，张家窝镇大力实施“人才工程”，与多家科研单位建立了协作关系，与100多家外商企业建立了合作关系，全镇有173名干部参加了大专以上文化班学习，334人参加了中专班学习，培训厂长，经理287人，各类专业技术人员7250名，对在职职工进行岗位培训2万多人次。此外还委托南开大学开办了MBA研修班，有47名村厂领导和骨干参加了学习。但从总体上看，人才素质仍然偏低，与对高素质人才的需求相比较仍有差距。

（四）关于未来发展的思考

1、实现城乡一体化

由于农民进入城镇后的身份没变，就不能享受城镇非农业人口的就业政策及社会保障、最低生活保障等政策。本着有利于小城镇发展、有利于农村剩余劳动力就近转移、有利于社会稳定的原则，应进行户籍制度改革，将迁入镇区的人口纳入城镇统一的就业保障、生活保障、社会保障体系。

2、促进投资主体多元化

小城镇建设不仅是政府行为，更应是市场行为。应按市场经济规律，创新投融资机制，建立起以个人投资为主，政府和企业共同参与的投资机制，走政府投资引导启动，依靠民力、借助外力、多方投资的路子。目前，张家窝镇已经成功引进了上海、北京、天津等四家房地产商联合开发改造张家窝村，一期4万平方米的村民住宅楼已经开槽动工，预计明年底张家窝村第一批约400户村民将搬进新楼，三至五年内张家窝村将彻底改变面貌，变成集居民现代住宅、高档低层

住宅、旅游、商贸、教育为一体的高标准现代化功能小区，建筑面积将超过全镇目前已建成住宅面积的总和。

3、引导服务管理社会化

张家窝镇实施小城镇建设后，镇居住区的供水、供电、燃气完全是市场化管理，但在供热上还没有与市场接轨，由镇政府管理服务，由于运行成本较高，目前处于亏损状态，这方面还有待于进一步改革。

4、推行农村集体经济股份化

镇政府虽然出台了一系列优惠政策，鼓励农民离开土地，将生产、生活重心转移到镇区，但由于村级集体资产没有处理，农民舍不得也不愿意离开土地。目前全镇16个村都有集体净资产，截至2003年底村集体净资产总量达2.8亿元，其中集体净资产最多的张家窝村为1亿元，最少的也有近100万元。因此，应建立实体型的具有独立法人资格的村级经济合作组织量化集体资产，使村民变股民，农民可以带钱进城、携资入股，依股增资，按股分红。这样一来，农民没有了后顾之忧，对土地的依赖性降低了，向镇区转移的积极性就会提高。

二、山东德州市建立机制突出重点进行新农村建设

推进社会主义新农村建设，是中央从全局出发做出的重大决策，是加快科学发展、构建和谐社会、提高执政能力的重大举措。山东省委、省政府按照中央的统一部署，年初以鲁发一号文下发了关于贯彻《中共中央、国务院关于推进社会主义新农村建设的若干意见》的实施意见，明确了社会主义新农村建设的总体要求和目标任务，以增加农民收入、加强村镇规划和治理、改善人居和生态环境、加快发展农村“路、水、电、气、医、学”等社会事业为重点，全面推进社会主义新农村建设。

为跟踪反映新农村建设情况，我们到德州市进行了调研，并到平原县恩城镇、王打卦乡、王杲铺镇和临邑县临盘街道办事处的部分村、学校和涉农企业实地进行了考察，广泛征求了基层干部和农民群众的意见，全面了解了中央和省委各项农村政策的落实情况以及新农村建设各项工作进展情况，从调查结果看，目前新农村建设的各项工作已全面展开，广大农民群众反响热烈，各级干部协调联动，积极谋划，新农村建设开局良好。

（一）关于社会主义新农村建设情况

中央、省农村工作会议之后，德州市迅速组织广大党员干部群众学习贯彻会议精神，认真抓好中央、省两个“1号文件”的落实，立足实际，开展 “四项活动”，建立“四大机制”，突出“八项重点”，以科学发展观推进新农村建设，掀起了社会主义新农村建设的新高潮。

1、开展社会主义新农村建设“四项活动”

（1）广泛深入地开展“春季调研”活动

为做好中央、省农村工作会议精神与德州实际结合的文章，提高决策的针对性、科学性、有

效性，扎实推进社会主义新农村建设，德州市委组织市县乡及有关部门主要负责人深入农村第一线，开展了为期一个月的以"加速推进社会主义新农村建设"为课题的"春季调研"活动，要求县乡和有关部门主要负责同志结合本地本部门实际，撰写新农村建设调研报告，提出新农村建设规划意见。市委黄胜书记和分管领导带领市直有关部门负责人，深入基层，走村入户，广泛听取干部群众的意见和建议，调查了解新农村建设面临的形势、急需解决的问题，分析研究当前及今后一个时期新农村建设工作的重点和措施。黄胜书记亲自审阅县市区委书记及有关部门负责人的调研报告，并组织专门班子对乡镇负责同志撰写的调研报告进行了认真梳理，评出了一、二、三等，将反映的问题、提出的建议汇总上报，为市委、市政府决策提供参考。在此基础上，市委召开常委（扩大）会议进行了充分酝酿讨论，研究确定新农村建设工作的总体要求、任务目标和方法措施，出台了《关于推进社会主义新农村建设的实施意见》。

（2）召开了高规格的社会主义新农村建设动员大会

4月2日，召开了由市委、市人大、市政府、市政协领导班子全体成员，市直部门、企事业单位主要负责同志，有关部门中层以上干部参加的社会主义新农村建设动员大会，市委黄胜书记对社会主义新农村建设进行了全面动员部署。市里设主会场，县市区设分会场，德州电视台、德州人民广播电台进行了现场直播，全市有十万干部群众直接进行了收听收看。会议提出了德州市社会主义新农村建设的总体要求，即：坚持以科学发展观统领全局，认真贯彻"工业反哺农业、城市支持农村"和"多予少取放活"的方针，按照"生产发展、生活宽裕、乡风文明、村容整洁、管理民主"的总要求，从赶超全省平均发展水平对农业和农村经济发展的要求出发，从广大农民群众的迫切期盼出发，牢牢把握现代农业、乡镇财源、基础设施、社会事业、精神文明、村容村貌、基层组织、和谐乡村"八项重点"，因地制宜，分类指导，扎实工作，长期奋斗，努力建设富裕文明、民主和谐的社会主义新农村。截止4月12日，各县市区都召开了社会主义新农村建设动员大会，学习宣传贯彻落实中央、省、市会议精神，部署社会主义新农村建设工作。

（3）进行了大规模的干部培训

市委、市政府举办了由县乡镇党政主要负责人、分管负责人、驻村干部参加的社会主义新农村建设专题培训班。由市委分管领导授课，国务院研究室农村部部长韩俊应邀作辅导报告，有关部门领导和专家就相关问题进行讲解。市委确定，市县党校结合大规模培训干部，把新农村建设作为重要内容，市委党校培训到乡，县市区党校培训到村，真正使基层干部成为新农村建设的有力组织者、推动者和实践者。目前，已通过各种方式培训各级干部两万多人次。

（4）对社会主义新农村建设进行集中宣传

全市社会主义新农村建设动员会后，在市委的统一安排下，宣传部门组织各新闻单位开展了声势浩大的集中宣传活动，为社会主义新农村建设营造了浓厚的氛围。电台、电视台、《德州日报》等主要媒体开辟了专栏，宣传中央、省、市农村工作会议精神，特别是中央、省、市3个"1号文件"，深入报道社会主义新农村建设的先进典型。德州市委、市政府联合《瞭望》杂志社，举办了社会主义新农村建设瞭望—平原论坛，邀请中央政策研究室副主任郑新立等有关领导和专家作报告。与会领导和专家结合平原县创建小康村的经验，就推进社会主义新农村建设进行了深入探讨。论坛的成功举办，既宣传了德州社会主义新农村建设特别是平原县小康村创建的经验，又使广大党员干部从理论上对社会主义新农村建设有了更深刻的认识。

2、建立社会主义新农村建设的“四大机制”

（1）社会主义新农村建设的协调推进机制

按照党委领导、政府主导、农民主体、部门协同的要求，市县两级都成立了新农村建设领导小组和办事机构，抽调精干力量，组建了专门班子，加强统一领导，搞好组织协调，建立督导督查机制。市委将新农村建设列为对县市区和市直单位年度目标责任考评的重要内容。根据市委总体工作部署，各级各部门进一步细化目标、实化任务、硬化措施、强化责任，确保把各项政策措施落到实处。市委、市政府研究确定了德州市社会主义新农村建设总体规划，主要精神是：与“实施三步跨越、建设小康德州”同步推进，坚持总体规划，示范带动，循序渐进，依次展开，争取使一二三类村分别用三年、五年、十年时间形成新农村建设雏形，在此基础上根据农业农村形势的变化和农民群众日益增长的物质文化需求，推动新农村建设不断向纵深发展。有关部门正结合“十一五”规划，进行调查研究，抓紧制定全市社会主义新农村建设总体规划和各项专题规划。

（2）社会主义新农村建设的示范带动机制

在深入调研的基础上，德州市把全市8333个行政村划分为一二三类，按照五化（硬化、净化、绿化、亮化、美化）、六好（好班子、好规划、好产业、好制度、好村风、好环境）的要求，分别制定社会主义新农村建设的目标任务和措施，争取分别用三年、五年、十年时间形成新农村建设雏形。全市共确定市级社会主义新农村建设示范点405个村，其中145个村由市直机关社会主义新农村建设工作团驻村帮扶。

（3）社会主义新农村建设的政策保障机制

一是积极落实财政支农政策。全面落实了“三个高于”的政策：今年全市财政支农资金预计达到115760万元，比上年增加11617万元；国债和预算内资金用于农村建设的比重为12%，比2005年的11%高出1个百分点；国债和预算内资金中直接用于改善农村生产生活条件的资金为57199万元，比2005年的50840万元高出6359万元。并严格按国家和省的规定，认真落实粮食直补、良种补贴和农机购置补贴。今年，共争取粮食直补资金9268万元，落实补贴面积662万亩；国家小麦良种补贴资金2900万元，落实补贴面积290万亩，玉米良种补贴资金200万元，补贴面积20万亩；落实农机购置补贴资金685万元。二是优化农村金融环境。加快推进农村金融改革，加大对农村种养、产品加工、县域经济的信贷支持。三是引导社会投入。采取财政贴息，建立农民创业基金，吸引社会资金投向“三农”等方式，逐步建立起以政府投入为引导的多元化支农资金稳定增长格局。四是保障农民合法权益。不折不扣抓好各项惠农政策的落实，坚决杜绝任何形式的乱收费乱摊派，切实减轻农民负担。进一步规范整顿了农资市场，消除坑农隐患。清理和取消了各种针对务工农民流动和进城就业的歧视性规定和不合理限制，保障农民工的合法权益。

（4）社会主义新农村建设的共同参与机制

一是职能部门用心服务新农村建设。市县各职能部门都制定出台了支持、服务新农村建设的具体意见，并认真付诸实施。如市人口计生系统充分发挥管理职能、宣传教育、协会网络、利益引导、组织协调五大优势促进新农村建设；二是从市县乡三级抽调万名干部开展驻村帮扶。市直党政群机关、企事业单位和中央、省驻德单位抽调干部448名，组成145个工作组，于4月10

日前全部进驻到145个重点村庄开展帮扶。截止4月10日，各县乡驻村工作组已全部到位，目前全体驻村干部正在有条不紊、扎实有效地开展工作，开局良好；三是积极鼓励党政机关、人民团体、企事业单位和社会各界人士、志愿者投身新农村建设。市直机关工委在市直党组织中开展了“展示先进性，建设新农村”主题实践活动，组织市直党员立足本部门职能和资源，通过各种形式积极为社会主义新农村建设做贡献。团市委组织了“青春建功新农村”活动，动员组织广大团员青年投身社会主义新农村建设。

3、把握社会主义新农村建设的“八项重点”

（1）积极推进现代农业建设

一是稳定发展粮食生产。用足用好国家对粮食主产地区的奖励政策，保住了基本农田800万亩、粮食播种面积1000万亩、总产80亿斤“三条底线”；二是全面推进农业内部结构调整。大力培植优势产业，加快发展比较效益高的蔬菜、畜牧、水产、林业生产。蔬菜生产重点放在特色、绿色、无公害和精深加工上，面积稳定在200万亩，全部实现无公害生产；积极引进推广主导品种、优势品种，扩大水产品养殖；大力发展畜牧业，加快“10万头奶牛、500万头生猪、100万头肉牛、1亿只家禽”及特种养殖基地的规划建设；以建设“绿色德州”为目标，重点实施了绿色通道、农田林网、工业原料林、特色经济林等重点工程，积极发展林间种植、养殖等，走出了一条具有德州特色的林地经济路子，全市森林覆盖率达28.3%；三是全面推进农业产业化经营。建设一批经济实力强、带动能力强的龙头企业，发展众多的农工贸一体化、产加销一条龙的“龙型经济”。从2006年开始，市里每年排出10家、每个县市区排出3家龙头企业，在资金、用地、政策等方面进行重点扶持。目前，全市共有各类农业产业化龙头企业690家，其中，国家级2家，省级23家，市级95家；四是全面推进社会化服务。积极发展各种类型的经济合作组织，为分散经营的农户提供统一服务，努力降低播种、灌溉、运输、销售成本，提高农业生产效益。全市合作经济组织已发展到4400个，其中60%以上达到了有章程、有组织、有机构、有内部管理制度，参加农村合作经济组织的农户50万户，户均增收400多元；五是全面推进科技兴农。大力实施了种子工程，建立了良种良法相配套、育繁推一体化的新型种业体系，积极培育具有自主知识产权的“德”字号农作物新品种，全市良种覆盖率达到98%以上。大力实施农业科技入户工程，加快了农业先进实用技术进村入户进度。

（2）积极推进以乡镇财源建设为核心的乡镇综合改革

一是大力加强乡镇财源建设。在对2001年以来各乡镇财源建设情况全面考核摸底的基础上，将125个乡镇划分为三类，实行党政主要负责人财源建设任期目标责任制，严格奖惩。32个一类乡镇近两年经济增长接近30%，国税收入增长220%，地税收入增长106%；二是积极稳妥的推进乡镇机构改革和人员分流。全市乡镇机构平均个数由改革前的16年精简为11个，精简比例为30%，乡镇机构最少的为9个。全市共清退临时人员3682人，分流乡镇正式人员4971人；三是坚决扎住举借新债的口子。严格控制债务膨胀，确需举借新债的，必须报上级政府严格审批。市里还专门建立起乡镇发展基金和偿债基金，发展乡镇经济，逐步消化原有债务。

（3）积极推进基础设施建设

坚持以人为本，从农民群众最急需最盼望的问题入手，突出抓好“路、水、气、电”四件事。一是让农民群众走上顺畅便捷的路。几年来，先后投资20多亿元，实施了总里程1.29万公里的“村村通”工程，解决了95%的行政村、400万农民出行难的问题。争取再用两到三年的时间，全部完成“村村通”工程扫尾和村庄街道硬化。同时，紧紧抓住全省公路建设重点向县乡公路改造转移的机遇，力争五年把2500公里的县乡公路全部改造一遍；二是让农民群众用上安全洁净的水。目前，全市村村通自来水率已达到40%，力争用三年时间达到80%，五年全部实现；三是让农民群众用上清洁卫生的燃料。积极用好国家扶持农村沼气建设的政策，在全市大力推广户用沼气。平原县和临邑县对每个沼气池分别补贴500元和1000元，鼓励农户建池。目前，全市已建沼气池2607个，并且正在以每年2000个以上的速度发展。同时，在有条件的地方探索推广太阳能、秸秆气化等适合农村特点的清洁生活能源；四是让农民群众用上经济充足的电。市县各级电力部门大力开展了“新农村、新电力、新服务”活动，加强农村电网建设，提高农村电工素质，切实降低用电价格，积极保障工副业项目、农田灌溉用电。除此之外，继续大力实施村村通宽带、户户通有线工程，让广大农民群众在享受现代文明中开阔视野、增长才干。

4

（4）积极推进社会事业建设

突出解决农民上学、看病、社会保障难的问题。一是彻底改变农村教育落后的状况。认真落实了“两免一补”等政策，加大治理教育乱收费力度，制定优惠政策，鼓励优秀人才到乡村任教，进一步调整优化了中小学布局，加快初中进县、小学进乡步伐。平原县率先实施了初中进县城工程，目前，县城初中在校生达到10000人，占全县初中在校生总数的50%；二是彻底改变农民医疗条件落后的状况。对一般乡镇卫生院推行了市场化改革，集中力量抓好37处乡镇中心卫生院建设。公共卫生体系建设健全完善，农村新型合作医疗参保人数154万人，覆盖面达到40.5%，平原县和临邑县覆盖面分别达到88%和90%以上。全市争取三年内全部行政村实现无缝覆盖，农民参合率达到80%以上；三是彻底解决农村社会保障滞后的问题。按照“低水平、广覆盖、适度保障”的原则，陆续完善养老、失地农民、最低生活、五保户供养、特困户救助等保障体系。

（5）积极推进精神文明建设

把培养造就有文化、懂技术、会经营的新型农民作为社会主义新农村建设的重要任务，作为农村精神文明建设的核心，积极开展农民培训。一是观念培训。充分发挥市、县、乡党校主阵地作用，采取集中办班、以会代训、外出参观学习等形式，一年轮训一次，分期分批对农村基层干部进行了系统培训；二是文明培训。以农村人口文化大院为阵地，以“送文明新风进千家万户”为切入点，大力开展了“科普图书读物巡展”、“六下乡”、“评选十星级文明户”、“建设文明一条街”等活动，引导群众更新观念、改变陋习，讲文明、讲道德。目前，全市农村人口文化大院已发展到3012个；三是技能培训。充分利用“阳光培训”工程、农村远程教育、职业教育和“科普村村通”等有效载体和平台，对农民实施技能培训，引导农民向技能型、专业型、知识型转变，使每个农户基本掌握1—2项致富技能。目前，已有100多万农民接受了1—2项的实用技术培训，全市每年新增劳务输出10万人，劳务输出人员达71万人。

（6）积极推进村容村貌建设

一是科学规划。改善村容村貌，必须坚持规划先行，突出特色。今年上半年开始启动乡镇和示范村的总体规划，争取明年完成全部村庄规划编制工作。结合新一轮村庄规划，积极探索村庄合并，逐步解决全市村庄规模过小、村干部职数过多的问题；二是稳步推进。对整体拆建的村庄全部掌握起来，成熟一个建一个，成熟一批建一批。把城中村改造作为新农村建设的突破口，力争两年内完成任务；三是整治环境。主要以三清（清理粪堆、清理垃圾、清理柴草）四改（改水、改路、改圈、改陈规陋习）为重点，全面整治农村脏乱差，创造整洁、舒适、文明的生活环境；四是改善生态。今年把村庄绿化作为林业生产的重点，大力开展围村林建设，力争用三到五年的时间，全市村庄森林覆盖率达到50%以上，实现农村道路林荫化、沟渠风景化、四旁园林化，全力打造林果成荫、林茂粮丰、环境宜人的秀美农村。

（7）积极推进基层组织建设

新农村建设，关键要有一个组织带动能力强的好班子，一支热心农村建设事业的好队伍。一是开展“三双”富民工程。尽快把致富能手培养成党员、把党员培养成致富能手，党员干部带头致富、带领群众共同致富，扶持贫困户、扶持示范户。目前，村“两委”班子中“双高双强”型人才占77%；二是实施农村党支部书记星级化管理制度。继续推广平原县、禹城市农村党支部书记星级化管理的经验。通过对农村党支部书记实行星级化动态管理，形成了责权利统一、操作规范、考核严格的管理机制，增强了村支书的责任心、事业心，调动了他们的工作积极性、主动性和创造性。目前，全市拥有星级支部书记5816名，占总数的70%；三是进一步巩固扩大先进性教育活动成果。结合新农村建设实践，认真开展“回头看”活动，切实把农村党员培养成为执行政策的明白人、勤劳致富的带头人、文明新风的倡导人、村容村貌的管理人、社会稳定的维护人。

（8）积极推进和谐乡村建设

德州市高度重视健全村党组织领导的充满活力的村民自治机制，完善民主选举、民主决策、民主监督和村务公开、民主管理制度，巩固党的群众基础。特别是推行了农村财务体制改革，实行村财乡管村用，形成了科学规范的农村财务管理新机制，真正实现了“干部清白，农民明白”。积极推进“平安村居”建设，不断加强社会治安综合治理，依法打击各类违法犯罪活动和黄赌毒等社会丑恶现象，为农村发展创造良好的外部环境。组织有关部门深入研究矛盾纠纷调处网络向农村覆盖、“110”向农村延伸、扶贫济困向农村拓展的办法措施，确保农村的繁荣和谐稳定。

（二）制约新农村建设的主要问题

1、村集体收入相对薄弱，农村社会事业发展滞后

全市8333个行政村中，大部分村无集体收入，有一半的村无办公场所，用于农村基础设施建设和农民精神文化生活的投入不足，村级文化、卫生、教育等各项事业发展滞后。

2、农民收入的稳定增长机制还没有建立

德州市2005年农民人均纯收入刚刚达到3800元，收入水平低且缺乏稳定增长的长效机制，新农村建设必要的经济支撑严重不足，农村用于改善生产生活条件的资金十分有限，实施村村通自来水、户户通沼气工程等存在资金缺口。

3、统一规划的村庄比例小且不够科学

目前全市仍有大部分村受土地、宅基、传统思想观念等问题的影响，顺势建房，致使村庄规划受阻，即使已经规划的村庄有的也不尽科学合理。

4、新农村建设进展不够平衡

经济基础好的村优于经济基础差的村，交通好的村优于不靠公路的村，开放意识强的村优于思想保守的村。

（三）对新农村建设工作的建议

1、加大对农村特别是鲁西北落后地区农村发展的支持力度

中央及省财政扶持资金要加大对农村倾斜的力度，特别是加大对鲁西北经济欠发展地区农村的扶持力度，以改善当地的基础设施，促进全省各地协调发展。同时制定更方便农民发展经济的贷款政策，切实解决农民贷款难、成本高，经济发展受制约的问题。

2、发挥农民群众的主体作用

农民群众既是新农村建设的受益者，也是主要建设者、管理者和维护者，要充分激发农民社会主义新农村建设的创造性，把农民群众的积极性调动好、引导好、保护好。加快新型农民的培育，举办各种形式的培训班，提高农民的整体素质，拓宽农民的增收渠道，让广大农民真正受益，使他们对新农村建设充满信心和希望。

3、要有长远规划，分步实施

社会主义新农村建设不是一朝一夕、一蹴而就的事，要认识到它是一个复杂的社会系统工程，要靠广大农村干部群众长期的艰苦奋斗。因此要制定科学的规划，与科学发展观相结合、与建设农村小康社会相结合，既立足当前，又要着眼长远，科学规划，分步实施。要加快农村工业化、城镇化进程，建立以城带乡、以工促农，构建城市带动农村、工业反哺农业的长效机制来推动新农村建设。

三、江苏省新五件实事推进社会主义新农村建设

党的十六届五中全会进一步明确提出了社会主义新农村建设的重大历史任务，并将新农村建设的目标和要求概括为“生产发展、生活宽裕、乡风文明、村容整洁、管理民主”五个方面，今年的一号文件则在更高的起点上对此进行了全面部署，社会主义新农村建设已成为我国现代化建设的核心战略之一。2005年江苏省人均GDP超过3000美元，全省GDP中的农业份额已降至7.6%，这表明江苏省已进入工业化中后期，经济增长的动力主要来自非农业，工业反哺农业、城市支持农村条件已经基本成熟。

（一）江苏的做法

1、省政府成立领导小组，部门明确分工

江苏省高度重视新农村建设工作，在2003年起实施的旨在改变农村面貌的“五件实事”初见成效的基础上，今年省政府又部署推进了以建设农村道路通达工程、农村环境整治工程、农民健康工程、农村教育培训工程和文化建设工程这新五件实事为具体内容的新农村建设。为加强组

织领导，省政府还成立了由14个厅局委办领导组成的实施农村新五件实事工作领导小组。14个成员单位的具体分工是：省政府办公厅负责与各单位联系，及时协调处理新五件实事中遇到的有关问题，加强对新五件实事实施进展情况的督促检查；省发改委将新五件实事纳入国民经济社会发展规划，加强对实施情况的研究分析和提出政策性意见；省财政厅要根据方案及时拨付资金，并监督使用；省交通厅、教育厅、劳动保障厅、农林厅、扶贫办、卫生厅、水利厅、建设厅、环保厅、文化厅、广电局按照各自职责分工，切实抓好相关实事工程的实施；监察厅、审计厅负责对新五件实事建设资金使用管理的监察、审计。

各相关部门的工作计划和实施方案由部门一把手负总责，分管领导具体负责，领导小组各成员单位建立月报制度，及时掌握实施进度，每季度开展一次督查，将工作进度、督查情况及时报告省政府办公厅，省政府办公厅每半年督查一次。

2、今年以来新五件实事的实施情况

（1）农村通达工程

2003年省委、省政府把加快农村公路建设列入农村五件实事之一，至2005年底，全省共建成农村公路4.1万公里，完成省政府下达计划的132%，行政村灰黑化等级公路通达率达到93%，受惠群众4000万，有力地促进了农村社会经济发展。今年江苏省农村公路建设的目标是：着力加快县通乡、乡通乡的农村公路建设，完成剩余通村公路项目建设，实现全省村村通灰黑路。具体目标是：建设3400个项目13000公里，其中，按照二级或二级以上标准新建改建县通乡（镇）公路2700公里，按照三级或三级以上标准新建改建乡际公路2900公里，按照四级或四级以上标准新建改建乡（镇）至行政村公路7600公里，新建改建桥梁1200座，同时，实施农村1000个居住示范点内和200个环境整治村村内的公路建设。

在通达工程建设中还注意加大对1011个经济薄弱村的扶持，确定今年年底前全部完成目前尚未通公路的354个经济薄弱村1420公里公路建设，对1011个经济薄弱村公路上的大中桥梁进行补修，年内完成全部危桥改造，具备通车条件的村确保通班车，并根据规划优先考虑1011个村90道渡口中符合条件的改渡为桥。

在“十一五”期间，全省农村公路要新建改建4万公里，改造县乡及乡际公路桥梁2000座，力争改造乡通村公路桥梁3000座，通过5年的努力，完成规划集中居住点的道路建设。

（2）农村环境整治工程

农村环境整治工程包括水环境治理、清洁能源和村庄建设整治。

在水环境治理方面，由于江苏省农村河道塘库淤积严重，水质普遍下降，全省已有三分之一的河流不能作为饮用水源。在新农村建设中，江苏省实施了农村碧水工程，2006年省财政安排2.7亿元，加大县乡河道的疏浚，启动村庄河塘的清淤，用“以奖代补”的方式调动当地政府和农民投入的积极性。

在清洁能源工程上，省拨出专项资金，实施农村清洁工程，今年全省新建 4万只农村“一池三改”户用沼气池，86处规模畜禽场沼气治理工程和10处秸秆气化集中供气工程。

村镇建设整治是一项长期复杂的过程，村庄建设整治的重点是围绕规划保留的村庄，配套建设农村基础设施与公共服务设施，引导农民将新建改建拆建的住房建到规划点上，逐步将传统分散的自然村庄建成土地资源集约、基础设施配套适宜、乡村风情浓郁的农村新社区。

村庄建设的整治直接体现了社会主义新农村的面貌，农村的道路通达工程、环境整治工程、文化建设工程都与村庄的建设整治密切相关。2005年江苏省开展了镇村布局规划工作，规划将全省现有的25万个自然村逐步撤并为4万多个农村居民点，今年已经选择了代表不同类型的200个规划点作为村庄建设整治试点，并要求各市、县（市、区）也选择1000个村庄开展建设整治试点，为此5月上旬召开了全省村庄建设整治流动现场会，组织会议代表参观了苏锡常地区8个村庄整治和农民集中居住示范点。结合村庄建设的整治，省里拨出2000万元帮助农村试点改厕，计划今年改厕10万户。

（3）农民健康工程

江苏省农民健康工程今年4月开始实施，主要内容包括提高参合农民的医疗费报销水平、落实农村居民基本公共卫生服务、实施城市医院医生支援农村、培训乡村卫生人员和"基本设备扶贫"五个方面：

第一，提高参合农民的医疗费报销水平。新型农村合作医疗是缓解农村"看病难、看病贵"的关键，到2005年底江苏省新型农村合作医疗人口覆盖率达85.5%，居全国各省之首，但不少地方仍存在着保障水平不高、参合农民补偿不合理等问题，农民健康工程要抓的第一件实事就是提高参合农民的医疗费用报销水平。

一是建立新型合作医疗资金的稳定增长机制。省农民健康工程领导小组要求各地要积极争取当地政府不断加大投入力度，扩大新型合作医疗的资金总量，提高参合农民的保障水平。积极探索行之有效、农民容易接受的筹资方式，逐步建立起稳定规范的经费收缴机制，力争在"十一五"末，苏南苏中苏北新型合作医疗人均筹资额分别不低于200元、100元和80元，其中各级政府的扶持资金不低于70%。从今年起，在不提高农民个人缴费标准的前提下，全省农村新型合作医疗的筹资标准从人均不低于30元提高到50元，省财政为此安排3.38亿元用于经济薄弱地区补助，到年底全省新型农村合作医疗的人口覆盖率要提高到88%；二是合理分配基金支出比例。调整补偿方案要体现大病统筹、住院补偿为主的原则，重点缓解"因病致贫"、"因病返贫"问题，同时适当兼顾门诊报销，增加受益面，用于乡镇卫生院和村卫生室医疗费用报销的总额原则上不低于60%。合理设置大额医药费用分段补偿比例，尽量降低住院补偿"起付"线，补偿封顶线要提高到3万元以上。外出务工的参合农民，在异地公立医院就诊的费用按规定给予报销。

第二，落实农村居民基本公共卫生服务。省政府规定，从今年起各级财政都要按照服务人口设立农村基本公共卫生服务专项资金，主要用于乡镇、村卫生人员从事基本公共卫生服务项目的补助。今年苏中、苏北农村基本公共卫生服务专项资金按农村常住人口（含暂住人口）人均不低于6元的标准设立，以后要随着经济发展和财政收入的增加逐步提高。省财政将对经济薄弱地区按服务人口、服务项目和服务质量分档次给予适当补助。

第三，城市医院医生大力支援农村。从今年4月起，城市二级以上医疗卫生机构的专业技术人员，在晋升主治医师或副主任医师资格前，必须到农村医疗卫生机构或城镇社区卫生机构累计服务一年，其中临床医生到农村医疗卫生机构的服务时间不少于6个月。明年起以上人员在报考主治医师或提升副主任医师时，需提供到城乡基层医卫机构服务的相关材料。同时制定优惠政策鼓励到达退休年龄的具有高级职称的医师到农村卫生机构服务。

第四，培训乡村卫生人员。今年省财政拨出1000万元用于800名乡镇卫生机构管理干部和3000名乡镇卫生机构骨干人员的培训，并对1万名乡村卫生人员进行以全科医学为主的转岗培训。

第五，基本设备扶贫。今年江苏省将重点对经济困难地区的383个乡镇卫生院实行"基本设备扶贫"，这次基本设备扶贫是在去年基本完成苏北300个乡镇卫生院基本设施配置的基础上进行的，旨在提高农村医疗卫生服务能力。经济困难地区乡镇卫生院基本设备配置所需的资金，采取政府补助与被扶持单位自筹相结合的办法解决，按照每个中心卫生院60万元、一般卫生院40万元的标准装备。重点困难县和比较困难县，省财政补助60%，地方自筹40%；对一般困难县，省财政补助40%，地方自筹60%。对已改制的卫生院，按照产权明晰的要求，省补助的设备由县卫生行政部门托管，有偿使用。

(4) 农村教育培训工程

今年江苏省将增投20亿元，明显增强农村教育培训工程的建设力度。

第一，免除学杂费和扶贫助学。今秋起将在全省范围内免除农村义务教育的学杂费。同时在去年为苏北义务教育阶段的农村贫困生免费提供教科书的基础上，今秋起将提供免费教科书的范围扩大到苏中，受益学生将达80万人，并督促市、县对贫困寄宿生实施生活补助。

第二，实施"四项配套"。即从今年开始，用两年左右的时间使全省农村中小学的理化生实验设备、图书资料、体育和艺术教育器材的配置全部达到省定标准，使学校能按教育部的规定开齐、开足各科课程。经测算，一所初中的四项配套经费需32万元，其中省级负担24万元，市县筹集8万元。这是继农村中小学布局调整、危房改造、"三新一亮"、"六有"和"校校通"工程之后，改进农村中小学办学条件的又一重要实事，也是促进城乡基础教育均衡发展、实现教育公平的重要举措。

第三，大力发展农村职业教育。一是继续扩大中等职业教育的农村招生规模。今年全省初中起点的高、中等职教招生存量计划的70%面向农村，增量计划全部面向农村；二是加强职教基础能力建设。今年扶持苏北、苏中34个经济薄弱县职教中心的建设，使之成为当地农村人力资源开发、农村劳力转移培训、技术培训与推广的重要基地，全年建设30个农村中、高等职教实训基地；三是继续资助贫困家庭学生接受职教。今年资助经济薄弱地区农村5万名贫困家庭的初中毕业生接受中等职教，年人均资助2000元，连续资助3年，毕业后学校推荐就业，实现资助一个贫困学生，脱贫一个家庭。

第四，加强农村师资队伍建设。确定城镇教师到农村学校任教服务期制度。2006年起，城镇新聘中小学教师要全部到农村学校任教，服务期限不少于一年。今年还将确立城镇中小学教师晋升高级教师职称应有农村学校任教一年以上前提的制度。

第五，加大农村劳力培训力度。农村劳力培训分为劳力转移技术培训和农业实用技术培训。在劳力转移技术培训方面，今年江苏省农村劳力转移要新增60万人，其中"转移培训30万人"，一季度全省已对13.54万劳力进行了转移前技能培训。培训所需资金主要来自省财政，今年省财政拿出6000万元用于促进农村劳务输出培训，按照一般劳力每人200元、1011个经济薄弱村贫困劳力人均300元的标准使用。农业实用技术培训方面，今年四、五月间，有关部门已将全年农业实用技术培训200万人和创业培训10万人的任务和经费分解至全省13个市71个县（市、区），为了保证培训质量，省农业部门从南农大等农业院校、省农科院和省农技推广部门选聘了近300名业务精、水平高、责任心强、热心农民培训的专家组建了省级农民培训讲师团，并制定了相应的管理办法，明确讲师团成员的服务职责，加强管理与考核，确保讲师团为农民提供高质量的培训服务，同时组织有关专家编写38本系列培训讲义和多媒体课件。各地也相继成立了业务水平高、责任心强的技术骨干组成的市县农民培训讲师团。

（5）农村文化建设工程

农村的文化建设工程主要是推动有线电视进村入户、乡镇文化站建设和“三送”（送科普、送电影、送戏下乡）。

第一，有线电视进村入户。省政府将实施农村有线电视“进村入户”工程列为2005年39项重点工作任务之一，2005年年底，全省农村有线电视用户数已达599.7万户，比上年增加113.7万户，省政府决定2006年再“发展农村有线电视用户95万户”，今年年底46.2％的农户可望看上有线电视。

第二，乡镇文化站建设和“三送”。今年全省新五件实事工作会议后，省文化、财政部门联合制定下发了有关建设乡镇文化站和“三送”下乡的文件，省文化部门还与各有关县（市、区）分管文化工作的领导签订了乡镇文化站建设责任书。赣榆县已动工兴建与省里签订的13个文化站，县政府还出台了新建站每个补助5万元、改扩建站每个补助3万元的配套措施。淮安市今年需要新建扩建52个乡镇文化站，市政府采取以奖代补的方式，制定了按期完成乡镇文化站建设任务的按每站3万元奖励。

（二）困难和问题

1、村庄建设整治方面

（1）部分村庄建设无规划，基础设施建设缺乏稳定投资渠道

村庄建设没规划或规划水平较低，有的地区村庄建设杂乱无章，加重新农村建设中改造旧村建新村的成本。目前江苏省村庄的基础设施建设投入仍以集体经济为主，苏南部分村集体经济实力强，有投资能力，而集体经济实力不强的村特别是苏北投入能力差，多数村庄没有相应的基础设施或设施不配套，存在路况差、污水乱排、垃圾散布、杂物乱堆、电线乱拉、管道乱铺等影响环境质量的脏乱差现象。

（2）村庄集聚集约发展缺乏相关法律政策的支撑

引导农民集中居住，涉及到村、组甚至户之间的土地调整，而这又没有政策依据，给基层操作带来困难。再者，在缺乏周转建设用地专用指标和占用农地指标的情况下，农民建房宅基地审批困难，且按照年度“占一补一”、“先补后占”的土地政策，规划实施困难。

（3）村镇建设管理机构困难多

苏北部分地区的村镇建设管理机构因长期发不出工资，已处于基本瘫痪状态。同时，各地村镇建设管理机构普遍存在着人员业务素质偏低的状况，影响了村庄规划建设管理和服务的质量。

2、健康工程方面

一是农村医疗保障水平低。目前江苏省农村的医疗卫生服务网络还不够健全，基本医疗设备比较缺乏，卫生队伍整体素质不高，农民的健康保障程度较低，因无力支付昂贵的医疗医药费用，小病不看、大病等死的现象依然存在。在苏北某县今年的百户调查中，有33户认为最担心的问题是生大病；二是乡村医生的待遇低下，养老保险制度普遍未建立。近些年来许多地方的乡村医生信访不断，希望政府关心解决他们的基本待遇尤其是老有所养的问题。

3、部分地区存在只抓亮点、不攻难点的现象

在新农村建设中，有的地方搞示范村劲头十足，而攻难点的力度欠缺。全面实现新农村建设五个方面的目标，重在整体推进、协调发展，仅限于“亮点”的建设显然是不行的，工作的重点应转移到攻难点上来。目前新农村建设的难点主要有三：一是如何加快农民增收。县乡村三级如何从实际出发谋划引导，发展村级经济，加快农民增收；二是农民态度较冷。农民是新农村建设的主力， 而目前是“上面热、中间等、下面冷”；三是土地资源运作差。不少地方不善于运作土地资源，不善于合理安排农林牧渔及工业用地，不善于将外部资金引向土地，不善于在新农村建设老村庄改造中搞好土地复垦整理、腾出部分非耕地让农民搞开发，搞土地资本运作，取得长期合法收益。

四、无锡市社会主义新农村建设的探索和实践

无锡市委、市政府认真贯彻中央十六届五中全会精神，结合已经率先基本建成全面小康社会的实际，紧紧围绕“生产发展、生活宽裕、乡风文明、村容整洁、管理民主”五个方面的要求，围绕加快建成具有无锡特色的社会主义现代化新农村这一目标，进行了积极的实践和有益的探索。

（一）科学制定示范村标准

为贯彻党的十六届五中全会和省委十届九次全会精神，市委、市政府决定，从2006年起在全市范围内全面开展“学习华西、争创社会主义现代化新农村建设示范镇村”活动，同时紧贴本市农村实际情况，高起点制定示范村标准。无锡市建设现代化新农村的总要求包括经济发展、生活宽裕、社会文明、社区整洁、管理民主五个方面：

1、经济发展

结合无锡的实际，将生产发展拓展为经济发展。(1) 经济总量规模化。全面提高农村劳动生产率水平，人均应税销售收入超过8万元。(2) 产业集中园区化。坚持实行科学规划，提高开发园区建设水平，工业向规划确定的开发园区和工业集中区集中，在开发园区和工业集中区中的产出比例达到90%以上。(3) 农业经营集约化。切实保护基本农田，加大农业投入力度，改善农业设施条件，加快实施农业标准化，全面提高农机化水平，大力推进农业产业化经营，农业适度规模经营面积的比重达到80%以上。(4) 经济发展特色化。因地制宜发展各业经济，村级经

济发展品牌化、科技化、外向化特色明显，三次产业有一个市级以上产品品牌，有一个以上省级或国家级星火、火炬计划科技项目。(5) 村级经济股份化。大力发展股份经济，全力推进村级集体经济股份合作制改革，建立健全村级增收长效机制，集体资产实现保值增值，人均村级年可支配收入达到500元以上。

2、生活宽裕

(1) 积极促进农村劳动力就业，农民人均纯收入达到13000元。(2) 农民居住条件舒适，人均住房建筑面积达到40平方米以上。(3) 本村居民社会养老保障基本实现全覆盖，其中，本村企业职工、被征地农民的社会养老保障实现全覆盖，纯农民养老参保率达到95%以上。(4) 巩固完善社区卫生服务站，农民大病医疗保险实现全覆盖。(5) 农民最低生活保障全覆盖，并全面实行分类施保。(6) 积极开展扶贫帮困活动，组织党员干部、企业业主等开展结对帮扶，与贫困家庭结对帮扶率100%。(7) 加快农村信息化步伐，提高电话、电脑、有线广播电视普及率，农民生活信息化程度达到80%以上。

3、乡风文明

(1) 普及九年制义务教育，高中（含职高、中专）入学率达95%以上。(2) 青壮年农民接受过不同形式职业技能培训达到80%以上。(3) 无违法生育，计划生育率达到100%。(4) 建有一个以上设施完善的文教体育活动场所。(5) 文明户、五好家庭等创建活动达标率90%以上。(6) 无重大刑事案件，人民群众对社会治安满意率95%以上。

4、社区整洁

(1) 住宅美化。搞好科学规划，大力推进农民居住集中，集中居住区建筑特色明显，设施功能完善，整体形象优美，用地节约集约，无违章搭建，居住集中比例达到50%以上。(2) 道路硬化。村内主干道硬化工程全面实施到位。(3) 村庄绿化。村主干道两旁、河道两侧和居住集中区内生态绿化、美化工程全面达标。(4) 路灯亮化。村内主干道和居民集中区等公共场所路灯安装率100%。(5) 河道净化。工业污染源稳定达标排放，有效控制农业面源污染，河岸整洁、淤泥清理、水体保洁等整治工作全面达标，并建立长效管理制度。(6) 环境洁化。全面禁止秸秆露天焚烧，农户自来水普及率、垃圾集中处理率和无害化卫生厕普及率达到98%。

5、管理民主

(1) 坚持民主选举。积极推进村级党组织公开直选，村民委员会和村股份经济合作社实行民主选举，村民对村级领导班子满意率达85%。(2) 坚持民主决策。村级经济发展、社会事业建设和村内重大事务坚持做到民主决策、科学决策，决策程序规范，村民知晓率达80%以上。(3) 坚持民主管理。建立民主理财小组，健全民主理财活动，村民代表或股东代表参与民主管理活动率达80%以上。(4) 坚持民主监督。全面执行党的各项方针政策，按季实行村务公开，重大事项及时公开，农民对村务公开的满意率达90%以上。

（二）强化典型示范效应

1月中旬，无锡各市（县）区对照示范村争创标准，经过筛选和考核，树立江阴市华士镇华西村、江阴市周庄镇三房巷村、宜兴市官林镇都山村、锡山区东港镇东升村、惠山区前洲镇西塘村、滨湖区太湖镇糜巷桥村等6个社会主义现代化新农村建设示范村。通过示范村的树立，充分调动广大农村干部群众的积极性和创造性，引导他们大力弘扬尊重知识、尊重人才、尊重科学、尊重劳动和创业创新创优创造的“四尊四创”精神，积极参与到现代化示范镇村创建活动中来，努力形成全社会关心、支持农村现代化建设的良好局面。努力在形成农村产业发展新格局，建设各具地域特色的农村新社区，构筑有利生产、方便生活、惠及农民的农村新环境，加快培育有文化、懂技术、会经营的新农民，树立科学、文明、法治的农村新风尚，构建充满活力的农村管理新体制等“六大重点”上取得新的突破。

（三）加快社会主义现代化新农村建设步伐

无锡市建设现代化新农村的总要求包括“经济发展、生活富裕、社会文明、社区整洁、管理民主”五个方面，这既反映了经济社会发展的客观需要，又具有更高的目标定位和更强的发展导向，能清晰勾画出无锡现代化新农村的美好前景和实现路径。今年无锡将社会主义现代化新农村建设工作的重点进行具体量化，分为9类32项的工作目标。

1、科学制定现代农村规划

继续研究和深化完善农村规划；编制新市镇的城市设计工作和重点地区的控制性详细规划；农村新型社区详细规划的编制工作。

2、加快实施农村“三个集中”

农业适度规模经营面积比例达到50%，在基本农田保护区和现代都市农业示范园区中的村庄、企业等建设用地整理成耕地（农地）的面积不少于5000亩；在加快工业企业向开发园区和集中区集中的基础上，工业开发园区和工业集中区产出占全市乡镇工业经济总量的比重达到72%以上；全市558个自然村居民并入城镇和农村新型社区；每个镇新建星级为农服务社不少于2家，全市建成100家以上。

3、加强农村“三大合作”组织建设

基本完成村级集体经营性净资产在1000万元以上或村级年可支配收入在150万元以上村的集体经济股份合作制改革，农民参加土地股份合作社和土地流转并取得收益分配的比例达到50%，全市平均每个镇建成“四有”示范合作经济组织3个。

4、推进现代都市农业和产业化发展

全市累计建成有规模、有特色、有水平的现代都市农业产业园区或观光园区10个；新增有机、绿色、无公害农产品20个；全面启动建设农业企业担保公司；全面推广农业生产保险，农业保险覆盖面积占应保面积的20%；市级以上农业产业化龙头企业实现销售收入增长12%以上，确保建成1个销售收入超50亿元的农业龙头企业。

5、建立健全农村社会保障体系

新办企业一律纳入企业职工基本养老保险，现有企业覆盖率确保达到80%；全市“纯农民”参加农民基本养老保险的参保率确保达到80%；市（县）区、镇两级财政资助参加新型农村合作医疗的标准达到人均50元以上，农民个人缴费水平占上年农民人均纯收入的1.0%，人均筹资水平达到150元以上，基本实现农村合作医疗全覆盖。

6、着力造就现代新型农民

培训农村劳动力5万名，并带动4万名农村富余劳动力实现就业；抓好农村青壮年农民职业技能培训工作，全市农村青壮年农民接受职业技能培训的覆盖面达到70%；建成乡镇星火课堂10个；江阴、宜兴、锡山、惠山各建设一所区域性农村职业技术学校；农业“绿色证书”教育培训合格率达到40%。

7、大力推进农村造林绿化

全市农村新增造林面积9.0万亩，森林覆盖率提高到21.6%；80%的县乡道路两侧建成高标准景观通道；40%以上河道两侧、湖泊沿岸建成防护林；63%的乡村道路建成林荫道；有45%的建成环境优美乡镇。

8、大力帮扶农村困难家庭

通过政府购买培训成果等办法，使低收入户中有劳动能力和就业愿望的成员得到两次以上免费的就业技能培训；市和市（县）、区社会捐赠资金和福利彩票的福利资金不少于15%用于建立农民救助专项资金；农村低收入户中的人均纯收入增长幅度高于当地平均增幅8个百分点。

9、推进社会主义现代化新农村建设示范镇村争创活动

围绕“到2010年80%的村达到示范村标准”的目标全面开展社会主义现代化新农村建设示范村争创活动，确保2006年有50个村成为社会主义现代化新农村建设示范村。

五、浙江省社会主义新农村建设情况

今年以来，浙江全省各地认真贯彻落实中央、省农村工作会议精神，新农村建设在高起点上扎实推进，但存在的问题也不容忽视。

（一）新农村建设开局良好

1、新农村建设摆上党委政府工作的突出位置

年初以来，全省各级把社会主义新农村建设摆上重要议事日程，11个市和多数县（市、区）都已建立了社会主义新农村建设领导小组。杭州市把新农村建设列为“十一五”期间的“十大工程”之首，并分解为城市带动、农业提升、村庄整治、社会发展、农民保障、基层建设等六项工程全面推进。金华市开展举办一次专题读书会、出台一个决定、编制一个规划、出台一个考核办法等十个方面的工作。宁波、绍兴、衢州市都把新农村建设纳入了党政领导政绩考核的重要内容，确保各项举措落到实处。

2、规划总领，统筹发展

按照省委提出的“规划总领、党政主导、农民主体、各方主动参与”的“一总三主”新农村建设组织实施体系，各地坚持以规划为龙头，按照统筹城乡发展的要求，分别研究制定新农村建设规划和各项配套工程建设规划。台州市结合“十一五”规划的制定，加快制定出台《台州市统筹城乡发展，社会主义新农村建设规划纲要》，抓紧修编土地利用总体规划和村庄布局与建设规划，实现“两图合一”，确保新农村建设“规划落地”，同时由相关部门按照城乡一体的要求，编制六个专项规划。

3、制定政策，加大投入

按照建立以工促农、以城带乡的长效机制和切实增加公共财政对新农村建设投入的要求，各地制定出台了加快推进新农村建设的政策实施意见。杭州、宁波、嘉兴、台州、衢州、舟山等市已出台了全面推进社会主义新农村建设的政策文件。温州市级财政今年安排支农支出4亿多元扶持新农村建设。舟山市进一步扩大公共财政覆盖农村的范围，新增“暖人心促发展”工程经费3600万元。湖州市本级财政直接安排用于“三农”的资金比上年增长24%。温岭市认真搞好大溪镇的新农村建设试点，安排建设经费5000万元。省财政按照中央提出的“三个高于”的要求，加大投入力度，今年省财政支农支出预算安排97.17亿元，比上年增长12.8%。

4、深化举措，扎实推进

今年各地围绕全省农村工作会议提出的“六大建设”任务，深化工作举措，拓宽建设内容，取得了明显成效。(1)“百万农民信箱”工程进展加快。全省累计注册农民信箱达30万多个；(2)“中心镇培育工程”开始启动。嘉兴市建立市、县（市、区）党政主要领导联系中心镇建设工作制度，推进乡镇工业功能区建设，新建中小企业创业中心6家；(3)“千村示范万村整治”工程深入实施。今年以来，全省继续加大投入力度，一季度新启动建设示范村382个、环境整治村2897个，投入资金30.4亿元；(4)“千万农村劳动力素质培训工程”注重质量。今年已培训农村劳动力29.1万人，其中，转移就业技能培训9.1万人，转移5.5万人，培训转移率为60.8%；(5)下山脱贫有序推进。特别是重点库区和严重地质隐患地区群众的下山移民工作进展顺利，一季度落实下山脱贫资金3.3亿元，已经搬迁或已落实宅基地开始建房的下山农户4077户、1.54万人；六是村级组织“安家工程”建设进展顺利，今年新启动1137个经济薄弱村的村级办公场所建设，其中346个已在一季度完成。

5、创新机制，社会共建

各地充分利用本省民营经济发达、民间资本充裕的有利条件，鼓励有责任感的企业和先富起来的农民企业家支持、参与新农村建设，探索以工促农、以城带乡的新农村建设机制。省委、省政府专门召开会议，总结推广桐乡市“百家企业联百村”的成功经验。据不完全统计，今年全省各地工商企业捐赠和社会支持新农村建设的资金达到5.7亿元，其中无偿捐赠2.6亿多元。当前，全社会合力共建新农村的热潮正在形成。

（二）浙江新农村建设面临的主要问题

浙江新农村建设的目标，概括的讲就是“三改一化”，即：把传统农业改造建设成为具有持久市场竞争力和能持续致富农民的高效生态农业；把传统村落改造建设成为让农民也能过上现代文明生活的农村新社区；把传统农民改造培育成为能适应分工分业发展要求的有文化、懂技术、会经营、高素质的新型农民，形成城市和农村互促联动、共同繁荣的城乡一体化发展新格局。但由于城乡社会经济中的深层次矛盾没有解决，要实现新农村建设目标面临着许多问题：

1、村镇规划与土地总体规划的矛盾

长期以来，浙江省多数村镇规划滞后，村镇建设大多处于无序状态。今年以来，各地启动新农村建设规划，但由于国家土地利用总体规划的限制，建设用地启动指标不足，部分地区村庄建设规划难以实现。

2、财政投入不到位，基础设施建设滞后

随着城市化、工业化进程的加快，各级政府热衷于工业园区和重点工程建设，为此投入大量的精力、财力，导致新农村建设缺少必要的公共财政支持，农村基础设施建设滞后，许多经济发达的乡村环境污染严重，河道水质恶化，环境脏、乱、差的现实与富裕的物质生活形成极大反差，村容村貌问题是新农村建设中的难点问题。

3、农业发展后劲不足，城乡居民收入差距扩大

近年来，浙江致力发展高效生态农业，农业发展环境有所改善，但由于农业规模小，抗自然灾害和市场风险能力弱，农产品价格大起大落，农业产业还没有走出周期性波动圈子，纯农户家庭收入增长缓慢，甚至出现下降，以农为主的家庭依然处在农村收入的低层次，城乡居民收入差距呈现继续扩大态势，发展高效生态农业还有很长的路子要走。

六、福建省新农村建设任重道远

新农村建设是我国“十一五”规划的重要任务，为推进新农村建设进程，目前全省各地正积极采取新举措，编规划、定政策、增投入、抓示范，确保各项工作积极有效地开展。

（一）福建省新农村建设的开展情况和主要做法

1、编制新农村建设规划纲要

为加强对社会主义新农村建设的规划指导，近期省政府正在编制《海峡西岸社会主义新农村建设规划纲要》，同时，市县政府也已经着手编制新农村规划，大都成立了由主要领导挂帅的社会主义新农村建设规划纲要编制工作组，抓紧进行新农村建设规划工作。

2、制定优惠扶持政策，推动新农村建设

福建省各地按照统筹城乡发展和“多予、少取、放活”的要求，把“三农”工作摆到优先发展、重点扶持的重要位置，先后制定实施了一系列支农、惠农、强农的具体政策措施，如扶持粮食生产、加快农业结构调整、农业产业化经营龙头企业贴息、农村劳动力培训、促进农民增收，推进农村税费改革、集体林权制度改革、新型农村合作医疗和农村困难家庭医疗救助试点等政策，并对困难乡村正常运转经费和村主干进行补助，对村级农民技术员、计生管理员、乡村医生实施政府津贴等，有力促进了农村经济的发展。

省、市、县各有关部门高度重视新农村建设工作，以龙岩市为例，近期该市有关部门已明确了2224.1万元扶持资金用于新农村建设。其中，组织部安排村主干培训费5万元；民政局安排培训费5万元、乡镇敬老院改扩建100万元；发改委安排190.6万元；农办安排用于扶持产业发展 100万元、培育新型合作经济组织50万元、培训技能农民60万元、建设农民之家10万元；教育局安排危房改造资金291万元、农村中小学现代远程教育工程款93万元；老区扶贫造福工程搬迁3000人，360万元；畜牧水产局对每个示范村建一口50立方米湿式化尸池，每口补助0.5万元，计50万元；农业局安排购买新农机具补贴15万元、病虫测报灯建设4.5万元、农村能源建设沼气池（全市1.2万口）每口补助1000元；水利局安排人饮工程、水库除险加固等400万元；城乡规划局补助地形图测量费、规划编制费280万元；电信局安排电信行政村村村通工程210万元。

3、开展社会主义新农村示范乡镇和示范村工作

以龙岩市为例，主要做法如下：

一是选取试点乡镇和试点村。该市按照交通条件、经济基础、群众积极性及具有一定代表性等条件，确定了10个乡镇、100个村开展新农村建设示范试点，并制定了试点工作方案。示范乡镇、示范村的主要工作目标是：①镇村两级经济增长、财政收入增长幅度高于县（市、区）平均增长幅度3个百分点，农民人均纯收入增长幅度高于县（市、区）平均增长幅度2个百分点；②试点乡镇培育形成千万产值主导（特色）产业2—3个，试点村培育形成百万产值的主导（特色）产业1—2个；③村村有农民专业协会或专业合作社；④90%以上劳动力接受专业技能培训，劳动力转移率达70%；⑤今年底前全面完成“五通”任务，2006年实现通自然村道路硬化，2007年实现村内道路硬化；⑥连片300亩以上灌区干渠全部实现标准化；⑦乡镇有文化活动中心，村有文化活动室，村村有“农民之家”；⑧村村有卫生所和专业卫生人员，80%以上农户参加新型合作医疗保险；⑨村支部普遍达到“五好”标准，行政村达到县级以上文明单位的标准。要以“五清六改”（清垃圾、清淤泥、清路障、清水沟、清河道，改水、改路、改厕、改圈、改房、改灶）为切入点，以清理农村垃圾、整治养殖业污染为重点，大力组织实施“农民家园清洁行动”，使试点村普遍达到布局优化、道路硬化、村庄绿化、环境美化、河道净化、村庄亮化的“六化”目标。

二是做好示范乡镇、示范村主要干部的培训工作。近期组织了全市“十镇百村”主要负责人进行培训，主要学习胡锦涛总书记在福建考察时的重要讲话精神，深刻理解新农村建设的内涵、目标要求、中心任务和方法步骤，促进示范工作的落实。

三是确定挂钩责任制。各示范乡镇选择3—5个市直部门挂钩帮扶，示范乡镇党委书记、乡镇长、人大主席分别挂钩一个村。每个示范村选择3—5个县（市、区）有关部门挂钩，派出3—5个县乡干部驻村指导。县乡派驻工作队驻村具体做好指导和服务工作，当好“四员”，即：讲给群众听，当新农村建设的宣传员；做给群众看，当新农村建设的示范员；带领群众干，当新农村建设的向导员；接受群众评，当新农村建设的服务员。

（二）新农村建设存在的主要问题

1、认识不足，氛围不浓

一是部分干部群众对新农村建设的全面性、长期性、艰巨性认识不足，甚至个别领导误认为，新农村建设就是建新村，就是建新房；二是基层干部、农民存在比较严重的“等、靠、要”思想，认为新农村建设是政府要搞好的，因此坐等政府的投资，没钱就不干；三是有些干部对新农村建设中可能出现的困难心中无数，存在畏难情绪；四是各级新农村建设试点还处于启动准备阶段，宣传尚未形成声势，氛围不够浓。

2、城乡统筹机制尚未建立

一些部门为“三农”服务的意识比较淡薄，统筹城乡发展、规划建设、劳动就业、社会保障、生态环境治理、社会事业等机制尚未建立。

3、农村建设规划滞后

一是规划性差。乡镇集镇建设、村庄建设普遍没有经过规划，农民建房随意性大，布局零散，求多贪大，闲置旧房现象随处可见，造成“新房一片片、新村看不见”的现象；二是闲置率高。一些地方农民盲目攀比，建房面积大，相当部分新建楼房利用率仅30%—40%，既浪费了耕地，又影响了村容村貌；三是规划力量不足。各县（市、区）缺少熟悉村镇规划的技术人员，规划技术力量薄弱，很难适应新农村建设规划任务；四是执法不够。农村建设执法力量不足，执法力度不大，一定程度助长了农村违法建房之风。

4、农村环境整治难

一是建立农村垃圾清理管理的长效机制难；二是人畜分离难。在房前屋后散养的家畜是农民收入的一项重要来源，涉及农民切身利益，拆除、搬迁困难；三是空心房拆除难。特别是一些旧土房，产权涉及上百户人家，目前有的仅二、三户人居住，拆迁起来难度较大。

5、持续增收难度加大

一是乡村产业多数表现为“小而全”，缺乏特色、不成规模，竞争力、影响力、带动力十分有限；二是一些乡镇、村，农民收入主要依赖种养业，受自然和市场的双重风险制约，增长潜力有限；三是农村劳动力素质偏低，转移就业比较难；四是农村新型农民合作经济组织少，有些合作经济组织规模小、规范性差、带动农民增收作用小。

6、农村保障体系十分脆弱

农村医疗保险尚未全面铺开，而且医疗保险的标准比较低，农民“看病难、看病贵”问题还没有从根本上解决，一些农民因大病返贫的现象仍然存在。农村低保覆盖面小、标准低，不少的贫困户生活仍较困难。农村养老保险仅限于小范围实施，失地农民的社会保障问题也比较突出。

7、建设资金筹措难

目前省、市、县还没有出台有关新农村建设的具体扶持政策，乡镇财政收入及村集体收入普遍很低，有的甚至负债运转，基本无力加大对新农村建设的投入，农民收入水平较低，自筹投入十分有限，建设资金筹集比较困难。

8、农民传统观念转变难

农民“小富即安”的狭隘思想比较严重，阻碍农村经济发展。一些乡村参加赌博的人数有所上升，“六合彩”赌博屡禁不止，并向偏远山村蔓延。农村“宗族”观念较强，“宗族”势力一定程度影响村级组织建设，影响乡风民心，引发社会不稳定因素。

（三）农民对新农村建设的期盼

农民普遍支持政府提出的社会主义新农村建设发展思路，认为有利于广大农民增加收入，缩小城乡差距，促进农村各项事业发展。同时有以下期盼：

1、政府继续加大支农力度

希望政府能出台更多的惠农政策，让公共财政更多地投向农村，尤其是投向农村的基础设施、医疗、教育等领域。

2、扩大收入渠道

接近八成的被调查者认为近年来农民收入有较大的提高，但收入与支出相比增速仍偏慢，总感觉入不敷出。因此，期盼能进一步扩大收入渠道，使收入能得到持续增长。

3、改善农村的居住和生活环境

被调查者认为新农村建设应有良好的村容村貌，饮用水、农村水利、畜禽养殖、垃圾处理等方面亟需得到有效治理。同时希望农村建房能统一规划用地，并做好“三通”等工作。

4、加大对农村社会福利事业投入

被调查者认为，农村医疗、养老保险等社会福利事业应得到得政府的重视，政府应加大对公益事业的投资，使城乡得到统筹发展。

七、因地制宜　百花齐放

——广东省社会主义新农村建设的现状、问题及建议

党的十六届五中全会提出了建设“生产发展、生活宽裕、乡风文明、村容整洁、管理民主”的社会主义新农村宏伟蓝图，广东省高度重视社会主义新农村建设工作，认真部署、科学规划，全面推进，新农村建设呈现出百花齐放、各具特色的局面。

（一）现状

1、政府高度重视、科学引导，一系列惠农政策为新农村建设提供了有效保障

在社会主义新农村建设的起始之年，为确保全省农村经济开好局、起好步，省委、省政府出台了一系列深化农村改革、提高农业综合生产能力、统筹城乡发展、促进农民增收的惠农政策，这些政策措施为广东社会主义新农村建设提供了政策保障。

2006年2月，全省农村工作会议明确提出了“十一五”期间社会主义新农村建设要努力实现的十大目标：第一，农业产业化经营全面发展，农业现代化提高到新的水平；第二，农村富余劳动力得到有效转移，到2010年全省农村劳动力转移到二、三产业和城镇就业达2000万人以上；第三，农村社会事业繁荣发展。全面实行农村九年免费义务教育，农村职业教育和高中教育蓬勃发展，今年省财政共安排16亿元资金用于农村免费义务教育；到2010年，新型农村合作医疗覆盖农村人口达90%以上；农村最低生活保障实现应保尽保；珠三角地区力争在2010年基本建立

起农民养老保险体系；第四，农村公共基础设施不断完善。农村生活用水质量达标，自来水普及率达到85%以上，村道、巷道基本实现硬底化，农村全面通路、通电、通邮、通客运、通电视电话、通信息网络；第五，农民民居生态环境不断改善；第六，农村社会和谐，乡风文明，农村社会秩序良好；第七，农民综合素质全面提高，形成一代"有文化、懂技术、会经营"的新型农民；第八，农民收入和生活质量明显提高。建立完善农民持续增收的长效机制，全省农村人均年纯收入达6200元以上，部分农民生活达到富裕安康；第九，农村集体经济不断发展壮大；第十，农村基层党组织建设进一步增强，依法管理、民主管理水平不断提高。

为促进农业增效、农民增收，推进广东省社会主义新农村建设的发展，广东省决定从2006年起，组织并启动实施"十大行动"：一是社会主义新农村建设示范行动；二是粮食综合生产能力增强行动；三是农业科技创新与种养业增长方式转变行动；四是扶贫开发综合推进行动；五是重大动物疫病与植物有害生物防控行动；六是效益农业和特色农产品产业带促进行动；七是农业机械化提升行动；八是农业产业化与农产品加工推进行动；九是农产品质量安全绿色行动；十是农村沼气推广与生态家园富民行动。

4月份，中共广东省委广东省人民政府颁布了《关于加快社会主义新农村建设的决定》，详细指出了加快广东社会主义新农村建设的指导思想、基本原则、建设目标及具体的措施，对广东省今后如何加强社会主义新农村建设作了全面部署，为当前和今后一个时期广东省加强"三农"工作、指导社会主义新农村建设制定了纲领性文件。

此外，为引导各地正确建设社会主义新农村，省委省政府领导多次实地调研，提出社会主义新农村建设的要求和建议。

2月初，省委书记张德江在韶关调研时指出，社会主义新农村建设是个系统工程，生产发展是关键，生活宽裕是根本，乡风文明是保障，村容整洁是形象，民主管理是基础。张德江还多次强调，党中央提出社会主义新农村建设这一重大决策，不仅符合我国国情，而且完全符合广东实际。他提出，新农村建设要防止包括"官僚主义、形式主义、急于求成、等靠要、弄虚作假欺上瞒下"等五种错误倾向。

3月，省长黄华华深入考察徐闻县的新民村、广安村、愚公楼村等村的新农村建设情况时强调，社会主义新农村建设，要立足新背景，确定新目标，扩充新内涵，建立新机制。要从广东实际出发，创造性地开展工作，切实在"六个必须"上下功夫：第一，必须大力发展农村经济；第二，必须促进农民增收，提高农民生活水平；第三，必须加强农村精神文明建设；第四，必须稳妥推进农村综合改革；第五，必须让农民当主体，充分发挥农民社会主义新农村建设的积极性；第六，必须切实加强党对农村工作的领导。

2、各地积极探索，广东的新农村建设呈现出百花齐放、各具特色的局面

广东各级政府认真贯彻党中央及省委省政府的部署，结合本地实际情况，科学规划、创新思路、整合资源、积极探索，扎实有效地推进社会主义新农村建设。

各地新农村建设因经济状况、自然资源、社会环境等不同，呈现因地制宜、百花齐放的局面，涌现出不同的建设模式：有以解决"一保五难"为重点的模式；有统筹城乡发展，推进新农村建设与当地工业化、城镇化进程相衔接的模式；有发展现代农业，以生产发展解决新农村建设问题的模式；有发展县域经济，通过农村工业化、非农化、城镇化来带动新农村建设的模式等。

（1）河源、佛冈——以县域经济促新农村建设

河源属欠发达山区，农村经济历来都是国民经济的重要组成部分。近几年来，河源坚定不移走新型工业化发展道路，以工业化带动农村城镇化和农业产业化，大力发展县域经济，走出了一条社会主义新农村建设的新道路。据统计，2005年河源全市生产总值突破200亿元，增长21.3%。其中县域生产总值、工业总产值、地方财政一般预算收入、税收总收入分别增长19.3 %、39.4%、40.9%和45.7%，增速比2002年分别提高6.3、24、17.8、31.8个百分点。2005年，河源农村居民人均纯收入3764元，比2002年增长了19.2%，农村城镇化水平也由"九五"计划初的16.2%提高到26.8%。同时，县域经济和工业的发展也促进了农业产业化，增加了农民的收入，至去年底，河源各级农业龙头企业已发展到103家，带动农户12.62万户，户均增收2000元。农产品加工企业发展到3334家，年产值达3亿多元。

佛冈大力推进县域经济跨越式发展新思路，跳出"三农"，以"三化"解决"三农"问题。近年来，该县在发展农村工业，发展特色农业，发展农业龙头企业，转移农村富余劳动力等方面做了积极的探索，2005年全县完成生产总值30. 5亿元，增长25.7%，农民人均纯收入增长9.2%，远高于全省平均水平。

（2）佛山——以工业化思维发展农村经济

佛山的农业园区建设向人们展示了新农村建设的另一条途径。近年来，佛山以工业化理念发展农业，把推进现代农业生态园区建设、发展效益农业作为解决"三农"问题的重要举措，有力地推进了新农村建设的发展。到目前为止，佛山建设规划了顺德陈村花卉世界农业现代化示范园区、南海万顷农业现代化示范园区等多个现代农业生态园区。农业园区内，各种农业新品种、新技术、新机械、新设备得到了广泛应用，提高了全市农业科技水平，加快了效益农业发展。农业园区建设大大增加了农民收入，三水大塘园区土地租金从原来的200元／亩提高到现在的600元／亩，顺德、南海区的鱼塘通过整治，投包款由原来的平均700元／亩普遍提高到现在的1500元／亩，当地农民通过多种形式的土地流转获取收入，同时参与园区生产经营，还可以作为园区内的农业工人获得工资收入，收入得到大幅度增加。农业园区建设加快了佛山农业产业化、现代化进程，确保了农业增效、农民增收。

（3）广州、中山——以城市理念规划农村建设

广州与中山代表的是珠三角等发达地区新农村的建设模式，即推动新农村建设与当地工业化、城镇化进程相衔接的模式。2002年以来，中山市先后开展了农村股份合作制改革、推动农村富余劳动力向二三产业转移、"村改居"、建立健全农民基本养老保险为主的农村社会保障体系等项改革，通过推进工业化、城市化和农业产业化，加快农村经济社会"三大转变"，即经济形态由传统农业向现代农业转变，社会形态由农村社会形态为主向城市社会形态为主转变，农村居民身份由农民向市民转变。三年来，中山市共培训农村劳动力6.7万人，转移就业6.64万人。到2005年底，完成农村股份合作制改革的村（社区）有175个，村民小组2187个，农民可以"持股进城"。在"村改居"过程中，不仅注重形式上的改变，更注重促进农民生活方式和思想观念向城市文明转变。

与中山市相比较，广州市更注重从城乡的一体化来看待新农村建设问题。市委、市政府积极探索从根本上解决好“三农”问题的新途径，提出按照“今日中心镇、明日卫星城”的目标要求，在把全市65个镇撤并为35个镇的基础上，规划建设16个中心镇，积极推进工业向园区集中、人口向城镇集中、农业用地向农业龙头企业和种养大户集中，在增城，仅新塘、石滩两个镇，就已消化了增城2/3的农村富余劳动力。

(4) 东源、云浮——从解决“三农”最迫切问题着手

东源县是广东16个扶贫开发重点县之一，县委、县政府把切实解决农村“一保五难”问题作为推进社会主义新农村建设的突破口和工作重点来抓。目前全县已纳入低保对象的有6386户16300人，其中农村低保对象5642户14105人，城乡居民基本实现了应保尽保。东源不断加快农村公路硬底化建设进程，2005年已开工建设里程达213公里。去年东源县投入农村安居工程扶持资金6869万元（含移民房改经费），办起农村安居工程示范村65个，完成危旧房改造1.1万户。去年1—9月份，全县有3061名参保农民因病住院的医药费得到报销，报销金额246万元，比去年增88万元。去年东源县农村饮水工程总投资1120.00万元，解决了3.2万农村居民的饮水困难。全县8万多中小学生中，其中享受“两免“的有40056人，困难家庭子弟读书有了稳定的保障。

云浮市把解决农村“一保五难”问题作为促进农村社会全面进步、缩小城乡差距的重要举措。到年底，占全市总人口2.2%的32648户符合低保条件的城乡困难居民已经全部纳入救济范围。

(5) 湛江——各显神通多模式推进

近年来，湛江市广泛开展以“四通五改六进村”为载体的生态文明村创建活动，对社会主义新农村建设进行了积极的探索和实践，广大农村正经历着一场深刻的变革。湛江的生态文明村创建活动从遂溪县起步，逐步向全市铺开。几年来，各地从实际出发，因地制宜，不断创新创建形式和方法，形成比较成熟的三种模式：

一是“徐闻模式”：实施“千官扶千村、万干齐回村”工程。徐闻县动员本县干部回乡挂点，发动群众开展生态文明村创建活动。回乡干部深入农村，与农民共谋划、同奋战，引导和帮助解决生态文明村创建中的各种问题，极大地激发了广大群众的热情，促进了创建活动顺利开展。几年来，全县共组织10000多名干部（其中副科以上领导干部732名）回村发动群众建设生态文明村，建成生态文明村638个，占自然村总数50.6%。

二是“吴川模式”：实施“回归”工程。吴川市根据外出务工经商人员较多的实际，发动务工经商成功人士回家乡创建生态文明村，用实际行动反哺家乡建设，回报家乡百姓。2000年以来，该市发动社会各界人士捐资5亿多元，其中个人捐资50万元以上的有120多人，个人捐资最多的达2000多万元。创建文明村803个，占自然村总数50.7%，其中林屋村、芝蔼村、蛤岭村被评为全国文明村，山溪洋等6个村被评为省文明村。

三是“廉江模式”：实施“建设生态文明示范区”工程。廉江市依托当地丰富的特色农产品资源、生态资源、旅游资源，成片规划，建设生态示范区。为加快示范区建设，引导村企共建，积极发动群众进行“三拆三建”，即“拆残建绿”、“拆旧建新”、“拆乱建路”。目前，该市规划建

设生态示范区3个，建成生态文明村380个，形成湛江市生态文明村建设的新亮点。

3、结合先进性教育，充分发挥党员模范带头作用

今年是新农村建设的开局之年，正值广东省第三批先进性教育在农村基层组织和农村党员中铺开，各地将新农村建设与农村党员先进性教育活动相结合，在全省农村党员中进一步明确新农村建设的重大意义，形成新农村建设的思想共识，理清新农村建设的思路，充分调动了党员群众的积极性，为推进社会主义新农村建设打下了坚实的思想基础。

为推动广东省第三批先进性教育活动和"理想、责任、能力、形象"教育活动的开展，发挥广大党员在社会主义新农村建设中的作用，今年初，省委先进办在全省开展以"实践先进性，服务进农村"为主题的服务活动，组织省直有关单位及各地党员骨干组成农科技术、医疗卫生、文化教育、法律援助服务队，深入各地农村开展"四送四促"服务活动。至六月底，全省各地共组织服务队2018支，参加服务活动13万人，开展服务活动15633次，服务农民群众达253万人，投入资金7000多万元，有力地推进了先进性教育活动和有广东特色的新农村建设。

（二）存在的问题

1、基础设施落后，难以应对恶劣的自然灾害

广东是个自然灾害频发的地区，台风、暴雨等洪涝灾害等对农业生产和农民生活造成很大的威胁。广东现有的农田水利工程大部分是三、四十年前兴建的，水利设施存在不少问题，如防洪涝标准低，运行期长，设施老化等。据统计，全省旱涝保收面积由2003年的1473.83万亩下降到2004年的1446.4万亩，旱涝保收面积占耕地的比重由2003年的69%下降到2004年的68%。虽然近几年政府在水利设施方面加大了投入，但仍有部分水利设施特别是中小型水利设施隐患严重。今年5、6月的台风、暴雨给全省造成巨大的损失。据省三防办统计，截止到6月22日，全省直接经济损失达78.03亿元。另外，农村水利设施老化失修，抗灾能力差，不少农民对种粮持观望态度，不利于农业生产的发展。

2、规划性差

新农村建设在重新规划时需要土地调整，而目前农村居住状况是小、散、乱，大多村级建设无整体规划，农户住宅沿袭历史，比较凌乱，普遍存在有新房无新村的现象。

3、部分地区财政比较困难，难以解决新农村建设所需资金

一些地区市、镇两级财政困难，而村级组织既无资金又无资产，经济相当薄弱，难于拿出较多资金扶持新农村建设，加之长期以来，农村基础设施和农业生产条件改善投入严重不足，一些村没有公共活动休闲场所和生产生活垃圾、污水等处理设施，单靠发动群众投资建设难以完成。一些村级班子成员的积极性不高，"等、靠、要"思想比较突出，普遍存在依赖上级拨款的观念，对推进和落实新农村建设各项工作带来一定的影响。

4、严重缺乏致富带头人

据连州市农调队调查，目前越来越多的农民离开了土地，文化水平较高的劳动力大多进城谋求发展，从事农业生产的劳动力总体年龄偏大文化素质偏低，这些留守在农村的劳动力缺乏创新思维和科技知识，不具备建设新农村、发展农业的能力。部分地区的村干部不具备发展乡村经济的知识和魄力，没有树立带领村民脱贫致富的责任心，造成农村经济及社会事业发展缓慢。因此，当务之急是为农村培养和配备合格的带头人，提高带领群众致富的本领。

5、农民素质偏低成为解决“三农”问题的瓶颈

广东农村住户调查结果显示，具有高中及以上文化程度的劳动力仅占16.8%，初中文化程度的占53.9%，小学及以下文化程度的占29.3%，接受过各种职业技术教育或培训的占15.1%。劳动力素质的高低与劳动者的报酬呈正相关关系，从化州市农村住户调查结果看，2005年经过培训具有一技之长的劳动者月均工资为1434元，比未经过培训的劳动者多558元；有经过培训的劳动者家庭年人均纯收入为6052元，是没经过培训的1.67倍。农民文化素质偏低制约了先进技术和装备在农业生产中的应用，也制约了自我发展能力的提高。没有农民科学文化素质的提高，没有适应现代农业建设需要的新型农民，新农村就缺乏根本的支撑。

（三）建议

1、社会主义新农村建设必须以发展农村经济为中心

增加农民收入，切实改变农村贫困人口的生活水平是社会主义新农村建设的根本出发点和落脚点，也是调动农民自主建设新农村积极性的根本动力。这就需要整合各项资源，发挥各方面的能力，大力发展农村经济，才能为农民得到切实的利益打下坚实的物质基础。

2、社会主义新农村建设要整体规划、多措并举

社会主义新农村建设，是对农村社会的一次全面转型，它包括经济发展、政治民主、社会和谐、文化素养的提高和党的执政能力的提高，因此，新农村建设是一个多方面的、系统的工程，不能只简单的理解为某一个方面的发展和建设，必须多措并举进行新农村建设。

3、社会主义新农村建设要立足现实、实事求是

各地情况不同、面临的问题也不同，切忌脱离实际，一哄而上，追求高标准、高指标，盲目攀比，使新农村建设流为形象工程和政绩工程，造成农民负担反弹。解决“三农”最迫切的实际问题应该成为新农村建设的着眼点和出发点，鼓励创新，因地因时制宜，尊重群众选择，这样的发展模式才有生命力。

4、社会主义新农村建设要撇开“农村观念”，与时俱进

新农村建设不是为建设农村而建设农村，不是权宜之计，而是长远的、全面的、整体的发展农村社会，在农村建设中一定要注入现代化观念，要有利于农村的可持续发展，实现经济发展与人的发展、自然环境的改进之间的协调，因此，必须与时俱进，加快现代农业建设、创新农业生产经营方式和组织制度、提高农民的科学素养、培育新的农村文化。

5、充分发挥农民的主体作用，让农民有更多话语权

在新农村建设的过程中，政府是新农村建设的组织者和规划者，农民是主体。要正确认识政府和农民的关系，政府要发挥好组织、引导、服务、支持功能，充分尊重农民的意愿，给农民更多的话语权，激发广大农民新农村建设的热情，新农村建设才能有生命力。

6、正确引导，把有限的资金用在刀刃上

社会主义新农村建设，要做的事很多很多，近几年，要侧重于把资金用在解决广大农民最急需、最关心的走路难、吃水难、看病难、就业难等方面，一是加快村与村之间的四级道路的建设；二是加强农村环境整治工程；三加强农民教育培训工程；四是加强农民健康工程建设；五是加强农村文化建设工程建设。

7、阳光操作，实施规范的财务制度和有效的监督机制

要有效解决过去支农资金投入渠道多、资金分散、挤占挪用、到位率低等问题，积极探索资金整合的有效途径，实施规范的财务制度和有效的监督机制，切实加强新农村建设的资金管理。

中部地区新农村建设经验与案例

一、山西省发挥示范作用 带动新农村建设

山西认真贯彻落实《中共中央国务院关于推进社会主义新农村建设的若干意见》，积极研究部署，制定总体规划，安排示范点和联系点，取得了积极的进展，但由于新农村建设的长期性和艰巨性，在推进过程中尚存在一些问题，须在今后逐步予以解决。

（一）山西推进新农村建设进展情况及经验

《中共中央国务院关于推进社会主义新农村建设的若干意见》下发以后，山西省委、省政府于2006年3月1召开了全省社会主义新农村建设工作会议，对2006年和“十一五”时期推进社会主义新农村建设进行安排部署，提出了“十一五”期间组织实施“千村试点、万村治理工程”，即在全省选择1000个有代表性的村，作为新农村建设试点村、示范村、重点村；对1万个村进行人居环境治理，每年治理2000个左右，到2010年使全省1／3的村村容村貌得到改观。之后，出台了《中共山西省委、山西省人民政府关于扎实推进社会主义新农村建设的实施意见》，进一步提出了山西推进社会主义新农村建设的指导思想、基本原则、具体的目标要求和保障措施，并依据经济社会发展水平、地理位置和资源、交通条件等不同因素，按照工矿型、城郊型、农区型、山区型等四种类型，由村申报，乡、县、市逐级审核把关，省里统筹平衡的方法，已初步确定了全省社会主义新农村建设第一批试点村1080个。试点村平均每个县10个左右（不少于5个，不超过15个），每个村的平均人口约1200人。全省社会主义新农村建设第一批治理村2000个左右，平均每个县20个左右（不少于10个，不超过25个）。同时，选定了山西省和农业部共建社会主义新农村示范点和联系点。

目前，山西省、市、县和各涉农部门已积极行动起来，搞调研、定规划，加大投入，掀起了新农村建设热潮。一是结合山西实际，提出全省社会主义新农村建设要着力抓好“五个结合”：从山西农村生产力水平低的实际出发，把新农村建设与推进新型工业化、特色城镇化、农业产业化结合起来；从山西经济发展与资源环境生态矛盾突出的实际出发，把新农村建设与节约资源、治理环境、建设生态结合起来；从山西贫困面大的实际出发，把新农村建设与加快扶贫开发结合起来；从山西农村社会事业发展滞后的实际出发，把新农村建设与提高农民群众生活质量结合起来；从山西农村一些地方矛盾纠纷较多的实际出发，把新农村建设与建设和谐社会结合起来；二是山西省委、省政府提出了要利用本省的煤炭资源优势，建立“以煤补农”的政策机制，鼓励煤炭企业支持和参与所在地区的新农村建设。即从山西经济发展与资源环境生态矛盾突出的实际出发，把新农村建设与节约资源、治理环境、生态建设结合起来，落实最严格的耕地保护制度，集约、节约使用土地，发展循环经济，加大能源、原材料产业对“三农”的反哺力度，探索建立

“以煤补农”的机制；三是全省农村信用社系统预计发放900亿元农业贷款支持社会主义新农村建设，其中，一季度已发放春耕备耕贷款180亿元，比上年同期增加26亿元；四是正式启动了新农村信息化建设。针对新农村信息化建设，山西将集中精力办好十件实事。(1) 2006年至2008年将投资35亿元，全面扩大农村地区光缆覆盖范围，完善农村信息高速公路；(2) 今年内解决全省所有行政村通电话问题，提前4年在全省实现“十一五”规划《纲要》提出的“村村通电话，乡乡能上网”目标；(3) 大力实施“电话入户、宽带进村”工程，5年新增农村电话用户200万，“十一五”末宽带村通率达95%以上；(4) 2006年至2008年三年内每年将拿出近千万元专项资金奖励信息化先进单位和个人；(5) 开展“示范村”建设，2008年底最少新建2000个左右的“电话村”和500个“信息村”，“十一五”末实现“村村有信息站、站站有信息员”；(6) 今年内在一万个农村开通党员远程教育网；(7) 今年内在10万户农村中小企业进行信息化试点；(8) 3年内至少在一万个农村中小学开展现代化远程教育；(9) 今年内建成全省统一的“农村信息网站”和农业“专家热线”；(10) 推出农村地区专用便民电话号簿和一键通电话机；五是各地加强了对新农村建设的落实。如朔州市朔城区制定出台了涉及农民生产、生活等15个领域的44项优惠政策，其中农民在指定范围内，每购买一台小型农机具，政府补贴总价格的20%－30%。五台县全面开展了“千名村官、万名党员”实用技术培训活动，旨在使该县484个行政村的1700余名村干部和1．2万名农村党员提高执政能力和劳动技能，为社会主义新农村建设发挥核心支撑作用。高平市本着尊重农民意愿，维护农民利益的原则，盯紧农民增收这一目标，全面实施新农村建设整体规划、农业结构调整、农业产业化、基础设施建设、农民劳动力转移以及支农惠农六大工程，力求在新农村建设上取得新突破。

（二）新农村建设需要解决的突出问题

1、农村基础设施发展缓慢，农业生产条件依然脆弱

近几年来，尽管山西加大了对农业和农村的关注和支持力度，农村基础设施有了一定改善，但无论在数量、规模，还是质量等方面仍然处于十分落后的状态，远远不能适应农村发展的需要。主要表现为：一是农村供水、供电条件差。2005年，全省仍有32.8%的行政村没有用上自来水，1%的行政村没有通电，而且即使是在解决了通电和饮水问题的乡村，仍有很多地方经常受到干旱、水涝和停电、限电影响，使正常的生产、生活受到严重影响。据饮水普查结果显示，全省农村仍有饮水不安全人口1092.13万人，占农业人口总数的46%；二是农村道路交通、通信设施落后。到2005年末，全省仍有6.1%的行政村村没有通公路，13.2 %的行政村没有通电话。即使已通公路和通电话的乡村，许多地方由于财力严重不足，早期建设的设施无力养护，公路路面残损严重，通讯设施老化，导致交通不便，信息闭塞。道路交通条件差，通讯设施滞后，已严重阻碍了农村地区对外联系、资源流动和经济的发展；三是农业基础设施依然十分薄弱，严重制约着农业生产的可持续发展。山西十年九旱，抵御自然灾害的能力不强，农业靠天吃饭的问题并未得到根本改观。近年来，全省农田水利建设投入呈下降趋势，特别是农村税费改革取消农村义务工和劳动积累工后，农民群众的投工投劳大幅度减少，导致农田水利建设滑坡，制约了农业综合生产能力的持续提高。再加上农田水利建设欠账较多，不少水利基础设施老化失修，效益衰减，相当一部分水利基础设施还不如六七十年代的水平。干旱缺水已成为山西农业乃至整个农

村经济可持续发展的重大制约因素，2005年全省农业生产因干旱全面减产的事实，进一步凸显出这一问题的严重性。

2、农村基础教育仍处于低水平阶段，医疗卫生条件相对落后

发展农村社会事业是社会主义新农村建设不可或缺的重要组成部分。从目前看，全省农村教育、卫生等社会事业特别是基础设施还比较落后。近几年来，山西各级政府不断加大了对农村教育的投入，办学条件得到很大改善，但由于历史欠账较多，农村教育整体薄弱的状况仍然没有得到根本改变，一些地方教学设施不足、办学经费短缺、学校债务负担过重，农村小孩上不起学的问题还在不少农村地区特别是边远山区存在。五台县农调队统计调查显示，全县“普九”期间因建校共形成债务4000余万元。在一些学校基本的教学设备无钱配置，学生用课桌椅简陋、陈旧，教学基础设施严重缺乏，有的学校只能给教师配备少量的纸张和墨水，运用现代化教学设备根本无从谈起。

新型农村合作医疗是未来农村基本医疗保障制度的雏形，它的开展对于减轻农民看病的经济负担，提高农村医疗服务水平发挥了重要作用。但是在大部分农村地区医疗卫生条件差，农民看病、就医难的问题还没有解决。一是医疗卫生资源配置不合理。山西省约有80%的医疗卫生资源集中在城市和大医院，农村医疗卫生资源相对不足，农村条件差、设备少、水平低以及缺医少药的局面还没有根本扭转；二是农民缺乏基本的医疗保障。目前山西省已建立了城镇职工医疗保障体系，企业职工基本参加了医疗保险，在农村还没有建立规范的医疗保障制度。目前正在试点的农村新型合作医疗只能满足少数农民的需求，而且筹资水平不高，保障能力不强；三是农村医疗卫生投入严重不足，医疗机构的运行机制主要靠向群众就诊收费维持运行和发展。有些医疗机构盲目追求收入，出现了损害群众利益的现象；四是药品和医用器材生产流通秩序混乱，企业数量多、规模小，难以实施有效监管。

3、农村人口整体素质偏低

目前，山西农村人口平均受教育年限只有7.3年，仅相当于初中一年级的水平。据山西2100户农村住户调查资料显示，2005全省农村劳动力中盲半文盲占3.2%，小学文化程度占21.3%，初中文化程度占62.5%，高中以上文程度仅占13%。从专业技术素质看，2100调查户中接受过专业培训的人数仅581人，占农村劳动力总数的10%。农村人口文化素质低，直接影响了科学技术在农业生产中的应用和农业生产力水平的提高，难以适应社会主义新农村建设的需要。

4、农民收入水平低，农民增收的长效机制尚未真正建立

由于农民人均纯收入基数低，尽管近几年增速较快，与全国相比仍有较大差距。与此同时，省内农民与城镇居民的收入差距在逐步拉大，农民人均纯收入与城镇居民收入的绝对差额，2000年为2818.5元，2005年上升到6023.4元，城乡收入之比为3.1：1。从目前看，农民增收长效机制并未真正建立，农民的收入预期尚不乐观。一是受财力制约，国家政策扶持的空间越来越有限；二是农副产品价格继续上涨的余地越来越小，目前粮油价格已基本呈现相对稳定略有下降的态势，山西9月份玉米价格比去年同期下降了11.5%；三是农民、土地、产业三个“农转非”步子不大，分享规模经营、加工流通、外贸创汇利益不理想；四是受煤、电、油、汽和运输价格上涨影响，农用物资价格全面上涨，而且呈现持续上升态势；五是农业投入不足、基础薄弱，农业综合生产能力的提高得不到有效保障。

（三）几点建议

今年是"十一五"开局之年，也是社会主义新农村建设的起步之年，为了有效地推进山西社会主义新农村建设，特提出以下几点建议：

1、加快农村基础设施建设，改善农民生产、生活条件

基础设施不足是新农村建设的严重制约因素。政府应加大农村公共产品的投资和供给力度，适当调整财政支出结构，将更多的农村生活基础设施项目纳入公共财政领域。

2、大力发展农村教育事业，培养有文化、懂技术、会经营的新型农民

一是要大力发展农村义务教育和技能培训，逐步推行12年义务教育制度，不断提高农民专业技能和就业能力，提高市场的竞争能力；二是针对农村富裕劳动力向城镇和非农产业转移的新形势，大力开展各种职业技能培训，提高农民技术水平，增强就业能力；二是要组织专家学者、科技人员深入农村基层，通过举办短期培训班，到农民学校讲课、现场演示等方式，帮助农民群众掌握市场知识和实用技术，引导他们树立科学意识，学会经营管理，提高专业技能；四是要调整扶贫资金的使用方向，将扶贫资金重点用于减免贫困地区农村学龄儿童的学杂费支出，保障所有儿童都能享受九年制义务教育，争取高中教育上。

3、促进农村卫生、社会保障等各项社会事业全面协调发展

一要巩固完善新型农村合作医疗制度，建立便民的征缴制度、就医制度和结算制度，探索建立参保农民小病受惠制度，逐步扩大覆盖面；二要以政府公共财政为主导，建立多渠道社会保障资金投入机制，探索和建立新型的农村基本养老保险制度、农村合作医疗制度和农村最低生活保障制度，让农民老有所养、病有所医、贫有所济；三要建立健全新型社会救助体系，逐步构建起以最低生活保障制度为基础，以就业救助、医疗救助、教育救助等为补充的多元化新型社会救助体系，做到农村低保水平与农民人均纯收入同步增长，使城乡居民同享改革发展的成果。

4、以农民增收为目标，把解决"三农"问题始终作为全局性和根本性的任务

一要树立统筹城乡发展的新观念，打破城乡分割的体制障碍，把农业发展放到整个国民经济的大格局中，把农村进步放到整个社会的进步中，把农民增收放到国民收入分配和再分配中；二是坚持不懈地推进农业、农村经济结构调整，提高农业的综合素质和整体效益，向农业的深度发展要收入；三是建立多元投入机制，加大对农业和农村的投入，发展农村金融、流通、科技等服务，积极吸引非公资本投入农业和农村；四是以农村劳动力外出打工为动力，推动农村人口流动和城镇化建设。

5、积极调整小城镇布局，加快产业培育，推动农村城镇化

一要制定科学的小城镇发展战略，合理布局。目前农村人口转移的基本格局是60%到小城镇，40%到大中城市，而国家对小城镇建设的投资偏少。据测算，一个农村人口转移到大城市的直接成本在5万元左右，中等城市需要3万元左右，而转移到小城镇不到2万元。因此省财政应设立小城镇建设专项基金，用于小城镇基础设施和重点项目建设；二要适当扩大小城镇规模。据研究，小城镇人口达到3万人以后，其公共服务设施才能实现合理配给和经营性运作；三要以乡镇企业为主体，以第三产业为依托，大力发展小城镇经济，培育主导产业，努力创造就业机会；四要建立和健全小城镇社会保障制度，解决进镇农民的后顾之忧。要把养老和医疗保险作为小城镇社会保障制度建设的重要内容。

二、太原市杏花岭区七府坟村新农村建设的七条经验

杏花岭区中涧河乡七府坟村是一个有955口人、60余亩耕地的行政村。在各级党委、政府的正确领导下，党支部村委会一班人带领全村人民致力于建设“生产发展，生活宽裕，乡风文明，村容整洁，管理民主”的社会主义新农村，村内党的建设、村务管理、两个文明建设、计划生育、社会治安综合治理等工作多次受到省、市、区、乡的表彰，全村人人有事干，家家住新房。在创造省级文明村的基础上，2005年10月被中央精神文明建设指导委员会给予“全国创建文明村镇工作先进村镇”的殊荣。七府坟村社会主义新农村建设的经验主要有以下七个方面：

（一）抓班子，记宗旨

社会主义新农村建设领导干部是关键。村领导班子深深领会到当干部就要全心全意为人民服务。长期以来，他们坚持“务实、循规、清廉、勤奋”的工作作风，吃苦在先，享受在后，群众对村干部的信任度日益增强。支部书记和村委会主任带领村干部每年至少普访两次村民，及时了解民情民意。多年来，村干部中没有出现违规违纪问题和以权谋私的现象，村民为集体出谋划策，干部为村民排忧解难已蔚然成风，全村上下形成了融洽和谐积极奋进的良好氛围。

（二）立规矩，成方圆

社会主义新农村建设重在制度建设。目前，党支部、村委会组织机构健全，在坚持依法管理，依法办事的基础上，从本村的村情出发，制定和完善了“村规民约”，先后制定了廉政建设制度、入党积极分子培养制度、党员联户制度、“三会一课”制度、“两议、五公开”制度、村民大会制度、民主选举制度、财务管理制度、民主理财制度、治安管理制度、合同管理制度、物业管理制度以及党支部和村委会工作制度等，村里各项工作都有章可循，并公开上墙，让广大党员和群众监督执行情况。

（三）抓发展，重效益

要使村民“生活宽裕”最根本的途径就是发展经济。为此，村领导班子带领全体村民认真学习领会国家的有关产业政策，不断解放思想，树立科学发展观。他们从七府坟村地处城乡交错区，人多耕地少的村情出发，大力发展民营企业，目前该村村办和民营企业有建材、饮食、服务、建筑、加工、运输等企业50多家，村民拥有各类车辆150余部，解决村民就业400余人。2005年全村经济总收入2980万元，比上年增加6.5%，村民人均纯收入5600元，比上年增长10.7%，村委会每年为60岁以上的老年人发放500元生活补助金。

（四）建新村，兴家园

为了从根本上改变村民的生活环境，真正实现"村容整洁"，经上级有关部门规划设计批准后，七府坟村于1999年10月开始进行旧村改造和新村建设，将旧村旧房改造成文明新区，设计建筑面积为87900平方米；把新村建设成别墅型文明新村，建筑面积50000平方米。截止2006年6月已完成投资4000多万元，新建两层小楼100栋约34000平方米，旧村改造完工12000平方米，竣工交付使用46000平方米。

（五）重教育，强素质

为了提高村民的思想素质，党支部村委会坚持对村民进行民主法制、精神文明和治安综合治理教育。首先是把政治思想教育作为精神文明建设的重要内容，向村民讲述科学发展观的内涵，使村民懂得发展才是七府坟的唯一出路；其次是把依法治村，管理民主作为精神文明建设的重要组成部分，让村民明白依法治村的精髓就是村民当家作主人。坚持对村民进行物质文明和精神文明的辩证思想教育，让村民理解二者相辅相成、不可分割的关系，不断实现思想认识的与时俱进；再次是进行村规民约和规章制度教育，提高对各项制度的认识，增强执行制度的自觉性。大力推行职业教育和成人教育，全村青少年无一例文盲，全村适龄儿童、幼儿入学率达到100%。

（六）办实事，聚民心

村两委班子把村民想什么，盼什么作为建设新建设的出发点，做到了谋事想群众，干事为群众，成事利群众，始终把实现群众利益作为新农村建设的重中之重，抓在手上，落实在行动上。一是投资100多万元打深井一眼，为村民解决吃水问题，实行村民吃水免费；二是兴办合作医疗，把村卫生所办成甲级卫生所，实施村民免费医疗；三是购置电教设施，为村民提供现代化教育；四是建立了老年活动中心，购置了麻将、象棋、台球等，供老年人娱乐使用；五是硬化主街道6380平方米，小巷道全部铺砖，实现雨天不泥泞，刮风不起尘；六是组建了专业卫生队，天天按时清运垃圾，免收村民的卫生管理费；七是修建了篮球场、健身场，完善各种器材，发展体育运动，增强村民体质；八是新建1600平方米的综合楼，设置民用餐厅；九是为解决村民出行困难，开通"827"路和"829"路公交车线路，直通省城太原市。

（七）树新风，促和谐

不失时机地开展争做文明村民活动，"乡风文明"建设初见成效。村民中没有违法犯罪行为，无重大案件发生，无"黄、赌、毒"现象；村民讲科学，不迷信，无买卖婚姻，无"六害"行为，妇女、儿童合法权益得到保护；成立老龄委，全村老年人老有所养，老有所乐；村民积极响应国家号召，坚持贯彻执行《山西省计划生育条例》，实行晚婚晚育，无一例计划外生育；建立红白理事会，村民坚持婚事新办，丧事俭办；村民热心公益事业，对公众关心的事情能够慷慨解囊，积极捐款；每年春节、元宵节都开展群众喜闻乐见，丰富多彩的文体活动，既丰富了村民的文化生活，又有益于增进和谐。此外，还积极开展了创建文明户活动，全村330户人家中，已累计评出文明户270户，约占总户数的80%。

三、河南省鹤壁市社会主义新农村建设建议

为了解鹤壁市新农村建设情况，鹤壁市农调队于3月份进行了新农村建设情况问卷调查。这次调查在全市两县三区范围内抽取了35个调查村，每个调查村随机抽取10个调查农户进行，调查结果显示：98%的农民对社会主义新农村建设的有关政策完全了解或基本了解；97.2%的农民对社会主义新农村建设的政策满意或基本满意。所有被调查的行政村均制定了新农村建设规划，有的村已整修道路，建设了文娱中心、图书室等。

在调查中许多农民还提出了自己的忧虑，农民在思想上对新农村建设存在“三怕”：一怕政策执行走样，好政策执行不好；二怕喊在口头上，落实不到实际中；三怕摆形式，走过场，农民不仅得不到实惠，还劳民伤财。在调查过程中还发现，部分村干部对新农村建设资金来源不十分清楚，存在等靠要的思想，总是想等中央、省、市下拨一点，各界支持一点，向上级财政要一点，没有挖掘自身财力的主动性。根据鹤壁市的调查，对社会主义新农村建设提出以下建议：

（一）建立新农村建设的考核标准，确保不走过场

新农村建设考核标准要符合“生产发展、生活宽余、村容整洁、管理民主、邻里和谐”的总要求，按照实地考察、现场考核、查看资料相结合的方法分批次进行。不仅要看村庄建设，还要看经济发展；不仅要看农民生活，还要看农民的整体素质是否提高；不仅要看收入水平，还要看农民的生活和生产条件是否得到改善。

（二）制定新农村建设规划

项目建设、培训农民、筹集资金等要按照新农村建设的总体规划逐步开展。中央、省、市都要有重点扶持对象和项目，确保新农村建设有条不紊的进行。

（三）下大力气解决新农村建设资金严重不足的问题

新农村建设的关键，一是政策，二是资金，三是机制。政策有了，解决资金不足和机制问题就迫在眉睫，为此，一是资金投入要采取集中投入和分散投入、重点项目投入和非重点项目投入相结合的方法，以缓解资金不足的压力；二是多渠道筹措新农村建设资金，采取财政拿一点、村里出一点、农民摊一点、企业帮一点的办法，改变单一的资金筹措渠道；三是要采取配套投入的办法，筹措到资金的行政村，可以优先得到国家和地方财政的扶持，按照行政村筹措资金的比例给予财政资金支持。中央和省、市财政也可以采取按照一定比例筹集的办法解决新农村建设资金，如按照新农村建设规划建房的农户，各级财政可以按照一定的比例给予支持。

（四）建立支持“三农”投入的长效机制

一是要改善农村金融环境，使农民能贷到所需资金，用于发展生产和改变生活；二是要建立财政投入机制，设立新农村建设基金，中央和各级地方财政每年都要拿出一定比例的资金作为支持“三农”的资金，并按照财政收入的增长幅度逐年增长；三是加强支持“三农”资金的监

管，特别要改一个部门监管的体制为多个相关部门分别监管的体制，实行项目立项、资金投入、项目验收分别管理，确保支持“三农”的资金真正用于“三农”；四是划分清楚各级财政资金和行政村、农民筹措资金的用途，财政资金重点用于农村公共设施的建设，如乡村道路的修建和改造，农村学校的修建和改造、农村水利设施的修建和改造、农民的培训、农村街道的修建和改造、农村文化体育娱乐以及卫生设施的修建和改造等，特别要建设好农村信息网络，增加农民的信息接收量，提高农民的整体素质；五是要建立以工促农、以城带乡的长效机制，实行市民和农民平等的政策，在社会保障、就业、教育、医保等方面，和市民平等，同时在国民收入再分配方面要向“三农”倾斜。要改革户籍管理制度，优化资源配置，逐步改变城乡二元结构为城乡一体化的一元结构。

四、安徽省以点带面稳步推进新农村建设

今年以来，安徽省紧密结合本地实际，理清思路、全面规划；明确重点，抓点带面；坚持原则，注重实效，新农村建设稳步推进。

（一）新农村建设启动情况

党的十六届五中全会提出社会主义新农村建设这一重大历史任务后，省委、省政府迅速行动，统一全省思想认识，坚定推进新农村建设的信心。各级党委、政府也都建立了相应组织和办事机构，全省上下协调的组织网络和工作推进机制初步形成。

2005年11月7日，安徽省在滁州市举办了全国“名村论坛”，邀请国内著名专家，就如何推进社会主义新农村建设进行了深入研讨。

1月17日至19日，省委、省政府召开全省农村工作会议，对新农村建设和农村工作做了全面部署。强调要把发展农村生产力作为第一任务，把农民增收作为第一目标，把实施 “千村百镇”示范工程作为总抓手，强力推进新农村建设。

3月14日，省委、省政府召开了全省新农村建设“千村百镇”示范工程工作会议，部署“千村百镇”示范工程启动工作，新农村建设序幕正式拉开。

（二）新农村建设工作思路和重点

针对安徽农村比重大，经济实力弱，自然条件、区域状况、文化习俗差异明显的特点，省委、省政府坚持因地制宜、分类指导，提出了以村镇规划为龙头，开展村镇整治，实施“千村百镇示范工程”，力争用3——5年时间，打造出一批各具特色的新农村建设示范村镇，带动和推进社会主义新农村建设稳步健康发展。重点抓好五项工作：

一是千方百计促进农民增收。将增加农民收入、提高农民生活水平作为新农村建设的出发点和落脚点。

二是重点建设现代农业。将现代农业建设作为新农村建设的根本点和关键点。抓粮食生产，

依靠科技主攻单产，稳步提升粮食综合生产能力；抓农业产业化，发展壮大一体化“龙型经济”；抓农业结构调整，提升自主创新和成果应用水平，打造农产品优势区域和产业带；抓提高农民组织化程度，积极扶持合作经济组织和行业协会；抓市场开拓，建立健全农产品现代流通体系，促进产销对接。

三是强化农村基础设施建设。加大对农村基础建设投入力度，充分发挥群众力量搞建设，用好“一事一议”政策，调动农民投资投劳建设美好家园的积极性。

四是加快发展农村社会事业。普及和巩固农村义务教育，逐步扩大“两免一补”实施范围；积极稳妥推进新型农村合作医疗健康发展；加大对农村文化、体育、广播电视等方面的投入，繁荣农村文化事业；完善农村社会救助体系，扩大对农村计划生育家庭实行奖励扶助制度试点范围，探索建立农村最低生活保障制度。

五是进一步深化农村改革。全面推进行政管理体制、金融体制、流通体制、征地制度等农村各项改革，促进农村生产力和生产关系和谐发展。

（三）新农村建设的政策措施

省委、省政府结合本省实际，出台了关于贯彻《中共中央、国务院关于推进社会主义新农村建设的若干意见》的实施意见，即安徽省委5号文件，明确了9个部分38项具体措施，内容涵盖农村经济、政治、社会、文化等各个方面，是指导本省新农村建设的纲领性文件。概括来讲，具体政策措施主要有四个方面：

一是推进公共财政向农村覆盖。今年省财政安排新农村建设方面的项目资金31亿元，比上年增长20.2%，占省级项目支出36.3%。财政支持“三农”的相关投入向示范村、示范镇倾斜，并对村镇规划编制实行以奖代补。

二是统筹城乡产业发展。确保全省7614万亩基本农田保护面积不减少，85%的保护率不降低；加强国家级基本农田示范区建设，建立20个左右的省级基本农田保护示范区；结合农村居民点用地整理，搞好城镇建设用地增加与农村建设用地减少相挂钩试点；统筹城乡信息化建设，重点抓好农村综合信息服务平台建设；统筹城乡教育发展，开展农村义务教育经费投入保障试点；逐步扩大新型农村合作医疗试点，并切实加强以乡镇卫生院为重点的农村卫生基础设施建设；加大对农村文化事业的投入，设立农村文化建设专项资金1000万元，支持农村文化事业发展。

三是强化城市对农村的支持。通盘制定城乡发展规划，加大市级财政建设资金对农村建设的投入；加大城市智力资源对农村的支持力度，成立青年农业科技服务队和环保志愿服务队；实施贫困高中生救助计划，加大选拔高校毕业生到农村基层支农、支教、支医、扶贫的工作力度；计划新建和改造5000个乡村日用消费品和农资连锁店，建设15个标准化农产品批发市场，创建10个农产品绿色批发市场，培育10个农产品出口示范基地。

四是建立促进城乡统筹发展的工作机制。要求各级部门进一步转变职能，把“三农”工作作为重中之重，把新农村建设纳入经济社会发展全局通盘筹划部署，共同行动，积极推进。

（四）新农村建设工作进展情况

目前，全省农村建设整体工作开局良好，进展顺利。

一是基本建立了组织网络体系。各市（县、区）成立了新农村建设领导小组或新农村建设指挥部，其中13个市由市委、市政府一把手任组长，86个县（市、区）成立由党委、政府主要负责人任组长（政委）、副组长（总指挥）的领导组织，47个领导小组办公室主任由政府分管负责人兼任。

二是启动村庄布点规划编制工作。各地按照会议要求抓紧着手编制规划。如合肥市规划局派出15个规划小组，深入农村，组织实施“规划下乡”。六安市专门成立规划编制工作指导委员会，进行全市乡村规划和50个重点镇规划编制工作。

三是落实建设投入。据不完全统计，目前各市已落实新农村建设专项资金2亿多元。

四是加大宣传培训力度。省“一报两台”开辟了省直有关部门领导和市县负责同志专访，对“千村百镇”示范工程进行集中宣传，各地也组织动员当地主要新闻媒体广泛深入地开展新农村建设宣传，重点谈举措，宣传示范村镇，形成浓厚的新农村建设舆论氛围。

五是示范村、镇已选出。全省按照交通便利、规模适中、特色明显、基础较好的原则，择优确定了125个示范镇、1133个示范村，并已公布。

六是抓紧建立对口联系制度。坚持“落实统筹思想，联系实际，多办实事”的原则，制定出台了《省直单位联系新农村建设示范村镇实施意见》，落实125个省直党政机关、事业单位、大学、人民团体和部分重点企业对口支持示范村镇。各地按照总体部署和要求，制定了具体帮扶措施。

五、安徽科学制定新农村建设措施 积极寻求解决问题良策

截止到6月份，安徽各县已着手开展新农村建设的前期准备工作，并就加快经济发展、促进农民增收制定了具体措施，面对新农村建设中出现的问题积极寻求解决良策。

（一）新农村建设的一些主要措施

为了加快新农村建设的步伐，各地坚持以经济建设为中心，以农民增收为抓手，发展县域经济，全面发展农村公共事业，重点是抓好农民在新农村建设中所关心的热点问题和难点问题，搞好新农村建设规划，加大农村基础设施建设，加快农村劳动力转移，围绕提高农民收入水平和生活质量做文章，物质文明、精神文明和政治文明一起抓，确保新农村建设做到行之有效。

1、明确发展思路和目标

各县成立了领导小组，明确了2006年本县农业和经济发展思路和目标，按照“生产发展、生活宽裕、乡风文明、村容整洁、管理民主”的要求，以农村美好家园建设为切入点，以全面推进农村社会事业为着力点，以发展农业农村经济为中心，以农民增收为核心，以农村综合改革为动力，进一步加大力度，确保新农村建设有个良好的开头。结合农村综合改革，搞好新农村规划。为了响应省里新农村建设“千村百镇”示范工程，各县根据本县实际，进一步确定本县的示范镇和示范村作为本县新农村建设样板，制定相应的发展规划，依托经济特色形成经济板快，进行概念性规划。

2、确定以经济发展为中心，农民增收为核心，拓宽农民增收的思路和措施

各县立足本地资源优势，通过招商引资，优先发展本地工业。一些地方依托中心城市，面向沿海，突出发展加工业；一些地方围绕城市做文章，搞好农产品基地建设，发展旅游经济，拓宽农民增收渠道，因地制宜的发展本地经济，拓宽农民增收的渠道；一些地方 通过加大对农村致富带头人的培育和扶持力度，发展区域经济；一些地方通过加快农村劳动力的转移，大力发展农村劳务经济，增加农民工资性收入。

3、加大新农村建设投入力度，加快农村基础设施建设步伐，改善农村面貌和环境

今年各县将全面发展农村公共事业，减免贫困农民义务教育负担，完善农村合作医疗和城乡大病医疗救助制度，加大乡村医疗卫生设施建设，方便农民就医。健全农村社会保障制度，对失地和困难农民实行最低生活保障。通过加快农业基础设施建设，加大农田水利基本建设，提高防洪抗险能力。统筹安排新农村建设专项资金，积极开辟财政支农资金新渠道，加大各项惠农政策落实到位的力度。

（二）广开思路，突破难题

新农村建设是一个大课题，遇到各种困难和问题是在所难免除的，安徽省针对五大突出问题，积极寻求破解方法：

1、新农村建设的规划和建设的各种配套政策及具体措施没有及时跟上，存在规划难、落实难和经费难的情况

当前，安徽正在进行农村综合改革，不少乡镇村正在撤并，新农村建设的整体规划目前难以进行和落实，原来的农村建设总体规划还比较落后，建设规划管理还难以到位，加上农民的规划意识比较淡薄，农民住房建设缺少规划，甚至不听规划部门的意见和建议，完全按照自己的偏好，随意的改变房屋走向和布局，盲目建设，造成不少的浪费。因此，新农村建设应该考虑农村的实际情况，从发展的眼光来制定切实可行的长远规划，从实际出发，尊重农民意愿，不损害农民利益，不搞“一刀切”，不搞千篇一律。通过改水、改厕，加大农村整治环境的力度，彻底根除脏乱差现象。积极开发农村新能源，减少生活污染，改善生活环境，提高农民生活质量。

2、农村医疗、教育和社会保障力度偏弱的问题

农民迫切需要就医方便，看病便宜，大病能统筹，希望政府加大农村医疗卫生设施的投入力度，同时降低医药费，使农民就医不难，看病不贵。目前新型农村合作医疗的保障水平非常低，农民有病基本上是自己出钱治疗，农民期待新型的农村合作医疗制度得到完善和落实，降低门槛，提高报销比率。有条件的地方应组织农民进行体检，让农民的大病早发现、早治疗，防止因病返贫现象的发生。农村教育问题也是一个比较突出的问题，农民盼望合理分配教育资源，缩小城乡教育水平差距，扩大农村优质教育覆盖面。农民希望义务教育能免费，高中教育取消择校费，大学教育降低学杂费。各级政府要切实关心农村留守儿童教育问题，使农民的子女上得起学，享受与城里孩子同等的优质教育。改善农村养老保险制度，做到老有所养，老有所供。

3、农村劳动力快速转移面临困境问题

农村劳动力就业难、待遇低是一个比较普遍的问题，转移出去的农村劳动力基本从事着低收入的工作，未转移的劳动力多数文化素质偏低，就业能力偏弱，转移难度更大，农村劳动力的就业培训对农民再就业和增收产生着直接影响。农民需要高水平的就业培训，这也决定着新农村建设的速度和质量。

4、农村基础建设资金不足问题

尽管各级政府对“三农”问题很重视，但财政支农资金仍远远不能解决水利、道路等农村基础设施建设问题。取消农业税以后，难以将农村小型基础设施建设纳入政府基本建设投资的范畴，而这正是目前农业投入的一个薄弱环节，农民急切盼望尽快解决基础设施条件落后的问题。农村行路难也是一个客观存在的问题，基层呼吁最好能将“村村通”的公路资金安排到位，不要搞配套资金，减轻基层的负担。

六、湖南省汉寿县启用新模式建设新农村

新农村建设是一个全新的理念，也是一项全新的工作，湖南汉寿县在推进新农村建设中积极探索新模式、新机制，创造性的推出了新农村建设的“特产型”的产业发展模式、“双赢式”的基础建设模式、“集束式”的办点示范模式、“理事会”的民主管理模式，迅速打开了工作局面。

（一）“特产型”产业发展模式

新农村建设核心是增加农民收入，而增加农民收入要靠优势产业支撑。汉寿县立足本地资源优势，大力发展特色产业，促进了农业经济的健康发展和农民收入的增加。

1、做大“特产之乡”

汉寿有“中国甲鱼之乡”、“中国黑杨之乡”、“中国苎麻之乡”、“中国珍珠之乡”四个特产品牌，县委、县政府立足品牌优势，提出了围绕“四乡”壮特色的产业发展思路。

（1）“板块式”扩张基地

“十一五”期间重点发展龟鳖、杨树、苎麻，珍珠四大特色产业，全县建成1万吨优质种鳖种龟基地，60万亩欧美黑杨基地，30万亩优质苎麻基地，15万亩珍珠养殖基地。这些基地向优势产区集中，形成城郊万吨龟鳖种苗繁殖板块，10万亩湖州黑杨种植板块，蒋家嘴和沅水两岸苎麻生产“一条走廊、两大板块”，西湖垸、沅南垸两大珍珠养殖板块。

（2）“龙头型”发展加工

做强以县级龙头企业特科所为龙头的龟鳖加工，年加工能力由200吨提高到1000吨，年产值由2000万元增加到1亿元；做强以市级龙头企业湖南国珍木业有限公司为龙头的黑杨加工，年加工能力由10万立方米提高到20万立方米，年产值由1.5亿元增加到3亿元；做强以市级龙头企业湖南向八老珍珠有限公司为龙头的珍珠加工，年加工能力由20吨提高到100吨，年产值由5000万元增加到2亿元；做强以省级龙头企业湖南广源麻业有限公司为龙头的苎麻加工，年加工能力由7万吨提高到10万吨，年产值由7亿元增加到10亿元。

2、发展“一乡一品”

各地围绕特色农业，因地制宜发展“一乡一品”。目前，全县已初步形成了杨树、珍珠、苎麻、蔬菜、奶牛、花木等6类具有浓郁地方特色的“一乡一品”，涉及面积40万亩，占全县生产面积的30%。培育出了蒋家嘴的苎麻、洋淘湖的珍珠、龙阳镇的蔬菜等5个人均产值过千元的特产乡镇。到“十一五”末，全县“一乡一品”涉及面积达到60万亩，占金县生产面积的50%以上；人均产值过千元的“一乡一品”特产乡镇达到15个以上。

3、培育“一村一品”

按照“村有主导产业，户有致富门路”的新农村建设要求，着力培育主导产业，形成“一村一品”。目前，周文庙乡陈军堤村的珍珠产业、蒋家嘴镇紫阳冲村的苎麻产业、龙阳镇岩屋场村的蔬菜产业、朱家铺镇朱家铺村的花卉苗木产业、株木山乡栗山村的出租车和造船业、坡头镇明星村的船运业等一批“一村一品”已初具雏形，年人均纯收入都在1000元以上。到“十一五”末，金县“一村一品”年人均纯收入过千元的特色村达到200个以上，占行政村总数的40%以上。

（二）“双赢式”的基础建设模式

新农村建设最大的困难是资金上的困难。汉寿目前的经济还不发达，县、乡、村各级组织的财力还很拮据，要筹集大量的新农村建设特别是基础设施建设资金不是一件易事。各地充分挖掘各方面潜力，创新机制，筹措资金。

1、“以林养渠”的水利建设模式

对排灌渠堤的经营权进行有偿出让，出让金用来疏挖渠道、维修机埠、改造配套设施，出让后的渠堤栽种杨树，达到“以林养渠、渠通林茂”的双赢效果。去冬今春，金县疏通沟渠633公里、完成土方197万方，维修小型机埠89处，整修病险水库33座；新植杨树路道林60万株，打造“新植渠堤林网过万株”的样板村30个。罐头嘴镇六官口村出让渠堤18公里，创收8万多元，疏挖沟渠10公里，新植黑杨3.8万多株，既彻底解决了内涝之忧，又发展了杨树生产，每年杨树可增值20多万元。

2、“以集建镇”的公益事业建设模式

利用村庄规划契机，统筹规划农村集镇建设，发挥农村集居地效应，出让集镇土地，以此筹措集镇公益事业资金，实现“以集建镇”。既做大了集镇，又发展了公益事业。目前，全县已规划建设农村中心集镇387个，其中49个正在建设之中。周文庙乡陈军堤村在汉蒋公路线统一规划村中心集镇，借助陈军堤实验学校和陈军堤珍珠市场的聚集效应，使集镇扩容、土地增值，附近几个村的村民都在此购地建房、办厂开店。目前，集镇住户已达97户。同时为村里筹得80多万元的村部建设、安全饮水工程资金。

3、“以投促捐”的公路建设模式

在国家项目投入和办点单位支助的带动和促进下，发动受益农户自愿出资，动员社会力量主动捐资，实现“以投促捐”。既筹集了大量的通村公路自筹资金，又更多地争取了国家项目和各级配套资金。今年以来，全县有58条104.72公里通村公路建成通车，其中自筹资金1137万元，目前还有72个村133.9公里通村公路硬化自筹资金到位，远远多于90公里的通村公路建设国家项目计划。聂家桥乡筹资180多万元，新修通村水泥路7.55公里。该乡三星村三组28个农户户平出资4000多元，修通了0.85公里村通组水泥路。

（三）“集束式”的办点示范模式

为了抓好办点示范，县委、县政府在全县30个乡镇(区)各确定了一个示范点(其中13个市县联办点、17个县乡联办点)，整合各类力量，建立扶持联点制度，并将所有支农项目资金适当集中，捆绑使用，以“集束式”的办点模式，投入示范点村，以带动全县新农村建设。为此，县委、县政府建立了三项办点示范制度：

1、“三级联点”制度

对每个示范点村都实行县级领导联点、县直单位办点、乡镇干部驻点的“三级联点“制度，并采取“一考多评“的考核办法，把对示范点村的考核结果运用到对45名县级领导、95个县直单位、30个乡镇(区)的重点目标管理考核之中，大大强化了各级领导、各个部门和乡镇(区)的工作责任。

2、“第一书记”制度

为了加强示范点村的领导力量，县委、县政府从乡镇党政班子中择优选派34名35岁以下的副乡级干部驻村担任村党支部“第一书记”，其政治、经济待遇不变，组织关系挂靠县新农村建设办，并将这批人选作为直接选拔为乡镇党政主职的后备力量予以培养，增强了示范村村党支部的战斗力。

3、“滚动淘汰”制度

为了突出示范点村的示范带动作用，县委、县政府采取分阶段、分重点逐项考核验收的“滚动式”管理办法，实行“半年整改、年终淘汰”制，对考核验收不合格、整改不到位的个别示范点村实行“末位淘汰”，由建设进程较快的后备示范村递补，较好地促进了各示范村的建设积极性。

（四）“理事会”的民主管理模式

为了充分发挥农民在新农村建设中的主体作用，汉寿县以村成立了“理事会”、“促进会”、“创新会”、“五老(老党员、老干部、老模范、老军人、老教师)会”等多种形式的村民理事会，实行“一事一理”或“一理多事”，既有力地推进了村内各项基础设施建设，又较好地落实了村务“管理民主”的要求。

1、项目建设“理事会”

各村纷纷将本地能人、经济大户和本村籍在外工作的知名人士吸收到项目建设村民理事会，利用他们的各种优势，多渠道争取新农村建设项目。既拓宽了争取项目的渠道，提高了项目资金的利用率；又增加了项目建设中的透明度，杜绝了“跑项目“中的不正当现象。罐头嘴镇张家汉村的项目建设“理事会“成立3个多月来，充分挖掘“人文资源”，帮助村里争取到土地整理、渠道衬砌、村道硬化、村部建设等6个项目，争取资金达300多万元，为该村的基础建设奠定了雄厚的资金基础。

2、建设筹资“理事会”

各类建设筹资"理事会"采取办联谊会、广发信函、登门拜访等多种方式，千方百计筹集村道、水利、饮水等基础设施和公益事业建设资金。今年3—5月，全县各类建设筹资"理事会"共筹集社会捐助和群众自愿出资3000多万元，在很大程度上解决了建设资金不足的问题。坡头镇明星村村道硬化筹资理事会在清明前后共收到来自县内外多项捐助45.8万元，及时解决了5公里村道硬化资金的缺口。

3、村务管理"理事会"

各类村务管理村民理事会在新农村建设中极大地发挥了民主理财、民主管理、民主监督作用，既推进了各项建设，又促进了村民自治，也融洽了干群关系。聂家桥乡金鹅村由8名老党员、老干部牵头组成18人的村务管理理事会，开全县新农村建设"理事会"之先河，在通村公路建设中，他们不计报酬、不辞劳苦，从筹资到动工，从选材到取样，从下脚到收光，全程管理和监督。为了把筹集的款项管好，把建设的资金用活，无论是上县城，还是进市里，从不乱花一分钱，肚子饿了，掏腰包啃馒头、喝冷水、吃快餐，竣工结账，群众满意。正是这批不拿工资的"编外村官"们热心支持、无私奉献，为汉寿的新农村建设立下了汗马功劳，也为推进"村务公开、村民自治"的农村民主政治建设夯实了坚实基础。

西部地区新农村建设经验与案例

一、发展特色经济　构建和谐文明新村

——广西浦北县北通镇福多堂村创建文明村材料

广西浦北县北通镇清湖村委会福多堂村位于北通镇南部，离镇政府3公里，全村39户，人口181人，武利江环绕村边而过，土地肥沃，风景优美，村民勤劳，以种植荔枝、香蕉等水果为主。近年来，该村以经济建设为中心，坚持“两手抓，两手硬”，打造生态特色品牌，发展特色经济，走出一条经济发展、社会祥和、生态优良的新路子。2002年该村荣获全国创建文明村镇工作先进单位称号，2005年荣获全国文明村称号。他们的经验是：

（一）建立强有力的村级领导班子

为了健全村级领导机构，做好村民自治工作，在上级党委的引导下，该村群众推举11名村民组成村民自治领导小组。领导小组的成员带头学习党和国家的路线、方针、政策和法律法规，以身作则，严格依法办事，关心集体，带头兴办社会公益事业，形成了有较高威信，有较强的号召力、凝聚力和创造力的村级领导班子。

（二）大力发展特色经济

福多堂村人多地少，但勤劳智慧的福多堂人积极探索在社会主义市场经济条件下发展经济的新路子，大力调整产业结构。他们利用本地土壤肥沃，气候温和，适宜种植亚热带水果的特点，大力发展香蕉、荔枝、龙眼等优质水果；发展沼气，促进养猪业的发展，走“养殖－沼气－种植”三位一体的生态农业之路。同时，将农业生态与旅游业结合起来，发展生态观光农业，使之成为新的经济增长点。2004年6月，广西浦北县荔枝节在该村举办，该村出产的荔枝作为广西优质荔枝的代表首次出口欧洲。2005年，村农民人均纯收入达到3850元，明显高于当地其他村的收入水平。

（三）社会道德风尚良好

按照“科教兴村、经济强村、文明建村、民主管村、依法治村”的要求开展创建“五星自然村”工作。通过“创星”活动，增强了村民的光荣感和荣誉感，村民普遍树立了良好的社会道德风尚。全村39户农户中，2005年有26户达到“五星户”标准，本村达到“五星自然村”标准。

（四）村容村貌整洁优美

福多堂村以建设沼气池为突破口，进行“八改”（改路、改水、改厕、改房、改灶、改猪牛栏、改低产果园、改文化娱乐设施），开展环境综合整治工作。目前已建成村水泥路、宣传墙、

篮球场、农民剧场、福多怡乐园、图书馆、停车场、休闲垂钓塘、生态旅游观光园等，“三配套”沼气池30座，绿色生态庭园30个，形成经济效益、社会效益、生态效益“三赢”的良性循环。

（五）科教文化稳步发展

福多堂村坚持科普活动，积极推广致富实用科技，每年不下600人次参加全镇和村委会举办的科技培训班学习，每个劳动力均掌握2门以上实用致富技术。积极发展义务教育，尊师重教蔚然成风，适龄儿童入学率达100%。村中设有合作医疗站，确保群众拥有健康保障。通过开展城乡联谊、计生“三好一满意”服务活动、精神文明和民主法制建设讲座、乡村歌手卡拉OK大奖赛、《人口与计划生育法》宣传文艺演出、农机科技下乡演示等活动，丰富了群众的文化生活。

（六）社会治安状况良好

该村经常开展民主法制教育，每年出版大型法制教育宣传专栏，还经常邀请法律工作者为村民举办法律讲座，普及和强化群众的法律意识。认真搞好社会治安综合治理，组织村治安巡逻队，维护当地社会治安。多年来，村治安状况良好，没有发生偷盗案件。到这里收购香蕉、荔枝、龙眼的外地客商都普遍反映，这里民风淳朴，治安非常好，他们感到很安全，非常乐意到这里来做买卖。

在社会主义新农村建设过程中，福多堂村将认真按照“生产发展、生活宽裕、乡风文明、村容整洁、管理民主”的二十字方针要求，结合本村的具体实际，推进全村的物质文明、政治文明、精神文明的全面、健康、持续、和谐发展。

二、合川市扎实推进社会主义新农村建设

合川市是重庆的北大门，是规划中的重庆北部地区中心城市，位于嘉陵江、渠江、涪江交汇处，扼川北水陆交通咽喉，是重庆市与资源丰富的川北地区相联的纽带，也是重庆市资金技术集约发展的延伸带，被誉为重庆通向四川北部、陕西、甘肃等大西北省区的“经济走廊”。全市幅员面积2343平方公里，辖27个镇、3个街道办事处、1个工业园区，共524个村、80个居民委员会，全市总人口为150.6万人，其中农业人口122.4万人。合川市农业发达，粮、猪、蚕丝、柑桔等产品产量居全国前茅，被国家列为粮食、瘦肉型猪、白山羊生产基地。

（一）合川市社会主义新农村建设的思路及措施

社会主义新农村建设是一个长期的、艰巨的过程，合川市在社会主义新农村建设中正确处理好了以下几个关系：

一是正确处理客观条件和建设目标的关系。合川市在新农村建设过程中不推崇同一个模式、同一种方法或同一个标准，从自身实际出发，量力而行，注重实效，不搞盲目攀比，避免搞形式主义和形象工程，避免新农村建设运动化。

二是正确处理政府主导和市场机制的关系。新农村建设任务艰巨，仅仅依靠政府的微薄财

力投入是远远不够的，合川市充分发挥市场机制和民众参与的作用，形成合力搞建设。

三是正确处理农民参与和农民受益的关系。社会主义新农村建设，农民既是建设者，也是受益者。为此，他们将新农村建设与本镇、本村、本社经济发展、社会发展、环境美化和民主决策结合起来，使新农村建设能有效促进农村经济的发展、促进农村各项社会事业的发展、促进农村环境的改善、促进农村基层民主化进程，让农民得到更多的实惠。

四是正确处理硬件建设与软件建设的关系。新农村建设内涵丰富，不仅涉及农村社区的基础设施、环境、教育、文体、医疗、商贸、住房等硬件条件的改善、整治和建设，而且涉及到村社的科学管理，良好村风与民风的形成等软件系统的建设。合川市新农村建设不仅非常重视硬件建设，而且高度重视软件建设，做到"软硬兼施"和"两手硬"。

（二）合川市新农村建设发展特点

新农村建设是一项全社会参与的系统工程，为此，合川市委、市政府召开了全市新农村建设工作会议，对新农村建设作了总体安排和部署，并与重庆大学联合举办了"新农村建设：国际经验与重庆行动"大型论坛会，进一步激发了全市干部群众社会主义新农村建设的积极性。

一是各级领导重视。四个镇成立了由党政一把手任组长的新农村建设领导小组，并从相关部门抽调得力工作人员负责日常工作。如云门镇抽调了经验丰富的7名同志负责新农村建设的日常工作；三汇镇康家村成立了示范村建设指挥部，镇上成立了五个工作小组，召开了启动大会，同时，深入各社召开群众大会，宣传新农村建设的政策，讨论新农村建设规划，发动群众积极投身新农村建设。

二是示范村规划顺利进行。钱塘、官渡、云门等镇请合川市规划设计院进行科学规划，三汇镇请重庆三里城市规划设计有限公司负责规划，现已完成规划的初本，正在通过社员代表讨论通过和镇新农村建设领导小组评定，力争通过本市评审上报重庆市新农村建设办公室。

三是项目建设开始启动。钱塘镇今年计划投资近300万元投入新农村试点工作，着手建设五保家园800平方米，延伸两公里水泥路，完善便民路3公里，实施"一池三改"250户，房屋立面改造，推进田园工程等项目；三汇康家村计划投资200多万元新农村建设，新修水泥路2.5公里，改造房屋立面400户，推进生态家园150户、五保家园建设等项目。

四是产业支撑特色明显。钱塘镇石墩村突出工程化养鱼和优质稻，官渡镇梭子村突出反季节水果和无公害蔬菜，云门镇石簸村突出工业发展，三汇镇康家村突出康家洞旅游、采煤业和麻竹产业，并已开始实施产业规划项目。

五是扶持政策有力。钱塘镇对石墩村农户房屋立面改造，按照立面面积每平方米补助15元；三汇镇对康家村农户房屋立面改造，按建筑面积每平方补助20元，并采取群众申请，村委会批准，验收合格后付款的方式推进。

六是社会积极参与。在三汇镇康家村新农村建设启动会上，康家村的数家企业现场捐款10多万元，康家煤业公司等企业还表示在公路建设上，还将筹资10多万元予以支持。康家村的社员代表数十人，在新农村建设启动会上宣誓积极投身新农村建设，力争尽快改变康家村面貌。

三、重庆奉节县完善资金投入机制　加快农村社会事业发展

新农村建设是一个庞大的系统工程，不仅包括经济建设、政治建设，还包括文化建设和社会建设。为建设库区新农村，奉节县从五个方面着手，加快农村社会事业的发展。

（一）完善教育投入机制，加快教育事业发展

在改进教育经费管理，实行“统一管理、集中支付”教育经费管理体制的基础上，一方面坚持政府投入主渠道，建立和完善农村义务教育投入机制，另一方面搭建融资平台，逐步建立非义务教育阶段教育成本分担机制。

（二）完善卫生投入机制，加快卫生事业发展

逐年增加卫生事业的财政投入，把乡镇卫生院经费纳入县财政预算，对其公共卫生经费实行财政定额定项补助，保证经100%拨付到位，特别保证新型农村合作医疗配套补助资金落实，力争“十一五”期间建立起完善的以大病统筹为主的新型农村合作医疗和医疗救助体系。

（三）完善文化投入机制，加快文化事业发展

加强农村社区文化设施配套建设，尤其是加强县城、乡镇文化广场的建设和日常维护，多渠道筹措资金加快村级阅览室、活动室建设，进一步培育和发展“诗城文化”，建成“全国文化先进县”。

（四）完善广电投入机制，加快广电事业发展

加强广电基础设施建设，到2006年底实现光纤遍及全县所有乡镇，所征税费用于广电事业滚动发展。在国家政策允许的前提下，构建投资主体多元化、融资方式多样化，利益、责任、风险相统一的投资融资机制。

（五）完善体育投入机制，加快体育事业发展

一是将县业余体校的办学经费纳入财政预算；二是筹集资金，两年内建成县级综合体育运动场；三是建立健全体育场所、体育活动和体育赛事的市场运作和有偿服务机制。

四、四川省成都市双流县以“三个集中”推进新农村建设取得显著成效

双流县地处成都市近郊，面积1067平方公里，全县非农业人口35.71万人，农业人口56.98万人，城市化率达38.5%。2005年全县县域经济综合实力列全国百强县第86位，基本竞争力列全国第44位，连续10年荣登四川省县域经济综合评价“十强县”榜首。

2003年以来，双流探索出了以推进“三个集中”（工业向园区集中、土地向业主集中、农民

向城镇集中）为重点的新农村建设道路，促进了县域经济持续快速协调健康发展。目前，双流统筹推进新农村建设工作已从重点突破进入全面深入推进的新阶段。

（一）双流县推进新农村建设的做法及成效

1、抓聚集，推进工业集中发展

双流县统筹推进新农村建设，始终坚持以县城和区域中心镇为重点，以科学规划为龙头。为促进城市化、工业化和土地利用集约化的良性互动，把推进工业向园区集中作为突破口，优化产业布局，狠抓集群发展。

（1）规划先行，突出特色

根据《成都市工业布局规划纲要（2003—2020年）》，双流将全县6个园区整合为西航港集中发展区，优化工业发展布局。按照"承认现状、控制规模、限制发展、逐步调整"的思路，出台了《双流县规划区内工业企业搬迁改造暂行办法》，积极引导城市规划区内企业进入集中区；制订《关于对引荐项目落户西航港开发区实行特殊奖励的试行办法》，鼓励新建项目向集中区集中，对该进而不进的新建项目加大调控力度，采取"六不"政策（规划不审批、计经不立项、建设不报建、土地不提供、电力不保证、资金不支持），从而突出了全县工业发展特色，加快了新型工业化发展步伐。

（2）打好基础，筑巢引凤

2005年，双流加快了工业集中区"五网"建设，构建功能完善的工业集中区基础设施体系，提高了工业集中区发展的产业承载能力。一年内，完成工业集中区基础设施投资3.6亿元，道路、水、电、气、光纤、雨污管网等配套设施建设同步进行。通过强有力的政策调控，新引进重大项目已动工建设，国栋纤维板如期投产，南玻顺利点火，形成了较强的工业承载能力。到目前为此，双流工业集中区内拥有工业企业300多家，规模以上企业54家，占全县规模以上工业企业总数的23%。形成了以康弘、太极、拜耳为龙头的生物制药产业群，以东方光盘、森兰变频为龙头的光电产业群，以珠峰摩托、英格数控为龙头的机械产业群，以国栋新材、热缩制品为龙头的新材料产业群，以嘉里粮油、汉莎食品为龙头的绿色食品产业群，以南玻集团为龙头的高新技术产业群。2005年，全县工业集中区实现工业增加值13.06亿元，占全县的26.5%。

（3）狠抓招商，蓄积后劲

近几年来，双流把工业集中区作为全县招商引资的载体和平台，创新招商模式，推行多种招商方式，着力改善投资软硬环境，狠抓招商引资，不断提高招商引资项目的履约率，为全县工业集中区蓄积发展后劲。2005年，全县共实施项目664个，实际到位资金95.8亿元；新签约亿元以上的项目43个，已动工的15个；新批外商投资项目12个，增资项目7个，合同利用外资2894万美元。在工业集中区内项目23个，完成投资额达18.21亿元。

2、抓转移，推进农民向城镇集中

双流在发展工业经济，统筹城乡发展的同时，把"三农"问题作为关键，以解决好农民安居、就业和社会保障为重点，就地转移农民，大力推进农民向城镇集中。

（1）做好城镇规划，吸纳聚集人口

双流坚持以高标准、高水平谋划、策划、规划和计划引领城乡建设和发展。2005年，结合编制“十一五”规划，向全世界借脑，邀请王志刚工作室作双流县区域经济发展战略策划，请西南民族大学、中成公司、美国费恩规划建筑设计事务所分别作“三走廊”（锦绣东山旅游生态观光走廊、蜀风牧山文化旅游休闲走廊、麓山国际社区高档住宅走廊）发展策划；邀请中国规划设计院、澳大利亚PDI国际设计咨询公司等30余家国内外知名专业规划公司，对双流进行高水平规划，基本形成了新农村建设规划、城市分区规划、城市风貌设计、全县产业布局及各类专业规划等6大类30余项覆盖全县的城乡规划体系，为全县科学发展，吸纳聚集人口向城镇集中奠定了坚实基础。

（2）搞好城镇经营，筹集发展资金

双流县在深入推进“三个集中”进程中，把城镇作为资源的聚合体进行资本营运，促进城镇资源向资本转变，加快城镇建设步伐。首先是抓好土地储备。土地储备中心对全县主要道路两侧的土地进行统一储备经营，以筹集城镇基础设施建设资金；其次是垄断土地一级市场。对经营性用地实行挂牌招标拍卖。2005年，全县共公开拍出卖国有土地513亩，筹集发展资金3.4亿元；第三是采取BOT、TOT等多种特许权经营方式，加快全县城镇基础设施建设。2005年，完成城镇基础设施建设投资44.18亿元，全县城镇功能进一步完善，品味进一步提升。

（3）制订完善政策，就地转移农民

双流在统筹推进新农村建设时，着眼统筹抓转移，进一步完善农民向城镇集中的各项政策，推进农民市民化，从而达到就地转移农民的目的。一是统一规划，建好安居房。近几年来，双流主要采取统拆统建，统一规划，简化程序，减免费用，增加实惠，统一安置的模式，实施集中安置工程。至2005年底止，全县共新建农民小区67个，建筑面积247万平方米，安置农民1.7万户，4.5万人；二是加大培训，狠抓就业。双流对失地农民首先是制订就业培训政策。根据省、市相关文件，双流结合实际，制订了《关于统筹推进“三个集中”促进城乡充分就业的意见》等一系列培训就业文件，完善政策措施。其次，开展对农民的职业技术教育培训。2003年启动农民增收教育工程，计划用五年时间将全县32万多农村剩余劳动力轮训一次，使每一位农民都掌握一门以上的实用技能。到目前为此，全县已累计培训农民21万多人次。2003年以来，双流共转移农民13.9万人；三是建立保障体系，维护社会稳定。到目前为此，双流农民“农转非”后，凡符合城市低保条件的，已全部纳入城市低保。建立健全了新型农村合作医疗制度，做到了病有所医，全县参加农村合作医疗的农民达52.8万人，参保率达78.4%；逐步建立了失地农民综合社会保障体系，有效解除了失地农民的后顾之忧，使农民成为了推进城市化、工业化的建设者和受益者，从身份、待遇、思想观念、生活方式上有效转化为市民。

3、抓整合，推进土地向规模经营集中

双流县在推进新农村建设的进程中，采取集中、竞标、业主承包和股份合作等多种模式，整合土地资源，加快土地重组和土地经营权合理流转，大力推进农业产业结构调整，加大龙头企业的引进培育力度，积极发展专业合作经济组织，不断提高农民的组织化程度。进一步规范和创新土地经营权合理流转机制，使一家一户零碎的农用地，逐步向资本足、技术强、懂经营、善管理的规模业主集中，以不断推进传统农业向现代农业的转变。

（1）加快土地优化重组和合理流转

在稳定家庭承包经营的基础上，积极鼓励农民将所承包的土地进行重组流转，使一家一户零碎的农用地，逐步向资本足、技术强、懂经营、善管理的规模业主集中，至2005年底止，双流共引进培育规模业主1300多家，资金6亿多元，规模经营面积近30万亩。

（2）大力推进农业产业结构调整

双流近几年来，农业结构不断优化，优质粮油生产进一步发展。加大科技兴农力度，2005年全县共引进日本黑大豆等20个瓜果蔬菜新品种，推广了稻莓连作等10新技术，金桥等13个镇建立万亩优质粮油示范基地；城郊型畜牧业稳步发展，全年出栏生猪70.5万头，羊17.5万只，小家畜禽3509万只，畜牧业增加值达5.3亿元，占全县农林牧渔业增加值的27.8%。同时，农业标准化建设稳步推进，双流太平等19个镇被认证为第三批省级无公害农产品生产基地；二荆条辣椒等45个农产品被认证为部级无公害农产品，2005年新增11个；猪肉、枇杷等7个农产品被认证为A级绿色食品，2005年新增3个；2005年，冯氏蜂业公司7个产品获得AA级绿色食品认证和有机食品认证，有机食品生产实现零的突破。

（3）加大龙头企业的引进培育力度

近几年来，双流农业产业化水平进一步提升，龙头企业带动能力增强。至2005年底止，年产值达500万元以上的龙头企业55家，其中，年产值5000万元以上的17家，亿元以上的6家；龙头企业总产值达18亿元，创税6000多万元，带动13万多农户增收1.2亿元，人均200多元。

（4）积极发展专业合作经济组织

全县农村专业合作经济组织不断发展壮大，目前已发展到84家，成员2.3万余人，年经营收入4670多万元，带动7万多农户。

（二）双流县全面深入推进新农村建设的思考

双流在县域经济的发展与推进新农村建设的进程中，虽然还面临着许多困难和问题，但他们冷静思考，积极应对，采取了六个方面的措施，深入推进新农村建设：一是构建对接大都市的城镇发展体系，推进新农村建设；二是营造国内外优势产业转移的平台，推进新农村建设；三是发展第三产业、吸纳农村人口转移，推进新农村建设；四是着力提升城镇的整体竞争能力，推进新农村建设；五是夯实农民进城生活的坚实基础，推进新农村建设；六是争取政策支持、化解镇村债务，推进新农村建设。

五、贵州省克服困难扎实推进社会主义新农村建设

贵州省经济、社会发展落后，社会主义新农村建设基础差、困难大。根据这一实际情况，贵州省在“十一五”期间选择了102个不同经济发展水平的建制村（其中小康村35个，温饱村33个，贫困村34个）作为新农村建设试点，试点内容包括“三建”、“三改”、“五提高”等方面，既有近期年度工作安排，又有中、长期发展规划。

（一）试点村建设内容

1、基本农田建设

因地制宜开展基本农田的整治和中低产田的改造，巩固“坡改梯”成果；提高农田有效灌溉率，确保基本农田能排能灌、旱涝保收；推广先进适用的农业机具，提高农业机械化水平；开展生态林和农田林网建设，搞好田边路旁绿化。

2、优势产业建设

按照市场需求和区域产业布局，推进“一村一品”、“一村一特”，培育优势产业，形成支柱产业，推广优良品种，达到增产增收，大力发展特色明显、附加值高的无公害、绿色、有机农产品及轻工业，实现增值增效。

3、公共设施建设

建好村卫生室，至少配备一名具有执业资格的卫生员，切实解决农民就医难问题；建好村小学，改善办学条件，方便农村小学生上学；建好村级组织活动场所，保证农村基层各项工作有效开展。

4、改建乡村道路

采取地方政府与农户相结合的办法，建设建制村到村民组道路，实施中心区连户道路路面硬化（含水泥路、石板路），建设方便村民生产生活的田间道路、出行便道，实现70%以上的村民组通道路。

5、改善人畜饮水

建好人畜饮水工程，利用水库、山塘、蓄水池、水窖和山泉水等饮水水源，建设管道自流饮水工程或利用地下水、江河水等饮水水源建设水泵供水工程，让村民用上清洁卫生的自来水，确保人畜饮水安全。

6、改善人居环境

改善危房、修缮住房，建设安全整洁、美观实用的农民新居；在适宜地区普及沼气池，带动改厨、改厕、改圈，建设安全实用、清洁方便的农村新型厨房；完善住房配套设施，实现水、电、广播电视、电话“四通”；搞好房前屋后绿化，美化净化村容村貌，有条件的可以建立生活污水处理系统。

7、提高农民收入

大力发展种植养殖等多种经营增收项目，充分挖掘农业内部增收潜力；发展优质农产品加工、资源开发、特色手工艺品加工、休闲观光等农村二三产业；拓宽农民就业空间，组织劳务输出，或安排劳动力就地就近务工经商。

8、提高农民素质

落实农村义务教育政策，提高农民受教育程度；开展农业实用技术、务工就业、非农技能、政策法律等各种类型的培训，培养造就有文化、懂技术、善经营、会管理的社会主义新型农民。

9、提高社会保障能力

落实五保供养措施，使五保供养标准达到当地村民的平均生活水平；逐步提高对丧失劳动能力特困群众的定期救助标准，探索建立农村最低生活保障体系；逐步建立农村社会养老保障制度，解决农民老有所养问题。

10、提高民主管理水平

设置公示栏，实行党务、村务、政务、财务“四公开”，让农民真正享有知情权、选举权、参与权、决策权、监督权和受益权。

11、提高乡风文明程度

开展文明家庭、文明院落、文明村寨创建活动，引导农民崇尚科学、抵制迷信，提倡科学健康的生活方式和文明向上的道德风尚，营造农村安全和谐、农民安居乐业的社会环境。

（二）近期试点工作主要任务

1、落实试点启动资金

省直有关部门下拨2000万元新农村建设专项资金，用于培训、规划和最急需的公益性建设项目等的投入。

2、加强跟踪管理，及时总结经验

有关部门将加强对“百村试点”规划、实施和资金使用的跟踪管理，及时发现和总结试点村规划、建设中取得的成功经验、采取的有效做法、涌现的先进人物，编印工作交流简报，定期组织新农村试点村工作交流和学习，推动全省社会主义新农村建设健康有序地开展。

3、注重调查研究，建立指标体系

在深入试点村开展调查研究，定期对试点村进行检查指导基础上，层层建立定期报告制度，分析和研究解决工作中的相关问题。建立考核制度，对“百村试点”中任务完成好、成绩突出的单位和个人进行表彰奖励。同时，将组织省委政研室、省政府发展研究中心、省社科院、贵州大学等相关单位，在充分调查研究的基础上，以我省农村实际情况为基础，抓紧建立一系列利于操作的社会主义新农村建设阶段性指标体系。

（三）面临的困难和问题

1、资源环境和基础设施差，生产快速发展难

贵州是全国唯一没有平原支撑的省份，山高坡陡，土地贫瘠，人均耕地面积仅0.67亩，仅相当于全国平均水平的45%。农业基础设施薄弱，农业综合生产能力低而不稳，抵御自然灾害的能力弱。农业结构较单一，优势农产品从品种到规模大多处于初级开发阶段，尚未形成大规模的商品生产，从而制约农业增效、农民增收，2005年农民人均纯收入1877元，仅相当于全国平均水平的57.7%。

2、农村贫困面大，快速提高居民生活水平难

全省88个县（市、区）中均分布有贫困人口，2005年不包括外出与贫困农户家庭失去经济联系的人员在内，全省有266万尚未解决温饱的人口和466万低收入人口，分别占全国同类人口的11.2%和11.5%，农村贫困人口生活水平极低。

3、地方财政困难，农民货币收入少，改变村容难

贵州绝大多数县（市、区）属于“吃饭”财政，贫困县行政、事业单位不能按时发放职工工资。2004年贵州农村居民人均现金收入1623元，比全国平均水平少1611元，也比甘肃、云南少241元和237元。

4、新农村建设试点资金不足，同时存在急于求成心态

一是资金困难。新农村建设需要多方投入，但对地方财政困难和农民积蓄极少的贵州而言，离不开中央的支持；二是在新农村建设中，各地显露出急于求成的苗头，自己给自己加了很大压力，希望早日建成社会主义新农村，让农村大变样。出发点是好的，但与新农村建设长期性、艰巨性、复杂性的要求不相符。

六、务实创新求发展 富民兴村奔小康

——云南省建水县临安镇马军村推进社会主义新农村建设纪实

近年来，马军村两委班子立足“三农”实际，把党建工作与经济工作结合起来，坚持用科学的方法引导农民、服务农民，不断提高劳动者素质，形成了崇尚科学、重视科学、科技致富、勤劳致富的好局面。他们大胆探索“走出去、请进来”的工作思路，逐步建立起以种植、农产品加工、运销业为主，养殖业、个体工商业全面发展的农村经济体系，走出了一条农民闯市场、农村奔小康的社会主义新农村建设的典型路子。村委会先后被中组部、省、州党委授予“全国农村党员基层干部实用技术培训先进单位”、“云南省专业技术协会先进集体”、“云南省宣传思想工作先进村”、“红河州农村学习‘三个代表’先进党总支”、“红河州科普示范村”、“红河州小康示范村”等荣誉称号。

（一）马军村委会概况

马军村位于建水县临安镇东部，仅有1个自然村，全村占地面积3.1平方公里，总户数844户，总人口3181人，农村经济以种植业、养殖业、农产品加工业、市场营销业为主。2005年，全村实现农村经济总收入2910万元，人均纯收入达4000元，高于全县平均水平1785元。

马军村委会党总支下设2个党支部、7个党小组，共有党员116名。村委会下设7个村民小组，村内建有占地面积4000平方米的马军小学，在校生420人，教师18人，还建有童天幼儿园。

马军村果蔬协会共有会员504人，其中有包括两委班子党员在内的党员90人。村内建有占地面积2.2亩、容量6000立方的冷库一座，村内宏弦食品责任有限公司拥有固定资产200万元，员工60人，主要生产青刀豆、南瓜、小米辣、桔子等特色果蔬食品罐头，产品远销法国、日本；宏地信德经营开发公司有固定资产150万元，员工50人，主要从事编织袋、保鲜袋生产加工。有个体农产品营销户30多户，村民到弥勒、红河、金平、建水羊街农场等地租种土地6000余亩。

在公共事业建设上，马军村建有老年协会，有120平方米的老年活动室，活动室内乒乓球、麻将、扑克等各种活动器材齐备；有30人的村委会文艺队、24人的老年协会文艺队、7个村小组文艺队；建有标准、规范的篮球场一块；投资6万余元建有音响、灯光等各种器材齐全的舞台

一个；投资6万元安装了村内的路灯；设有300平方米的文化科技培训中心，中心课桌、讲台等授课设备一应俱全；设有科技文明宣传栏、科普宣传栏2块。

（二）马军村发展经济、开展新农村建设的主要做法

1、班子团结，管理民主

马军村委会实行制度管理、制度办事，两委班子定期召开民主生活会，积极开展批评和自我批评，每周一召开两委班子碰头会。在村里，只要是事关全村发展的问题，都要经过村两委班子成员协商后提交有各村民小组长参加的联席会议讨论，并召开“一事一议”会议，由村民议后决定。每个季度村里都要将村务、财务进行事前、事中、事后公开，并创建财务管理监督岗、土地管理岗、村规民约岗等10个岗位，做到事事有人管，处处有人抓。

2、经济建设以富民为主

为使全村尽快进入小康，村委会干部想方设法，找项目、找信息，为群众开辟了一条条发展经济的成功路子。

（1）班子带头，引领群众开发农业项目

村里每发展一项新的果蔬品种，都由村里的党员干部试种成功后再向群众推广。产品销路有困难，村委会党员干部带头为群众跑市场，找销路，充分发挥领导干部带头作用，同时也减少和避免了群众的经济损失。针对本村人多地少、种植结构单一、农民增收难的实际，村委会干部积极引导群众走规模化、基地化、产业化和多业发展的路子，除鼓励村民到外面承包土地经营外，还引导村民建立了蔬菜和水果基地，种植生态经济林甜龙竹150多亩、脐橙、柑橘、水蜜桃、酸石榴等名优水果1800亩。

（2）平衡全村发展，大力开展“十户一体帮扶”活动

村委会建立了联带帮扶制度，规定每个两委成员联系帮助三户收入较低的群众致富，再由被帮的这三户群众各帮带两户困难群众致富，十户形成一体，先富起来的干部、党员带动较为贫困的群众致富，在奔小康路上，让全村每户群众都不落伍。

（3）发展个私营销，拓宽销售渠道和市场

马军村内有从事营销的个体老板30多户，为全村提供准确、及时的市场信息，活跃农产品销售，确保优质农产品由产品向商品的价值转换。

3、科教兴村以培训为主

（1）着力提高党员思想政治素质

定期或不定期邀请县领导给全体党员上党课，学习党章，引导党员干部认真领会“三个代表”重要思想的深刻内涵，从理论上进一步明确了农村加快发展生产力的本质是党的基本路线的要求，是党的先进性的要求，必须坚定不移地抓发展。

（2）注重农业科技培训

马军村委会多次邀请华中农大孙中海博士、浙江金华果树研究所严邦寿所长、新加坡高级农艺师薛雪为村民上柑橘栽培课，使农民拓宽了视野，更新了观念，增长了知识，并把所学知识广泛应用于生产，收到了较好的效益，如田宝和利用所学知识，使现有的8亩甜橙果园2005年

收入达到11万元。

马军果蔬协会自2001年6月成立以来，每月开展一次科学技术培训，每年组织一次会员和群众到外地学技术、看市场，使群众的科技意识得到增强，运用科技的能力有了很大提高，不少会员成了种植能手和科技致富带头人，如张良带领4户农户到建水羊街农场二队承包160亩土地种植柑橘，村里90%的农户已熟练掌握了二至三项农村实用技术。

4、精神文明以倡导为主

（1）注重文化、教育、计生工作

在“三八”妇女节、“五四”青年节、“九九”敬老节等节日，马军村党总支积极组织妇女、共青团、老年协会开展健康有益、形式多样的文体、文娱活动，大大丰富了农村群众精神文化生活。2003年全村有民事纠纷18件，2005年减少到2件，2004—2005年全村做到无刑事案件。村内自1998年全面普及九年制义务教育以来，全村已彻底扫除了青壮年文盲，适龄儿童入学率100%，小学升学率达100%，初中毕业率达100%，小学生和初中生均无辍学现象。村委会设立了教育奖励基金，每年对考取大学的学生以每人300元的标准进行奖励。同时，计划生育宣传工作的扎实开展，使全村连续23年实现了无多胎生育和无多孩生育，全村人口自然增长率2005年为1.2‰，比全县4.6‰低3.4个千分点。

（2）大力开展精神文明创建活动

到目前为止，全村已评选表彰了320户“五好文明家庭户”，“星级文明户”已发展到200多户，村内每年进行“科技示范户”、“养殖专业户”、“运输专业户”的评比并挂牌。

5、基础建设以引导为主

基础设施建设是发展的关键，马军村先后投资80多万元完成全村7个村小组水泥街道的建设，投资40万元完成了马军至培德公路的路面拓宽改造工程，投资50多万元完成了新天缘平桥建设，投资30万元建了5000平方米的马军农贸市场，投资30万元为大湾子48户农户解决了生产生活用电问题。修建田间引水沟渠5000多米，完成二级泵站的改造，新增灌溉面积2000余亩，让附近村子都可以受益。投资105万元完成陈家田至外围田3000多米三面支砌水沟的修建，使5个村民小组、2500人受益。几年的艰苦建设，马军村现已实现“水、电、路、通讯”四通，村内道路硬化率95%，全村群众喝上了干净放心的自来水。马军村有钢混结构的住房450所，人均居住面积40平方米，拥有固定电话400部，移动电话500部，电视覆盖率98%，拥有货运车辆20辆，家庭轿车30辆，摩托车80辆。

（三）马军村发展农业农村经济的基本经验

1、围绕经济建设这一中心，探索、创新发展模式

马军村依靠村级组织，依托果蔬协会，逐渐摸索出了一套“三走，三请，三调整，三服务”的“四个三”发展模式。

“三走”是指组织会员和群众走出去参观学习外地的先进经验；组织会员及依靠本村的经纪人，通过到外地参加农产品展销会、科技展销会以及了解市场信息、开办销售网点等方式，走出去闯市场，找订单；组织会员走出去承包土地，搞规模化经营。如今，马军人已在县外地租赁土地6000余亩种植果蔬。

"三请"是指请专家教授到村里讲课，传授实用技术；"请"进新品种、新项目到协会试验示范种植推广；请进外商老板到马军投资办厂、收购农产品，使农产品不出村也可以卖个好价钱。

"三调整"是指引导农户进行经济结构的调整；依托农业调整加工、运输等行业；根据市场需求，引导农户进行种、养植结构调整。帮助农户引入适销对路品种，并进行早、中、晚熟品种的合理搭配，既延长了市场供应周期，又让村民一年四季都有收入。

"三服务"是指村委会依托果蔬协会，为村民做好农业生产的产前、产中、产后服务。其中，产前服务主要是帮助会员协调承包土地，协调种植户所需资金，保证资金的投入和周转；产中服务主要是进行专题培训，强化中耕管理；产后服务协助销售产品，协助处理各种生产的矛盾纠纷等。

2、围绕稳定发展这一要务，做好思想教育工作

无论是发展经济，还是加强思想政治教育，马军村两委班子始终以做好服务示范为原则。班子成员深入群众，注重把解决思想问题同解决实际问题结合起来，把深化宣传思想工作的过程变成扎扎实实为群众办实事、办好事的过程，对群众关心的热点、难点问题予以切实解决。群众经济收入提高了，村子基础设施建设改善了，群众文化生活丰富了。

3、围绕文明建设这一重点，做好活动引导

马军村为适应农村社会、经济、政治、文化生活的新变化，积极探索农村工作的新途径和新方法，采用多种群众喜闻乐见的方式，增强宣传思想工作的吸引力和说服力。通过开展精神文明创建活动、重大节日教育活动、全村环境整治活动，引导干部群众形成崇尚科学的思想风气，倡导健康文明的生活方式。

中央提出社会主义新农村建设后，村"两委"班子计划在2至3年内完成五大工程建设：预计投资300万元，在山塘建设一个水面面积300亩的田园风光度假区；由村委会总体规划，农户自筹资金在泛亚铁路建水站旁建设民营经济商业区；预计投资150万元，以马军冷库为龙头，建设农特产品加工区；预计投资500万元，建设仓储批发区；预计投资200万元，建设化工建材加工区。

七、突出规划 重点推进

——云南省昆明市五华区厂口乡陡普鲁村委会两家石岩村新农村建设实例

为认真贯彻落实好昆明市委办公厅、市人民政府办公厅关于《昆明市2006年社会主义新农村建设试点方案》精神，厂口乡党委、政府迅速起来，成立了新农村建设领导小组，制定规划方案，确定目标。自2006年6月初在试点村两家石岩村开始宣传动员，发动群众，做到自上而下宣传到位，思想认识到位，并尊重群众意愿，真正为群众办实事。

（一）深入调研制定工作方案和总体原则

通过搞好宣传发动，深入群众摸清底数，然后制定方案，组织实施。目标方案主要以解决群众生产、生活中存在的突出问题为重点，从改善制约农村发展的基础设施入手，以促进农民增收为核心，力求提高农民基本素质，塑造文明新风尚，营造农村平安和谐环境，不断加强农村基层民主政治建设和以党支部为核心的农村基层组织建设。在具体工作中，遵循了规划先行、规划管理；因地制宜、分类指导；政府引导、农民自愿；实事求是、注重实效的总原则。

（二）注重民意，深入调查，有的放矢

在新农村建设领导小组对两家石岩村的基本状况进行了实地踏勘，召开了由户长参加的社员大会，在深入宣传、广泛动员的基础上，围绕“五通、四有、三改、两建、一强”情况开展了专项调查。“五通”是指村内通硬化道路、通电、通人畜饮水、通广播电视、能电话；“四有”是指有整洁安全的人畜分居的住房、有学校、有卫生室、有文化室；“三改”是指以沼气池建设为中心，带动改灶、改厕、改圈；“两建”是指建立村务公开制度、建立村民议事制度，使民主管理更加完善；“一强”是指有一个坚强的“两委”领导班子，农村基层党组织作用充分发挥。能过深入调查发现，村民对村容村貌建设积极性很高，具有强烈的发展生产需求，急需要到得技术方面的支持。

1、陡普鲁村委会两家石岩村基本情况

两家石岩村共有耕地面积1006亩，其中蔬菜面积255亩，果树面积209亩，烤烟面积257亩，粮食面积342亩。有居民57户，总人口 219人，年人均收入2750元。总人口中高中、中专以上文化14人，初中 70人，小学及以下 131人。房屋为土木结构的36户，砖混结构9户，土木、砖混结构12户。

2、村民投资村容村貌建设积极性较高

农民对乡党委、政府关于新农村建设的实施意见比较拥护，绝大多数农户愿意进行村容村貌建设。

在改水方面，公共部分由市、区、乡、村补助资金的70%，入户部分（一户一表一龙头）由市、区、乡、村补助50%，愿意的有50户，占总户数的88%；在改路方面，村级公共道路由市、区、乡、村补助资金的70%，入户道路补助资金的50%，户内庭院补助资金的30%，愿意的有56户，占总户数的98%；在一池三改（改厕、改厩、改灶）方面按现行政策执行，57个农户都愿意；在改房方面，内外水泥沙混粉刷白，每平方米补助1元，57个农户都愿意；建太阳能沐浴每户补助400元（2平方米），所有农户都愿意；在清粪堆草堆方面，全部农户都同意将粪堆、柴草堆一律堆放在村外地头，禁止堆放在家中、村中；全部农户都同意建立垃圾收集点，定点定时收集清运（有偿服务）。

3、村民在发展生产方面需要技术支持

从发展生产，提高收入的角度，农民参加培训的积极性比较高，需要得到农牧业生产技术支持。从调查结果看，全部农户都需要种植技术培训，其中需要种粮食、烤烟、蔬菜、果树及技术培训的分别为4户、12户、18户、10户、13户；44个农户需要养殖培训，其中需要养猪、养牛、养羊、养家禽技术的分别为20户、18户、3户、3户。

4、村民急需政府帮助解决一些问题

农村急需政府解决的问题主要有六个方面，一是村间及入户道路路面硬化；二是村庄绿化；

三是建老年活动中心；四是解决生产用水；五是建立村文化站；六是建立图书阅览室。

5、从发展经济效益较高的作物等方面入手发展本村经济

农民认为，在今后需要从发展优势产业来带动本村经济发展，增加农民收入。在生产方面，一是发展烟叶种植和蔬菜种植；二是种植经济树木；三是规模种植有优势的作物。在营销方面，一是拓展农产品销售渠道，解决蔬菜外销问题；二是增加贷款扶持力度，提供农业技术信息，引导发展种植项目。此外，农民认为应该将闲置水池利用起来，把绿化环境、美化村庄、学习科技知识融为一体。

（三）新农村建设主要目标

驻村工作指导组与厂口乡新农村建设领导小组及村委会经多次研究，反复分析，找准切入点，制定出详细的工作实施方案，经各级主管局领导再次对实施方案进行审核修改后即将分时分阶段实施：

第一阶段：以农民最关心、迫切需要解决的问题为切入点，2006 年底以前完成村入户路面的道路硬化。路面总长 6315 米，宽 2 米，路面厚 12 厘米。投资概算 77 万元，市、县、乡、村补助资金 50%，其余不足由群众筹资。

第二阶段：村村通工程（时间为 2006 年 12 月—2007 年 3 月）。道路硬化总长 5800 米，宽 6 米，总投资 212 万元。市、县、乡、村补助资金 70%，其余不足由群众筹资。

第三阶段：村庄绿化和村容整治（时间为 2006 年 12 月—2007 年 12 月）。主要是道路绿化，投资概算 20 万元。同时进行改房、改厕、太阳能、垃圾清运、垃圾池等村容村貌整体改善，投资概算 44.5 万元。

（四）存在的问题及解决的措施

目前新农村建设还处于起步阶段，主要的问题表现在群众对村干部以及村委会心存疑虑及各级资金的落实困难两个方面。

为消除村民的不信任心理，村里各项工程在村委会的统一指挥下，由理事会（村民选举产生）组织开展，每项工程都在理事会的组织、监督下进行，资金的使用、工程的质量要定期向村民公布。工程原则上不得对外承包，以免引起群众的不满。

在资金问题上，实行政府补助、社会资助、群众自筹的三级联动方式，借鉴韩国上世纪六十年代末期掀起的“新村运动”经验，建设资金依靠政府投资和民间投资两条腿走路。

在发展模式上，采取“基础设施——产业结构调整扩大高产新品种种植——教育特别是技术教育——增加农民收入”模式，尊重农民的意愿，注重实际效果，把群众关注的事逐件落到实处。逐步建立、完善帮抚机制和激励机制，让村民都以积极的行动参加新农村建设。

八、陕西省新农村建设的经验及引发的思考

陕西省积极进行新农村建设试点，不断探索工作方法，总结建设经验，新农村建设深得民心，公路等基础设施建设初见成效，村容村貌明显改变。

（一）各地的做法和成效

1、来自旬邑县的经验

旬邑县地处渭北旱塬，属于革命老区，是国家扶贫开发重点县。全县辖10镇4乡187村，总面积1811平方公里，总人口26.8万，农业人口占全县总人口的92%，耕地面积52.8万平方公里。 2005年，全县财政收入2500万元，财政支出1亿多元。就是这样一个国家级贫困县，经过不懈的努力，在建设小康村的基础上，继续进行了新农村建设的试点示范，为欠发达地区社会主义新农村建设进行了有益的探索。截至目前，已有13个重点示范村初见成效，省市多次在这里召开新农村建设现场会，全国各地参观学习者络绎不绝，中央电视台等媒体多次专题报道。旬邑的主要做法有十点：

（1）以实现农民收入较快增长为突破口

旬邑是陕西的苹果生产大县，以苹果为主的农业特产税是县财政的支柱。2004年，为落实中央关于免征农业特产税的政策，县财政一下子减收2400多万元。县委、县政府抓住免税政策激发广大果农积极性的有利契机，加大了果业产业化发展力度，实施“果业富民万人帮建活动”、“优果工程”、招商引资发展果品贮藏加工、下功夫开拓市场，全县新增果园9万多亩，苹果套袋率达到95%、优果率达到80%，居全省前列，建成了11个气调库，投资1.3亿元的通达旬邑果汁加工厂今年即可投产。同时，建成了一批纸箱厂、发泡网厂、套袋厂，使果业产业化水平上了一个新台阶。2005年，全县苹果面积达到35万亩，总产25.5万吨，总收入5.35亿元，亩均收入达到2760元，居全省领先水平，苹果实现产后增值9300万元。果农人均苹果收入2326元，占果区农民人均纯收入81%。

（2）以村级道路建设为基础

柏油马路铺到农民家门口。为了解决乡村道路雨天变成“水泥路”的问题，他们把乡村道路作为新农村建设的突破口，提出了“村村通油路”的目标。旬邑率先摸索出“群众铺底子，政府盖面子”的乡村公路共建模式。截至去年底，已新修油路114公里，累计全县近一半村的道路实现了柏油化。

（3）以村容村貌为前提

农村“三堆”（土堆、粪堆、柴堆）“五乱”（垃圾乱倒、脏水乱泼、电线乱拉、厕所乱建、畜禽乱跑）是环境脏乱差的主要原因。旬邑县在新村建设中，从基础设施建设入手，实施综合整治，全县共平整乡村路面130公里，修建排水渠300公里，实现了村间道路平整，排水畅通；实施“三改一建”（改水、改厕、改灶、建澡堂）工程，建成了职田、土桥、清原三大塬区人畜饮水工程，解决了163个村14.8万人的饮水困难，改建厕所11000多个，建成澡堂4800多个，

建成沼气池3300多个；集中清理“三堆”、禁止“五乱”，全县共拆除沿街厕所15270个，清运垃圾28000堆；按照“地面无土、桌椅无尘、餐具无垢、窗明几净”的要求，开展“家庭环境卫生大扫除”活动，使农户家庭卫生面貌一新。为防止“脏乱差”现象反弹，他们制定了《农村环境卫生管理办法》、《农村生活垃圾处理办法》，建立了农户门前卫生“四包”责任制，设立了义务保洁员，为村容长期整洁提供了制度保障。

（4）以和谐社会建设为开端

近三年来，全县搬迁贫困人口2020人，实施扶贫开发重点建设村40个，农村贫困人口由10.6万人减少到7.31万人，农村贫困人口人均收入由688元增加到1000元；新增就业岗位1550个，其中优先安排下岗职工360人，对城市低收入人口全部实现了低保；实行“以奖代补”，调动社会各方投资2912多万元，改造农村中小学130所，新建校舍2299间，农村中小学校舍全部实现了砖混结构，彻底解决学校危房问题，创建的省市级示范学校占学校总数的20%。这些实实在在的事情，使基层组织的威信进一步提高，凝聚力进一步增强，形成了社会各方齐心协力支持新农村建设的良好氛围。

（5）坚持以科学发展观，统筹城乡发展

旬邑县委、县政府坚持城乡统筹的科学发展观，在指导思想、发展规划、项目布局和资金投入上把市民利益与农民利益，工业发展与农业发展，县城建设、集镇建设和新村建设统筹规划，尽可能向农业、农村和农民倾斜。特别是煤炭工业的大发展不仅带动了农村劳务、交通运输、餐饮服务等第三产业的发展，全县在煤矿常年打工的有3000人，从事煤炭运输车辆达724台，从事餐饮服务4153人，而且煤炭企业在县委、县政府的引导下，积极参与新农村建设，两年来共捐600多万元，有力地支持了农村水、电、路和学校建设。县城建设与集镇建设和新村建设同时规划，同步实施，目前已建成张洪、土桥、湫坡头、职田等4个省、市级示范小城镇。近三年来，集镇建设、新村建设和乡村道路建设共投入1.3亿元，超过了前10年的总和。

（6）以政策调动群众的积极性，充分发挥出了农民在新农村建设的主体作用

旬邑全县180多个行政村，要实现“村村通油路”，如果全靠政府投资，10年也难以做到。县委经过调查，发现群众修路的积极性很高。为了把农民的积极性调动起来，县里规定，哪个村路基先修好，就先给哪个村铺路面，群众称其为“乡村打底子，政府铺面子”。这一政策极大地调动了群众投工投劳的积极性。去年，全县乡村道路建设最多达到日6000多人次，群众共投资投劳1140万元，有效弥补了资金不足。原计划去年修50公里乡村油路，实际上修了114公里。原来计划用5年时间实现全县乡村道路油路化，从目前来看，3年就能全部完成。

（7）以坚持因地制宜，规划先行为方针

一是坚持规划的超前性，规划一步到位，发展留有空间，建设分期实施；二是坚持规划的全面性，把县城规划、集镇规划和新村建设规划作为一个整体统筹规划；三是坚持规划的科学性，做到了水、电、路“三配套”，功能、绿化、造型“三统一”，生态、景观、风格“三协调”；四是坚持规划的权威性，做到规划一张图，审批一支笔，建设一盘棋，坚决禁止违反规划，乱占乱建。

（8）从解放思想求实效，为新农村建设发展奠定了思想基础

县委、县政府为了把领导和干部的思想统一到“举全县之力，集中建设新农村”和“高点定位、奋力赶超、加压紧逼、跨越发展”的思路上来，在全县发动了一场新的思想解放运动。这次解放思想的突出特点是“以实务虚”。首先，在对县级领导干部监督上解放思想，使县委、县政府从整体上成为一个敢于“跳起来摘桃子”的班子。其次，在干部制度改革上解放思想，使德才兼备有实绩的干部上得来，要奸溜滑没实绩的干部下得去。干部反映说，过去解放思想“空对空”，这一次解放思想不是看你说得怎么样，而是看你干得怎么样。

（9）以依靠大开放，争取大投入，促进了大发展

对于旬邑这样的贫困县，发展和建设的最大制约因素莫过于资金。旬邑虽然煤炭资源丰富，但过去开发了十几年，到2002年底，年生产能力仅为60万吨。近几年来，他们紧紧抓住煤炭市场供不应求的有利时机，不断强化“不求所有，但求所在”和“别人赚钱我发展”的双赢理念，切实改善投资环境，先后引来了河北中达煤电集团、浙江虎豪集团、浙江人达煤业有限公司等大型煤炭企业，对全县原有的13个煤矿进行了改制，投资7.3亿元，对煤矿进行了技术改造，盘活资产2.62亿元，大部分煤矿实现了机械化生产，煤炭产量已增加到300多万吨，产值达到5亿元，分别比2002年增长4倍、8.5倍。在县城和集镇建设中，以市场化方式出让土地29宗，成交额5000万元，取得土地纯收益1400万元；公开拍卖城市广告空间、出租车经营权等，共吸纳社会投资730万元，近年来每年争取的项目资金都在4000万元以上。

（10）以改革考核机制，促进了服务型政府建设和干部作风转变

县上对重点工作实行“双月考核、双月讲评”，对县直机关工作实行年初承诺制、半年督查初评制和年终述职评议制，对乡镇干部实行民主测评打分、末位淘汰制度；在县级领导中开展“五个一”活动（帮助乡镇引进一个税源项目，办一件水、电、路等基础设施建设的实事，支持和争取一定数额的专项资金，联系扶持一个村，帮助一部分农户解决生产、生活困难）；在乡镇干部中推行“六个一”工作方法（干部在一线工作，领导在一线指导，问题在一线发现，办法在一线产生，矛盾在一线解决，经验在一线总结）。近年来，旬邑干部作风发生了“五变”，即变被动工作为主动工作，变慢节奏为高效率，变按部就班为创造性工作，变平平庸庸为高标准工作，变舒舒服服为负重爬坡。

旬邑县新农村建设的主要经验可以归结为四点：

一是始终坚持以人为本；二是更新发展理念，实施科学决策；三是持之以恒，苦拼实干，狠抓落实；四是抓村促城，以城带乡，协调发展。

2、来自其他县的经验

咸阳市委、市政府下发了《关于在全市推广旬邑县社会主义新农村建设经验的决定》，要求各县统一思想，紧扣实质，明确目标，精心部署，保证工作确有实效。以彬县为例，3月2日全县召开动员会，全面完成村庄规划，确定重点抓好80个试点村的新村建设，整治村容村貌，积极壮大基础产业，扎实推进精神文明建设。彬县县委、县政府还在农村开展“践行道德准则”教育活动，开展和谐家庭、和谐村组、和谐社区、和谐村镇创建活动，引导农民崇尚科学，破除陋习，树立良好的道德风尚。

合阳县委、县政府认真贯彻中央“一号文件”精神，紧扣“两大两增一提高”目标，突出

项目建设、新农村建设等重点工程，聘请高校教授为新农村建设献计献策，取得了一定的成效。国家统计局陕西调查总队在合阳10个村对新农村建设情况进行了调查，从调查结果看，1个村积极引进技术，为农民搭建了专业化生产的平台，使农民走上富裕的道路；1个村积极争取项目资金建设公益事业；4个村的干部有计划，设想搞农田基建、铺设道路、引进生产技术等，但还没有立项。

3、在处理资金来源问题上的一些做法

新农村建设的关键是资金问题。农民是新农村建设的主体，承担按统一规划修建自家房舍的资金，筹资难度最大的是公共设施的费用。因此，有必要对已初见成效的典型村的公共设施建设资金来源进行调研。通过对8县的调研，资金来源主要有以下三类：

（1）国家项目资金

旬邑县是新农村建设的全国典型，主要靠上级项目资金的支持。近年来，全县每年争取到国家各种项目资金4000万元，确保了农村基础设施的建设和改善。

（2）企业家赞助

礼泉县西张堡镇白村村民委员会，是省、部共抓的新农村建设示范点，由村支部书记、企业家李朝鲜个人投资300～400万元，从去年8月开始启动新农村建设项目，截至目前，水、电、路、渠、街道绿化等基础设施项目已经完成，学校得到改造，村容村貌整治完成，村内排水畅通，电话、自来水通到农民家中，全村420户村民，全部通上闭路电视，已有200户用上沼气。

（3）群众集资

泾阳县太平镇太平堡村民委员会是一个乡镇级新农村建设示范点，全村1800人，有500多人外出打工，村级经济不发达，集体欠账20多万元，欠村干部5～6年工资。乡、村两级都拿不出资金投入到新农村建设，村党支部组织村民集资整修街道，已经铺设水泥街道750米。通村公路的基础已经修好，等待验收合格后铺设路面。

（二）需要引起关注的问题

新农村建设作为全面建设小康社会的重要举措深得民心，但作为经济欠发达的农业省份，陕西要建设新农村必须研究和解决好制约新农村建设的主要问题及目前工作中出现的苗头性问题。

1、制约新农村建设的主要问题

（1）农业基础设施薄弱，水利设施陈旧老化，生产发展后劲不足

陕西大多数水利工程均修建于上世纪五六十年代，受当时技术、施工条件、资金投放等因素的限制，造成工程质量差，且不配套，多年来因县级财力有限，对工程维修、养护经费投入严重不足，大多水利工程已经毁坏瘫痪，农业生产抵抗自然灾害能力差，严重制约了农村社会经济可持续发展。

（2）陈规陋习在农村根深蒂固，全面推行文明、和谐新风阻力较大

社会主义新农村建设，不仅对物质文明提出了较高的标准，也对精神文明建设提出了更高

的要求。调查中了解到，在陕西农村一些陈规陋习根深蒂固，打架斗殴、赌博、求神占卜等不良现象频频发生，成为推行文明、和谐新农村的障碍。

（3）农民环保意识缺乏，"脏、乱、差"现象十分突出，村容整治容易保持难

由于大多数农民环保意识淡薄，加上自然条件的限制，在巷道随意堆放垃圾、牲口粪便和柴草，农村"脏、乱、差"现象十分突出。农民环保意识和自我保护意识缺乏，生活环境差，突击性的整治村容村貌虽然立竿见影，但要保持下去却很难。

（4）县乡村三级财力不足，农村医疗、卫生、科技、文化、教育、社会保障等各项社会事业建设滞后

陕西是西部经济欠发达的农业省份，县、乡、村财力不足，债务沉重，基层无力发展公益事业。以合阳为例，合阳县16个乡镇截至2005年底累计负债6100万元，其中负债最多的乡镇达1050万元。农村公益事业发展滞后，29.2%的村饮水困难，全县中小学校校舍危房面积占到10.5%，农村医疗网络不健全，设施落后，村级文化事业发展滞后，"空白"现象普遍。

（5）农民收入低、增收慢，县乡村资金不足

2005年，陕西农民人均纯收入2052元，为全国平均水平的63%，这无疑加大了新农村建设的难度。同时，县乡村及农户经济短缺，债务沉重，无力投资于新农村建设。合阳县2005年县财政收入2155万元，财政支出20317万元，缺口率89.93%，无力投资公益事业。据调查，合阳县16个乡镇截至2005年底累计负债6100万元。平均每个乡镇负债381万元。

2、试点工作中的苗头性问题

（1）一些地方的基层干部和农民有较为严重的"等、靠、要"的思想

在本次调查中发现，基层干部虽然对新农村建设的"20字方针"很清楚，但是说起如何结合实际推进工作，不少人却表示要等上面布置。

（2）包办代替，农民参与不进来

地方政府和部门在新农村建设工作中的积极性非常高，工作力度也很大，但是缺乏引导和激发农民发展生产、建设家园的有效措施。接受调查的农民都支持新农村建设，并表示会积极投身其中，愿意参加兴修基础设施、改善生产生活条件等义务劳动，并希望政府多给农民发言和参政决策机会。

（3）盯着村容村貌作表面文章

一些地方干部对于新农村建设存在模糊认识，希望立竿见影、早见实效，盯着村容村貌作表面文章，急于求成思想比较严重，如果不加以及时纠正，会背离新农村建设的初衷。

（三）对策和建议

1、必须坚持因地制宜的原则，充分尊重农民的意愿

在社会主义新农村建设中，不能千篇一律，更不能一刀切、齐步走，必须坚持一切从实际出发的原则，因地制宜、科学规划，保留独特的地方特色，量力而行。坚持深入调查研究，广泛听取农民群众的意见和建议，努力使社会主义新农村建设的各项工作符合实际，符合农民意愿。

2、必须建立农民增收的长效机制

新农村建设的核心是农民收入的提高，只有农民从真正意思上富裕起来，才会实现社会主义新农村建设健康和全面发展。为此，应该在农民增收上做文章，建立农民增收的长效机制。要壮大农业特色产业，推进农业产业化，努力提高农业综合生产能力，扩大农民就业，使各种支农政策逐步体系化、政策化、法律化。

3、加大国家投资力度

国家财政要向贫困地区倾斜，不断加大对农村教育、卫生、交通、电力、通讯、农田水利等基础设施和生态环境建设的投入力度，解决农村生产生活基础设施严重滞后的瓶颈制约，彻底改善农村公共设施、公共服务落后的困境。特别要加快农业生产建设步伐，改造中低产田，增强农业生产抵御自然灾害的能力，为农民营造一个绿色的生产环境，使农业这一弱质产业变为强项产业，实现农业生产社会效益和经济效益双赢。

4、必须关注农村教育事业

扶持农村教育是缩小城乡差异、促进新农村建设的百年大计，村容、村貌建设固然重要，但农村教育更不能放松。

5、强化劳动力培训，培育新型农民

一是有关部门应该深入农村，把科技“下乡”活动经常化，对农民进行实用技术培训、职业技能培训，使适龄农民成为具有一定科学文化素质和较强就业能力的新型农民；二是建立健全村级文化网络。各村应设立图书室，使农民在农闲时间能够阅读和了解更多的种植、养殖科技知识；三是要利用现代远程传输手段，通过电视、网络对农民实施教育，丰富农民文化生活，逐步提高农民文化、科技素质。

6、加强农村社会保障体制建设

要尽快建立健全农村医疗保险、养老保险、最低生活保障网络体系，彻底解决农民的后顾之忧，使农民也能像城市人一样困有所助、老有所养、病有所医，贫有所济。

九、陕西省旬邑县张洪镇鹏旗村培育支柱产业推进新农村建设

陕西省旬邑县张洪镇鹏旗村共有274户，1061人，耕地面积1769亩，其中果园面积1621亩，2005年农民人均纯收入1890元。近年来，村党支部、村委会以提升农村文明水平为出发点和落脚点，创新思路，锐意进取，全力推动社会主义新农村建设，促进了两个文明建设协调发展。

（一）培育支柱产业，增加农民收入

一方面动员群众积极调整产业结构，大力发展苹果产业。全村年生产优质苹果1920吨，产值380万元。有长期从事苹果经销人员26人，果业中介经纪人59人，引来广东、四川、新疆等地果商230人，每年向外推销苹果2万多吨。在苹果销售人员的带动下，参与果业劳务的村民达600人，短期务工人员人均年务工收入2000元。近几年，鹏旗村群众把贴字工艺苹果生产作为果业的主导发展方向，形成了以“光明果业有限公司”为代表的苹果经销企业，套袋贴字工艺苹果

经过分级筛选，精心包装后，16个苹果可卖到40元，农民果业销售收入大幅增加。另一方面积极开展劳务输出，向深圳、广州、福建、杭州、上海等大中城市输出务工人员216名，年收入达87万元。

（二）加强基础设施建设，改善农民人居环境

根据富裕起来的农民迫切需要建新房的实际，及时规划了50亩地建设新村，设计了3条街道，其中一条楼房街，一条单元式平房街，一条普通平房街，目前已建成47户。投资50万元硬化了街道、安装了路灯、添置了垃圾桶、铺设了供水、排水管网，建设了健身广场，完善了基础设施；在街道制作宣传壁画41幅，刷写标语47条，建成了壁画宣传一条街；建起了村委会、文化娱乐中心、文化大院，设立了图书馆为群众休闲、娱乐、学习提供了场所；利用公用空地修建花园、布设绿化带，动员群众栽植苗木、种草养花，提升了新村绿化水平。同时，家家修建了沼气池，户户建起了室内卫生间，配置了太阳能热水器和淋浴器。

（三）加强民主管理，树立文明新风尚

通过发展党员、村委会换届，选拔3名优秀青年进入“两委会”班子，增强了服务群众的能力和水平。完善了党支部工作制度、村委会工作制度、农村财务管理制度，使村务运行步入制度化轨道。与此同时，通过召开群众会、举办培训班、印发资料、制作标语、排演等方式，大力宣传文化、科技、法律、政策等知识，教育群众掌握科技知识，树立爱国守法、尊老爱幼、优生优育、保护环境的新型生活理念。积极开展“文明生态村”、“星级文明户”、“五好文明绿色家庭”创建和“好媳妇”、“好公婆”、“好邻里”评选活动。利用农闲时间，组织群众开展篮球、乒乓球、拔河、象棋等文体活动，极大地丰富了农民群众的精神文化生活。

十、甘肃省甘南州新农村建设存在的问题及对策

（一）甘南州新农村建设存在的问题

1、自然条件差，灾害频繁，农牧业生产受到严重制约

甘南州80%以上的耕地在海拔2500米以上，干旱、冰雹、霜冻、山洪、泥石流等自然灾害频繁发生，牧区枯草期长达七个月之久，生产难以实现良性循环。作为长江、黄河的重要水源补给区和涵养地，全州近三分之二的天然草场均出现了不同程度的退化，草地草产量较上世纪下降30%左右，其中严重退化的草场达1414万亩，占可利用草场面积的36.8%，沙化80万亩，已基本不能放牧利用。

2、基础设施建设薄弱，社会事业发展滞后

到2005年底，全州仍有46个行政村不通电，40.29万人的安全用水问题没有得到解决，77.8万头牲畜饮水存在困难，47个乡不通等级公路，206个行政村不通农机路，420个行政村没有医疗卫生室，近20%的农牧民群众不能收听广播，15%的群众还不能收看电视，21个乡、

541个行政村不通电话。

3、州、县财政困难，“吃饭”与“建设”的矛盾十分突出

2005年全州地方财政收入1.19亿元，而财政支出高达15.64亿元，州县财政依靠国家转移支付，保证地方机关事业单位机构正常运转十分困难，靠自身财力搞建设的能力极其有限，投入到农牧村的支农资金也远远达不到农牧村建设的需要，造成农牧村基础设施建设严重滞后。

4、农牧村贫困面仍然较大

全州8个县市有5个国家扶贫开发工作重点县和3个省级扶贫开发工作重点县，到2005年底，农牧民人均纯收入在675元以下的绝对贫困人口11.81万人，676—942元之间的低收入人口11.77万人，分别占农牧村总人口的21.58%和21.51%。因灾、因病致贫和返贫现象较普遍，返贫率在15%—30%左右，全州返贫人口达12.31万人，巩固扶贫成果的难度大。

5、农牧业产业化经营水平低，农牧民增收难度大

农牧村第一产业比重大，二、三产业发展滞后。

6、劳动者文化素质较低，农牧业实用技术的普及程度不高

2005年，全州平均受教育年限仅有4年，低于全省平均水平4.1年，青壮年劳动力文盲率高达11.4%，目前全州尚有6个县未实现“两基”目标。

（二）甘南州社会主义新农村建设的建议

1、加强农牧业和农牧村基础设施建设，努力改善农牧村生产生活条件

要以农村“六小工程”建设为重点，加快农牧村基础设施建设步伐，加快实施以工代赈易地搬迁牧民新村建设、农牧村安全饮水、通乡通村公路、农牧村沼气和牧区光伏电源、农牧村电网改造等工程建设，努力改善农牧民生产生活条件。切实抓好天然林保护、退耕还林、退牧还草等重点生态环境建设工程，加强长江、黄河上游小流域综合治理，加大草场建设和保护力度，使全州生态环境恶化趋势得到有效遏制和明显改善。

2、深入实施农牧优势互补战略，着力推进农牧业和农牧村经济结构调整

坚持用新型工业化的思路发展农牧业，按照“牧区繁育、农区育肥，农区种草、牧区补饲”的路子，深入推进农牧互补战略。

3、大力发展特色产业，促进农牧业增效和农牧民增收

立足市场，按照“因地制宜、分类指导、突出特色”的原则，积极推进特色农牧业发展，在草原牧区以六化家庭牧场建设为重点，抓出栏周转，着力提高个体效益，农区和半农半牧区以舍饲暖棚建设为重点，抓种养互补，着力提高规模效益。

4、加快发展县域经济，搭建农牧村经济发展平台

围绕“富民强县”这个目标，制定实施加快县域经济发展的政策措施，立足县域特色和资源优势，积极发展农畜产品加工、矿产、水电、旅游、藏中药及山野珍品等特色产业，增强县域经济实力和自我发展能力。

5、进一步加大扶贫攻坚力度，加快农牧民脱贫致富步伐

坚持开发式扶贫方针，以改善农牧业生产条件和增加农牧民收入为重点，继续采取科技扶贫、教育扶贫、移民扶贫、产业扶贫、劳务输出和社会帮扶等多种方式，加快扶贫攻坚步伐。切实抓好整村推进项目建设，扶持贫困群众发展有特色、有市场、能增收的种养业项目，增强贫困村造血功能和自我发展能力。对自然环境恶劣，缺乏基本生存条件地区的贫困人口实施易地搬迁扶贫工程，对丧失劳动能力的贫困人口建立救助制度，加快农牧民脱贫致富步伐，使部分有条件的乡村率先实现总体小康目标。

6、加强农牧村社会事业建设，促进农牧村经济社会协调发展

进一步加快“两基”攻坚步伐，认真落实“一费制”、“两免一补”等政策，普及和巩固农村九年制义务教育。继续实施广播电视“村村通”工程，加强乡镇文化站、村文化室等设施建设，深入推进文明村镇、和谐村组、和谐家庭创建活动，开展“五五”普法教育，继续推进农牧村社会治安体系建设。加快发展农牧村卫生事业，积极推行新型农牧村合作医疗制度，全面推进农牧村医疗救助制度。

7、全面深化农牧村综合改革，不断增强农牧村发展活力

不断深化农牧村的各项改革，巩固农村税费改革成果，完善财政转移支付制度，全面落实各项支农政策和减负政策。加快推进乡镇机构、县乡财政、农畜产品流通体制和农牧村金融体制等综合配套改革，适当撤并乡镇机构。积极探索整合各类农牧业资金的有效办法和途径，继续完善支持农牧业发展的各项政策措施，加大金融支农力度，提高农牧业投资效益，促进农牧村经济社会全面协调发展。

十一、“一村一品”成为青海乐都新农村建设助推器

新农村建设，对中国农民而言是一种福音，对中国农村来说是重大变革，对中国农业则是千载难逢的发展机遇。青海省乐都县的“一村一品”成了新农村建设的助推器。

近年来，乐都县委、县政府大力推进农村经济结构调整，通过"一村一品"推动乐都蔬菜产业化升级。到目前全县发展规模大、经济效益好、示范带动作用强的"一村一品"基地村达117个，占全县总村数的32.3%。"一村一品"基地村建设成为乐都县培养新型农民和推广新技术的重要途径，通过科技特派员等制度，每年有近万名农民得到培训。

河滩村种大蒜的历史可追溯到上世纪70年代，有村民从新疆带回两瓣独头蒜品种在自家院里种植，在他的带动下，1983年村里大蒜种植面积达到200亩，河滩村也成了小有名气的大蒜村。如今，通过"一村一品"的实施，只有89个农户的村子家家种大蒜，村里的大蒜、蒜苗和蒜薹远销江西、广东、四川、山东，有的甚至去了邻国，成了韩国人餐桌上的美味。现在村里60多户人家靠大蒜收入盖起了新房，几乎每家都有大彩电，电话普及率达到75%，手机户均1部，农用车30多辆。该村村民逯登山自豪地说，是"一村一品"带来了好日子，大蒜真成了河滩村人致富的黄金产业。

随着科技推广步伐加快，乐都逐步形成了高庙镇旱地湾村、碾伯镇城中村大樱桃、高庙镇长里村西甜瓜、碾伯镇下寨村双膜洋芋、碾伯镇八里桥绿萝卜等农业新技术、新品种生产基地。

目前，该县已形成46个科技示范村，科技示范超过6000户，考取"绿色证书"和农业技术员职称成了农民追求的新时尚。同时，"一村一品"基地村建设也孕育了上千人的蔬菜销售经纪人，使他们摆脱了传统农业的束缚，走上了富裕路。

近年来，乐都县蔬菜生产逐步走向规模化、产业化的路子，形成了以雨润、高店等乡镇为主的大蒜生产基地；以碾伯、高庙等乡镇为主的长辣椒、黄瓜生产基地；以高庙、洪水等乡镇为主的辣椒、韭菜生产基地，以寿乐、高庙等乡镇为主的地膜洋芋生产基地。乐都农民人均种植蔬菜收入由"九五"末的374元，增加到"十五"末的478元，年均递增5.03%，占农民人均纯收入的比例由"九五"末的12%，提高到"十五"末的25.08%，提高了13.1个百分点。

十二、宁夏农民对新农村建设的了解和愿望

为更好的了解农民意愿，扎实有效地推进新农村建设，国家统计局宁夏调查总队对全区10个市县的20位村干部和100户农村居民家庭就社会主义新农村建设的开展情况进行了抽样调查。

（一）农民对新农村建设政策的了解

对新农村建设的"二十字"目标，有29%的农户知道具体内容；有64%的农户听说过，但不了解具体内容；仅有7%的农户没听说过。对于国家将实施社会主义新农村建设政策，有45%的农户是通过电视、报纸、广播等途径了解的；有35%的农户是通过乡村干部传达文件或宣传标语；还有12%的农户是通过听邻居议论了解的。

（二）农民心目中的"新农村"

被调查农民认为，社会主义新农村建设应当从搞好乡村建设规划抓起，从加强农村基础设施建设做起。调查显示，35%的农户认为新农村建设就是新村建设，是村庄集中翻建。只有搞好村庄环境卫生，抓好整治污染、绿化好村庄的工作，才有利于居民健康和环境整洁；28%的农户认为是通过工业反哺农业、城市支持农村改善农村生产生活条件；2%的农户认为是政府为了扩大内需强迫农民增加消费的办法；16%的农户认为是把农村建设好，鼓励农民外出打工；19%的农户认为是农村面貌大变化，和城里人一样。

（三）社会主义新农村建设的重点

新农村建设由谁来投资是农民非常关心的问题，76%的农户认为新农村建设资金来源以国家为主；21%的农户认为以农民为主；3%的农户认为以集体和企业为主。22%的农户认为社会主义新农村建设的重点是改善农村水电路等基础设施；9%的农户认为是培育主导产业；6%的农户认为是提高医疗教育等福利水平；23%的农户认为是培育新型农民；21%的农户认为是改善住房条件；13%的农户认为是整治村容村貌；7%的农户认为是治理农村环境污染。

（四）新农村建设农民的担忧

社会主义新农村建设是加快我国现代化建设和小康进程的重大举措，受到了广大农民的积

极拥护，但农民对新农村建设也存在一些担忧。

一是担心搞形式主义，刮一阵风。66%的农户担忧让农民拆旧房、盖新房，搞形象工程；二是担忧加重农民负担。有34%的农户担忧让出钱出劳，增加负担；三是担忧自己成为负债人。有28%的农户担忧盖新房把钱花光了，自己成为负债人，影响今后的生产和生活。同时，部分农民担心进入农民新村集中居住后，家庭费用支出增多，特别是水、电、气等费用支出增加，会导致生活质量下降；四是担忧土地政策变化。有28%的农户担心进行社会主义新农村建设，国家将改变土地承包政策；五是担忧给生产带来不便。有28%的农户担忧新农村建设要求村容村貌整洁，柴草杂物以后堆放不方便了，给农业生产带来不便；六是担忧新农村建设占用耕地。有22%的农户担忧进行社会主义新农村建设，必将重新规划新村庄，占用耕地，而原村庄又不能及时复耕，使有限的耕地更加紧张；七是担忧新农村建设缺乏建设者。有12%的农户担忧青壮年都外出打工，没有人来搞新农村建设。

十三、新疆因地制宜 多方推进 有效调动农民社会主义新农村建设热情

新疆作为全国重要的粮棉基地，农业人口占到全区总人口的60%以上，扎实推进新农村建设对于新疆全面实现小康社会，对于新疆经济的协调发展影响至关重要。为此，各级政府积极谋划，多方推进，农民社会主义新农村建设热情高涨。

（一）因地制宜 科学规划

1、各级政府规划工作积极有效

党的十六届五中全会后，新疆各地区及各县市围绕如何扎实推进区域新农村建设积极开展调查研究，制定实施意见，明确建设思路、原则及目标。从总体上看，全区各地制定的社会主义新农村建设规划思路充分体现了科学发展观的要求，符合广大农牧民的根本利益。

2、因地制宜，多方推进

一些乡镇在抓好春耕工作的同时，在村容整治、水利设施修复等方面取得了显著成效。如玛纳斯县凉州户镇投入24万元，集中10天左右的时间，栽种15万株、14个品种的林木，绿化面积达到300亩左右；阜康市新湖村积极争取水渠、道路、机井等方面建设资金90万元左右，努力夯实基础设施建设；奇台县西北湾乡根据市场信息，今年积极调整农村种植业结构，减少小麦种植面积，主推青红辣椒作物；米泉市铁厂钩镇，结合实际，计划从今年起将矿区村民集体搬迁。各地因地制宜，多方推进，新农村建设已有了一个良好的开端。

3、新农村建设调动了农民生产积极性

通过电视等新闻媒体的宣传，广大农牧民群众已了解社会主义新农村建设的意义，对党中央这一着力解决“三农”问题的新举措农民群众交口称赞。广大农牧民生产热情高涨，寄厚望于社会主义新农村建设有关政策措施特别是对“二十字”方针中“生产发展”相关政策的贯彻落实。农村对社会主义新农村的形象表述不是“家中有粮，心里不慌”，而是“银行有存款，口袋

有闲钱”。在社会主义新农村建设的政策鼓舞下，广大农民根据市场信息，积极调整作物结构，生产积极性高涨。

4、不断拓宽思路，积极谋求新的发展

地处天山北坡的昌吉州西五县市，在规划方面高起点、高标准，在增收思路调整方面灵活宽泛，农民积极投身社会主义新农村建设，主动谋求发展。玛纳斯县凉州户镇今年将完成新建6栋村民住宅楼的规划建设，镇领导班子今年计划通过招商引资壮大集体经济，为农民身份转变、增收创造条件。如今，“要想富、变思路”，在玛纳斯县农民群众中已变成自觉行动，一些富裕农户自发联合起来，结合当地资源优势，共同投资开办小规模酿酒葡萄加工企业、轧花企业，今年一些农民还自筹资金赴沿海地区进行项目考察。

（二）推进新农村建设入纵深方面发展的一些要求

1、降低农业生产成本，提高农民收入

近年来，国家相继出台取消农业税、粮食直补等惠农政策，农民从中直接受益，但生产资料价格的大幅度上涨却又在很大程度上或者完全抵消了所得到的实惠，给农民的增收增加了新的难度。据测算今年昌吉州农民每亩土地种植成本比去年提高了80元左右。因此，如何降低农业生产成本，实现农牧民的增产增收，是新农村建设过程中需要解决的重要问题。

2、进一步健全和完善农业减灾体系

近年来，虽然通过大搞农田水利建设，使农业生产环境较差的局面得到了一定的缓解，但由于各地财力实力有限，农田水利建设远远不能跟上农业发展的需要，农业防灾救灾体系还没有完全建立起来，特别是税费改革后，受筹资、投劳、投工的限制，农田水利建设仅靠“一事一议”方式很难解决。

3、建立和完善农村医疗保障制度，解决农民就医难问题

新疆各地在合作医疗覆盖面、参保率、保障水平方面差距较大，农村合作医疗工作仍有以下几个方面问题：一是在农民中对推行农村合作医疗工作的宣传力度不够；二是农民个人缴费和国家补贴额度均偏低，保障能力有限，许多病还不在报销范围；三是乡村医疗服务水平低，难以满足农民的就医需求，造成部分农民对在乡村医疗机构看病就医感到十分不满；四是乡村合作医疗的财政投入补偿机制没有制度化，应加大对乡村医疗工作的监督力度，进一步完善现行农村合作医疗制度。

东北三省新农村建设经验与案例

一、吉林省重规划抓试点带动新农村建设稳步发展

（一）初步成效

今年，吉林省确定了115个村、36个镇为新农村建设省级试点单位，各地区也确定了本地区的试点单位。目前，新农村建设正稳步推进，并取得了初步效果。

1、科学制定规划，合理选定建设模式

多数市（州）、县（区）和乡镇包括村级都相应地制定了新农村建设目标规划。如通化县就把新农村建设的模式定位在大力招商引资上项目上，培植财源增实力，壮大村级集体经济，促进农民的普遍增收。

2、加大资金投入力度，确保新农村建设的稳步发展

吉林省从今年开始安排1亿元新农村建设专项启动资金，和龙市也将投入800多万元用于新农村建设。

3、新农村建设效果初显

据调查，梨树县梨树乡、霍家店村进行新村建设已初具规模，建设农民新式住宅楼18栋，解决了91户农民的住宅问题，新修了10公里板油路，绿化了1千延长米，栽风景树2600棵，草坪2万平方米，已成为全县的样板。乾安县大父村公路已全部修成水泥路面，村委会配备了计算机，并有了自己的电视频道，定期播放村里的重大信息、养殖种植技术等，新建立的图书馆也已向村民开放。德惠市80%的农村摆脱了土路。双阳区齐家镇加强农民致富知识技能的培训，上半年培训了三次，培训人数达1.3万人次。

（二）评价看法

广大农民对党的十六届五中全会提出的社会主义新农村建设的奋斗目标以及党中央出台的惠农政策非常满意，同时也迫切地希望把农村真正建设成为“生产发展、生活宽裕、乡风文明、村容整洁、管理民主”的社会主义新农村。

1、农民的热情高

广大农民高度关注新农村建设，认为新农村建设是关系到农民切身利益的一件大好事，纷纷表示拥护和支持，同时也愿意为新农村建设出工出力。

2、农民对新农村建设有“五盼”

一盼政府能给予更多的支持和扶持，特别是加大资金、物资方面的扶持力度；二盼政府加大对教育的投资，制止中小学乱收费；三盼加快医疗卫生体制改革的进度；四盼加快农村的基础设施建设；五盼加大农村新技术的推广使用的扶持力度。

3、农民产生了“五怕”

一怕光喊口号不干活；二怕搞形象工程；三怕加重农民负担；四怕有些领导利用搞新农村建设贪污腐败，损害农民的利益；五怕出现豆腐渣工程。

（三）存在问题

近几年，党中央、国务院采取了一系列支农惠农的重大政策，农业和农村发展出现了积极的变化，但我们必须看到，社会主义新农村建设仍面临着诸多的困难和问题。

1、思想认识不到位

调查中了解到，有的县级政府党委正在换届，对新农村建设只停留在上级布置上，各项工作进展不大。个别干部片面地认为新农村建设是政府的事，与自己关系不大，在工作中缺乏积极性和主动性。

2、农民意识不强

自取消农业税后，部分农民认为种地国家给补贴，如今新农村建设就是国家给农民盖新房和修路，致富和改变全靠党和政府，等靠思想非常严重。

3、农民致富能力弱

为促进农民增收，几年来国家和政府相继出台了一系列惠农政策，但由于农业生产资料价格上涨，导致农业成本加大，农业效益降低。此外由于信息闭塞，农民增收渠道窄，加之多数农民都面临就医看病难，子女上学费用支出过大等压力，给农民增收增添了很大难度。

4、资金投入能力有限

新农村建设需要有足够的资金投入，然而90%以上的乡村负债，尤其国家和政府出台“一免两补”政策后，各地又相继出现了新债务，严重影响了公益事业的投入和发展。农业基础设施陈旧落后，病险水库已达70%以上，抵御灾害和防范风险的能力弱。许多农民表示，愿意出工出力，但没有能力出钱，农民酬资建设新农村困难重重，而地方也无财力投入新农村建设。

5、试点村的选择代表性不强

目前省确定的试点单位基本上是基础较好的乡（镇）村，如通化县，省级试点村大安镇水洞村和二密镇二密村均是镇政府所在地的村，基础条件较好。部分农民认为通过新农村建设试点，使这些村的条件继续改善，拉大了富裕村和贫困村的距离，导致贫困村永远赶不上富裕村。

（四）对策和建议

广大农民希望新农村建设要量力而行，切合实际，充分利用每个村的优势和特点，在农民自愿的前提下开展新农村建设，使广大农民从新农村建设中受益。

1、加强宣传和引导，解决思想认识问题

各级新闻媒体，要开辟新农村建设专栏，加大宣传力度，提高乡镇领导和广大农民群众对新农村建设的认识，调动他们的积极性，使农民以更高的热情投入到社会主义新农村建设中来。尽快出台一套新农村建设的统一标准，制定相应的促进新农村建设的优惠政策，坚持群众自愿、循序渐进的原则，做到操作明析，切实可行，使新农村建设稳步推进。

2、出台优惠扶持政策，解决基层政府运转困难的问题

各级政府应出台优惠政策，特别是提供资金上的帮助，化解、核销行政村与集体组织、农户与行政村、集体组织与农户间债权、债务关系。要重点扶持农村公益事业发展，为新农村建设提供可靠保障，使农村基层政府处于良性循环。

3、加大督察监管力度，解决农用生产资料涨价问题

农用生产资料价格和农民负担问题始终是农民最关注的大事。由于农用生产资料的乱涨价，加大了农业生产成本，严重影响了农民发展农业生产的积极性。因此，政府有关职能部门应适时监督检查生产资料市场，时时关注民生，才能使生产资料涨价问题和加重农民负担问题得以有效解决。

4、发展农村职业教育，解决劳动力素质不高的问题

由于农村劳动力的整体素质相对低下的状况始终没能得到很好的改观，为此政府应大力发展农村职业技术教育，通过党校、农广校、农业技术推广站以及法律宣传部门等采取"流动车"式的培训方式，让成人业余教育、职业技术教育、自我提高教育走进田间地头、走进饲养场所、走进企业厂房。

5、加强网络通讯设施建设，解决市场信息闭塞的问题

由于农民的文化素质不高，信息意识不强和通讯手段相对落后等原因，使农民在市场经济中常处于被动局面。所以，必须从基础建设入手，开展农村网络建设，政府可以拿出一定资金用于补贴农户，或者通过降低各种网络安装费用，以加快网络通讯设施安装的进程。

6、调动全社会力量，解决新农村建设资金缺乏问题

一是各级财政要大力支持社会主义新农村建设，增加资金投入，做到专款专用；二是动员全社会力量，多方筹集资金，为加快新农村建设创造条件。由于新农村建设刚起步，目前的产业支撑尚不明显，建议相关部门在产业结构调整、发展种植养殖业等方面给予项目、政策和资金的扶持，为增加农民收入创造条件。

二、为新农村建设打造十万生力军

——黑龙江省绥化市推进新农村中心户建设的调查

黑龙江省绥化市积极探索社会主义新农村建设的有效途径，在总结培育农村"五户"（政策宣传中心户、思想工作中心户、小康建设中心户、文体活动中心户、创建活动中心户）工作经验的基础上，广泛开展新农村中心户创建工作，有力地推动了新农村建设，目前绥化市新农村中心户已发展到10 万户。实践证明，中心户建设是培养新型农民，发挥广大农民群众新农村建设的主体作用，实现农民自我教育、自我管理、自我发展的好载体、好方法、好模式，具有旺盛的生命力。

（一）中心户创建工程适应农村改革发展新形势

近年来，农村各项改革力度不断加大，特别是免征农业税后，农村的形势和农民的思想观念发生了深刻变化，农村经济社会发展进入新时期，乡村两级组织的职能定位、管理经济社会的能力面临新的挑战。突出表现为，以行政管理为主的体制和机制，难以适应新形势下对农村工作的有效管理和调控，工作缺少载体、无抓手；农村基层干部面对千家万户个体农民，组织农村公益事业建设、开展思想教育和文化活动感到力不从心。绥化市在实践中不断摸索解决乡、村工作软弱无力、工作断档的有效途径，随着党的惠农政策的落实，农村经济加快发展，一批农户成为率先致富的“领头羊”，特别是在精神文明创建活动中，农村中涌现出一大批在农民中有影响的中心户。这些中心户的共同特点是，有致富本领和文化特长，善于联系农民群众，有较高威信，在广大农户中自觉地、默默地发挥着宣传党的政策、调解邻里纠纷、活跃文化生活、倡导文明新风、带领群众致富的作用。北林区正黄五村中心户陈凤军为活跃农民文化生活，先后购置了播音设备、功放机、投影仪等设备，累计投入近10 万元，坚持十几年无偿为村民播放文艺节目和科技知识，成为传播文化和科技信息的中心。

（二）坚持“三个条件”，发挥“两个作用”，保障新农村中心户建设健康有序发展

绥化市在开展新农村中心户建设中，坚持因势利导，因地制宜地确定选户标准和开展工作的原则。一是按照“三个条件”，发挥“两个作用”的标准选定新农村建设中心户。“三个条件”即群众公认的有能力、有人气、有实力的农户；“两个作用”即对周围农民具有“示范引带作用”和“组织协调作用”；二是确定职责和任务。明确了各类中心户的职责任务，政策宣传中心户的主要职责是讲解政策，释疑解惑；思想工作中心户的主要职责是化解矛盾，调解纠纷，理顺情绪，凝聚人心；文体活动中心户的主要职责是文明娱乐，强健体魄；创建活动中心户的主要职责是淳化民风；小康建设中心户的主要职责是交流信息，传授技能，帮扶引带，共同致富；三是坚持规范化建设。对各类中心户登记造册，明确中心户职责任务、联系农户对象和活动安排计划等，建立了全市中心户信息中心，掌握中心户数量和开展活动情况，对中心户进行动态管理；四是加强培训，提高中心户能力水平。搞好新农村中心户建设，关键是要做好中心户的培训指导，帮助中心户增强本领，提升中心户的地位；五是搞好扶持服务。为增强中心户的光荣感、责任感，激励中心户发挥作用，对农村中心户给予精神和物质鼓励。在选拔干部、评模选优、项目扶持等方面向中心户倾斜。2003 年以来，绥化市累计向中心户捐赠物品价值达 50 多万元。

（三）精心组织开展活动，充分发挥新农村中心户的引带示范作用

一是坚持把促进农村经济发展、维护农村稳定作为农村中心户建设的首要任务，把解决影响农村发展的重点难点问题作为突破口，把农民群众的注意力、积极性、创造性引导到加快发展上来。几年来，通过中心户累计推广新技术 50 多项、新品种 100 多个，发展种养等各类合作组织 1800 多个，带动帮扶近 10 万贫困户脱贫；二是坚持自我教育和自我约束，实现村民自我管理。许多农村中心户积极主动配合村级组织做好群众工作，支持农村社会公益事业发展。北林区中心户带头参与和支持“一事一议”等事项 2156 次。为了更好地发挥中心户在农村民主管理中

的作用，绥化市对那些引带力大、影响面广、作用特别突出的中心户，通过大会表彰、巡回报告、挂牌奖励，吸纳中心户成为党代表、人大代表、村民代表。仅北林区就有846名中心户家庭成员成为村民代表，67名成为党代表，488名成为人大代表，89人加入了党组织；三是宣传政策、化解矛盾，维护农村社会稳定。几年来，中心户参与化解土地纠纷、邻里矛盾2万余件；四是倡导新风尚，提高乡村文明程度。中心户中有一批"十星"文明户，他们带头倡导文明健康的生活方式，带领农户绿化美化环境，说服和引导农民摒弃生活陋习，反对迷信和赌博活动，反对婚丧大操大办，树立团结互助、勤劳节俭、尊老爱幼的新风气；五是健康娱乐、愉悦身心，活跃农村文化生活。庆安县同乐乡同发村中心户赵树生是文艺爱好者，他带头组织了秧歌队和文艺演出队，开展义务演出活动。北林区西太平村中心户马维申把身边发生的新人新事编排成二人转节目，演给农民看，大家觉得十分亲切，起到了团结人、教育人、鼓舞人的社会效果。

（四）加强组织制度建设，形成抓新农村中心户工作的长效机制

绥化市不仅把新农村中心户建设当作推动新农村建设的重要内容，摆上重要位置，而且纳入精神文明建设和思想政治工作目标考核体系，坚持党政齐抓、系统推进。一是强化组织保障和推进机制。市、县、乡成立了由党政主要领导牵头的新农村中心户建设工作领导小组，形成了党政一把手负总责，分管领导重点抓，整合各级党委、政府和各职能部门力量，协调配合、齐抓共管的工作机制。同时建立完善了联席会议制度、检查考核制度、表彰奖励制度，为全面开展新农村中心户建设提供了有力的组织和制度保障；二是强化指导。坚持围绕工作推进抓指导。几年来，绥化市委相继召开了中心户建设工作会议、中心户建设座谈会、中心户建设北林区现场推进会，下发了《关于在全市农村深入开展中心户建设工作的实施意见》。全市确定32 个乡镇、324个行政村进行重点推进，选出100个中心户典型，编发了《绥化市新农村建设中心户风采录》，下发基层和农户；三是强化基础设施建设。为了有效解决中心户建设中出现的设施不完善、场地不健全、活动难开展等实际问题，绥化市建立和完善了市县联动投入、城乡共建帮扶投入、激励中心户自己投入等多元投入机制，改善设施，增强服务功能，仅北林区已投入资金80多万元，完善村级活动室87个、家庭庭院阵地1017个，建设小型活动广场320个，为中心户开展活动创造了有利条件。

绥化市推进新农村中心户建设，深刻反映了农民的内心愿望，适应了农村发展的客观要求。实践证明，新农村中心户建设工程。把精神文明建设和思想政治工作落实到了基层，落实到了农业生产和农民生活当中，把农村的先进生产力和先进文化延伸到了千家万户，为推进新农村建设发挥了巨大作用。

第五部分　统计资料

1 、全国统计资料

1-1　农村经济在国民经济中的地位

单位：%

年份	第一产业增加值占国内生产总值的比重	第一产业从业人员占社会从业人员的比重	农村消费品零售额占全社会消费品零售额的比重	农业各税占财政收入的比重	农产品进口额占进口总额的比重	农产品出口额占出口总额的比重
1978	28.1	70.5	67.6	2.5		
1980	30.1	68.7	65.7	2.4		
1985	28.4	62.4	56.5	2.1	12.1	24.5
1990	27.1	60.1	53.1	3.0	16.1	17.2
1991	24.5	59.7	51.9	2.9	13.7	15.8
1992	21.8	58.5	50.2	3.4	12.0	14.5
1993	19.9	56.4	42.0	2.9	8.1	13.7
1994	20.2	54.3	40.6	4.4	10.8	12.9
1995	20.5	52.2	40.0	4.5	9.3	9.4
1996	20.4	50.5	39.6	5.0	7.1	8.4
1997	19.1	49.9	39.0	4.6	7.0	8.2
1998	18.6	49.8	38.9	4.0	7.0	7.5
1999	17.6	50.1	38.7	3.7	5.0	6.9
2000	16.4	50.0	38.2	3.5	5.0	6.3
2001	15.8	50.0	37.4	2.9	4.9	6.0
2002	15.3	50.0	36.7	3.8	4.2	5.6
2003	14.8	49.1	35.0	4.0	4.6	4.9
2004	15.5	46.9	34.1	3.4	5.0	3.9
2005	12.5	44.7	32.9	3.0	4.3	3.6

注：农业各税包括农业税、牧业税、耕地占用税、农业特产税和契税。

1-2 农村人口与就业情况

年份	乡村户数（万户）	乡村人口（万人）	乡村人口占总人口比重(%)	乡村从业人员数（万人）		
					农业	非农业
1978	17347	80320	83.4	30638	28456	2182
1980	17673	81096	82.2	31836	29808	2027
1985	19077	84420	79.8	37065	30352	6714
1990	22237	89590	78.4	42010	33336	8673
1991	22566	90525	78.2	43093	34186	8906
1992	22849	91154	77.8	43802	34037	9765
1993	22984	91334	77.1	44256	33258	10998
1994	23165	91526	76.4	44654	32690	11964
1995	23282	91675	75.7	45042	32335	12707
1996	23438	91941	75.1	45288	32260	13028
1997	23406	91525	74.0	45962	32435	13527
1998	23678	91960	73.7	46432	32626	13806
1999	23811	92216	73.3	46897	32912	13985
2000	24149	92820	73.2	47962	32798	15165
2001	24432	93383	73.2	48229	32451	15778
2002	24569	93503	72.8	48527	31991	16536
2003	24793	93751	72.5	48971	31260	17711
2004	24951	94254	72.5	49695	30596	19099
2005	25223	94908	72.6	50387	29976	20412

注：本表乡村人口数指户口在乡村的常住人口，即经常在家或在家居住6个月以上，而且经济和生活与本户连为一体的人口。外出从业人员在外居住的时间虽然在6个月以上，但收入主要带回家中，仍视为家庭常住人口。

1–3　农业生产条件

年份	农业机械总动力（万千瓦）	农村用电量（亿千瓦时）	有效灌溉面积（万亩）	化肥施用量（纯　量）（万吨）
1990	28708	845	71105	2590
1991	29389	963	71733	2805
1992	30308	1107	72885	2930
1993	31817	1245	73092	3152
1994	33803	1474	73139	3318
1995	36118	1656	73922	3594
1996	38547	1813	75572	3828
1997	42016	1980	76858	3981
1998	45208	2042	78443	4084
1999	48996	2173	79738	4124
2000	52574	2421	80730	4146
2001	55172	2611	81374	4254
2002	57930	2993	81533	4339
2003	60387	3433	81021	4412
2004	63756	3933	81718	4637
2005	68398	4376	82544	4766

1-4 农村电力和农田水利建设情况

指标	单位	1990年	1995年	2000年	2002年	2003年	2004年	2005年
一.乡村办水电站	个	52387	40699	29962	27633	26696	27115	26726
装机容量	万千瓦	428.8	519.5	698.5	812.2	862.3	993.8	1099.2
发电量	亿千瓦小时	134.1	205.0	235.5	237.6	271.2	348.4	
二.农村用电量	亿千瓦小时	844.5	1655.7	2421.3	2993.4	3432.9	3933.0	4375.7
三.农田水利建设情况								
有效灌溉面积	千公顷	47403.1	49281.2	53820.3	54354.8	54014.2	54478.4	55029.3
旱涝保收面积	千公顷	33638.5	36118.8	38336.3	39350.2	39475.4	39704.2	40236.1
机电排灌面积	千公顷	27148.3	32205.3	35954.1	36213.1	36161.0	36055.2	36715.4
四.年底灌区数	处	5363	5562	5683	5691	5729	5800	5860
五.灌区有效灌溉面积	万公顷	2123.1	2249.9	2449.3	2503	2524.4	2550.6	2641.9
水库	座	83387	84775	85120	85288	85153	85160	85108
大型水库	座	366	387	420	445	453	460	470
中型水库	座	2499	2593	2704	2781	2827	2869	2934
小型水库	座	80522	81795	81996	82062	81873	81831	81704
水库库容量	亿立方米	4660	4797	5184	5595	5658	5542	5624
大型水库	亿立方米	3397	3493	3842	4229	4278	4147	4197
中型水库	亿立方米	690	719	746	767	783	796	826
小型水库	亿立方米	573	585	594	597	597	599	602
节水灌溉面积	万公顷	1638.9	1862.7	1944.3	2034.6	2133.8		
除涝面积	万公顷	1933.7	2006.5	2098.9	2109.7	2113.9	2119.8	2134
水土流失治理面积	万公顷	5300	6690	8096	8541	8971	9200	9465
治碱面积	万公顷	499.5	543.4	584.1	528.3	586.5	596.2	603.2
堤防长度	万公里	22.0	24.7	27.0	27.4	27.8	27.7	27.7
堤防保护面积	万公顷	3200.0	3060.9	3960.0	4286.2	4387.5	4393.4	4412.1

1—5　农业经济核算

单位：亿元

年份	农林牧渔业总产值	# 农业产值	林业产值	牧业产值	渔业产值	农林牧渔业增加值
1978	1397	1118	48	209	22	1018
1980	1923	1454	81	354	33	1359
1985	3619	2506	189	798	126	2542
1990	7662	4954	330	1967	411	5017
1991	8157	5146	368	2159	483	5289
1992	9085	5588	423	2461	613	5744
1993	10996	6605	494	3014	882	6882
1994	15751	9169	611	4672	1298	9457
1995	20341	11885	710	6045	1701	11993
1996	22358	13540	778	6016	2020	13844
1997	23764	13853	818	6835	2283	14465
1998	24542	14242	851	7026	2423	14556
1999	24519	14106	886	6998	2529	14457
2000	24916	13874	937	7393	2713	14628
2001	26180	14463	939	7963	2815	15412
2002	27391	14932	1034	8455	2971	16117
2003	29692	14870	1240	9539	3138	17508
2004	36239	18138	1327	12174	3606	21225
2005	39451	19613	1425	13311	4016	23071

注：从2003年起，农林牧渔业产值和增加值核算执行新国民经济行业分类标准，包括农林牧渔服务业。

1-6 主要农作物播种面积

单位：万亩

年份	农作物总播种面积	粮食	油料	棉花	糖料	蔬菜、瓜类
1978	225158	180881	9333	7301	1319	4997
1980	219572	175851	11894	7380	1383	4745
1985	215439	163268	17700	7712	2286	7130
1989	219831	168308	15756	7805	2292	9435
1990	222545	170199	16350	8382	2519	9507
1991	224379	168471	17295	9807	2921	9819
1992	223512	165840	17234	10253	2859	10547
1993	221612	165764	16713	7478	2531	12126
1994	222362	162816	18122	8292	2633	13382
1995	224819	165090	19652	8133	2730	14273
1996	228572	168822	18834	7083	2769	15737
1997	230954	169368	18572	6737	2885	16932
1998	233559	170681	19379	6689	2976	18440
1999	234559	169741	20859	5588	2466	20020
2000	234450	162694	23100	6062	2271	22856
2001	233562	159120	21946	7215	2481	24604
2002	231953	155836	22149	6276	2726	26029
2003	228623	149116	22485	7666	2486	26931
2004	230329	152409	21646	8539	2352	26341
2005	233232	156417	21477	7593	2346	29892
	平均增长速度（%）					
1979—2004	0.1	−0.7	3.4	0.6	2.3	6.9
1990—2004	0.3	−0.7	2.3	0.6	0.2	7.6
1998—2004	0.0	−1.7	2.6	4.0	−3.3	7.6

1—7 主要农产品产量

年份	粮食总产量	油　　料	棉　　花	水果	肉类	水产品
1978	30477	522	217	657		465
1980	32056	769	271	679		450
1985	37911	1578	415	1164		705
1989	40755	1295	379	1832		1152
1990	44624	1613	451	1874		1237
1991	43529	1638	568	2176		1351
1992	44266	1641	451	2440		1557
1993	45649	1804	374	3011		1823
1994	44510	1990	434	3500		2143
1995	46662	2250	477	4215		2517
1996	50454	2211	420	4653	4584	3288
1997	49417	2157	460	5089	5269	3602
1998	51230	2314	450	5453	5724	3907
1999	50839	2601	383	6238	5821	4122
2000	46218	2955	442	6225	6125	4278
2001	45264	2865	532	6629	6334	4381
2002	45706	2897	492	14375	6587	4565
2003	43070	2811	486	14517	6933	4705
2004	46947	3066	632	15341	7245	4902
2005	48402	3077	571	16120	7743	5107
平均增长速度（%）						
1979—2004	1.7	7.3	4.4	13.4	—	9.9
1990—2004	1.0	6.3	3.7	16.4	—	10.9
1998—2004	−0.9	6.0	5.4	20.2	5.5	5.3

注：2002年起，水果产量包括瓜果类产量。

1-8　营林面积和主要林产品产量及增减情况

指标	单位	1990 年	1995 年	2000 年	2004 年	2005 年	2005 年为2004 年百分比 (%)
一.营林情况							
1.当年造林面积	千公顷	5208.5	4967.2	5105.1	5598.1	3647.9	65.2
按造林方式分							
当年人工造林面积	千公顷	4353.4	4405.4	4345.0	5018.9	3231.6	64.4
当年飞机播种面积	千公顷	855.1	561.8	760.1	579.2	416.4	71.9
按用途分							
用材林	千公顷	3156.5	1823.3	1218.5	871.1	607.5	69.7
经济林	千公顷	644.5	1740.3	1350.3	456.7	337.8	74.0
防护林	千公顷	1029.7	1243.0	2430.8	4210.8	2678.2	63.6
薪炭林	千公顷	340.1	143.8	82.3	50.0	16.1	32.1
特种用材林	千公顷	37.7	16.5	23.2	9.5	8.3	87.3
2.迹地更新面积	千公顷	671.5	729.7	919.8	319.3	407.5	127.6
3.零星(四旁)植树	万　株	337596.3	326377.6	300504.0	271139.0	214245.5	79.0
4.育苗面积	千公顷	213.5	206.0	278.6	558.8	545.2	97.6
5.幼林抚育作业面积	千公顷	13032.6	15834.2	11825.3	14778.9	17327.7	117.2
6.成林抚育面积	千公顷	4089.9	6563.4	7528.9	7713.0	7827.1	101.5
二.主要林产品产量							
生　漆	吨	2683	2976	5279	9641	14316	148.5
油桐籽	吨	350770	404929	453461	381428	368688	96.7
油茶籽	吨	523313	623128	823224	874861	875022	100.0
乌桕籽	吨	51947	38834	35775	22542	30466	135.2
五倍籽	吨	5783	10084	8678	11052	20308	183.7
棕　片	吨	39860	52955	61082	64194	60617	94.4
松　脂	吨	435244	548133	551057	673310	767134	113.9
竹笋片	吨	83551	174588	339084	443543	463154	104.4
核　桃	吨	149560	230867	309875	436862	499074	114.2
板　栗	吨	115191	247026	598185	922735	1031857	111.8
紫胶（原胶）	吨	1421	3486	1419	5246	1897	36.2

1-9　林业重点工程历年完成造林面积

单位：千公顷

年　别	合　计	天然林保护工程	退耕还林工程		京津风沙源治理工程	速生丰产用材林基地工程	三北及长江流域等防护林工程
			退耕还林工程合计	其中：退耕地造林			
1986年	1106.73						1106.73
1987年	1064.80						1064.80
1988年	1063.93						1063.93
1989年	1001.80						1001.80
1990年	1662.06						1662.06
1991年	2082.20						2082.20
1992年	2308.00						2308.00
1993年	2602.10				132.80	257.50	2211.80
1994年	2729.59				139.79	223.32	2366.48
1995年	2862.17				168.59	242.87	2450.71
1996年	2669.49				164.95	187.81	2316.73
1997年	2642.61				215.95	193.20	2233.46
1998年	2856.00	290.35			231.58	138.05	2196.02
1999年	2827.70	477.56			211.58	106.10	2032.46
2000年	3345.92	426.37	683.60	328.42	280.27	246.88	1708.80
2001年	3173.29	948.08	890.29	405.44	217.32	88.87	1028.73
2002年	6777.38	856.08	4423.61	2039.77	676.38	45.68	775.63
2003年	8262.78	688.26	6196.13	3085.93	824.43	20.43	533.54
2004年	4802.85	641.45	3217.54	824.90	473.27	22.27	448.32
2005年	3119.37	424.81	1898.36	667.39	418.51	9.49	368.20

1-10 农村物价指数

（以上年为 100）

年份	农村居民消费价格指数	农业生产资料价格指数	农产品生产价格总指数
1978			103.9
1980			107.1
1985	107.6	104.8	108.6
1990	104.5	105.5	97.4
1991	102.3	102.9	98.0
1992	104.7	103.7	103.4
1993	113.7	114.1	113.4
1994	123.4	121.6	139.9
1995	117.5	127.4	119.9
1996	107.9	108.4	104.2
1997	102.5	99.5	95.5
1998	99.0	94.5	92.0
1999	98.5	95.8	87.8
2000	99.9	99.1	96.4
2001	100.8	99.1	103.1
2002	99.6	100.5	99.7
2003	101.6	101.4	104.4
2004	104.8	110.6	113.1
2005	102.2	108.3	101.4

注：2000 年以前农产品生产价格总指数为农产品收购价格指数。

1-11 农村居民家庭基本情况

指 标	单位	1990 年	1995 年	2000 年	2004 年	2005 年	2005 年为下列各年%	
							1990年	2004年
调查户数	户	66960	67340	68116	68190	68190	101.8	100.0
调查户常住人口	人	321429	301878	286162	278234	277759	86.4	99.8
平均每户常住人口	人	4.80	4.48	4.20	4.08	4.07	84.9	99.8
平均每户劳动力	人	2.92	2.88	2.76	2.82	2.82	96.6	100.0
平均每人经营耕地面积	亩	2.10	2.17	1.98	2.00	2.08	99.0	104.0
平均每人经营山地面积	亩	0.42	0.44	0.28	0.21	0.32	76.2	152.4
平均每户生产性固定资产原值	元	1258.06	2774.27	4673.06	5956.18	7155.55	568.8	120.1
平均每人全年收入								
总收入	元	990.38	2337.87	3146.21	4039.60	4631.21	467.6	114.6
# 工资性收入	元	138.80	353.70	702.30	998.46	1174.53	846.2	117.6
家庭经营收入	元	815.79	1877.42	2251.28	2804.51	3164.43	387.9	112.8
纯收入	元	686.31	1577.74	2253.42	2936.40	3254.93	474.3	110.8
# 工资性收入	元	138.80	353.70	702.30	998.46	1174.53	846.2	117.6
家庭经营收入	元	518.55	1125.79	1427.27	1745.79	1844.53	355.7	105.7
现金收入	元	676.67	1595.56	2381.60	3234.16	3915.51	578.6	121.1
# 工资性收入	元	136.43	352.88	700.41	997.56	1173.09	859.8	117.6
家庭经营收入	元	481.19	1116.73	1498.81	2019.83	2472.34	513.8	122.4
平均每人全年支出								
总支出	元	903.47	2138.33	2652.42	3430.10	4126.91	456.8	120.3
#家庭经营费用支出	元	241.09	621.71	654.27	923.92	1189.70	493.5	128.8
费税支出	元	38.66	88.65	95.52	37.49	13.08	33.8	34.9
生活消费支出	元	584.63	1310.36	1670.13	2184.65	2555.40	437.1	117.0
财产性和转移性支出	元	18.80	55.28	168.60	176.30	237.60	1263.8	134.8
现金支出	元	639.06	1545.81	2140.37	2862.54	3567.31	558.2	124.6
#家庭经营费用现金支出	元	162.90	454.74	544.49	788.55	1052.53	646.1	133.5
费税支出	元	33.37	76.96	89.81	36.91	12.91	38.7	35.0
生活消费现金支出	元	374.74	859.43	1284.74	1754.46	2134.58	569.6	121.7
财产性和转移性支出	元	47.59	92.36	157.42	174.88	236.16	496.2	135.0

1–12 农村居民纯收入

单位：元／人

年份	纯收入合计	工资性收入	家庭经营纯收入	财产性纯收入	转移性纯收入
1949	43.8				
1952	57.0				
1954	64.1	2.4	56.4		5.3
1956	72.9	45.5	17.0		10.4
1957	73.0	43.4	21.5		8.1
1962	99.1	52.3	38.2		8.7
1963	101.3	54.6	35.7		11.1
1964	102.3	55.1	35.7		11.5
1965	107.2	63.2	33.3		10.7
1976	113.1	78.4	26.2		8.5
1977	117.1	76.1	32.8		8.2
1978	133.6	88.3	35.8		9.5
1979	160.2	100.7	44.0		15.5
1980	191.3	106.4	62.6		22.4
1981	223.4	113.8	84.5		25.1
1982	270.1	142.9	102.8		24.5
1983	309.8	57.5	227.7		24.6
1984	355.3	66.5	261.7		27.2
1985	397.6	72.2	296.0		29.5
1986	423.8	81.6	313.3		28.9
1987	462.6	95.5	345.5		21.6
1988	544.9	117.8	403.2		24.0
1989	601.5	136.5	434.6		30.5
1990	686.3	138.8	518.6		29.0
1991	708.6	151.9	523.6		33.0
1992	784.0	184.4	561.6		38.0
1993	921.6	194.5	678.5	7.0	41.6
1994	1221.0	263.0	881.9	28.6	47.6
1995	1577.7	353.7	1125.8	41.0	57.3
1996	1926.1	450.8	1362.5	42.6	70.2
1997	2090.1	514.6	1472.7	23.6	79.3
1998	2162.0	573.6	1466.0	30.4	92.0
1999	2210.3	630.3	1448.4	31.6	100.2
2000	2253.4	702.3	1427.3	45.0	78.8
2001	2366.4	771.9	1459.6	47.0	87.9
2002	2475.6	840.2	1486.5	50.7	98.2
2003	2622.2	918.4	1541.3	65.8	96.8
2004	2936.4	998.5	1745.8	76.6	115.5
2005	3254.9	1174.5	1844.5	88.5	147.4

注：1992 年以前的转移性收入包括财产性收入。

1-12 续表

单位：元／人

指 标	1990 年	1995 年	2000 年	2004 年	2005 年	2005 年为下列各年%	
						1990 年	2004 年
一．总收入	990.38	2337.87	3146.21	4039.60	4631.21	467.6	114.6
工资性收入	138.80	353.70	702.30	998.46	1174.53	846.2	117.6
家庭经营收入	815.79	1877.42	2251.28	2804.51	3164.43	387.9	112.8
财产性收入		40.98	45.04	76.61	88.45		115.5
转移性收入	35.79	65.77	147.59	160.03	203.81	569.5	127.4
二．纯收入	686.31	1577.74	2253.42	2936.40	3254.93	474.3	110.8
㈠工资性收入	138.80	353.70	702.30	998.46	1174.53	846.2	117.6
㈡家庭经营纯收入	518.55	1125.79	1427.27	1745.79	1844.53	355.7	105.7
1．第一产业收入	456.04	956.46	1090.67	1398.05	1469.60	322.3	105.1
农业收入	344.59	799.44	833.93	1056.50	1097.71	318.6	103.9
林业收入	7.53	13.52	22.44	34.13	45.77	607.8	134.1
牧业收入	96.81	127.81	207.35	271.08	283.60	292.9	104.6
渔业收入	7.11	15.69	26.95	36.34	42.52	598.0	117.0
2．第二产业收入	21.33	48.16	99.40	108.21	108.26	507.5	100.0
工业收入	9.15	13.63	52.67	58.65	61.13	668.1	104.2
建筑业收入	12.18	34.53	46.73	49.56	47.12	386.9	95.1
3．第三产业收入	41.18	121.17	237.20	239.53	266.67	647.6	111.3
交通、运输和邮电业收入	13.45	27.76	63.63	72.90	84.19	625.9	115.5
批发零售贸易、餐饮业收入	12.69	34.26	78.54	94.07	108.55	855.4	115.4
社会服务业收入	6.55	17.18	28.09	31.26	32.61	497.9	104.3
文教卫生业收入			6.86	8.35	10.13		121.3
其他家庭经营收入	8.49	41.97	60.08	32.94	31.19	367.4	94.7
(三)财产性和转移性收入	28.96	98.25	123.85	192.15	235.87	814.5	122.8

1—13 城乡居民家庭人均收入对比

单位:元/人

年份	农村居民人均纯收入	城镇居民人均可支配收入	城乡居民收入对比(以农民人均纯收入为1)	农村居民人均纯收入比上年增长(%)	城镇居民人均可支配收入比上年增长(%)
1978	133.6	343.4	2.6		
1980	191.3	477.6	2.5	16.6	12.7
1985	397.6	739.1	1.9	7.8	1.5
1990	686.3	1510.2	2.2	1.8	8.4
1991	708.6	1700.6	2.4	2.0	7.2
1992	784.0	2026.6	2.6	5.9	9.7
1993	921.6	2577.4	2.8	3.2	9.5
1994	1221.0	3496.2	2.9	5.0	8.5
1995	1577.7	4283.0	2.7	5.3	4.9
1996	1926.1	4838.9	2.5	9.0	3.9
1997	2090.1	5160.3	2.5	4.6	3.4
1998	2162.0	5425.1	2.5	4.3	5.8
1999	2210.3	5854.0	2.7	3.8	9.3
2000	2253.4	6280.0	2.8	2.1	6.4
2001	2366.4	6859.6	2.9	4.2	8.5
2002	2475.6	7703.0	3.1	4.8	13.4
2003	2622.2	8472.0	3.2	4.3	9.0
2004	2936.4	9422.0	3.2	6.8	7.7
2005	3254.9	10493.0	3.2	6.2	9.6
平均增长速度(%)					
1979—2005	7.0	6.9			
1990—2005	4.6	7.8			
1998—2005	4.6	8.7			

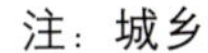

注：城乡居民收入增长率为扣除价格因素后的实际增长率,下同。

1–14 农村居民生活消费

单位：元／人

年份	生活消费支出	食品支出	衣着支出	居住支出	家庭设备用品及服务支出	交通和通讯支出	文教娱乐用品及服务支出	医疗保健支出	其他支出	恩格尔系数
1978	116.1	78.6	14.7	12.0						67.71
1980	162.2	100.2	20.0	22.5	4.1	0.6	8.3	3.4	3.2	61.77
1985	317.4	183.4	30.8	57.9	16.2	5.6	12.4	7.7	3.6	57.79
1990	584.6	343.8	45.4	101.4	30.9	8.4	31.4	19.0	4.3	58.80
1991	619.8	357.1	51.1	102.3	35.3	10.3	36.4	22.3	5.0	57.61
1992	659.0	379.3	52.5	104.9	36.7	12.2	43.8	24.2	5.5	57.55
1993	769.7	446.8	55.3	106.8	44.7	17.4	58.4	27.2	13.1	58.06
1994	1016.8	598.5	70.3	142.3	55.5	24.0	75.1	32.1	19.0	58.86
1995	1310.4	768.2	89.8	182.2	68.5	33.8	102.4	42.5	23.1	58.62
1996	1572.1	885.5	113.8	219.1	84.2	47.1	132.5	58.3	31.7	56.34
1997	1617.2	890.3	109.4	233.2	85.4	53.9	148.2	62.5	34.3	55.05
1998	1590.3	849.6	98.1	239.6	81.9	60.7	159.4	68.1	32.9	53.43
1999	1577.4	829.0	92.0	232.7	82.3	68.7	168.3	70.0	34.3	52.56
2000	1670.1	820.5	96.0	258.3	75.5	93.1	186.7	87.6	52.5	49.13
2001	1741.1	830.7	98.7	279.1	77.0	110.0	192.6	96.6	56.4	47.71
2002	1834.3	848.4	105.0	300.2	80.4	128.5	210.3	103.9	57.7	46.25
2003	1943.3	886.0	110.3	308.4	81.7	162.5	235.7	115.8	43.0	45.59
2004	2184.7	1031.9	120.2	324.3	89.2	192.6	247.6	130.6	48.3	47.23
2005	2555.4	1162.2	148.6	370.2	111.4	245.0	295.5	168.1	54.5	45.48

1-15 农村居民主要食品消费量

单位：公斤/人

年份	粮食	蔬菜	食用油	猪牛羊肉	家禽及制品	禽蛋	水产品	食糖	酒
1978	247.8	141.5	2.0	5.8	0.3	0.8	0.8	0.7	1.2
1980	257.2	127.2	2.5	7.7	0.7	1.2	1.1	1.1	1.9
1985	257.5	131.1	4.0	11.0	1.0	2.1	1.6	1.5	4.4
1990	262.1	134.0	5.2	11.3	1.3	2.4	2.1	1.5	6.1
1991	255.6	127.0	5.7	12.2	1.3	2.7	2.2	1.4	6.4
1992	250.5	129.1	5.9	11.8	1.5	2.9	2.3	1.5	6.6
1993	251.8	107.4	5.7	11.7	1.6	2.9	2.8	1.4	6.5
1994	257.6	107.9	5.7	11.0	1.6	3.0	3.0	1.3	6.0
1995	256.1	104.6	5.8	11.3	1.8	3.2	3.4	1.3	6.5
1996	256.2	106.3	6.1	12.9	1.9	3.4	3.7	1.4	7.1
1997	250.7	107.2	6.2	12.7	2.4	4.1	3.8	1.4	7.1
1998	248.9	109.0	6.1	13.2	2.3	4.1	3.7	1.4	7.0
1999	247.5	108.9	6.2	13.9	2.5	4.3	5.8	1.5	7.0
2000	250.2	106.7	7.1	14.4	2.8	4.8	3.9	1.3	7.0
2001	238.6	109.3	7.0	14.5	2.9	4.7	4.1	1.4	7.1
2002	236.5	110.6	7.5	14.9	2.9	4.7	4.4	1.6	7.5
2003	222.4	107.4	6.3	15.0	3.2	4.8	4.3	1.2	7.7
2004	218.3	106.6	5.3	14.8	3.1	4.6	4.5	1.1	7.8
2005	280.9	102.3	6.0	17.1	3.7	4.7	4.9	1.1	9.6

1－16　农村居民家庭年末主要耐用消费品拥有量

（平均每百户）

指 标	单位	1990 年	1995 年	2000 年	2004 年	2005 年	2005 年为下列各年％	
							1990 年	2004 年
洗衣机	台	9.1	16.9	28.6	37.3	40.2	440.8	107.7
电风扇	台	41.4	89.0	122.6	141.9	146.3	353.7	103.1
电冰箱	台	1.2	5.2	12.3	17.8	20.1	1647.5	113.2
抽油烟机	台		0.6	2.8	4.8	6.0		124.7
吸尘器	台		0.3	0.4	0.6	0.8		125.0
自行车	辆	118.3	147.0	120.5	118.2	98.4	83.2	83.3
摩托车	辆	0.9	4.9	21.9	36.2	40.7	4573.0	112.6
彩色电视机	台	4.7	16.9	48.7	75.1	84.0	1779.7	111.9
黑白电视机	台	39.7	63.8	53.0	37.9	21.8	54.9	57.5
录放像机	台		1.1	3.3	3.7	3.0		82.2
收录机	台	17.8	28.3	21.6	18.0	11.0	61.7	61.2
照相机	部	0.7	1.4	3.1	3.7	4.0	571.4	108.7

1－17　农村居民家庭新建房屋和居住情况

指 标	单位	1990 年	1995 年	2000 年	2004 年	2005 年	2004 年为下列各年％	
							1990年	2004年
一．年内新建房屋情况								
年内新建房屋面积	平方米／人	0.82	0.78	0.87	0.60	0.83	101.2	138.3
#砖木结构	平方米／人	0.47	0.37	0.36	0.21	0.29	61.7	138.1
钢筋混凝土结构	平方米／人	0.23	0.33	0.47	0.36	0.51	221.7	141.7
新建房屋造价	元／平方米	92.32	200.30	260.23	339.27	373.31	404.4	110.0
二．年末居住情况								
住房面积	平方米／人	17.83	21.01	24.82	27.90	29.68	166.5	106.4
#砖木结构	平方米／人	9.84	11.91	13.61	14.09	14.12	143.5	100.2
钢筋混凝土结构	平方米／人	1.22	3.10	6.15	9.17	11.17	915.6	121.8
住房价值	元／平方米	44.60	101.64	187.41	226.13	267.76	600.4	118.4

1-18　农村居民贫困状况

年份	贫困线（元／人）	贫困发生率（%）	贫困规模（万人）
1978	100	30.7	25000
1985	206	14.8	12500
1990	300	9.4	8500
1992	317	8.8	8000
1994	440	7.7	7000
1995	530	7.1	6540
1997	640	5.4	4962
1998	635	4.6	4210
1999	625	3.7	3412
2000	625	3.4	3209
2001	630	3.2	2927
2002	627	3.0	2820
2003	637	3.1	2900
2004	668	2.8	2610
2005	683	2.5	2365

1—19　农村乡(镇)卫生院、床位和卫生人员

指 标	单 位	1995 年	2000 年	2001 年	2002 年	2003 年	2004 年	2005 年
一. 乡(镇)卫生院	个	51797	49229	48090	44992	44279	41626	40907
中心卫生院	个	10098	9631	9694	10022	10031	10003	10025
乡卫生院	个	41699	39598	38396	34970	34248	31623	30882
二. 床位	张	733064	734807	740060	671295	672741	668863	678240
中心卫生院	张	289581	285638	290583	268624	272340	274431	281456
乡卫生院	张	443483	449169	449477	402671	400401	394432	396784
三. 人员	人	1051752	1169826	1168932	1065276	1057463	1026099	1012006
中心卫生院	人	373601	422753	429502	416194	418502	415707	415474
乡卫生院	人	678151	747073	739430	649082	638961	610392	596532
人员中:								
卫生技术人员	人	918870	1026244	1027941	914089	905984	881142	870500

1—20　村卫生室及人员数

单位:人

指 标	1985	1990	1995	2000	2001	2003	2004	2005
行政村数(万个)	71.7	75.0	73.7	72.7	71.0	67.9	64.4	62.9
设置卫生室的村数	62.6	64.7	65.5	65.3	63.7	51.5	52.0	58.3
占行政村%	87.4	86.2	88.9	89.8	89.7	74.1	80.7	85.8
村卫生室数(万个)	77.8	80.4	80.4	70.9	69.9	51.5	55.2	58.3
村办	30.6	26.6	29.7	30.1	28.9	27.7	29.8	31.4
联营	8.9	8.7	9.1	9.0	9.3	3.6	2.7	3.9
乡卫生院设点	3.0	3.0	3.6	4.7	4.5	2.6	4.2	3.2
私人办	32.4	38.2	35.5	25.5	25.5	15.8	16.7	18.0
其他	3.0	3.9	2.3	1.6	1.7	1.8	1.9	1.8
乡村医生和卫生员数(万人)	129.3	123.2	133.1	131.9	129.1	86.8	88.3	91.7
其中: 乡村医生	64.3	77.7	95.6	102.0	102.2	79.2	82.6	86.4
平均每村乡村医生和卫生员(人)	1.8	1.6	1.8	1.8	1.8	1.3	1.4	1.5
每千农业人口乡村医生和卫生员(人)	1.6	1.4	1.5	1.4	1.4	1.0	1.0	1.1
农村接生员(万人)	51.4	47.1	35.9	25.6	22.7	…	…	…

1-21　农村文化机构

指　标	单位	1995年	2000年	2001年	2002年	2003年	2004年	2005年
一.乡镇文化站	个	41633	39348	37201	36054	35138	34879	34593
二.农村集镇文化中心	个	12484	22171	20117	21706	21621	31864	19866
三.农村群众业余演出团(队)	个	35429	36151	32903	34103	37659	49080	68641
四.文化专业户	万户	22.8	18.0	16.0	15.7	13.9	38.9	39.4
五.民间职业剧团	个	7191	2940	2547	1810	2600	3184	2773

1-22　农村集体办老年收养性福利机构情况

指　标	单位	1995年	2000年	2001年	2002年	2003年	2004年	2005年
一. 老年收养性福利机构个数	个	23201	25576	26650	25697	24343	26442	29681
工作人员数	人	60651	74142	82987	83229	81263	82016	88745
二. 年末收养人数	人	316713	428108	489236	493548	503506	594417	679037
＃老人	人	296034	412465	470971	475966	485146	573235	658783

1-23　农村社会救济费和自然灾害救济费

指　标	单位	1995年	2000年	2001年	2002年	2003年	2004年	2005年
一、农村社会救济费	万元	30425	87321	109063	141819	238222	378803	798604.1
二、自然灾害救济费	万元	234755	352024	410207	399927	529365	511066	625797.7
生活救济费	万元	170602	274826	343232	339374	398350	320901	375321.5
灾民抢救转移安置费	万元	18504	30560	55771	46587	110125	35301	49638.4
救灾储备	万元	22676	9735	11203	13966	20891	38594	41056.6
三、占民政事业费支出总额比重								
农村社会救济费	%	2.9	4.0	3.8	3.6	4.1	6.6	11.1
自然灾害救济费	%	22.7	15.0	14.4	10.2	10.6	8.9	8.7

2、各地区统计资料

2-1 2005年各地农村基本情况

单位：万人、万亩

地　区	乡村人口	乡村从业人数	耕地面积(总资源)
全国总计	94907.5	50387.3	195058.8
北　京	381.8	184.0	515.9
天　津	397.5	178.5	728.4
河　北	5422.3	2805.9	10325.0
山　西	2354.9	1035.7	6882.9
内蒙古	1343.9	690.8	12301.5
辽　宁	2331.4	1113.5	6262.2
吉　林	1443.6	685.2	8367.6
黑龙江	1917.3	948.9	17659.5
上　海	338.2	243.5	472.7
江　苏	5322.5	2662.5	7592.6
浙　江	3790.5	2298.5	9188.0
安　徽	5241.4	2939.2	8957.6
福　建	2667.0	1313.0	2152.1
江　西	3298.5	1638.8	4490.1
山　东	7030.1	3782.2	11534.0
河　南	8000.7	4752.4	12165.5
湖　北	3993.6	1932.8	7424.3
湖　南	5475.8	2975.4	5929.5
广　东	6451.6	3089.5	4908.3
广　西	4146.2	2275.4	6611.9
海　南	525.6	256.0	1143.5
重　庆	2430.9	1366.9	
四　川	6904.0	3801.5	13753.7
贵　州	3276.3	1934.2	7355.3
云　南	3568.1	2050.9	9632.4
西　藏	225.3	108.8	543.9
陕　西	2791.9	1437.0	7710.8
甘　肃	2074.8	1084.3	7537.1
青　海	357.3	186.0	1032.0
宁　夏	415.0	212.0	1903.2
新　疆	989.6	403.9	5978.6

注：乡村人口指乡村户数中的常住人口数。包括常住人口中外出的民工、工厂合同工及户口在家的在外学生，但不包括户口在家领取工资的国家职工。

2-2 2005年各地区农业生产条件

地区	农用机械总动力（万千瓦）	农村用电量（亿千瓦时）	农用化肥施用量（万吨）
全国总计	68397.8	4375.7	4766.2
北京	337.7	42.2	14.8
天津	611.9	55.2	23.3
河北	8487.2	337.1	303.4
山西	2288.7	66.9	95.7
内蒙古	1922.0	29.3	116.7
辽宁	1918.1	183.0	119.9
吉林	1471.3	28.0	138.1
黑龙江	2234.0	36.3	150.9
上海	96.5	124.5	14.4
江苏	3135.3	825.1	340.8
浙江	2111.3	520.6	94.3
安徽	3983.8	64.0	285.7
福建	1000.0	160.6	122.0
江西	1781.3	45.1	129.4
山东	9199.3	346.5	467.6
河南	7934.2	172.1	518.1
湖北	2057.4	70.1	285.8
湖南	3189.9	65.2	209.9
广东	1782.1	766.4	204.6
广西	1909.7	34.3	201.3
海南	268.2	3.8	37.3
重庆	776.0	42.9	79.1
四川	2181.7	112.9	220.9
贵州	1011.5	30.2	77.4
云南	1666.1	41.7	142.7
西藏	230.9	0.6	4.2
陕西	1406.3	88.2	147.3
甘肃	1406.9	33.9	75.9
青海	327.3	3.0	7.0
宁夏	555.1	9.3	29.9
新疆	1116.3	36.5	107.8

2-3 各地区水利设施和除涝、治水、治碱面积

地　　区	水库数（座）	水库库容量（万立方米）	除涝面积（千公顷）	治碱面积（千公顷）	水土流失治理面积（千公顷）
全　国	85108	56237906	21339.74	6032.00	94654.45
北　京	83	931561	149.77		371.30
天　津	143	275135	400.12	210.44	38.93
河　北	1099	1597046	1642.67	838.90	5981.19
山　西	731	539119	89.09	211.28	5184.51
内蒙古	487	817312	277.00	305.41	9221.44
辽　宁	967	3561740	996.14	305.49	5756.06
吉　林	1238	3070396	1017.87	137.17	3334.00
黑龙江	628	882600	3270.07	196.85	4110.68
上　海			52.36	28.63	
江　苏	917	1891332	2794.81	701.29	863.56
浙　江	3971	3855203	494.98	2.94	2239.13
安　徽	4872	1955022	2210.01	101.86	1955.45
福　建	2681	1396923	117.82	40.15	1129.44
江　西	9394	2832111	350.63		3666.28
山　东	5555	1957219	2601.14	945.29	3786.99
河　南	2344	3970871	1903.69	698.01	4122.49
湖　北	5807	5537940	1195.63		4099.45
湖　南	13326	3875898	471.23		2671.09
广　东	6610	4154133	501.92		1291.11
广　西	4327	2508148	204.20	101.56	1487.64
海　南	990	945463	11.31		28.36
重　庆	2752	487584			1886.45
四　川	6683	1625943	90.95	0.33	5272.49
贵　州	1961	779265	49.95		2627.08
云　南	5370	1060677	234.40	5.08	4229.24
西　藏	50	118811	31.60	0.17	17.52
陕　西	999	693420	129.51	59.25	8930.58
甘　肃	272	886533	12.48	66.31	7744.07
青　海	152	2990327		9.94	744.25
宁　夏	198	193535		92.03	1643.92
新　疆	501	846636	38.38	973.62	219.77

2—4 各地区农林牧渔业总产值、增加值和中间消耗

（按当年价格计算）

单位：亿元

地区	总产值	农业	林业	牧业	渔业	增加值
全国总计	39450.9	19613.4	1425.5	13310.8	4016.1	23070.5
北京	268.8	100.6	13.3	135.7	9.7	108.6
天津	258.4	97.5	1.9	102.7	36.3	112.4
河北	2600.8	1258.0	40.1	1124.4	79.4	1503.1
山西	483.8	281.7	16.5	148.6	2.7	262.4
内蒙古	980.2	473.9	39.8	444.6	7.2	593.0
辽宁	1671.6	640.1	44.5	636.4	306.7	879.2
吉林	1050.5	518.1	39.9	467.6	14.9	625.6
黑龙江	1294.4	718.6	67.3	461.2	27.4	684.6
上海	233.4	111.3	11.1	54.3	51.6	92.4
江苏	2577.0	1291.1	45.3	599.1	511.9	1461.5
浙江	1428.3	654.8	83.5	286.0	380.8	892.8
安徽	1666.2	818.5	78.4	553.6	165.6	966.5
福建	1396.1	571.0	96.9	276.5	434.4	841.2
江西	1143.0	510.5	87.4	365.1	162.6	727.4
山东	3741.8	2034.0	57.6	1125.0	465.5	1963.5
河南	3309.7	1790.4	83.9	1251.6	35.3	1892.0
湖北	1775.6	932.1	37.3	545.4	236.5	1081.2
湖南	2056.2	947.7	101.0	834.5	138.4	1274.2
广东	2447.6	1109.2	66.2	638.6	523.8	1442.8
广西	1448.4	711.9	61.7	511.6	143.6	912.6
海南	475.9	179.6	58.9	95.2	132.2	298.2
重庆	662.2	358.3	20.0	249.5	23.8	463.4
四川	2457.5	1037.2	69.9	1230.2	78.5	1516.3
贵州	571.8	335.5	23.9	194.2	9.4	368.9
云南	1068.6	559.3	105.5	339.7	23.0	669.8
西藏	67.7	25.5	10.1	30.0		48.0
陕西	730.7	472.9	25.0	199.0	5.5	435.8
甘肃	521.5	362.9	15.9	129.1	1.1	308.1
青海	94.0	36.4	1.8	51.7	0.1	65.3
宁夏	138.0	78.9	5.6	46.0	4.0	72.1
新疆	831.1	595.8	15.3	183.5	4.3	507.6

2-5 各地区农作物播种面积

单位:千公顷

地　　区	农作物总播种面积	粮食	油料	棉花	麻类	糖类
全国总计	155487.7	104278.4	14317.7	5061.8	334.7	1564.4
北　　京	318.0	192.2	8.6	1.8		
天　　津	499.4	287.7	5.1	61.2		
河　　北	8785.5	6240.2	559.0	573.5	2.2	10.5
山　　西	3795.4	3033.6	273.4	97.5	0.1	1.2
内 蒙 古	6215.7	4373.6	694.7	1.6	10.3	38.1
辽　　宁	3796.7	3052.0	203.3	2.8	0.1	2.1
吉　　林	4954.1	4294.5	288.5	1.0	1.6	2.8
黑 龙 江	10083.7	8650.8	410.3		84.7	80.5
上　　海	403.6	166.1	32.1	1.1		2.8
江　　苏	7641.2	4909.5	846.9	368.3	1.5	4.1
浙　　江	2837.9	1510.8	249.3	17.9	0.5	15.7
安　　徽	9172.5	6410.9	1303.1	375.7	12.8	5.7
福　　建	2481.3	1441.3	122.4	0.1	0.1	14.9
江　　西	5251.4	3441.5	577.0	63.9	7.8	17.7
山　　东	10736.1	6711.7	899.8	846.3	0.7	
河　　南	13922.7	9153.4	1605.8	781.6	13.5	4.8
湖　　北	7279.4	3926.8	1460.2	390.3	23.6	10.0
湖　　南	7977.6	4838.6	898.3	150.9	53.7	19.6
广　　东	4815.4	2786.5	318.0		0.5	147.5
广　　西	6489.2	3496.2	314.1	1.7	5.3	747.6
海　　南	778.1	423.8	44.7		0.2	60.0
重　　庆	3444.7	2501.3	252.4	0.2	8.5	2.8
四　　川	9480.2	6564.8	1093.6	27.8	37.0	26.9
贵　　州	4804.1	3073.7	555.8	1.4	1.3	19.5
云　　南	6053.8	4253.9	225.3	0.6	27.3	255.2
西　　藏	235.0	177.7	26.1			
陕　　西	4201.8	3263.9	276.9	70.2	1.1	0.1
甘　　肃	3726.0	2587.2	328.9	64.0	4.4	4.5
青　　海	476.7	245.6	161.9			
宁　　夏	1099.3	775.9	96.9			
新　　疆	3731.2	1492.8	185.5	1160.5	35.9	69.9

2-6 2005年各地区农产品生产量

地 区	粮食（万吨）	棉花（吨）	油料（吨）	肉类（万吨）	水产品（吨）
全国总计	48402.2	5714178.604	30771350	7743	51076437
北 京	94.9	2069	24923	67	64258
天 津	137.5	83546	12943	58	338115
河 北	2598.6	577000	1527270	572	989461
山 西	978.0	102907	212620	68	37542
内蒙古	1662.2	1765	1221690	229	82608
辽 宁	1745.8	2685	368411	348	4253388
吉 林	2581.2	1715	544495	260	118930
黑龙江	3092.0		605933	174	445970
上 海	105.4	1774	69350	31	353539
江 苏	2834.6	322660	2159908	352	3886555
浙 江	814.7	21566	501370	165	4837669
安 徽	2605.3	324634	2706748	340	1775721
福 建	715.2	44	274243	166	6022167
江 西	1757.0	87196	761229	237	1686648
山 东	3917.4	846302	3638573	754	7361381
河 南	4582.0	677000	4495997	686	516780
湖 北	2177.4	374960	2938995	327	3182065
湖 南	2678.6	197511	1409841	523	1792164
广 东	1395.0		770122	384	6952346
广 西	1487.3	890	631849	243	2841935
海 南	153.0		85303	58	1500129
重 庆	1168.2	167	427121	178	250568
四 川	3211.1	24713	2323401	654	982490
贵 州	1152.1	568	848888	168	94589
云 南	1514.9	220	362231	299	238488
西 藏	93.4		61318.38	21	92.69
陕 西	1043.0	77766	453545	102.8	73593
甘 肃	836.9	110516	503056	82.1	15675
青 海	93.3		318500	25.8	878
宁 夏	299.8	5	122087	26.2	58319
新 疆	876.6	1874000	389390	143.3	79320

注：全国水产品总产量包括中国水产总公司捕捞总量。

2-7 2005年各地区造林面积

单位：千公顷

地 区	造林面积	迹地更新	零星四旁植树(万株)	育苗面积	幼林抚育面积	成林抚育面积
全国总计	3647.9	407.5	214246	545.2	17327.7	7827.1
北 京	12.2	0.6	489	15.4	43.8	36.0
天 津	3.6	0.0	359	5.2	84.0	54.6
河 北	304.8	7.8	12496	53.9	820.7	377.2
山 西	140.3	0.2	10596	32.6	268.3	52.5
内 蒙 古	383.8	32.1	3159	8.3	1294.5	717.4
辽 宁	126.5	0.0	0	14.9	0.0	0.0
吉 林	31.0	20.8	731	2.8	464.4	188.7
黑 龙 江	84.7	0.8	1688	13.7	1033.7	223.3
上 海	3.8	0.0	189	16.8	41.4	37.7
江 苏	54.7	2.6	13445	69.1	244.4	251.2
浙 江	20.3	17.6	2105	56.0	84.3	221.5
安 徽	36.1	4.0	18104	31.1	1006.5	448.2
福 建	24.2	80.5	1654	0.5	222.7	151.1
江 西	47.6	7.2	5226	11.2	582.7	77.2
山 东	141.1	5.1	18962	71.7	1440.7	836.3
河 南	186.7	0.8	30639	28.7	1239.0	959.9
湖 北	177.9	2.3	11186	24.6	807.7	276.8
湖 南	136.5	22.8	13009	16.1	884.9	274.9
广 东	18.3	95.9	6201	2.0	174.6	122.2
广 西	124.0	53.6	2595	1.9	513.2	211.3
海 南	32.4	7.3	2097	6.9	24.3	0.0
重 庆	109.3	0.0	7706	3.1	256.0	177.4
四 川	241.9	3.4	18560	7.5	980.3	172.9
贵 州	135.6	0.3	1197	1.8	573.3	79.4
云 南	207.9	13.2	8314	3.7	80.3	16.5
西 藏	13.5	2.0	820	0.2	0.0	0.0
陕 西	198.9	0.3	12362	17.2	805.2	322.8
甘 肃	247.6	0.0	6315	13.9	464.6	172.0
青 海	46.7	0.0	1263	3.0	95.4	0.0
宁 夏	112.9	0.0	0	3.4	538.6	311.7
新 疆	163.1	6.6	2571	8.0	2238.1	1022.0

2–8　各地区林业重点工程建设情况

单位：公顷

地　　区	总　计	天然林保护工程	退耕还林工程			三北及长江流域等防护林工程小计	京津风沙源治理工程	速生丰产林基地建设工程
			合计	其中：退耕地造林面积	其中：荒山荒地造林面积			
全国总计	3119366	424808	1898360	667390	1230970	368202	418507	9488
北　　京	6752	——	——	——	——	1833	4919	0
天　　津	3591	——	——	——	——	3458	133	0
河　　北	276485	——	103341	33137	70204	30196	139405	3543
山　　西	136869	1266	47339	13999	33340	19333	68931	0
内 蒙 古	377652	67594	104939	37337	67602	0	205119	0
辽　　宁	126489	——	100453	23333	77120	26036	0	0
吉　　林	27917	——	17583	12811	4772	10334	0	0
黑 龙 江	84604	——	65737	27278	38459	17261	0	1606
上　　海	0	——	——	——	——	0	0	0
江　　苏	16295	——	——	——	——	16295	0	0
浙　　江	5718	——	——	——	——	5718	0	0
安　　徽	25786	——	17026	13333	3693	8760	0	0
福　　建	3358	——	——	——	——	3358	0	0
江　　西	39128	——	33332	6663	26669	5796	0	0
山　　东	8868	——	——	——	——	8868	0	0
河　　南	123102	——	100233	31132	69101	22869	0	0
湖　　北	139209	4483	123044	38663	84381	11682	0	0
湖　　南	133064	——	125166	23755	101411	4031	0	3867
广　　东	3206	——	——	——	——	3206	0	0
广　　西	91050	——	82261	17590	64671	8317	0	472
海　　南	18224	——	16651	——	16651	1573	0	0
重　　庆	104672	4004	100668	54001	46667	0	0	0
四　　川	227532	113943	113589	73060	40529	0	0	0
贵　　州	130925	3414	113343	46674	66669	14168	0	0
云　　南	164003	70453	85417	31171	54246	8133	0	0
西　　藏	6859	2037	4471	2204	2267	351	0	0
陕　　西	194634	125393	62454	546	61908	6787	0	0
甘　　肃	247601	26606	207640	121929	85711	13355	0	0
青　　海	46415	1271	38177	8747	29430	6967	0	0
宁　　夏	112924	4344	82380	14680	67700	26200	0	0
新　　疆	156433	——	73116	35347	37769	83317	0	0

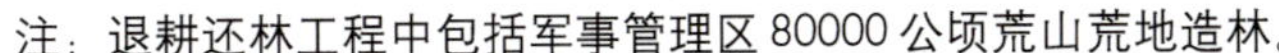

注：退耕还林工程中包括军事管理区 80000 公顷荒山荒地造林。

2-9　2005 年各地区农村价格指数
(以上年价格为 100)

地　区	农村居民消费价格指数	农业生产资料价格指数	化学肥料	农产品生产价格指数	谷物
全国平均	102.2	108.3	112.8	101.39	99.23
北　京				103.53	90.43
天　津				103.38	99.44
河　北	102.2	106.8	112.0	102.45	98.03
山　西	103.7	113.3	115.9	103.50	102.17
内蒙古	103.3	108.3	118.3	103.17	101.30
辽　宁	104.0	110.0	117.0	101.50	99.64
吉　林	101.9	109.2	115.4	100.29	101.79
黑龙江	102.3	108.6	115.3	101.01	101.76
上　海			105.71	108.79	
江　苏	102.4	106.9	111.3	100.32	98.76
浙　江	101.2	105.8	110.0	105.88	105.64
安　徽	101.9	108.3	109.0	98.71	95.41
福　建	102.8	108.1	114.1	103.90	97.66
江　西	102.2	107.9	113.7	100.45	95.18
山　东	102.4	106.2	110.0	102.93	97.32
河　南	102.1	107.9	110.7	100.74	96.51
湖　北	103.3	115.1	120.2	100.30	92.64
湖　南	102.8	111.2	115.2	99.54	97.38
广　东	102.7	105.8	108.0	103.47	99.67
广　西	101.6	110.5	112.6	100.02	97.61
海　南	101.7	108.9	111.1	102.20	101.24
重　庆			100.03	101.29	
四　川	101.6	107.2	107.6	103.18	101.97
贵　州	102.1	110.2	111.5	101.82	101.57
云　南	101.0	105.9	109.6	103.99	102.91
西　藏	100.9	100.6	98.7		
陕　西	101.8	107.2	110.0	104.85	95.35
甘　肃	103.0	109.0	114.3	103.06	105.05
青　海	103.1	106.5	110.1	103.28	105.57
宁　夏	101.2	109.3	115.8	103.26	106.62
新　疆	101.2	105.3	110.2	108.29	102.19

2–10 各地区农村居民纯收入
（按收入来源分）

单位：元／人

地区	纯收入	工资性收入	家庭经营纯收入	财产性收入	转移性收入
全国总计	3254.93	1174.53	1844.53	88.45	147.42
北京	7346.26	4524.25	1778.33	588.04	455.64
天津	5579.87	2720.85	2626.46	152.88	79.68
河北	3481.64	1293.50	1988.58	93.74	105.81
山西	2890.66	1177.94	1563.52	62.70	86.49
内蒙古	2988.87	504.46	2223.26	73.05	188.10
辽宁	3690.21	1212.20	2163.49	113.24	201.28
吉林	3263.99	510.96	2395.50	148.35	209.19
黑龙江	3221.27	464.31	2363.92	230.63	162.41
上海	8247.77	6159.70	774.60	457.52	855.95
江苏	5276.29	2786.11	2124.97	150.44	214.76
浙江	6659.95	3238.77	2789.40	278.92	352.86
安徽	2640.96	1010.05	1499.25	44.91	86.75
福建	4450.36	1650.65	2365.02	98.73	335.96
江西	3128.89	1227.94	1786.41	25.78	88.76
山东	3930.55	1437.57	2258.05	102.80	132.13
河南	2870.58	853.95	1913.66	35.85	67.13
湖北	3099.20	941.64	2049.04	16.81	91.71
湖南	3117.74	1228.79	1713.35	42.05	133.55
广东	4690.49	2562.39	1731.97	167.25	228.88
广西	2494.67	907.36	1516.36	18.30	52.66
海南	3004.03	473.06	2345.56	55.58	129.83
重庆	2809.32	1088.80	1541.48	30.69	148.35
四川	2802.78	954.89	1681.63	41.59	124.65
贵州	1876.96	583.28	1153.36	35.51	104.81
云南	2041.79	348.31	1530.13	75.52	87.84
西藏	2077.90	565.18	1187.13	217.22	108.37
陕西	2052.63	756.71	1118.91	56.92	120.09
甘肃	1979.88	586.71	1263.42	20.57	109.18
青海	2151.46	560.52	1359.56	61.99	169.40
宁夏	2508.89	702.10	1561.94	48.62	196.24
新疆	2482.15	195.51	2140.76	33.87	112.01

2-11 各地区农村居民生活消费支出

单位：元／人

指　　标	生活消费支出	1.食品支出	2.衣着支出	3.居住支出	4.家庭设备用品及服务支出	5.交通和通讯支出	6.文教娱乐用品及服务支出	7.医疗保健支出	8.其他支出
全国总计	2555.40	1162.16	148.57	370.16	111.44	244.98	295.48	168.09	54.52
北　　京	5315.71	1735.95	378.66	854.35	326.89	615.49	796.99	504.20	103.18
天　　津	3035.96	1171.39	257.26	614.29	117.11	327.58	328.86	179.18	40.29
河　　北	2165.72	888.37	155.52	398.90	101.49	221.96	225.79	134.77	38.92
山　　西	1877.70	830.48	202.35	200.56	68.93	160.27	279.54	102.90	32.66
内 蒙 古	2446.17	1054.26	150.01	334.69	84.41	293.32	309.40	176.44	43.64
辽　　宁	2805.94	1127.23	221.02	378.21	100.42	300.71	376.93	233.53	67.90
吉　　林	2305.98	1003.22	168.21	256.66	81.92	284.86	261.09	193.57	56.44
黑 龙 江	2544.65	923.59	184.11	526.99	73.77	256.58	277.00	253.52	49.09
上　　海	7277.94	2683.89	366.44	1319.76	458.11	747.54	936.51	561.72	203.97
江　　苏	3567.11	1569.27	191.15	512.47	167.97	363.76	478.94	198.56	84.98
浙　　江	5432.95	2061.44	318.86	914.06	260.45	618.26	722.95	415.63	121.31
安　　徽	2196.23	999.79	117.41	344.86	106.36	196.72	256.80	133.68	40.61
福　　建	3292.63	1517.60	186.70	457.26	154.42	365.60	356.54	154.03	100.47
江　　西	2483.70	1220.53	124.52	326.20	96.36	229.59	276.26	154.68	55.57
山　　东	2735.77	1087.65	159.73	445.71	136.54	294.37	377.16	188.48	46.13
河　　南	1891.57	858.97	132.36	317.97	82.69	159.73	177.66	123.41	38.76
湖　　北	2430.19	1192.26	125.01	310.27	110.04	223.16	271.86	135.37	62.23
湖　　南	2756.43	1433.01	127.89	307.28	114.31	218.96	329.28	168.19	57.50
广　　东	3707.73	1789.42	143.50	530.30	152.12	411.64	360.73	203.85	116.17
广　　西	2349.60	1186.71	79.48	379.65	95.47	214.07	226.38	123.39	44.45
海　　南	1969.09	1134.75	66.35	146.00	92.28	178.00	198.70	93.00	60.00
重　　庆	2142.12	1130.35	95.96	231.15	95.78	163.05	249.71	142.65	33.48
四　　川	2274.17	1244.36	116.35	234.05	102.13	171.50	225.16	144.45	36.18
贵　　州	1552.39	819.87	79.59	235.50	61.69	99.22	160.91	71.79	23.82
云　　南	1789.00	975.72	80.33	225.79	67.03	99.81	182.62	122.33	35.37
西　　藏	1723.76	1185.23	182.45	84.24	81.24	79.26	28.20	44.44	38.70
陕　　西	1896.48	812.93	124.36	211.71	83.61	163.17	297.33	165.82	37.55
甘　　肃	1819.58	858.89	92.33	240.74	74.09	155.03	257.88	113.96	26.65
青　　海	1976.03	893.32	156.11	329.33	83.96	208.43	109.53	152.33	43.03
宁　　夏	2094.48	922.54	143.09	345.93	77.16	178.47	177.90	198.84	50.55
新　　疆	1924.41	803.82	171.40	333.19	68.03	183.00	159.32	169.28	36.38

2-12 2005年各地区主要指标排序

地区	粮食总产量（万吨）		棉花总产量（吨）		油料总产量（吨）	
	绝对数	位次	绝对数	位次	绝对数	位次
全国总计	48402.2		5714179		30771350	
北京	94.9	31	2069	17	24923	30
天津	137.5	27	83546	12	12943	31
河北	2598.6	9	577000	4	1527270	7
山西	978.0	19	102907	10	212620	25
内蒙古	1662.2	14	1765	19	1221690	9
辽宁	1745.8	11	2685	16	368411	21
吉林	2581.2	8	1715	20	544495	15
黑龙江	3092.0	4			605933	14
上海	105.4	28	1774	18	69350	28
江苏	2834.6	5	322660	7	2159908	6
浙江	814.7	21	21566	15	501370	17
安徽	2605.3	6	324634	6	2706748	4
福建	715.2	24	44	25	274243	24
江西	1757.0	12	87196	11	761229	12
山东	3917.4	2	846302	2	3638573	2
河南	4582.0	1	677000	3	4495997	1
湖北	2177.4	10	374960	5	2938995	3
湖南	2678.6	7	197511	8	1409841	8
广东	1395.0	16			770122	11
广西	1487.3	15	890	21	631849	13
海南	153.0	26			85303	27
重庆	1168.2	18	167	24	427121	19
四川	3211.1	3	24713	14	2323401	5
贵州	1152.1	17	568	22	848888	10
云南	1514.9	13	220	23	362231	22
西藏	93.4	29			61318	29
陕西	1043.0	20	77766	13	453545	18
甘肃	836.9	22	110516	11	503056	16
青海	93.3	30			318500	23
宁夏	299.8	25	5	22	122087	26
新疆	876.6	23	1874000	1	389390	20

2-12 续表

地区	肉类总产量（万吨）		水产品产量（万吨）		农民人均纯收入（元/人）	
	绝对数	位次	绝对数	位次	绝对数	位次
全国总计	7743.1		5108		3254.9	
北京	66.7	25	6	26	7346.3	2
天津	57.8	27	34	18	5579.9	4
河北	571.9	4	99	13	3481.6	10
山西	68.2	24	4	28	2890.7	18
内蒙古	229.5	15	8	23	2988.9	17
辽宁	347.9	8	425	5	3690.2	9
吉林	260.2	12	12	21	3264.0	11
黑龙江	173.5	17	45	16	3221.3	12
上海	31.3	28	35	17	8247.8	1
江苏	352.3	7	389	6	5276.3	5
浙江	165.3	19	484	4	6660.0	3
安徽	340.1	9	178	10	2641.0	22
福建	165.9	19	602	3	4450.4	7
江西	237.1	14	169	11	3128.9	13
山东	753.9	1	736	1	3930.5	8
河南	685.9	2	52	15	2870.6	19
湖北	327.3	10	318	7	3099.2	15
湖南	523.5	5	179	9	3117.7	14
广东	384.3	6	695	2	4690.5	6
广西	242.9	13	284	8	2494.7	24
海南	58.2	26	150	12	3004.0	16
重庆	178.0	16	25	19	2809.3	20
四川	653.6	3	98	14	2802.8	21
贵州	167.5	18	9	22	1877.0	31
云南	298.6	11	24	20	2041.8	29
西藏	21.5	31	0	31	2077.9	27
陕西	102.8	22	7	25	2052.6	28
甘肃	82.1	23	2	29	1979.9	30
青海	25.8	28	0	30	2151.5	26
宁夏	26.2	29	6	27	2508.9	23
新疆	143.3	21	8	24	2482.2	25

注：1、西藏农民人均纯收入数据为西藏自治区统计局数据。
2、全国水产品总产量包括中国水产总公司捕捞总量。

2–13 按地区分组的农村基本情况

	全国	东部地区	中部地区	西部地区	西部大开发12个省（区、市）
乡村人口(万人)	94907.5	38804.6	33069.8	23033.1	28523.2
乡村从业人员(万人)	50387.3	20202.7	17599.1	12585.5	15551.7
农业(万人)	29975.5	10249.5	11264.7	8461.3	10493.6
非农业(万人)	20411.7	9953.1	6334.4	4124.2	5058.1
耕地面积(总资源，万亩)	195059	55434	84178	55447	74360
农业机械总动力(万千瓦)	68397.8	30857.2	26862.6	10678.0	14509.7
粮食产量(万吨)	48402.2	15999.3	22113.6	10289.3	13438.7
棉花产量(万吨)	571.4	185.9	176.8	208.8	209.1
油料产量(万吨)	3077.1	1006.4	1489.8	581.0	766.3
肉类产量(万吨)	7743.1	3198.6	2845.3	1699.2	2171.6
水产品产量(万吨)	5106.1	3940.1	962.3	179.4	471.9
农林牧渔业总产值(亿元)	39450.9	18548.1	13759.6	7143.2	9571.8
农林牧渔业增加值(亿元)	23070.5	10508.4	8106.8	4455.3	5960.8
农村固定资产投资完成额(亿元)	13678.5	9408.5	2801.4	1468.6	1736.6

注：本表耕地数据来源于国土资源部、国家统计局、全国农业普查办公室“关于土地利用现状调查数据成果的公报”，耕地面积(总资源)数据为1996年10月31日时点数。

2-14 按地区分组的农村居民收入与消费情况

单位：元／人

指标	全国	东部地区	中部地区	西部地区	西部大开发 12个省（区、市）
一、纯收入	2936.4	3986.8	2727.6	2090.8	2155.4
工资性收入	998.5	1730.8	790.9	573.0	589.6
家庭经营收入	1745.8	1964.4	1803.9	1381.3	1432.3
转移性和财产性收入	192.2	291.6	132.9	136.6	133.5
二、现金收入	3234.2	4524.8	2925.9	2198.1	2334.9
工资性收入	997.6	1729.5	790.4	572.1	588.8
家庭经营收入	2019.8	2469.9	1976.4	1479.0	1605.6
转移性和财产性收入	216.8	325.4	159.1	146.9	140.4
三、生活消费支出	2184.7	2783.6	1968.4	1668.9	1732.7
食品	1031.9	1224.2	964.2	864.1	887.0
衣着	120.2	148.0	114.3	90.8	91.4
居住	324.3	450.3	272.4	223.9	237.4
家庭设备用品及服务	89.2	126.7	70.2	64.1	64.7
交通通讯	192.6	274.3	166.1	118.5	131.2
文教娱乐用品及服务	247.6	319.9	227.9	177.2	186.9
医疗保健	130.6	168.1	113.5	102.8	104.9
其他商品及服务	48.3	72.2	39.8	27.5	29.3

2–15 2005年各地区农村卫生基本情况

地区	卫生院（个）	床位(张)	卫生人员数(人)	设置卫生室的村占总村数%	每千农业人口乡村医生和卫生员数（人）
全国总计	40907	678240	1012006	85.8	1.1
北京	150	3366	5572	68.7	1.3
天津	184	2236	5028	60.5	1.3
河北	1966	35560	42702	99.1	1.4
山西	1599	21362	29009	75.0	1.4
内蒙古	1330	13116	19774	100.0	1.2
辽宁	1021	21899	24155	100.0	1.0
吉林	801	11981	24588	95.1	0.9
黑龙江	922	12425	21784	100.0	1.2
上海	100	9712	8230	89.0	1.4
江苏	1442	53494	77208	100.0	1.3
浙江	2174	20569	40621	47.5	0.4
安徽	1980	36873	50909	96.7	0.9
福建	929	18033	22621	100.0	1.3
江西	1506	19045	30764	100.0	1.1
山东	1688	52866	78954	66.8	1.6
河南	2088	52609	82279	100.0	1.2
湖北	1156	31764	69626	81.1	1.0
湖南	2472	36663	64505	80.7	0.8
广东	1391	37621	68438	100.0	0.8
广西	1294	20944	33301	100.0	0.9
海南	307	4025	7405	77.0	0.4
重庆	1077	16269	25537	100.0	0.9
四川	5163	57235	70064	96.5	1.1
贵州	1445	14061	18809	93.9	0.8
云南	1483	24139	24503	100.0	1.0
西藏	666	1986	1891	62.4	1.1
陕西	1725	18621	26123	77.3	1.1
甘肃	1352	12707	14973	81.5	0.9
青海	405	2059	2707	100.0	1.4
宁夏	266	2056	3434	100.0	0.9
新疆	825	12944	16492	53.7	0.6

2-16 2005 年各地区农村老年人供养情况

单位：个、人

地 区	老年收养性福利机构	年末在院人数	老人	女性
全国总计	29681	679037	174235	658783
北 京	147	7074	2340	6560
天 津	131	2230	523	2184
河 北	1347	22310	3425	22011
山 西	579	4252	404	4183
内 蒙 古	608	10637	629	10252
辽 宁	903	34518	5069	31665
吉 林	485	16293	2959	14885
黑 龙 江	614	25613	4208	23844
上 海	214	15646	8610	14716
江 苏	681	20777	5491	20428
浙 江	965	43098	10992	42656
安 徽	1093	22642	6934	21925
福 建	521	5003	1116	4930
江 西	1337	56036	18397	53253
山 东	1615	78221	23355	77656
河 南	2051	35501	7860	34925
湖 北	1613	81375	23258	78956
湖 南	1424	30364	8923	29896
广 东	1211	26149	9577	25994
广 西	5461	50939	9287	50877
海 南	171	1601	865	1567
重 庆	996	27483	6377	26484
四 川	2230	30024	5036	29160
贵 州	810	6759	1207	6444
云 南	613	6631	2047	6398
西 藏	97	753	381	743
陕 西	504	4763	1028	4523
甘 肃	634	3680	966	3606
青 海	139	2543	1391	2535
宁 夏	103	1102	206	1004
新 疆	384	5020	1374	4523

2–17 2005年各地区农村社会救济费和自然灾害救济费

单 位:万元

地 区	农村社会救济	农村最低生活保障线救济费	自然灾害生活救助
全国合计	378803.3	162318.2	511065.9
部本级	0.0	0.0	26347.6
北 京	5826.6	4587.2	1520.7
天 津	1309.5	924.5	1720.6
河 北	6094.4	2800.9	13721.9
山 西	7199.7	2201.8	11875.3
内蒙古	3337.4	453.3	27373.2
辽 宁	16662.1	5938.4	7367.5
吉 林	5523.4	1949.7	14669.1
黑龙江	4606.6	1503.9	13109.6
上 海	11167.9	6766.2	167.0
江 苏	34652.1	15390.0	13953.8
浙 江	47322.2	33415.1	21137.0
安 徽	17711.1	2743.9	17828.7
福 建	35212.1	32890.4	10707.8
江 西	22782.9	0.0	14511.6
山 东	14665.6	8713.6	17958.5
河 南	12491.5	935.1	30212.3
湖 北	9982.5	1020.2	21814.4
湖 南	19235.0	983.8	20212.3
广 东	48358.7	30358.1	10110.1
广 西	7306.5	988.2	14238.7
海 南	2266.5	1024.5	3460.2
重 庆	7969.8	107.8	14538.1
四 川	16781.1	2767.6	30271.7
贵 州	5450.6	879.2	17143.2
云 南	5542.1	609.9	50809.9
西 藏	709.2	39.4	9120.2
陕 西	4302.3	2044.9	18056.7
甘 肃	932.6	209.8	23032.7
青 海	876.8	12.7	9122.1
宁 夏	1364.6	0.0	8365.5
新 疆	1159.9	58.1	16587.9

附录

农村全面小康测评方法及指标说明

农村全面小康的测评采用综合评分法。它的基本思想是按每个指标规定的最高值与最低值确定全距，然后计算每个指标的实现程度，最后将单个指标实现程度与其权数相乘并加总，得综合分值。

一、计算各指标的实现程度

计算各指标的实现程度需要先对评价指标数值进行标准化处理，即把性质、量纲各异的指标转化为可以进行综合的相对数。其具体步骤是：

1、确定各评价指标的上下限

进行标准化处理首先需要确定各个评价指标的“优”、“劣”上下限，也即各个指标的最大值 X_{max} 和最小值 X_{min}。我们规定各指标的全面小康值为目标值，由于总体小康是全面小康的基础和起点，规定总体小康值（见附表2）为起点值。

在具体计算中，对正向指标以农村全面小康社会的标准值为 X_{max}，以总体小康值为 X_{min}；对逆向指标以农村全面小康社会的标准值为 X_{min}，总体小康值为 X_{max}。在农村全面小康指标体系中，只有第一产业劳动力比重、农村居民恩格尔系数和万元农业GDP用水量三个指标为逆向指标，农村居民基尼系数为适度指标，其余指标均为正向指标。

2、计算各指标的实现程度

（1）对正向指标（常用耕地变动幅度除外），实现程度计算如下：

$$f(X_i)=\begin{cases}100 & X_i \geqslant X_{max}\\ \dfrac{X_i - X_{min}}{X_{max}-X_{min}}\times 100 & X_{min} < X_i < X_{max}\\ 0 & X_i \leqslant X_{min}\end{cases}$$

式中：$f(X_i)$—第i个指标实现程度

X_i—第i个指标评价年的实际数值

X_{max}—第i 个指标的上限值，也即最大值

Xmin—第 i 个指标的下限值，也即最小值

（2）对逆向指标，实现程度计算如下：

$$f(X_i)=\begin{cases}100 & X_i \leqslant X_{min} \\ \dfrac{X_{max}-X_i}{X_{max}-X_{min}}\times 100 & X_{min}< X_i < X_{max} \\ 0 & X_i \geqslant X_{max}\end{cases}$$

（3）对适度指标农村居民基尼系数，国际上明确规定，0.6以上是差距偏大，0.2以下是高度均等，差距偏大和高度均等都不好。具体计算如下：

实际值X在全面小康标准值0.3—0.4之间，实现程度为100；实际值X在0.4—0.6之间，实现程度计算公式为（(0.6—X）/0.2）×100；实际值X在0.2—0.3之间，实现程度计算公式为（(X—0.2）/0.1）×100；实际值X大于0.6或者小于0.2，实现程度为0。

（4）由于国家实行最严格的耕地保护制度，常用耕地变动幅度实现程度计算如下：

$$f(X_i)=\begin{cases}100 & X_i \geqslant 0.3 \\ \dfrac{X_i}{0.3}\times 100 & -0.3 < X_i < 0.3 \\ -100 & X_i \leqslant -0.3\end{cases}$$

二、计算各目标层的实现程度

一个区域（省、市、县）的全面小康社会总体目标实现程度是指这一区域全面建设小康社会评价指标体系的各个评价指标综合作用而形成的全面小康社会的实际水平。各子目标的全面小康社会实现程度是指构成各子目标的各个指标综合作用而形成的实际水平。

这里我们采用加法合成法计算农村全面建设小康社会的总体实现程度及各个子目标的实现程度。按照评价指标体系中各个指标的排列序号和权数（见附表2），农村全面小康社会总体实现程度的计算公式为：

$$F=\sum_{i=1}^{18} f(X_i)\times b_i$$

各子目标全面小康社会实现程度的计算公式为：

$$F(A)=\sum_{i=1}^{3} f(X_i)\times b_i \Big/ \sum_{i=1}^{3} b_i \qquad F(B)=\sum_{i=4}^{7} f(X_i)\times b_i \Big/ \sum_{i=4}^{7} b_i$$

$$F(C)=\sum_{i=8}^{9} f(X_i)\times b_i \Big/ \sum_{i=8}^{9} b_i \qquad F(D)=\sum_{i=10}^{13} f(X_i)\times b_i \Big/ \sum_{i=10}^{13} b_i$$

$$F(E)=\sum_{i=14}^{15} f(X_i)\times b_i \Big/ \sum_{i=14}^{15} b_i \qquad F(F)=\sum_{i=16}^{18} f(X_i)\times b_i \Big/ \sum_{i=16}^{18} b_i$$

式中：

F——农村全面小康社会总体实现程度

F（A）——农村全面小康社会中经济发展水平目标的实现程度

F（B）——农村全面小康社会中社会发展水平目标的实现程度

F（C）——农村全面小康社会中人口素质目标的实现程度

F（D）——农村全面小康社会中生活质量水平目标的实现程度

F（E）——农村全面小康社会中民主法制水平目标的实现程度

F（F）——农村全面小康社会中资源环境水平目标的实现程度

f（xi）——第 i 个评价指标的实现程度

bi——第 i 个评价指标在整个评价指标体系中所占的权重，各指标的权重在附表 2 中，计算时需要将百分数换算成小数。

三、指标解释及指标实际值的计算

1. 农村居民人均可支配收入： 指每个农村常住人口总收入扣除各项费用支出和转移性支出后，实际可以用于最终消费、投资和储蓄的收入。可支配收入是农村居民在国民收入分配中的最终所得。根据近年农村住户调查资料测算，农民人均纯收入比可支配收入高 40 元左右。

2．第一产业劳动力比重： 是指一个国家或地区第一产业（农林牧渔业）从业人员在全社会从业人员中所占的比重。计算公式为：第一产业劳动力比重 =（第一产业从业人员／全部从业人员）× 100%。

3．农村小城镇人口比重： 指年末居住在农村小城镇镇区的人口占县（市）年末总人口的比重。小城镇是指按国务院规定的镇的标准并经省级人民政府批准设立的由县一级管理的镇，包括县（含县级市）政府驻地镇（即城关镇）和县以下农村建制镇两部分。计算公式为：农村小城镇人口比重 =[全部建制镇（含城关镇）镇区人口／县（市）年末总人口]× 100%。

4．农村合作医疗覆盖率： 指参加农村合作医疗的人口占农村总人口的比重。农村合作医疗是我国农村医疗保险的重要形式，它通过农民自愿筹资，国家和集体扶持，建立乡、村级医疗卫生点（站），医疗费用由国家、集体和农民共同负担，以解决农民看病难、就医难问题。计算公式为：农村合作医疗覆盖率 =（参加农村合作医疗的人口／农村总人口）× 100%。

5、农村养老保险覆盖率： 指农村参加社会养老保险的人数占农村人口总数的比重。计算公式为：农村养老保险覆盖率 =（农村参加社会养老保险的人数／农村人口总数）× 100%。

6．万人农业科研人员数 ：指每万个农村居民所拥有的农业科研人员数量。这里的农业科研人员指从事农林牧渔生产或与这些生产有关的科研人员。计算公式为：万人农业科研人员数 =（农村农业科研人员总量／农村总人口） × 10000。

7．农村居民基尼系数： 农村居民基尼系数是反映农村居民收入分配差异程度的指标。它的经济含义是：在全部居民收入中用于不平均分配的百分比。基尼系数最小等于 0，表示收入分配绝对平均；最大等于 1，表示收入分配绝对不平均；实际的基尼系数介于 0 和 1 之间。基尼系数计算公式为：

$$G_i = \Sigma Y_i + 2 \Sigma W_i (1 - V_i) - 1$$

式中，G_i 为基尼系数；W_i 为人口比重；Y_i 为收入比重 ；V_i 为收入累计比重。

8．农村人口平均受教育年限： 指农村 6 岁及 6 岁以上人口平均受教育年限。人口平均受教育年限按小学6年、初中9年、高中和中专12年以及大专以上16年计算。计算公式为：农村人口平均受教育年限＝小学人口比重×6+初中人口比重×9+高中及中专人口比重×12+大专及大专以上人口比重×16。

9．农村人口平均预期寿命：指某一时期一个人口群体预期平均存活的年龄（岁），也称为出生时预期寿命。平均预期寿命是一项综合反映人民生活水平和医疗条件的指标，通常收入水平高的国家，人民生活和医疗条件好，人均预期寿命相对较高；而经济落后的国家，生活条件和医疗条件差，人均预期寿命则低。

10．恩格尔系数：指食物支出占生活消费总支出的比重。计算公式为：恩格尔系数＝食物支出／生活消费总支出。恩格尔系数越大，表示生活越贫困；反之，表示生活越富裕。根据国际经验，恩格尔系数0.6以上为贫困，0.5—0.6为温饱，0.4—0.5为小康，0.3—0.4为富裕，0.3以下为最富裕。

11．农村居民居住质量指数：是反映农村居民居住条件好坏的指标。由人均住房面积、住房结构、饮用水状况、使用清洁能源、卫生厕所配套状况以及居室外道路条件等6个方面加权计算得到的综合评价指数。参照附表1中的居住质量标准和权数计算，农村居民居住质量指数=0.1×A+0.1×(B+C)+0.25×D+0.15×E+0.25×F+0.15×(G+H)。

12．农民文化娱乐消费支出比重：指农村居民用于文化和娱乐方面的消费支出占全部生活消费支出的比重。计算公式为：农民文化娱乐消费支出比重=[(农民文教娱乐支出－学杂费支出)／生活消费总支出)]×100%。

13．农民生活信息化程度：用来反映农民对信息产品的消费能力和信息获取能力的综合指标。由彩色电视机普及率、电话普及率和计算机普及率三个指标加权而成，三者的权重分别为20%、40%和40%。其中，彩色电视机普及率是指拥有彩色电视机农户数占总农户数的比率；电话普及率是指拥有固定电话或移动电话农户数占总农户数的比率；计算机普及率是指拥有台式或手提式计算机农户数占总农户数的比率。农民生活信息化程度=0.2×彩色电视机普及率+0.4×电话普及率+0.4×计算机普及率。

14．农民对村政务公开满意程度：指在村民自治中对村政务公开满意或基本满意的成年(18周岁以上，下同)公民占农村成年居民总数的比重。用来反映基层民主政治和农民民主权利的主观指标。该指标的数值需要通过对农民民意的专题调查取得。

15．农民对社会安全满意程度：指对社会安全满意或基本满意的农村成年居民占农村成年居民总数的比重。它是用来反映社会法制健全和治安情况的主观指标。该指标的数据需要通过对农民民意的专题调查取得。

16．常用耕地面积变动幅度：是指常用耕地与基期相比的变动比率。当常用耕地面积增加时，比率为正值；当常用耕地面积减少时，比率为负值。计算公式：常用耕地变动＝(常用耕地变动面积／常用耕地基期面积)×100%。

常用耕地是指耕地总资源中条件较好，专门种植农作物并经常进行耕种、能够正常收获的土地。包括当年实际耕种的熟地；弃耕、休耕不满三年，随时可以复耕的地；开荒利用三年以上的地。不包括临时种植农作物，坡度在25度以上的陡坡地；在河套、湖畔、库区临时开发的成片或零星土地；也不包括已列为国家和省（区、市）退耕计划但仍在临时耕种的土地。

17. 森林覆盖率：指一个国家或地区森林面积占土地面积的百分比。在计算森林覆盖率时，森林面积包括郁闭度0.2以上的乔木林地面积和竹林地面积，以及国家特别规定的灌木林地面积、农田林网以及四旁（村旁、路旁、水旁、宅旁）林木的覆盖面积。森林覆盖率是反映森林资源的丰富程度和生态平衡状况的重要指标。计算公式为：森林覆盖率（%）=（森林面积／土地总面积）× 100%。

18. 万元农业GDP用水量：指每实现1万元农业增加值的农业用水量。计算公式为：万元农业GDP用水量＝农业用水量（吨）／农业增加值（万元）。农业用水包括农田灌溉用水和林牧渔生产用水。这里所用的水是指淡水资源，包括地表水、地下水和其它水，但不包括直接下到田地里的雨水。农业增加值是以现价计算的农（种植）业、林业、畜牧业和渔业增加值。

附表1　农村居民居住质量指数

农村居民居住质量标准		权数（%）	满足居住标准的农村居民户数占总户数的比重（%）
1. 住房面积	人均住房面积≥ 25 平米	10	A
	人均住房面积< 25 平米	0	
	无	0	
2. 住房结构	钢筋混凝土结构	5	B
	砖木结构	5	C
	其他	0	
3. 饮用水状况	1. 自来水	25	D
	2. 其他卫生水	0	
	3. 河塘湖等非卫生水	0	
4. 清洁能源	燃气和电	15	E
	煤炭	0	
	柴草及其他	0	
5. 卫生厕所	1. 水冲式	25	F
	2. 旱厕（城镇为非水冲式）	0	
	3. 无	0	
6. 室外道路状况	水泥或柏油状路	10	G
	石头或石板等硬质路	5	H
	其他	0	

附表2 农村全面小康社会的标准值和权数

子目标	序号	指标名称	单位	权数（%）	总体小康值	全面小康标准
A、经济发展	1	农村居民人均可支配收入	元/人	20	2200	≥6000
	2	第一产业劳动力比重	%	5	50	≤30
	3	农村小城镇人口比重	%	4	16	≥35
B、社会发展	4	农村合作医疗覆盖率	%	8	10	≥90
	5	农村养老保险覆盖率	%	4	1.8	≥60
	6	万人农业科技人员数	人	4	1	≥4
C、人口素质	7	农村居民基尼系数	–	4	0.35	0.3–0.4
	8	农村人口平均受教育年限	年	12	7.4	≥9
	9	农村人口平均预期寿命	年	3	69.5	≥75
D、生活质量	10	农村居民恩格尔系数	%	4	49	≤40
	11	农民居住质量指数	%	11	18	≥75
	12	农民文化娱乐支出比重	%	3	2.5	≥7
E、民主法制	13	农民生活信息化程度	%	5	28	≥60
	14	农民对村政务公开的满意度	%	3	55	≥85
	15	农民对社会安全满意度	%	3	60	≥85
F、资源环境	16	常用耕地增长率	%	3	–0.3	≥0
	17	森林覆盖率	%	2	16.5	≥23
	18	万元农业 GDP 用水量	立方米	2	2600	≤1500